大展好書　好書大展

品嘗好書　冠群可期

道家養生與生命科學 ①

老子《道德經》養生之道

蘇華仁　唐明邦
劉小平　孫光明　／編著

大展出版社有限公司

中國道家內丹養生之道祖師中華民族神聖祖先　黃帝　聖像

中國道家養生祖師老子坐像

中國道家內丹養生之道祖師　老子

像聖身月師先祖呂

老子《道德經》養生高師呂洞賓

當代中國《老子道德經》養生之道傳人，世界著名老壽星吳雲青1996年8月攝於中國陝北青化寺後山修道處。（時年158歲）

老子《道德經》養生之道

尹喜眞人懇請老子過函谷關時寫《道德經》圖

弘揚丹道
造福人天

贈天下善士
吳云青书

丙子年秋

世界著名《老子道德經》養生之道當代傳人吳雲青墨寶

老子《道德經》養生之道

苏華仁道長

丙戌秋

唐明邦

丹道回春

當代易學與道學學術泰斗武漢大學唐明邦教授墨寶

謹將本叢書敬獻給

**中國道家養生之道集大成者
中華民族神聖祖先黃帝，老子**

獻給渴望康壽事業成功，天人合一者。

中華聖祖黃帝、老子養生之道禮贊：

> 浩浩茫茫銀河悠，
> 浮動蔚藍地球，
> 造化生人世間稠；
> 生老病亡去，
> 轉眼百春秋。
>
> 黃帝、老子創養生，
> 度人超凡康壽，
> 道法自然合宇宙；
> 復歸於嬰兒，
> 含笑逍遙遊。

——蘇華仁於
《中國道家養生全書與現代生命科學叢書》總主編
道易養生院2008年春於廣東羅浮山沖虛觀東坡亭

142歲的吳雲青增補爲延安市政協委員

陝西省延安市青化砭村142歲的老人吳雲青，增補為延安市五屆政協委員。

吳雲青出生於清朝道光18（戊戌）年臘月（即1839年）。原為青化寺長老，現為人民公社社員。他雖然經歷了142個春秋，但仍精神矍鑠，步履穩健。

張純本攝（新華社稿）

1980年9月10日《人民日報》第四版

世界著名生物學家牛滿江博士1982年專程來中國北京向邊智中道長學練中國道家養生時合影

本書特點

老子《道德經》古今中外公認為「東方聖經」。

老子《道德經》是揭示宇宙天地人萬事萬物變化規律高度濃縮的「百科全書」。

1. 老子《道德經》博大精深，其內含哲學思想與養生之道，對每一個人來說，都是達到身心康壽、事業興旺、天人合一的成功法寶。

為了使讀者能夠儘快全面學好、掌握好老子《道德經》哲學思想與養生之道。我們特意選編了《史記・老子傳》明確記載為老子親傳弟子：老子《道德經》誕生後最早的讀者尹真人（即周朝函谷關令尹喜），根據老子親傳《道德經》精義而寫出的千古流芳的《文始真經》。

我們還特意從秘傳於老子故里——中國河南鹿邑道家內部的手抄古秘本《真源丹功秘笈》中，精選出《尹真人東華正脈皇極闔辟證道仙經》。

2. 老子《道德經》問世以來，注釋者不可勝數，但真正理解掌握其精義者稀之又稀。究其原因，真如中國道學真人呂洞賓祖師所言：「非修者不能傳」。基於此，我們特精選呂洞賓祖師的老子《道德經》秘注本兩種敬呈給讀者，呂洞賓秘注老子《道德經》，古今中外行家評價甚高，尤以中國太極拳祖師張三豐為最，其用詩贊曰：「多少注家推此本，寶函長護鎮崑崙」。

3.世界東方科學的核心機制是「經驗科學」，而老子

《道德經》內含道家哲學思想和道家內丹養生之道，是世界東方經驗科學的精華，故稱其為「東方聖經」。縱觀古今中外學習老子《道德經》有大成者，大多是在得道高師親傳之下而有大成，故古語道：「得訣歸來好看書」。為此我們特意根據中國當代老子《道德經》內丹養生之道得道高師，世界著名壽星吳雲青秘傳而編著。

本書就是將老子《道德經》所述宇宙天地人萬物變化規律，同時將《道德經》內隱含達到返樸歸嬰，長生久視理想目標的中華養生最高層學問：中國道家養生學核心內丹養生之道敬獻給人們，促進宇宙天地人萬物和諧相處，共同發展，與時俱進。

唐明邦序

現代科學發展日新月異。無論宏觀世界或微觀世界研究都有長足進展。唯人體生命科學研究，相對滯後。人類養生之道和生命科學研究成為當今熱門課題，實非偶然。《中國道家養生與現代生命科學系列》叢書，正好為人們提供一套中國先賢留下的寶貴養生經典文獻與養生之道，閱後令人高興頗感實用。其中主要包括：

① 中國道家養生學說；

② 中國道家養生精華內丹養生之道；

③ 中國道家內丹養生之道與現代生命科學結合對當代人類身心健康的啟示。

我今真誠向讀者推介本叢書，同時簡要試論其內容如下：

一、關於中國道家養生學說

早在2500多年前，中國道家已提出深刻的養生學說，建立了完整思想體系，成為中華傳統文化中的瑰寶。中華聖祖道家始祖黃帝、道家祖師老子，首先闡揚天人統一宇宙觀。《黃帝陰符經》精闢指出：「宇宙在乎手，萬化生乎身。」《老子道德經》第二十五章曰：「人法地，地法天，天法道，道法自然。」強調人同自然和諧統一。《老子道德經》第四十二章，同時闡發「萬物負陰而抱陽，沖氣以為和」的生命哲學，肯定人體保持陰陽和諧和維護生命的基本要求。

莊子《齊物論》強調「天地與我並生，萬物與我為一，」人體小宇宙與天地大宇宙是息息相通的統一體。這也同《黃帝內經·素問·上古天真論》堅持的「法於陰陽，和於術數」哲學思想與養生原理完全一致。

道家養生學說既指導又吸取中國傳統中醫學中的臟腑、經絡、氣血理論，認為人體生理機能的正常發揮，全靠陰陽與五行（五臟的代表符號）的相生相剋機制，調和陰陽、血氣，促使氣血流暢，任、督二脈暢通。後來道教繼承這一思想傳統，實現醫道結合，高道多成名醫，名醫亦多高道。宗教與科學聯盟，成為中國道家與道教文化的重大特徵。

中國道家養生學說、博大精深包容宇宙，但其養生之道卻至簡至易。其養生三原則如下：

① 道家養生思想與養生之道首先重心性修養，《老子道德經》第十九章強調「少私寡欲，見素抱樸」淡泊名利，貴柔居下，不慕榮華，超脫塵世紛擾。

② 道家養生、養性同時重視性格與生活習慣的修養，其核心機制尤貴守和。心平氣和，血氣平和，心性和諧。

③ 在修練完成心性和諧，道家則進一步提出性、命雙修，即心性與肌體雙修，最終達到天人合一，心理與肌體都復歸於嬰兒，長生久視。

道家養生三原則是道家養生最根本、最偉大之處，實乃人類養生至寶。具有深遠科學價值與應用價值，這是歷史經驗與結論。

二、關於中國道家養生精華內丹養生之道

中華民族神聖祖先、中國道家祖師黃帝，中國道家大宗師老子創立的道家養生學說和道家內丹養生之道，為後來的

中國道教繼承並發展，並以之為指導原則，繼承、創立了多種養生方術，如服食、導引、胎息、存神、坐忘、房中術等；再經過歷代丹家長期實踐修練，不斷總結提升，形成完整的內丹學體系，成為中國道教養生學說與實踐的中心內容。故載於中國《道藏》的《黃帝陰符經》、《老子道德經》《太上老君內丹經》，是有史以來中國道家內丹養生之道最早的經典，因此，中國宋代道家內丹養生之道名家、中國道教南宗祖師張伯端在《悟真篇》曰：

> 陰符寶字逾三百，
> 道德靈文止五千，
> 今古上仙無限數，
> 盡從此處達真詮。

　　道家內丹養生之道的操作規程，多由師徒口傳心授，不立文字，立為文字者多用金烏、玉兔、赤龍、白虎、嬰兒、姹女、黃婆、黃芽等隱喻，若無得道名師點傳，外人實難領悟。

　　修練內丹，最上乘的修法是九轉還丹，其目的是讓人類由內練生命本源精、氣、神，達到「還精補腦」，再進一步達到天人合一；達到《老子道德經》第五十九章中講的：「是謂深根固蒂、長生久視之道。」其具體修練法如下：首先要安爐立鼎。外丹的鼎，指藥物熔化器，爐，指生火加熱器。內丹養生之道謂鼎爐均在身內。一般指上丹田為鼎，下丹田為爐。前者在印堂後三寸處，後者在臍下三寸處。還有中丹田在膻中穴，煉丹過程即「藥物」在三丹田之間循環。

　　煉丹的藥物，亦在人身內。指人體的精、氣、神，丹家

謂之三寶。乃人體內生命的三大要素。精為基礎，在下丹田；氣為動力，在中丹田；神為主宰，在上丹田，實指人的心神與意念力。煉丹過程就是用自己的心神意念主導人體精水與內氣在三丹田線上回還，以心神的功力調協呼吸，吐故納新，調理、優化人體生理機能。

煉丹過程中「火候」極為重要。心神主導精、氣、神三寶在三田中循環往復，必須嚴格掌控其節奏快慢，深淺層次，是為「火候」。練丹成功與否，關鍵在於火候的調控，若無得道、同時修練成功的內丹學名師點傳，實難知其訣竅。

內丹修練，分三個階段，火候不同，成就各異，三個階段，當循序漸進，前階段為後階段打基礎，不可超越。

小成階段，練精化氣。以心神主導精與氣合一，即三化為二。此時內氣循行路線為河車，旨在打通任、督二脈，促使百脈暢通，有健體袪病功效。河車，喻人體內精氣神運行時，恍恍惚惚的軌跡。中成階段，練氣化神。達到神氣合一，即二化為一。是為中河車，功可延壽。大成階段，練神還虛，也稱練神合道，天人合一，即自身精氣神歸於太虛，太虛以零為代表，即一化為零。太虛與《周易》太極相似，指天地未分之先，元氣混而為一的狀態。此謂大河車或紫河車，乃達到長生久視的最高成就。

總的來看，練丹過程同宇宙衍化過程正好相反。宇宙衍化是《老子道德經》第四章所講的那樣：道生一，一生二，二生三，三生萬物。由簡而繁，稱為「順則生人。」丹法演化是由三而二，由二而一，由一而零，由精氣神的生命體、返歸太虛，稱為「逆則成仙。」《老子道德經》第十六章曰：「歸根曰靜，靜曰復命。」實現此一法則，端賴火候掌

控得法。

丹家指出：內氣在丹田中運轉，火候的調控，須透過「內觀」或「內照」。內觀指的是人的意念集中冥想體內某一臟腑或某個神靈，做到排除一切思慮，保持絕對寧靜。意念猶如心猿意馬，極易逃逸；內觀要求拴住心猿意馬，使心神完全入靜，其功用是自主調控生理系統。入靜在養生中的重要性，為儒佛道所共識。儒家經典《禮記·大學》載孔子主張「定而後能靜，靜而後能安，安而後能慮。」其足以開發智慧。佛教主禪定，亦以靜慮為宗旨。《老子道德經》第十六章強調「致虛極，守靜篤」，為修道根本。

凝神靜慮以修道，必須首先排除外界的九大阻難，如衣食逼迫，尊長勸阻，恩愛牽纏，名利牽掛等。丹道要求「免此九難，方可奉道。」內觀過程，更大的障礙是「十魔」，即種種美妙幻象引誘，或兇惡幻象恫嚇，均能破壞修練者的意志，使其以為修練成功而中止修練。

美妙幻象有：金玉滿堂（富魔），封侯拜相（貴魔），笙歌嘹亮（樂魔），金娥玉女（情魔），三清玉皇（聖賢魔）等；兇惡幻象有：路逢凶黨（患難魔），兒女疾病（恩愛魔），弓箭齊張（刀兵魔）等，丹家要求見此十魔幻象應「心不退而志不移」，「神不迷而觀不散」。必須「免此十魔，方可成道」。

其詳情請參閱《鍾呂傳道集·論魔難第十七》。

道家內丹養生之道、也稱作內丹學或內丹術，是在道家養生理論指導下制定的一套修練程式。理論離開方術，容易流於空談；方術失去理論指導，將失去方向與依歸。中國道家道教的內丹養生學，理論與實踐結合，故能保持其永久魅力，造福人類，享譽古今中外。

　　故世界著名科學家李約瑟在《中國科技史》一書中，高度評價中國道家內丹養生之道，他寫道：中國的內丹，成為世界早期生物化學史上的一個里程碑。

三、關於道家內丹學與現代生命科學結合對人類康壽的啓示

　　自然科學的發展，到20世紀下半頁，興起系統科學與復雜科學，宏觀研究與微觀研究同時深化，迎來了「科學革命」。大力開展天地生人的綜合研究，建立了天地生人網路觀，從而將整個自然科學特別是人體生命科學研究推向發展新階段。人們開始發現，人體生命科學研究的目標任務，同中國道家與道教內丹學的目標任務，十分相近，其主要內容有四：

　　① 優化生命。由優生、優育到生命的優化，使免疫力提高，排除疾病困擾；保持血氣平和，生理機能旺盛，耳聰目明，精神奮發。

　　② 促進生命延續。做到健康長壽，童顏鶴髮，返老還童，黛發重生，長生久視。

　　③ 開發智慧。增強認知力、記憶力；超強的隨機應變力、獨創力；直覺頓悟，捕捉可遇而不可求的奇思妙悟；打開思想新境界，發現新的科學規律或物質結構。

　　④ 開發人體潛能，具備超常的能量，抗強力打擊，不畏嚴寒、酷暑，耐饑渴、能深眠與久眠；具有透視功能、預測神通；誘發常人所不具備的特異功能。

　　人體潛能的開發，關鍵在人的大腦，人腦的功能，目前只用到百分之幾；許多人體功能的奧秘尚待破解。超越人的生命界線，早已成為道家道教內丹術奮鬥的目標。這實際上

已為人體生命科學提出新任務和新課題。

　　四川教育出版社1989年出版的《錢學森等論人體科學》一書載：舉世聞名的中國科學家錢學森早有科學預見：「中醫理論，氣功科學，人體特異功能，是打開生命科學新發展之門的一把鑰匙。」錢學森同時指出：「結合科學的觀點，練功、練內丹。」道家內丹學將為生命科學提供新的課題，新的研究方法，引起生命科學的新突破；現代生命科學將以其現代化的科學手段，幫助道家內丹術進行測試、實驗、總結，使之上升到理論高度，構建更完備的理論思想體系，制定更加切實可行、利於普及的修練程式。兩者結合，相互促進，相得益彰。必將對現代人類身心健康長壽、事業成功做出巨大　貢獻。

　　《中國道家養生與現代生命科學系列叢書》的出版，正好為二者架上橋樑。道家養生著作甚多，講服食、導引、胎息、存神、守一、坐忘、房中術均有專著。內丹學著作，由理論與方術結合緊密，成為道家道教養生文化的核心，其由行家編著的尚不多見。現經世界著名丹道老壽星吳雲青入室弟子，內丹名師、全書總主編蘇華仁道長，約集海內外部分丹道行家擇其精要，精心校點，詳加注釋、評析，或加今譯，分輯分期出版，洋洋大觀，先賢古仙宏論盡收眼底，內丹養生學與生命科學研究經典文獻，熔於一爐。生命科學激發內丹學煥發新的活力；內丹學為生命科學研究提供新的參照系統，打開新思路，開拓新領域，兩大學科攜手並進，定能為研究中華傳統文化打開新局面，綻繁花，結碩果，造福全人類。

　　總主編蘇華仁道長徵序於愚，卻之不恭，聊陳淺見以就正於方家。同時附上近作「道家道教內丹學與中國傳統文

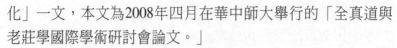

化」一文，本文為2008年四月在華中師大舉行的「全真道與老莊學國際學術研討會論文。」

唐明邦簡介：

唐明邦：男，號雲鶴。重慶忠縣人。1925年生。武漢大學哲學學院教授，博士生導師，中國當代著名易學家。畢業於北京大學哲學系，歷任中國哲學史學會理事，中國周易研究會會長，國際易學聯合會顧問，東方國際易學研究院學術委員，中國周易學會顧問，湖北省道教學術研究會會長等職。

主講中國哲學史，中國辯證法史，中國哲學文獻，易學源流舉要，道教文化研究等課程。

著作有《邵雍評傳》附《陳摶評傳》、《當代易學與時代精神》、《易學與長江文化》、《論道崇真集》、《李時珍評傳》、《本草綱目導讀》。主編《周易評注》、《周易縱橫錄》、《中國古代哲學名著選讀》、《中國近代啟蒙思潮》；合編《中國哲學史》、《易學基礎教程》、《易學與管理》。多次應邀參加國際易學、道學、儒學、佛學、學術會議。應邀赴香港、臺灣講學。發表學術論文多篇。

董應周序

中華道家內丹養生　人類和諧發展福星

　　史載由中華聖祖黃帝、老子創立的中華傳統絕學、道家內丹養生大道，自古迄今，修練者眾多。得真傳修練成功者，當代海內外有數。

　　世界著名道家內丹養生壽星吳雲青弟子、蘇華仁道長數十載寒暑，轉益多師，洗心修練，易筋髓化神氣，還精入虛，丹道洞明，遂通老子養生學真諦，庶幾徹悟人生妙境。但不願意自有、欲天下共用之。故而與諸同道共編《中國道家養生與現代生命科學系列叢書》，將丹道精華、公諸於世，使天下士人，能聞見此寶，持而養身，養人養家，利民利國利天下，誠謂不朽之盛事業。

　　何緣歟？蓋為21世紀人類文明，雖已可分裂原子，利用核能，控制基因，進行宇宙探索，然而，對自身卻知之甚少，人們能登上月球，卻不肯穿過街道去拜訪新鄰居；我們征服了高遠太空，卻征服不了近身內心，我們對生命真相的理解，至今還停留在蛋白質，基因、神經元等純物質層面。而在精神層面，知之更少：僅及於潛意識，稍深者，亦不過榮格的「集體潛意識，」當今世界、物質主義大行其道，人類精神幾近泯滅，有識之士，大聲疾呼，人類文明若不調整自己物質至上的發展方向，將會走向自我毀滅。

　　二次大戰後，1984年11月，美國參謀長聯席會議主席布魯德利說：「我們有無數科學家卻沒有什麼宗教家。我們掌

握了原子的秘密，卻摒棄了耶穌的訓喻。人類一邊在精神的黑暗中盲目地蹣跚而行，一邊卻在玩弄著生命和死亡的秘密。這個世界有光輝而無智慧，有強權而無良知。我們的世界是核子的巨人，道德侏儒的世界。我們精通戰爭遠甚於和平，熟諳殺戮遠甚於生存。」

現在，我們又看到了全球氣候變暖，發展中國家空氣、水、土壤生物圈的大規模污染和破壞，各種致命疾病的傳播等等。美國前副總統高爾四處奔波，呼籲拯救地球。英國著名物理學家霍金，於去年兩次提出人類應該向外太空移民以防止自身毀滅。

他在2006年6月的一次記者招待會上預言：「為了人類的生存和延續，我們應該分散到宇宙空間居住，這是非常重要的。地球上的生命被次大災難滅絕的危險性越來越大，比如突然的溫度上升的災難、核戰爭，基因變異的病毒，或者其他我們還沒有想到的災難。」

以上諸位道出了目前人類病因，也開出了藥方。能行否？可操作嗎？且不說眼下走不掉，即使能移民外太空，若不改變人類本性中貪婪的一面，還不是照樣污染破壞宇宙。

地球真的無法拯救了？難道這個世界真的是「有光輝而無智慧，有強權無良知？」是「核子的巨人，道德的侏儒」嗎？是也，非也，有是，有不是。問題存在但有就地解決辦法，不需要逃離地球，移民外太空目前只是異想天開！

這打開智慧之門，拯救人類良知的金鑰匙在哪裏？就在中華傳統道家內丹大道中，中華內丹大道，功能可導引人類重新認識自己，發現人類自身良知良能，改變自身觀念，使人類昇華再造，進而改觀地球村，使之成為真正的桃花源伊甸園。中華內丹大道智慧，能教人人從知我化我開始，進而

知人知物知天地，化人化物化天地；其智能之高能量之大，古往今來蓋莫過焉！

史載距今八千多年前，中華聖祖伏羲「仰觀天文，俯察地理，遠取諸物，近取諸身。」畫成伏羲先天八卦，首開人類天人合一世界觀和天人合一，性、命雙修大道。故中國唐代道家內丹名家呂洞賓祖師，禮贊伏羲詩曰：「伏羲創道到如今，窮理盡性致於命。」

距今約五千年前，《莊子・在宥》記載：中華聖祖黃帝之師廣成子，開示中華道家內丹養生大道秘訣曰：「勿勞汝形，勿搖汝精，乃可以長生。」

中華聖祖黃帝《陰符經》，開示宇宙天人合一生命要訣曰：「宇宙在乎手，萬化生乎身。」「知之修練，謂之聖人。」「聖人知自然之道不可違，因而制之。」

「東方聖經」老子《道德經》開示生命之道要訣曰：「道法自然」「修之於身。」「歸根曰靜，靜曰復命。」「聖人之道，為而不爭。」

整個人類若能忠行中華聖祖伏羲、廣成子、黃帝、老子取得人生成功的極其寶貴的經驗，修練中國道家內丹養生之道，身心自然會強健，身心自然會安靜下來，清淨起來，內觀返照。五蘊洞開，自會頓悟出原來人類的內心世界是如此廣闊無限，清淨無垢，透徹寬容，澄明神朗。這時候，自然的就都能收斂起外部的物欲競爭，停止巧取豪奪。人人和諧相處，家家和諧相處，區域和諧相處，天下和諧相處；自然的，地球村也就和諧和安清了，適合人居了。

天地人和諧安清，還用得著移民外太空嗎？人類如要去太空，那只是去遊玩、去逍遙遊罷了！

華仁道長內丹全冊已就，開券有益，人人自我修練，庶

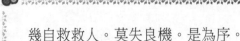

幾自救救人。莫失良機。是為序。

董應周簡介：

董應周：男，1942年生於中國河南省禹州市，當代著名中華傳統文化研究專家與行家。1965年加入中國共產黨，1966年畢業於鄭州大學中文系。著名作家、詩人。本人任中國中州古籍出版社原總編輯兼社長期間，曾主持整理、出版了大量的中華傳統文化典籍。此舉在海內外各界影響深遠。目前任中國河南省易經學會會長，擔任香港中國港臺圖書社總編。

蘇華仁簡介

蘇華仁與恩師吳雲青1996年合影於西安樓觀台老子說經台

　　蘇華仁，男，1951年生於《周易》發源地中國古都安陽。1967年，被安陽市三教寺高師李嵐峰收為弟子，學得「道家養生長壽內丹秘功」和《周易》養生預測學，並學得道家武術與少林武術。李嵐峰老師1977年羽化後，蘇華仁雲遊神州訪師學道，其間登武當山深造太極拳；之後，入少林寺修禪習武，得當家師「行正法師」命為當家助理。

　　1980年，幸得世界著名丹道高師吳雲青收為入室弟子，

賜號「蘇德仙」，秘傳道家內丹養生長壽之道全法全訣；並於1996年，被老師親委為掌門弟子。1986年被道家華山派內丹功動功傳人邊治中道長收為入室弟子悉授內丹之動功。又於1989年被終南山百歲道醫李理祥收為入室弟子，悉授道醫秘方。

　　1995年，應邀到馬來西亞傳授道家養生長壽內丹之「動功」；1999年，被邀請到新加坡傳授內丹之動功，及講＜周易＞預測學，爾後，被聘為新加坡道家養生學會名譽主席。2000年，應邀到香港傳授內丹之動功，遂與諸師友成立「世界傳統養生文化學會」。2001年，得海內外諸師友的支援，在中國廣東省羅浮山（中國道家十大洞天之一），籌建「道家內丹養生修真中心」，積極普及推廣道家養生長壽內丹之「動、靜」兩項功法。

　　現為中國廣東羅浮山紫雲洞軒轅庵道長，中國中山大學哲學系客座教授，世界傳統養生文化協會之主要創始人。中國老子道家文化研究會常務理事，中國作家協會河南分會的會員：中國安陽《周易》研究會常務理事。

《中國道家養生長壽學秘傳叢書》
《中國道家傳統養生內丹動功》
《中國道家傳統養生內丹靜功》
《中國道家養生與現代生命科學叢書》擔任總主編

蘇華仁序

　　《中國道家養生與現代生命科學系列》叢書，由中國、美國、馬來西亞、澳洲和香港、臺灣，對中國道家養生學與現代生命科學結合研究和實修的部分專家與行家精心編著。其中，海內外著名、當代《周易》研究與道家學術研究泰斗、武漢大學教授唐明邦擔任重要編著者之一，並為該叢書作序、題字，同時擔任該叢書道家學術與周易學術顧問；中國社會科學院博士生導師、海內外著名的中國道家養生學術與內丹學專家、老子道學文化研究會會長胡孚琛教授，擔任該叢書道家養生學術與內丹學顧問；當代中國傳統養生文化研究專家、中國‧中州古籍出版社原總編輯兼社長董應周，擔任該叢書技術編輯與出版藝術顧問，同時為該叢書作序。

　　《中國道家養生全書與現代生命科學系列》叢書編委，緣於本人為世界著名內丹養生壽星吳雲青弟子、中國廣東羅浮山軒轅庵紫雲洞道長、中山大學兼職教授，故推舉我擔任該叢書總主編；山西科學技術出版社副總編趙志春擔任該叢書總策劃。

　　為了確保《中國道家養生全書與現代生命科學叢書》的高品質、高水準，該叢書特別在世界範圍內諸如中國、美國、馬來西亞、澳洲和香港、臺灣，聘請有關專家與行家擔任該叢書編著者和編委。

　　經過該叢書編委和有關工作人員、歷時近兩年的緊張工作，現在即由山西科學技術出版社出版，將與廣大有緣讀者

見面了。其主要內容有三：

一、中國道家養生學與現代生命科學簡介

中國道家養生學，是一門凝聚著中國傳統養生科學與人天科學和生命科學精華的綜合學科。被古今中外大哲學家、大科學家和各界養生人士公認為：世界傳統養生文化寶庫中的精華和瑰寶。根據記載中華五千年文明史的中國《二十四史》和有關史書記載：中國道家養生學，主要由中華民族神聖祖先、中國道家始祖黃帝，中國道家祖師老子，依據「道法自然」規律，又「因而制之」自然規律的中國道家哲學思想和道家養生之道綜合確立。

古今中外無數事實啟迪人類：修學中國道家養生學，可促進全人類身心健康長壽、事業成功、天人合一。故其在中華大地和世界各地已享譽大約有五千多年歷史。

中國道家養生學歷史悠久、博大精深，其核心是中國道家內丹養生之道，其理論基礎主要為中國傳統的生命科學理論；其主旨是讓人們的生活方式「道法自然」規律生活，進而因而制之自然規律，達到「樂天知命，掌握人類自身生命密碼，同時掌握宇宙天地人大自然萬物生命變化的規律」，最終讓全人類達到健康長壽、平生事業獲得成功。

用黃帝《陰符經》中的話講：「宇宙在乎手，萬化生乎身。」中國道家養生學及其核心中國道家內丹養生之道主要經典有：《黃帝陰符經》、《黃帝內經》、《黃帝外經》、《黃帝歸藏易》、老子《道德經》、《太上老君內丹經》、《老子常清靜經》等。

中國道家養生學核心中國道家內丹養生之道的科學機制為「天人合一」、由修練中國道家內丹養生之道達到「返樸

歸真」，其主要經典有：老子親傳弟子：尹喜真人《尹真人東華正脈皇極闔辟證道仙經》，鬼谷子《黃帝陰符經注》，魏伯陽《周易參同契》，葛洪《抱朴子》，孫思邈《養生銘》、《四言內丹詩》《千金要方》，漢鍾離、呂洞賓《鍾、呂傳道集》《呂祖百字碑》，張伯端《悟真篇》，張三豐太極拳和張三豐《丹經秘訣》等道家養生著作。中國道家養生學核心是中國道家內丹養生之道，修練方法要訣為「內練生命本源精、氣、神，返還精、氣、神於人體之內」。從而確保修學者能常保自身生命本源精、氣、神圓滿。經現代生命科學家用現代高科技儀器實驗表明：中國道家養生學核心的中國道家內丹養生之道所講的「精」、即現代生命科學中所講的去氧核糖核酸，「氣」、即臆肽，「一神」、即丘腦。此三者是人類生命賴以生存的本源，同時是人類健康長壽，開智回春、天人合一的根本保障和法寶。

中國道家養生學的核心是中國道家內丹養生學養生之道，其功理完全合乎宇宙天地人大自然萬物變化規律，故立論極其科學而高妙。其養生之道具體的操作方法卻步步緊扣生命密碼，故簡便易學、易練、易記。其效果真實而神奇、既立竿見影，又顯著鞏固。因此，古今中外無數修學中國道家養生學者的實踐表明：學習中國道家養生學的核心中國道家內丹養生學養生之道，可確保學習者在短時間內學得一套上乘養生方法，從而掌握生命密碼基本規律，為身心健康長壽、事業成功鋪平道路，並能確定一個正確而科學的人生目標而樂天知命地為之奮鬥、精進。

因此，靜觀記載中華五千年文明史的中國《二十四史》一目了然：大凡在中國歷史上大有作為的各界泰斗人物，大多首選了中國道家養生學的核心中國道家內丹養生之道，作

為平生養生與改善命運規律的法寶。並因平生修學中國道家內丹養生之道,而獲得身心康壽、開啟大智,建成造福人類的萬世事業,成為各界泰斗。

諸如:中華民族神聖祖先、中華文明始祖黃帝,「東方聖經」《道德經》的作者、中國道家祖師老子,中國儒家聖人、中國教育界祖師孔子,中國兵家祖師、《孫子兵法》的作者孫子,中國商業祖師范蠡,中國智慧聖人鬼谷子,中國道學高師黃石公(即黃大仙),中國帝王之師張良,中國道教創始人張道陵,中國「萬古丹經王」《周易參同契》的作者魏伯陽,中國大科學家張衡、中國大書法家、書聖王羲之;中國晉代道家養生名家葛洪,中國藥王孫思邈,中國詩仙李白,中國唐、宋時代道家養生名家鍾離權、呂洞賓,張果老,陳摶,張伯端;中國元明之際,主要有中國太極拳與中國武當派武術創始人張三豐,中國清代道學名家黃元吉,中國近代道學名家陳攖寧,當代世界著名老壽星吳雲青,中國華山道功名家邊智中道長,中國終南山百歲道醫李理祥,中國安陽三教寺李嵐峰高師,中國武當山百歲高道唐道成,中國四川青城山百歲高道趙百川……

由於中國道家養生學核心的中國道家內丹養生之道,確有回春益智,促進人類事業成功,使人類天人合一,改善人類生命密碼之效,故從中國道家內丹養生之道祖師廣成子傳黃帝內丹始,為嚴防世間小人學得、幹出傷天害理之事。故數千年來其核心養生機制一直以「不立文字、口口相傳」的方式,秘傳於中國道家高文化素質階層之內,世人難學真訣;當今之世,諸因所致:真正掌握中國道家養生學的核心與中國道家內丹養生之道真諦,並且自身修學而獲得年逾百歲猶童顏大成就的傳師甚少,主要有:世界著名百歲老壽

星、道家內丹養生高師吳雲青，李理祥、唐道成、趙百川：
中國道家養生學華山道功名家邊治中（道號邊智中），中國
古都安陽三教寺李嵐峰等……

眾所周知：當今世界、進入西方現代實驗科學加東方古
代經驗科學、進行綜合研究促進現代科學新發展的新時代，
作為中國傳統養生科學精華的中國道家養生學核心的道家內
丹養生之道，日益受到當今世界中、西方有緣的大科學家的
學習與推薦，諸如舉世聞名的英國劍橋大學李約瑟博上，在
其科學巨著《中國科技史》一書中精闢地指出：「中國的內
丹成為人類早期生物化學史上的一個里程碑。」同時指出：
「道家思想一開始就有長生不死概念，而世界上其他國家沒
有這方面例子，這種不死思想對科學具有難以估計的重要
性。」

世界著名生物遺傳科學家牛滿江博士，因科學研究工作
日繁導致身心狀況日衰，又因求中、西醫而苦無良策，效果
不佳。故於1979年，他來中國北京，向中國道家華山道功名
家邊智中道長、（俗名邊治中）修學了屬於中國道家養生學
核心的道家內丹養生之道動功的中國道家秘傳養生長壽術
後、身心短時間回春。故他以大科學家的嚴謹態度，經過現
代科學研究後，確認本功是：「細胞長壽術，返老還童術，
係生命科學。」四年之後的1982年，牛滿江博士深有感觸地
向全人類推薦道：「我學練這種功法已經四年，受益匪淺，
真誠地希望此術能在世界開花，使全人類受益。」（本文修
訂之際，適逢世界著名生物遺傳科學家牛滿江博士於2007年
11月8日以95歲高齡辭世，此足見道家內丹養生之道養生長壽
效果真實不虛。）

中國當代著名大科學家錢學森，站在歷史的高度、站在

高文化素養的基礎之上：深知中國道家養生學核心的道家內丹養生之道、為中國傳統生命科學和中國傳統人天科學精華，因此，對中國道家養生學核心的道家內丹養生之道又十分推崇，他在《論人體科學》講話中精闢地指出：「結合科學的觀點，練功、練內丹」。錢學森同時支援、中國社會科學院博士生導師、中國當代道學名家胡孚琛確立完善：「中國道家內丹學。」

經過胡孚琛博士長年千辛萬苦、千方百計地努力，中國道家養生學核心的道家內丹養生之道得以完成。走進了本應早走進的現代科學殿堂。成為一門古老而嶄新的生命科學學科。此舉，對弘揚中國傳統生命科學，對於全人類身心健康、事業成功，無疑是千古一大幸事。

為使天下有緣善士學習到中國道家養生學核心的道家內丹養生之道，世界著名老壽星、當代內丹傳師吳雲青、邊治中二位高師，曾經親自在中國西安、北京和新加坡等地對海內外有緣善士辦班推廣，同時委託其入室弟子，世界傳統養生文化學會的主要創辦人之一的蘇華仁等人，隨緣將中國道家養生學核心的道家內丹養生之道，傳授給了中國、美國、英國、法國、日本、新加坡、馬來西亞等國家和中國香港、澳門地區的有緣學員。

二、中國道家養生學核心道家內丹養生之道效果簡介

根據當代世界各地有緣修學、習練中國道家養生學核心的道家內丹養生之道課程的學員，自己填寫的大量效果登記表，同時根據中國山東省中國醫藥研究所，所作的大量醫學臨床報告表明：學習中國道家養生學核心的中的道家內丹養生之道課程，短時間內可有效地，大幅度地提高人類的智商

和思想水準與思維觀念，並能確立一個樂天知命的科學目標而精進。同時，短時間內可有效地增加生命本源精、氣、神，提高人體內分泌水準和改善人體各系統功能，從而可使人們顯著地達到身心健康，軀體健美，智慧提高，身心整體水準回春。同時，還可以讓人類克服亞健康，康復人類所患的各類疑難雜症，諸如：神經系統失眠、憂鬱、焦慮等症。腎臟與泌尿系統各類腎病，精力不足、性功能減退等症。內分泌功能失調造成的肥胖與過瘦等症。循環系統糖尿病、心腦血管病，高、低血壓等症。呼吸系統各類肺病、哮喘病、鼻炎、過敏等症。消化系統各類胃病、肝病、便秘與腹瀉等症。免疫系統、衰老過快和容易疲勞的亞健康等症。

綜上所述：修學與忠行中國道家養生學核心的道家內丹養生之道，短時間內確保您身心能整體水準改善和提升與回春。為您一生取得身心健康、事業成功奠定一個堅實可靠的基礎，同時為您修學中國道家養生學核心道家內丹上乘大道，達到天人合一奠定基礎。這是古今中外大量修學中國道家養生學核心的道家內丹養生之道者的成功經驗。供您借鑒，您不妨一試。

（蘇華仁撰稿）

老子《道德經》養生之道

《中國道家養生與現代生命科學系列叢書》

編委會名單

本叢書所載中國道家養生秘傳師承

1.吳雲青（1838～1998）

中華聖祖黃帝、老子創立道家內丹養生當代160歲傳師，世界著名壽星。

2.邊智中（1910～1989）

中國道家華山派內丹道功當代傳師，世界著名生物學家牛滿江道功師父。

3.李理祥（1893～1996）

中國道家龍門派內丹道功當代百歲傳師，中國當代著名道家醫學傳師。

4.李嵐峰（1905～1977）

中國道家金山派內丹道功當代傳師，張三豐太極拳與內丹養生當代傳師。

5.唐道成（1868～1985）

中國道家武當派內丹道功當代117歲傳師，中國當代著名道家醫學傳師。

6.趙百川（1876～2003）

中國道家青城山內丹道功當代127歲傳師，中國當代著名長壽老人。

本叢書專業學術顧問

中國道家養生與周易養生學術顧問：

——唐明邦（中國當代易學學術泰斗、中國武漢大學教授）

中國道家養生學術與內丹學術顧問：

——胡孚琛（中國社會科學院博士生導師、著名道家學術學者）

總主編	蘇華仁				
總策劃	趙志春				
副主編	辛 平（馬來西亞）				
編 委	丁成仙	毛飛天	馬 源	王正忠	王麗萍
	王炳堯	王 強	王學忠	鄭衛東	田合祿
	田雅瑞	玉真子	葉欣榮	葉掌國	葉崇霖
	古陽子	占米占	劉永明	劉小平	劉俊發
	劉繼洪	劉裕明	劉偉霞	劉 功	明賜東
	任芝華	孫光明	孫愛民	朱瑞華	朱瑞生
	朱文啟	牟國志	辛 平	辛立洲	蘇華仁
	蘇小文	巫懷征	蘇華禮	李宗旭	李武勛
	李太平	李靜甫	李志杰	李 興	吳祥相
	吳吉平	何山欣	嚴 輝	趙志春	趙 珀
	趙樹同	趙振記	張海良	張德矕	張若根
	張高澄	張良澤	陳 維	陳成才	陳全林
	陳志剛	陳安濤	陳紹聰	陳紹球	陳春生
	金世明	林遠嬌	周一謀	周彥文	周敏敏

老子《道德經》養生之道

	楊　波	楊建國	楊懷玉	楊東來	楊曜華
	駢運來	賀曦瑞	聞玄真	鄭德光	柏　林
	胡建平	柯　可	高　峰	高志良	徐曉昌
	鄒通玄	秦光中	唐明邦	唐福柱	黃紹昌
	黃易文	黃子龍	梁偉明	梁淑范	郭棣輝
	郭中隆	曾本才	梅全喜	董應周	韓百廣
	釋印得	釋心月	黎平華	黎　力	魏秀婷
秘　書	吳朝霞	吳鳴泉	嵇道明	蘇　明	蘇小黎
	宋烽華	張　莉	潘海聰	米　鐸	劉文清

真誠的感恩與感謝

——代本叢書前言

　　古今中外，人類發展史啟迪人們：由我們中華民族神聖
祖先黃帝、老子創立集大成的中國道家養生之道，是公認的
全人類康壽超凡、事業成功、天人合一真實而神奇的法寶。

　　在海內外諸位有緣同道的真誠努力和友人幫助之下，
《中國道家養生與現代生命科學叢書》第一輯基本脫稿了，
其書目如下：

　　1.老子《道德經》養生之道

　　2.實用道家養生之道與現代生命科學

　　3.《周易參同契》與道家養生

　　4.藥王孫思邈道醫養生

　　5.張三豐太極拳內丹養生真傳

　　6.世界著名壽星吳雲青談中國傳統養生之道

　　我有幸作為本叢書的總主編，在此以感恩的心情真誠的
懇謝：

　　一、真誠的懇謝我們中華民族的神聖祖先：中華易祖伏
羲、中華養生始祖廣成子、中華文明之祖黃帝、中國道家之
祖老子等中國道家養生祖師，是他們奮起大智大慧，靜觀體
悟宇宙天地人萬物生滅變化規律，而後又經過漫長的歷史歲
月，歷經無數的坎坷磨難，數不清的失敗最終獲得成功。

　　正因為他們偉大與堅韌不拔，才給我們後人創立了古今

中外公認為世界傳統養生文化寶庫中最珍貴而神奇的法寶：中國道家養生之道精華的中國道家內丹養生之道，開創了人類養生歷史的新紀元。

二、我真誠的懇謝中華五千年歷史長河中，歷朝歷代的中國道家養生精華中國道家內丹養生之道的傳承者、弘揚者：尹喜真人、儒聖孔子、兵聖孫子、道學大宗師莊子、中國智慧聖人鬼谷子、中國道學高師黃石公、中國帝王之師張良、中國道教創始人張道陵、中國大科學家張衡、《周易參同契》作者魏伯陽、道學高師葛洪、藥王孫思邈、丹道高師漢鍾離、呂洞賓和張果老、易道高師華山陳摶老祖、道家南宗始祖張伯端、南宗丹道高師白玉蟾、道家全真派始祖王重陽、龍門派始祖邱長春、太極拳祖師張三豐、道學名家黃元吉等祖師，是他們在漫長而複雜的歷史環境中，將中國道家養生精華「道家內丹養生之道」一代一代的弘揚於世，造福古今世人。

三、真誠地懇謝將萬分珍貴的中國道家養生精華「道家內丹養生之道」秘傳於我的恩師們：

1.《周易》發源地中國古都安陽三教寺高師李嵐峰（1905–1977），如果不是他老人家傳我道家內丹養生秘功，我很有可能被病魔奪去生命離開人間。至今思之，仍讓我既驚心動魄，又欣喜非常。正是李嵐峰師父將道家內丹養生秘功秘傳於我，才使我枯木逢春，也正因為道家內丹救了我的命，而且僅僅七天時間，從而改變了我的人生觀和世界觀，以致於我後來再學習、深造道家內丹養生而雲遊天下時，不管碰到什麼險阻，我都義無反顧，勇往直前。同時，我也親身體驗到：中國道家養生之道是全人類康壽超凡，事業興旺、天人合一的神奇法寶。

2. 我也真誠的懇謝中國陝北延安青化寺長老，世界著名壽星、道家高師吳雲青（1838–1998），是他老人家與我一見投緣，將中國道家養生精華「內丹養生之道」的靜功全法全訣秘傳於我，使我學習掌握了黃帝、老子創立的道家內丹「九轉還丹功」秘訣。使我生命之樹從後天返先天。特別令我感動的是吳雲青老人又親筆提定將我委任為掌門弟子。

3. 我真誠的懇謝我的第三位師父，中國河南泌陽白雲山117歲道長唐道成，是他將中國道家養生精華「中國道家內丹養生之道」中的丹田速開秘功傳給我，使我大大縮短了練成內丹的時間。

4. 我真誠的懇謝我的第四位師父，聞名海內外，世界著名的道家內丹養生動功傳人——華山道功傳人邊治中（道號邊智中）。是他對我厚愛有加，不僅將秘功傳於我，還任命我為「中國古代養生長壽術學會副秘書長兼河南分會會長」。而世界著名生物遺傳科學牛滿江也是邊治中的弟子，為中國古代養生長壽學會的名譽會長。

5. 我真誠的懇謝我的第五位師父李理祥（1893–1996）：中國終南山老子化羊廟百歲道長，道醫名家。是他老人家與我一見如故，悉數將他珍藏多年的中國道家醫學秘方秘傳於我，使我學習掌握了中國道家醫學，親身體會到中國道家醫學的真實神奇。需要補充說明的是，李理祥出生於中國安徽阜陽，祖傳中醫世家，又曾到日本留學學習過西醫，故他精於中國道醫與中醫、西醫。由於其醫德醫術精湛，故而曾被馮玉祥將軍聘任為私人保健醫生多年，後在終南山張良廟出家為道士。其醫德醫術聞名海內外。

6. 我真誠的懇謝我的第六位師父趙百川（1876–2003），是他老人家秘傳我中華道家養生精華「道家內丹養生之道始

老子《道德經》養生之道

祖廣成子秘笈」使我眼界大開，特別是趙百川老人家壽高127歲仍日日修道，日日勞動不止，而且童心未泯，實在令人懷念感動。

7. 我真誠的懇謝我的佛門淨土宗師父：中國當代淨土宗百歲禪師、河南開封大相國寺方丈釋淨嚴（1891–1991），是他愛我如子，開示我佛門明心見性真諦。

8. 我同時真誠的懇謝我的佛門禪修師父：中國當代禪宗泰斗虛雲法師入室弟子，九華山佛學院首座釋明心法師（1908–1994），是他老人家一見我而決定收我為弟子，即傳我禪宗九禪秘功。

9. 我十分懇謝我的佛門密宗師父，中國當代密宗金剛心法傳師釋圜照，是她老人家一見我秘傳密宗「九節佛風」秘法，並開示我密宗密咒真諦。

我十分感恩與懇謝在我多年雲遊神州學習道家養生與佛家明心見性真諦時、對我十分關懷的高道高僧。

首先我十分感恩並懇謝中國道教協會副會長，武當山主持，中國道教龍門派十七代傳人王教化道長。在我1978年雲遊至武當山學道和深造張三豐太極拳時，是他老人家將武當山的實際情況原原本本告訴我，並同時讓我在武當山常住。

我同時十分感恩並懇謝中國少林寺老方丈釋行正法師，1980年我雲遊至少林寺學習禪修真諦時，是他老人家讓我在少林寺常住，並讓我擔任當家助理同時讓我與他老人家住在同一個房間，至今思之，恍如昨日……

在《中國道家養生與現代生命科學叢書》基本脫稿之際，我也十分懇謝、為我寫書而提供熱忱幫助而大力支持的人們：

海內外著名、中國當代易道學術研究老前輩、武漢大學

唐明邦教授為本叢書特題寫：「中國道家養生與現代生命科學叢書」，同時惠賜關於道家養生真訣高水準的文章五篇。

中國社會科學院哲學系博士生導師，海內外著名的道家養生行家胡孚琛對本叢書始終關懷支持。在本叢書即將脫稿之際，2008年春節前夕，胡孚琛教授親自從北京打電話到羅浮山告訴我一個好消息，國務院辦公會議最近批准成立中國第一個全國性的：「中國老子道家文化研究學會」。本會由胡孚琛教授任會長，胡孚琛教授推薦我出任本會常務理事。

中國道教協會前任會長閔智亭道長與我相識多年，他老人家曾多次到我的家鄉、周易發源地、中國古都安陽靈泉寺看望我的師傅吳雲青老人家不朽真身並親筆留下墨寶：「靈泉聖境」。這次，將其墨寶編入《世界著名壽星吳雲青談中國傳統養生之道》，使本書錦上添花、增色不少。

現任中國道教協會會長任法融（是我1989年拜訪的高道），為寫好本叢書，我們曾就有關事宜進行多次通話。

感謝我馬來西亞弟子辛平，美國道家養生學者張德韡先生，臺灣的李武勳、黃易文先生，香港的劉裕明等先生與同道對本叢書的大力支持。同時我也特別懇謝我寫作所在地的中國廣東羅浮山沖虛觀賴寶榮道長，是他在沖虛觀東坡亭為我們《中國道家養生與現代生命科學叢書》編委會提供了長期工作室，使我能專心寫作。

最後，我特別懇謝中國山西科技出版社焦社長、總編輯趙志春先生等有關同道，有了與他們的真誠合作與支持，才使本叢書能夠早日面世。

總之，我代表本叢書全體編委，真誠懇謝為本叢書提供幫助與支持的海內外有緣人。

值此本叢書脫稿之際，我也真誠的告訴讀者：古來修學

道家養生之道者云：「得訣歸來好看書」是十分寶貴的經驗之談，學習道家養生法只有在真正的高師指導下，才能學得真訣，才能短時間掌握真諦，獲得真效。

本叢書所選定書目內容和書內所載養生方法，均是根據我的上述師父秘傳秘訣而後選定的內容，讀者盡可放心閱讀，自能獲益，最好能將本叢書全部通讀一遍，其獲益更全面更大，如有什麼困難請與我聯繫，我的地址附於本書之後。

最後，我真誠的祝願各位讀者經由學習本書，能儘快學習好，掌握好「中國道家養生之道」，早日獲得身心康壽超凡、事業成功、天人合一。

我也真誠的歡迎您對本叢書有什麼意見和建議能夠真誠給我們提出來以便我們改善提高本叢書品質。本文結束之際，特贈各位讀者四首詩：

一

參透萬物與人生，
道家養生甚高明；
黃帝、老子練內丹，
道法自然大業興。

二

黃帝、老子練內丹，
百歲童顏身心健；
練精化氣氣化神，
天人合一宛若仙。

三

黃帝、老子內丹成，
返樸歸嬰天地同；
為益世人學大道，
著出《陰符》《道德經》。

四

黃帝《陰符》闡宇宙，
老子《道德經》養生；
世人若能忠行之，
自然康壽萬事成。

蘇華仁
2008年春節寫於廣東省博羅縣長寧鎮羅浮山沖虛觀東坡：道易養生院
郵編：516133
手機：13138387676
E-mail：sudao69@163.com

老子《道德經》養生之道

目　錄

第一章　總序言 …………………………………… 53

第一節　黃帝、老子丹道益人天 ………………… 58
第二節　西方科學權威贊丹道 …………………… 64
第三節　中華各界泰斗練丹道 …………………… 81
第四節　吳老練丹道百歲童顏 …………………… 94

第二章　老子史傳與呂洞賓史傳 ………………… 105

第一節　《史記・老子列傳》…………………… 105
第二節　《老子新傳》…………………………… 107
第三節　呂洞賓史傳 …………………………… 110

第三章　老子《道德經》呂洞賓秘注之一 ……… 125

第一節　張三豐贊老子《道德經》呂洞賓秘注詩 …… 126
第二節　老子《道德經》呂洞賓秘注全文 ……… 126
一、重刊老子道經呂祖秘注二種肖天石序 ……… 126
二、老子《道德經》釋義河上公舊序 …………… 127
三、老子《道德經》呂祖秘注李明徹序 ………… 128
四、老子《道德經》呂祖秘注釋義凡例 ………… 128
五、道德經釋義卷之上 ………………………… 130
六、道德經釋義卷之下 ………………………… 174

老子《道德經》養生之道

第四章　老子《道德經》呂洞賓秘注之二 ……… 231

第一節　《道德經解》純陽山人序 ……… 231

第二節　重刊《道德經解》劉沅序 ……… 231

第三節　《道德經解》呂洞賓注 ……… 232

第五章　《老子內丹經》 ……… 273

第一節　《老子內丹經》原文 ……… 273

第二節　老子五十六字內丹道功真訣 ……… 275

第六章　尹喜傳承老子《道德經》養生之道 …… 277

第一節　尹喜尹真人傳 ……… 277

第二節　尹真人《文始真經》 ……… 277

文始真經直解跋引 ……… 277

關尹子 ……… 278

第一卷　一宇篇 ……… 278

第二卷　二柱篇 ……… 283

第三卷　三極篇 ……… 286

第四卷　四符篇 ……… 291

第五卷　五鑒篇 ……… 296

第六卷　六匕篇 ……… 300

第七卷　七斧篇 ……… 304

第八卷　八籌篇 ……… 306

第九卷　九藥篇 ……… 308

第三節　尹真人《東華正脈皇極闔辟證道仙經》序 … 314

一、添油接命章 ……… 316

二、凝神入竅章 ……… 319

三、神息相依章 ………………………………… 321

四、聚火開關章 ………………………………… 322

五、採藥歸壺章 ………………………………… 325

六、卯酉周天章 ………………………………… 327

七、長養聖胎章 ………………………………… 329

八、乳哺嬰兒章 ………………………………… 331

九、移神內院章 ………………………………… 333

十、練虛合道章 ………………………………… 336

第四節　尹真人廖陽殿問答 ………………………… 340

第一　升座篇 ………………………………… 340

第二　吸提篇 ………………………………… 350

第三　始基篇 ………………………………… 352

第四　神室篇 ………………………………… 353

第五　河車篇 ………………………………… 354

第六　秘授篇 ………………………………… 354

第七章　老子《道德經》養生之道系列經典
　　　　選集 ……………………………………… 359

第一節　《老子說常清淨經》………………………… 359

一、太上老君說常清靜經 …………………… 359

二、太上老君清靜經敘 ……………………… 360

三、無極品第一 ……………………………… 361

四、皇極品第二 ……………………………… 363

五、太極品第三 ……………………………… 364

六、三才品第四 ……………………………… 366

七、道心品第五 ……………………………… 367

八、人心品第六 ……………………………… 369

九、六賊品第七 …………………………………… 371

十、尸品第八 ……………………………………… 372

十一、氣質品第九 ………………………………… 374

十二、虛無品第十 ………………………………… 375

十三、虛空品第十一 ……………………………… 377

十四、真常品第十二 ……………………………… 378

十五、真道品第十三 ……………………………… 380

十六、妙有品第十四 ……………………………… 381

十七、聖道品第十五 ……………………………… 383

十八、消長品第十六 ……………………………… 384

十九、道德品第十七 ……………………………… 386

二十、妄心品第十八 ……………………………… 388

二十一、人神品第十九 …………………………… 389

二十二、萬物品第二十 …………………………… 391

二十三、貪求品第二十一 ………………………… 393

二十四、煩惱品第二十二 ………………………… 394

二十五、生死品第二十三 ………………………… 396

二十六、超脫品第二十四 ………………………… 397

二十七、後　記 …………………………………… 399

第二節　道德經（崑崙山秘本）………………… 400

第三節　《太上老君內觀經》…………………… 417

第四節　《老子說五廚經》……………………… 421

第五節　《太上老君日用妙經》………………… 424

第六節　《太上老君枕中經》…………………… 426

第八章　易道名家唐明邦論老子《道德經》
　　　　　與道家養生要訣 …………………………… 429

　第一節　老子《道德經》與道家養生要訣 ………… 429
　　一、養性貴守和 ……………………………… 430
　　二、煉身貴守恆 ……………………………… 431
　　三、飲食貴守淡 ……………………………… 433
　　四、起居貴守時 ……………………………… 434
　第二節　老子《道德經》和諧觀 …………………… 435
　　一、謹守心性和諧 …………………………… 436
　　二、促進社會和諧 …………………………… 437
　　三、維護自然和諧 …………………………… 438
　　四、世界企盼和諧 …………………………… 439
　第三節　唐明邦：《太極拳贊》 …………………… 440
　第四節　老子對中國傳統文化的貢獻 ……………… 441
　　一、老子思想涵化諸子百家 ………………… 441
　　二、老子思想激發古代科學 ………………… 442
　　三、老子的養生思想 ………………………… 443
　　四、老子是直覺思維的首創者 ……………… 445
　第五節　老子「愛民治國」的政治理想 …………… 446
　　一、「聖人無常心，以百姓心為心」 ……… 447
　　二、「治大國若烹小鮮」 …………………… 448
　　三、甘其食、美其服、安其居、樂其俗 …… 450

第九章　修眞圖淺釋 ………………………………… 453

　第一節　「修真圖」淺釋 …………………………… 453
　第二節　「還精補腦」內丹成，生命再造的工程 …… 456

老子《道德經》養生之道

第十章　關於「中國老子《道德經》誕生地河南
　　　　三門峽申報世界文化遺產」‧‧‧‧‧‧‧‧‧ 459

　一、本文緣起 ‧‧‧‧‧‧‧‧‧‧‧‧‧‧‧‧‧‧‧‧‧‧ 461
　二、中國和世界「申遺」形勢競爭激烈 ‧‧‧‧‧‧‧ 462
　三、三門峽市「申遺」優勢與不足 ‧‧‧‧‧‧‧‧‧‧ 464
　四、「申遺」工作方略之建議 ‧‧‧‧‧‧‧‧‧‧‧‧‧ 465
　五、「申遺」工作具體方案 ‧‧‧‧‧‧‧‧‧‧‧‧‧‧ 466
　六、附　言 ‧‧‧‧‧‧‧‧‧‧‧‧‧‧‧‧‧‧‧‧‧‧‧ 467

第十一章　與老子《道德經》養生之道的有關
　　　　　重要文章 ‧‧‧‧‧‧‧‧‧‧‧‧‧‧‧‧‧‧ 469

　一、老子度孔子 ‧‧‧‧‧‧‧‧‧‧‧‧‧‧‧‧‧‧‧‧ 469
　二、《鬼谷子全書》中的尹真人內傳 ‧‧‧‧‧‧‧‧‧ 474
　三、羅浮奇人蘇華仁話養生 ‧‧‧‧‧‧‧‧‧‧‧‧‧‧ 482
　四、老子《道德經》與養生大智慧 ‧‧‧‧‧‧‧‧‧‧ 490
　中國道家養生廿字要訣 ‧‧‧‧‧‧‧‧‧‧‧‧‧‧‧‧ 493
　中華丹道‧傳在吳老 ‧‧‧‧‧‧‧‧‧‧‧‧‧‧‧‧‧‧ 501
　《中國道家養生與現代生命科學叢書》
　　　編輯緣起、致責任編輯趙志春的信──代後記 ‧‧‧ 504
　道家養生長壽基地崛起山東沂蒙山 ‧‧‧‧‧‧‧‧‧‧ 507

第一章

總 序 言

「中華聖祖黃帝、老子創立中國道家文化道家內丹養生之道是全人類掌握生命科學、康壽超凡、事業成功的神奇法寶」

古今中外大聖哲、大科學家、大養生家、大修行家論贊：中華聖祖黃帝、老子創立中國道家養生文化和道家內丹養生之道精選

> 宇宙在乎手，萬化生乎身；
> 生者死之根，死者生之根……
> 知之修練、謂之聖人。
> 聖人知自然之道不可違，
> 因而制之。
> ——中華民族神聖祖先 黃帝：《陰符經》

> 道法自然，復歸嬰兒，
> 聖人之道，爲而不爭。
> 外其身而存，長生久視。
> ——中國思想界泰斗老子：《道德經》

> 育爐燒練延年藥，眞道行修益壽丹。

呼去吸來息由吾，性空心滅本無看。

寂照可歡忘幻我，爲見生前體自然。

鉛汞交接神丹就，乾坤明原繫群仙。

——老子：《五十六字養生丹訣》

夫練大丹者，固守爐灶，

返老還童，功成行滿，

氣化爲血，血化爲精……

——老子：《太上老君內丹經》（本經載《道藏》）

老子曰：性命雙修之妙用，

究其旨歸，

不外皇極闔辟之玄功。

——老子親傳弟子尹喜：《尹眞人東華正脈皇極闔辟

證道仙經》

朝聞道，夕死可矣。

——中國儒家祖師孔子：《論語‧里仁》

修道保法，擇人任勢。

——中國兵家祖師孫子：《孫子兵法》

眞人者，與天爲一，

內修練而知之，謂之聖人。

——中國智慧聖人鬼谷子：《鬼谷子全書》

道家使人精神專一，

動合無行，瞻足萬物……
道家無爲，又曰無不爲，
乃合大道，混混冥冥，
光躍天下，復反無名。
——中國偉大史學家司馬遷：《史記·六家旨要》

黃帝美金華、淮南練秋石，
金來歸性初，乃得稱還丹……
——「萬古丹經王」《周易參同契》：作者：魏伯陽

我命在我不在天，練精還丹億萬年。
——中國道學與道醫名家葛洪：《抱朴子》

取金之精，合石之液。
——中國藥王孫思邈：《內丹四言古詩》

早服還丹無世情，琴心三疊道初成。
——中國詩壇泰斗李白：《廬山遙寄盧侍御虛舟》

內丹成　外丹就　變化飛騰天地久。
——中國八仙之一呂洞賓《敲爻歌》

龍虎相交，謂之曰丹。
——中國道家華山陳搏老祖：《胎息訣》

學仙須是學天仙，唯有金丹最得端；
二物會時情性合，五行行處虎龍蟠。

——中國道家南宗祖師張伯端：《悟眞篇》

金丹之秘，在於一性一命而已。
性者天也，常潛於頂。
命者地也；常潛於臍。
——中國道家龍門派祖師丘長春：《大丹直指》

有緣之士，得遇眞師，
潛心默練，則金丹可坐而致。
——中國太極拳祖師張三豐：《張三豐道術匯宗》

順爲凡，逆爲仙，只在中間顚倒顚。
——中國太極拳祖師張三豐：《無根樹》

中華開國五千年，神州軒轅萬古傳，
創造指南車，平定蚩尤亂，
世界文明，唯有我先。
——中國近代國父孫中山：《祭黃帝》

中國的根柢全在道教
——中國近代偉大思想家魯迅：《魯迅全集》353頁

練精化氣氣化神，練神還虛保自身。
自身自有靈丹藥，何需深山把藥尋。
——中國當代黃帝、老子丹道傳師吳雲青吟古丹詩之一

西方的科學發展是以兩個偉大的成就爲基礎，那就是：

「希臘哲學家發明形式邏輯體系（在歐幾里得幾何學），以及透過系統的實驗發現有可能找出因果關係（在文藝復興時期）。在我看來，中國的賢哲沒有走上這兩步，那是用不著驚奇的，令人驚奇的倒是這些發現（在中國）全部做出來了。」

——世界著名現代科學之父愛因斯坦：《愛因斯坦文集》第一卷574頁。

中國離開了道學，就象大樹沒有根一樣。

中國的內丹成為世界早期生物化學史上的一個里程碑。

——世界著名科技史專家李約瑟：《中國科技發展史》

道家思想一開始就有長生不死概念，而世界上其他國家沒有這方面的例子，這種不死思想對科學具有難以估計的重要性。

——世界著名科技史專家：李約瑟《中國科技史》

結合科學的觀點、練功、練內丹

——中國當代大科學家錢學森：《論人體科學》

我學練這種功法（指中國道家內丹養生學華山派十九代傳人邊治中道長，道號邊智中傳世之道家內丹養生學動功）已四年，受益非淺，真誠地希望此術能在世界開花，使全人類受益。

——世界著名生物遺傳科學家牛滿江（《道家秘傳回春功·邊治中著》載）

第一節　黃帝、老子丹道益人天

黃帝老子秘傳丹道裨益人天
古今中外朗朗乾坤獨尊內丹

尊敬的海內外各位嘉賓、同道師友們：

我首先懇謝各位有緣閱讀本文，同時懇祝大家身心康壽超凡，所為事業成功。並且向各位敬呈上筆者禮贊「中華民族神聖祖先黃帝、老子創立中國道家文化和道家內丹養生之道」詞一首。一則真誠稱頌中華民族神聖祖先黃帝、老子依人天科學確立中國道家養生文化和道家內丹養生之道。度人康壽超凡，裨益人天、功德無量。二則因筆者文心笨拙，特書於此詞懇請各位雅正。

詞曰：

　　　　大千世界銀河悠，
　　　　內浮蔚藍地球。
　　　　造化生人世間稠，
　　　　生老病亡去，
　　　　彈指百春秋。

　　　　黃帝老子傳大道，
　　　　度人超凡康壽。
　　　　內丹練成合宇宙，
　　　　復歸於嬰兒，
　　　　含笑逍遙遊。

古往今來人類眾所周知：

人最寶貴的是生命長青與事業成功：養生益智，自然需要最佳養生之道；

人生最樂是樂天知命：掌握生命科學達到康壽超凡，成為命運規律的主宰；

人類最高理想是精通而且運用好人天科學，從必然王國進入自由王國。

如此說來：讓我們莊重地置身奔騰不息的歷史長河岸畔，放眼茫茫宇宙而沉思：

古今中外究竟哪家養生文化和養生益智之道真正最真最高最全面最長久又最簡便易行？

古今中外究竟哪家養生康壽超凡之道促進您真正能夠成為命運規律的主宰？

古今中外究竟哪家人文科學真正能夠促進全人類從必然王國進入自由王國？

古今中外究竟哪家生命科學與人文科學最能經受歷史檢驗而永久不衰？

「讀史使人明智」。（世界著名大哲學家培根語）

讓我們先展卷人類中人口最多，地大物博，歷史悠久的文明古國之一，而且是世界上唯一文明沒有斷層的國家，中國的《二十五史》便會一目了然。

大凡在中國歷史上大有作為的各界泰斗人物，大多因崇尚和學習中華民族神聖祖先黃帝、老子依生命科學與人文科學開創的以「道法自然」規律（老子《道德經》語）、「因而制之」（黃帝《陰符經》語）為方法的養生之道。進而促進全人類認識與掌握自然規律的中國道家養生文化思想；同時修學黃帝、老子秘傳中國道家內丹養生長壽之道，而身心

得以康壽超凡，大有作為。成為各界泰斗、千古聖哲。

因為中國道家養生文化指導下的中國道家內丹養生之道以「內練生命本源：精、氣、神；返還生命本源：精、氣、神。」為其核心機制，故其功效真實神奇，飲譽古今中外。

請您靜觀中華古籍史卷；崇尚中國道家養生文化和修學中國道家內丹養生之道的各界泰斗頓時會湧入您的眼簾：他們是：

溫文爾雅，峨冠博帶，生活在中國春秋時期的中國教育界泰斗，中國儒家聖人孔子。古之帝王多追封為「大成至聖先師」。

軍容嚴整，龍韜虎略，不戰而屈人之兵的中國兵家祖師、飲譽世界軍事界的兵家祖典《孫子兵法》的作者，中國春秋時期名家孫武子。

知天識地，高深莫測，功成而身退的中國商業界祖師、輔佐越王勾踐復國滅吳成為春秋戰國五霸之一的范蠡。

縱橫開合、妙演天機的中國戰國大外交家、縱橫家蘇秦、張儀和大軍事家孫臏、龐涓的老師，中國智慧聖人鬼谷子。

道法自然、掌握天、地、人生滅玄機，身為漢高祖劉邦帝王之師的張良的老師黃石公。（港、澳、台人士尊稱其為黃大仙並建廟時時祀之。）黃石公著道家經典《素書》傳世。

運籌帷幄，決計千里，被史學家譽為「古今無雙第一」的中國大謀略家、身為西漢高祖劉邦帝王之師的留侯張良。

丹道合修，道德並重，正一法術可降龍伏虎的中國道教創始人，留侯張良第八世孫，中國東漢時期名家張道陵。（世人稱其為張天師，晚年隱居江西龍虎山修練丹道。）

勤奮精思、巧奪天工的世界上最早發明地震測量儀器地動儀與風向測定儀器風候儀的大科學家，中國道教創始人張道陵之長子張衡。

丹道精湛、易道純熟的中國《周易》研究界名家，古今丹家公認為「萬古丹經王」作者，中國東漢時期名家魏伯陽。

筆走龍蛇、天性愛鵝的中國書聖、千古書法精品《蘭亭序》的書寫者、中國晉朝名家王羲之。

天性慕道、精於中國道學與中國道醫名著《抱朴子》的作者，中國晉代丹道與道學大名家葛洪。

居山修道、才通政壇，被中國晉朝朝野稱作「山中宰相」的陶弘景。

潛心練丹道，易道醫全精的中國藥王、飲譽古今世界醫藥界的《千金要方》《千金翼方》的作者，中國隋、唐名家孫思邈。

超神入化，名列仙宗的中國漢、唐之際的丹道名家、位在「八仙名仙」的漢鍾離、呂洞賓、張果老。

風神飄逸、仙風道骨，自號「謫仙人」的中國詩歌界泰斗、唐代名家李白。

高臥華山、四辭朝命，上承伏羲、黃帝、老子先天易道之學，下開後世易道合一宗風，中國宋代之初的中國華山陳摶老祖。

師承鍾、呂，開創中國丹道南宗，丹道名篇《悟真篇》作者，南宋道學名家張伯端。

外顯金鋒、內練內丹的中國太極拳與中國武術武當派祖師、中國元、明之際的名家張三豐。

大慈大悲、救苦救難的中國佛、道雙修之白衣大士，其

在道家名「慈航道人」，佛門中稱之為「觀音菩薩」。

心地慈悲、潛心禪學、名重魏、晉之際的佛門高僧曇鸞。

一代宗師，飲譽江南佛門的中國佛門大德天臺宗三祖慧思。

……

放眼近代與當今世界：

世界著名大科學家愛因斯但、李約瑟、萊布尼茲、玻爾等。他們站在現代世界高科技基石上，對中國傳統文化源頭道家文化與中國道家內丹養生之道甚為推崇，同時對由中國道家文化孕育的中國古代科學為主體的世界東方古代科學進行專門研究；源於此，世界驟然間興起了西方實驗科學加東方古代科學（也有人稱作東方神秘主義）進行綜合研究，以促進人類科技新發展的歷史新潮流。

綜上所述，古今中外歷史對我門的啟迪不言而喻：

中國道家養生文化和道家內丹養生之道是全人類康壽超凡的神奇法寶。

故爾中華大地古來流傳一句古語：「朗朗乾坤、獨尊內丹」。

然靜觀古今中外：何為真正高師？《黃帝內經》曰：「上古知道者，度百歲乃去」。中華民族神聖祖先黃帝誠告世人：生命科學與人天科學真諦，掌握在年逾百歲猶童顏的中國道家養生文化和道家內丹養生長壽之道高師手中。

縱覽當今之世：年逾百歲猶童顏的高師今安在？

極目茫茫神州：年逾百歲猶童顏的高師何處求？

大道自然、天運良機——

《人民日報》1980年9月10日四版，中國《體育報》1980年9月12日頭版，《新體育》雜誌1980年第7期，《長壽》雜

誌1980年創刊號等海內外諸多報刊分別刊文並附照片向全世界披露：當今之世，因潛心習練中華民族神聖祖先黃帝、老子秘傳道家內丹養生學，至1998年壽齡高達160歲的丹道高師吳雲青，不僅健在，而且鶴髮童顏，道氣軒昂，風神脫俗，笑傲滄桑。

　　欲知中華民族神聖祖先黃帝、老子創立中國道家文化和道家內丹養生之道真機？

　　欲知黃帝、老子依生命科學與人天科學創立中國道家內丹養生之道與源流詳情？

　　欲知黃帝、老子秘傳丹道傳師，160歲老壽星吳雲青修練丹道養生秘錄？

　　請您參透世間萬物幻相，

　　請您默擯身邊所纏俗務，

　　請您隨著筆者的筆觸站在歷史長河岸畔——

　　放眼古今中外生命科學與人天科學領域。

　　這真是：

　　　　參透萬物與人生，

　　　　修練內丹最高明；

　　　　黃帝、老子尚如此，

　　　　我輩自應步道蹤。

第二節　西方科學權威贊丹道

西方各界科學權威人類生命科學重大發現
黃帝老子確立丹道開創人文科學嶄新紀元

朗朗乾坤，

茫茫宇宙，

陰陽相摩，

歲月悠悠——

造化出天地萬物，同時也造化出萬物之靈的人類：

縱觀古今——

天地萬物在大自然法則支配下：生、老、衰、亡，一茬
一茬……

橫覽中外——

世間人類在大自然法則支配下：生、老、病、亡，一代
一代……

難道做為萬物之靈的人類與天地萬物一樣受大自然法則
支配而一籌莫展？

——這是中國偉大詩人屈原不朽詩作名篇《天問》內涵
的主旋律……

作為萬物之靈的人類理應奮起靈智，解開大自然奧秘，
掌握大自然規律，進而與天合一，與地合一，與人合一，與
宇宙大自然萬物合一。自然而然達到從必然王國進入自由王
國……

這是中華聖祖伏羲、黃帝、周文王、老子創立中國道家

文化與易學文化，佛祖如來創立佛教文化、西方聖人耶穌創立基督文化、默罕默德創立伊斯蘭文化的初衷與內涵。

　　——距今七千多年前中華易祖伏羲「上觀天文，俯察地理，近取諸身，遠取諸物」創出以「天人合一」為本源的中國先天八卦易學，開創人類「天人合一」的先天易學也稱先天易道之學文化的偉大動機與豐功。中國道學名家呂洞賓祖師禮贊曰：「伏羲創道至如今，窮理盡性致於命」。不言而喻：中國先天易道之學的根本是促進人類性命雙修，掌握生命規律。

　　根據中華聖祖伏羲、黃帝、老子數千年前所創的中國「天人合一」先天易學與先天道學；同時根據現代西方物理學之父愛因斯坦創立的「宇宙統一場論」，「量子力學」，與「全息論」：人類既然是大自然萬物之靈，每個人身心上，自然而然會具有大自然的基因與密碼。因此，人類最佳人生選擇是：在與大自然和諧相處的基礎上，進而因大自然規律而制之，從而達到康壽超凡，事業成功，天人合一。

　　這是距今五千年前，中華民族神聖祖先黃帝，將中華易祖伏羲先天八卦易學，發展為《黃帝歸藏易》中天六十四卦易道之學的偉大思想與偉績。黃帝將其平生總結出的永遠立於不敗之地的為人初處世經驗，寫在其傳世名著《黃帝陰符經》中，其中要旨是：「聖人知自然之道不可違，因而制之」。

　　做為萬物之靈的人類理應順應「道法自然」規律，同時掌握自然規律，達到「復歸於嬰兒」，「外其身而身存」。進而「長生久視」。

　　——這是中國春秋時「東方聖經」作者老子，他做為周朝史官，目睹宇宙天地人大量的興衰史實，而總結出一整套

完善的，可供全人類掌握宇宙天地人變化規律，達到理想境地的經驗方法，老子將其寫進《老子道德經》。世人公認其為「東方聖經」。

中國宋代大詩人蘇東坡千古不朽名句「但願人長久，千里共嬋娟。」吐露了古今中外全人類康壽超凡的共同心願。

為實現人類解開大自然法則與生命密碼，使人類掌握生命科學與人天科學。能夠擺脫病魔與衰老的侵襲，甩掉因知識陳舊、能力平庸而受制於外界的枷鎖，從必然王國進入自由王國。為此，古今中外，古往今來，看破紛紜紅塵，甩掉爭名奪利、志在超凡脫俗的人類中真正的偉大者、至聖者、大德者、大智者、大雄者。他們奮起才智、壯志凌雲、努力科研、潛心實踐，真可謂是「八仙過海、各顯其能」。

讓我們站在世界東方，極目遠眺那世界西方——

我們看到：以西方現代物理學之父愛因斯但、人類科技發展史研究專家李約瑟、電子電腦和電腦的創研者萊布尼茲、量子力學的發展者玻爾為首的各界大科學家們，正運用西方實驗科學，調動現代科學一切高科技手段向生命科學與人文科學進軍。

西方科學家歷經不屈不撓、可歌可泣的漫長崢嶸歲月，雖然取得了令人可觀的成就，但是並沒有從整體上根本解決問題，這不能不說是人類生命科學與人文科學領域的歷史悲劇。

後來，他們從廣角度向縱深層次研究。不久，他們驚奇地發現：在世界東方歷史悠久的中華大地上，早在數千年前，便已湧現出一批偉大人物，他們在生命科學與人文科學領域裏，上溯五千年前，乃至七、千年前所取得的科技成果水準，有許多竟已遙遙領先於當今科技成果，這實在令西方

科學家們感到震驚，感到欣慰，同時深感嘆服，深表稱羨。

這種嘆服驚奇之情，集中體現在愛因斯坦於1953年給美國加利福尼亞聖馬托（sanmateO）的J·E斯威策（switzve）的覆信中，他寫道：「西方科學的發展是以兩個偉大的成就為基礎，那就是：希臘哲學家發明形式邏輯體系（在歐幾里得幾何學中），以及由系統的實驗發現有可能找出因果關係（在文藝復興時期）。在我看來，中國的賢哲沒有走上這兩步，那是用不著驚奇的，令人驚奇的倒是這些發現（在中國）全部做出來了。」（據商務版《愛因斯但文集》第一卷574頁）

鑒於上述，西方科學家們毅然而然地將以中國古代科學為主體的世界「東方古代科學」用現代高科技手段進行全方位深入地研究。基於此，在人類歷史發展的二十世紀，世界興起了日見洶湧澎湃、令人歡欣鼓舞的西方現代實驗科學加東方古代經驗科學進行綜合研究，以求人類科技新發展的歷史潮流，這無疑是人類生命科學與人文科學的喜劇。

當西方科學家們將研究目標移向世界東方古代科學領域，他們頓時驚奇而又驚歎地發現：展現在他們面前的是一方真實、博大、神奇、壯美、生機盎然長達數千年不僅不衰而且日顯生機勃發、日益繁榮的新天地。

當他們進一步深入研究那雄距於世界東方地大物博，人口眾多，史載已有五千年文明史的中華民族之際。

當他們進一步展卷那博大精深，史實確鑿地記載著中華民族五千年文明發展史的中國《二十五史》之時：西方科學家們頓時顯而易見，一目了然地看到一股無比神奇之力，始終貫穿於中華五千年文明史，這股神奇之力使勤勞勇敢、質樸神奇的中華民族日見茂盛不衰，大多立於不敗之地；西方

科學家們再進一步向縱深研究時發現，這股無比神奇之力，是由從今上溯五千年左右，拓殖華夏的中華民族的共同偉大的始祖軒轅黃帝始創，再由從今上溯二千五百多年前，便已著出被西方世界公認為：「東方聖經」《道德經》的中國春秋之際偉大聖哲老子——李耳，繼承發展與傳播的中國道家養生文化。

中國道家養生文化，以「道法自然」規律為綱，而又「因而制之」自然規律，故爾中華數千年的文明史表明：中國道家養生文化完全能夠促進全人類達到「提挈天地、掌握陰陽」，從「必然王國進入自由王國」。

且說人類二十世紀的1943年，那一年正是第二次世界大戰進入關鍵階段，熊熊戰火彌漫著整個世界，整個人類大多為生存而奔波而掙扎，哪有心思從事學問與研究。

但正是在這一年的秋季，有一位體形適中、氣度沉著的中年人，一反常人之為，果敢地帶上研究和考察的公事包與簡樸的行裝，離鄉背井，冒著戰火硝煙，從英吉利海峽登上馳往遙遠中國的航船來到世界東方的文明古國中國，來考察中國傳統文化的根源道家文化。他，就是聞名世界的科技史專家、學者、英國皇家學會會員李約瑟博士。

因為李約瑟博士，他經過多年潛心研究了人類大量的文史哲資料後，站在高文化素養的基石上，高瞻遠矚地認為：人類之所以飽受戰爭之苦，人類文明之所以進程緩慢，關鍵之關鍵是人類科技文化的落後，而人類科技文化的高水準，即是中國傳統文化與中國古代科學的根源——中國道家養生文化。

李約瑟博士經過長期的足跡半神州實地考察，系統仔細地閱讀中國大量的史籍和中國道家寶典《道藏》。此後又經

過長期潛心深入地學習與研究後精闢地指出：「中國如果沒有道家，就像大樹沒有根一樣。」（引文載李約瑟博士著《中國之科技與文明》臺灣商務印書館（1979年版255頁）

　　無獨有偶：深通中國文化的中國近代偉大的文學家、思想家魯迅先生，他對中國傳統文化研究得出的結論，乃至論述所用的語言方式，竟與李約瑟博士極其相似，魯迅先生簡潔地指出：「中國的根柢全在道教。」（引文載（魯迅全集）第11卷第353頁。）

　　李約瑟博士進爾在研究中國及東亞的科學技術發明史後又精闢地指出：「道家又能將他們的理論付諸實行，所以東亞的化學、礦物學、植物學、動物學和藥物學都淵於道家。」（引自李約瑟博士著《中國之科技與文明）臺灣商務印書館1979年版第255頁）

　　面對在中國道家養生文化思想指導下的中國無數具有古今中外世界一流高水準的生命科學與人文科學的輝煌成果，李約瑟博士萬分驚奇而又嘆服道：「道家具有一套複雜而微妙的概念。」「它是中國後來產生一切科學思想的基礎。」（引文見·中文版科學出版社出版：李約瑟博士著《中國之科技與文明》第199頁）

　　李約瑟博士嘆服中國道家養生文化之餘，他從那時起：決定撰寫，爾後便矢志不渝，皓首窮經，歷經漫長的歷史歲月而後成書即飲譽世界的科技史名著《中國科技史》。

　　李約瑟博士從那時起，因崇尚中華民族文化的根源中國道家養生文化，進而崇尚在中國道家文化指導孕育出的輝煌燦爛的中國古代科學；再進一步則崇尚中國道家文化春秋時的大宗師老子——李耳。而李約瑟博士由此將自己原來的英國姓氏改定為中國老子李耳而始的「李」氏之姓。定名為：

李約瑟，於此足見其對中國道家文化崇尚之至。

綜上所述：中國傳統文化的根源是中國道家養生文化。

中國道家養生文化的核心又何在呢？中國道家養生文化核心之寶是什麼呢？

關於這些西方科學至今尚未研究出來。還是讓中華民族神聖祖先黃帝老子創立的中國道家文化哺育出的我們中國人自己來深入研究：這一具有跨世紀戰略意義和深遠歷史意義的人類生命科學與人文科學重要課題吧，當我們伏案靜靜地展卷中國記載中華五千年文明史的《二十五史》、當您沿著歷史軌跡向縱深研究，您便會「柳暗花明又一村」。一目了然地發現一個真實而神奇的歷史現象，大凡在中國歷史上大有作為的各界泰斗，大多因崇尚黃帝、老子開創的中國道家文化，大多因修學了黃帝、老子確立與秘傳的中國道家內丹養生長壽之道，因而身心康壽超凡大智大慧大增，因而事業成功，成為了「大名垂宇宙，聖功益萬世」的各界泰斗。

黃帝、老子確立與秘傳中國道家內丹養生學歷史淵源如何呢，請看如下史籍所載：

中國政治界泰斗，中華民族的共同祖先軒轅黃帝；中國偉大的歷史學家司馬遷在其所著《史記·五帝本紀》，莊周所著《莊子·在宥篇》，葛洪著《抱朴子·內篇》，均記載黃帝不遠萬里兩次登臨崆峒山，誠心拜當世丹師廣成子為師修學丹道。黃帝修學丹道後身心康壽超凡，平生所為拓殖華夏偉業日興，「監於萬國、萬國和。」

關於黃帝平生因習練丹道所達到之壽齡與最後歸宿；治吏嚴謹，據實而錄飲譽千古的偉大的史學家司馬遷、依據他身為西漢王朝太史令所掌握的大量史料，而後他又親自沿著史料所載黃帝平生足跡所至進行了深入細緻考察後，得到的

關於黃帝壽齡與歸宿史實共有三種，為便千秋萬世人研究參照之，司馬遷他分別將這三種史實秉筆實錄於《史記》之中：

其一為《史記·封禪》中載：與司馬遷同時代的公孫卿上禮書於漢武帝曰：「黃帝迎日推筴，後率二十歲復朔旦冬至，凡二十推，三百八十年，黃帝仙登於天。」

其二為《史記·五帝本紀》中載：「黃帝崩。葬橋山。」（即今陝西省黃陵縣橋山之黃帝陵）。皇甫謐注曰：「黃帝在位百年而崩，年百一十一歲。」（皇甫謐注引自中華書局，1959年9月出版司馬遷著《史記·五帝本紀》。

其三為《史記·封禪》中又載：「漢武帝（元封元年冬十月，西元前一百一十年）祭黃帝橋山，釋兵須如，上曰：「吾聞黃帝不死，今何有塚，何也？」或對曰：「黃帝已仙上天，群臣葬其衣冠。」

眾所周知：五千年前，據歷史學家考證：當時一般人的壽命僅為二、三十歲左右而已。

黃帝兩次登臨崆峒山向廣成子探求天地人至道規律和修學丹道詳況史載如下：為使眾讀者讀起來通俗易懂、我依據當代：160歲丹道高師吳雲青秘傳我丹道功法真訣，同時，在保留原古文含義、風格基礎之上，略微譯成白話如下：

黃帝立為天子十九年，令行天下，聞精於天地人萬物至道和養身長壽丹道的高師廣成子，隱居在景色古幽、絕少人煙的崆峒山（史載崆峒山位於中國大西北，即如今甘肅省平涼境內）。故爾從中原皇宮（位在今中國河南鄭州南之新鄭市境內）起程，不畏千里長途跋涉之艱辛，去崆峒山拜廣成子為師。

黃帝登上崆峒山拜見到廣成子說：「我聞說我的老師您

通達於天地人至道。故爾膽敢問您天地人萬物最高深至道精髓所在、因我欲攝取天地人萬物之精華，以佐五穀，以養民人，我又欲像管理天下那樣：設百官職來掌管天地人陰陽變化以裨益群生，為達上述目的，我該如何有所為呢？」

廣成子答道：「您所欲問者，乃天地人萬物之本質也，而您欲像您治理天下那樣設官分職來管理萬物生生滅滅自然規律，這樣，萬物必被致殘也。您想想：自從您用設官分職，有礙於自然萬物之道的方法管理天下，其結果如何呢？這種管理方法從大自然界回饋過來的情況可是不良：您看，天上的雲不待凝聚至足夠份量程度便稀稀啦啦下起所謂的雨來，天下的草木不待變黃便已開始衰落，連日月之光輝也日益見其荒廢暗淡啊，而您，以世俗之見的智巧狹隘心志，想用有礙於大自然規律的設官職的方法來管理自然，我又怎麼能夠與您言語，談論天地人萬物之至道！」

黃帝聽完廣成子這番宣導因循自然規律而為人處世的金玉良言，深以為是，他恭恭敬敬地退下回到中原皇宮，隨即用廣成子因循自然規律的方法治理天下，而摒棄那種有礙自然規律的設官分職方法治理天下，如此天下果然不治而大治。這樣黃帝自己也有了時間來養生，他養生之生活方式也遵廣成子所言因循自然而返璞歸真，為此，他特意築室，室內陳設十分簡樸，以白茅草為席。如此閒居三月以後身心變得脫俗、康泰自然。然後，懷著十分恭敬感恩之情再次赴崆峒山求見廣成子，懇求修學養身長久之丹道。

當時，廣成子正頭朝南而臥，黃帝極其謙恭地順下風跪著。以膝蓋來行走而進至廣成子之前，再二、再三地向廣成子行磕頭拜見老師之大禮後，方畢恭畢敬虔誠的向廣成子求道：「聞我師達於至道之精華丹道玄機，斗膽敢問老師：

「治身用什麼樣的方法可以使身體長久。」廣成子聞言深感黃帝這一次所問切中了天地人至道之核心，而且態度至誠出於本心，他高興地蹶然而起曰：「善哉問乎，來，靠近我，我告之您我修練天地人至道精華丹道時神妙的內景，體會和功效的秘密：

「至道之精，窈窈冥冥；至道之極，昏昏默默。無視無聽，抱神以靜，形將自正。必靜必清，無勞您形，無搖您精，乃可以長生。目無所見，耳無所聞，心無所知，您神將守形，形乃長生。慎您內，閉您外，多知為敗。我為您遂於大明之上矣，至彼至陽之原也，為您於窈冥之門矣，至彼至陰之原也。

「天地有官，陰陽有藏。慎守您身，物將自壯。我守其一以處其和。故我修身千二百歲矣，吾形未嘗衰。」

黃帝聞廣成子談論修練養身至道丹道之景象，體會和功效後甚為嘆服，其思想也因之豁然開悟。他再向廣成子頂禮膜拜後說：「廣成子老師，聽您以上之述，我深深理解到老師您因修練丹道已是能夠完全地掌握天地人生生滅滅玄機規律，達到超生了死境界之高師矣。」

廣成子聞黃帝如此一說，知道黃帝已開悟，真正理解了丹道乃天地人超生了死最尊至寶，便欣然對黃帝說：「來，您再靠我近些，我要將掌握天地人至道之丹道秘訣秘密地耳語您。」至此，黃帝在廣成子的口口秘傳下學到了掌握天地人生滅規律的世間最高至寶丹道秘訣。

廣成子向黃帝傳完丹道秘訣後深有感慨地說道：

天地人萬物的生命是能夠無窮無際的，而常人皆以為有終，天下萬物生命能量是能夠使其充沛的、無法測定的，而常人皆以為生命的能量是有極限的。

「世人得到我修練丹道秘訣修成丹道者：必能身心康壽超

凡，大智大慧大增而掌握自然無所不能。比如上可爲皇下可爲王：世人失掉我所修練丹道秘訣而未修成丹道者，他只能在日月之光下碌碌一生而歸於黃土，現在的百姓百物大多出於土而返歸於土，而至死不覺悟去渴求與修練丹道以掌握生死；故我將離開您們這些至死不悟者。進入那神妙的無窮無盡之門，以悠游於無極之野，我與日月同光，我與天地爲常，我至人之心以天道爲心；與我同時代相善而處死去的和遠我而去死去的我均處之若一。

「故爾天地之間，世人盡死，而我獨存。」

黃帝從崆峒山歸來後，他習練了廣成子所傳丹道，親身感到其功效真實、神奇乃天地人至寶，為讓此後千秋萬代人能身獲其益，黃帝在未來歲月中，在繼承，發揚廣成子所秘傳丹道方面做了巨大的工作。他根據自己多年的練功體驗，對丹道進行了繼承、充實，完善工作。使丹道在祛病回春、養生長壽、超凡脫俗。掌握自然，天人合一諸神奇功效方面進一步臻於完備，光耀當世無際，德澤萬世不衰。其詳況據有關史籍所載如下：

1. 黃帝首先將丹道功理：即距今上溯七千年左右的中華易祖伏羲：「仰觀天文，俯察地理，近取諸身，遠取諸物」後，所畫揭示天地人生生滅滅變化規律的《先天八卦》所開創之先天易學內涵至理，仍確定為修練丹道養生學理論。

眾所周知：《伏羲先天八卦》以「陰陽互依，互相消長」為哲理，以乾為陽、坤為陰，而定天地人之卦位。

黃帝對《伏羲先天八卦》內涵揭示天地人變化規律深以為然，故爾將《伏羲先天八卦》仍確立為修練丹道養生學理論，同時，黃帝又在《伏羲先天八卦》內涵哲理指導下向縱深研究時，又有新的發現：黃帝發現天地人萬物「生者死之

根，死者生之根。」（引文見《黃帝陰符經上篇》）規律，因而提出了「陰符」學說，其應用要義為「陰為陽符，符陰制陽。」黃帝據此著出了哲理精深，包容人天、萬世用之不衰，放之四海而皆準的天地人至經：《黃帝陰符經》，同時，黃帝還以「陰符經」思想為指導，創出了《黃帝歸藏易》中天八卦易學，從而繼承，充實了丹道養生學理論。

2. 黃帝將道家哲學思想與丹道內練生命本源精、氣、神，返還生命本源精、氣、神核心機制，指導中國中醫學與中醫藥學，故中國中醫古來也稱「道醫」與「醫道」。

黃帝與當時天官歧伯（史載歧伯乃當世天文、地理，丹道與醫學、星相學、占卜預測學、易學、相學高師），將中國道家哲學思想與丹道指導研究中醫，兩人經過多年的實踐與研究人類治病、防病、養生長壽之道，而提出人類康壽總綱為「法於術數，和於陰陽。」防病治病總原則為「滋陰補腎、健脾和胃。」並據此綱舉目張，著出了流傳萬世而不衰，飲譽古今中外的中國中醫學祖典《黃帝內經素問》，中國道家養生寶典《黃帝外經》。

這樣，中國道家內丹養生學與中醫學在修練方面與防病治病方面同時起到了並舉與互補，從而豐富充實了丹道的應用範圍，故《黃帝內經素問》也是古來修練丹道之士必讀經典，而中國道家內丹養生學也乃古之高醫必攀之高峰與必研究之大學問，諸如後世中國唐代一代高醫、中國藥王孫思邈，中國華山陳摶老祖……

3. 黃帝將廣成子隱居深山修練丹道的方法完善為既可出世又可入世之修練之道。

中國偉大的史學家司馬遷在《史記‧封禪》中明確記載：「黃帝平生且戰且學仙……」正是黃帝既入世又出世修

練丹道的具體寫照。

　　黃帝在繼承廣成子所傳中國道家內丹養生學基礎上，又經過上述三方面的充實、完善工作後而將丹道確立為「九轉七返還精補腦法。」當世及後世人為感念黃帝如此大功大德，將「九轉七返還精補腦丹法」之前冠以黃帝的聖名而定名為：「黃帝秘傳九轉七返還精補腦丹法」，簡稱「黃帝九轉還丹法」。

　　精爾言之：

　　黃帝九轉還丹法以生命科學與人文科學為依據。

　　黃帝九轉還丹法以九轉七返為修練之程式。

　　黃帝九轉還丹法以內練生命本源精、氣、神；返還精、氣、神為核心機制。

　　至此，人類生命科學與人文科學領域矗起了一座前無古人，後無來者的巨大里程碑——中國道家內丹養生學。

　　中國道家內丹養生學，從黃帝繼承、完善、充實至今已五千年左右。

　　歷經五千年歷史滄桑歲月檢驗：中國道家內丹養生學在防病，治病養生長壽方面日顯其德澤人天無邊無際……。

　　歷經五千年歷史滄海桑田變遷：中國道家內丹養生學在供人類超凡入聖、掌握自然日顯其功效真實神奇不可估量。

　　五千年的歷史史實，完完全全地向天地人作證——

　　中國道家內丹養生學是全人類康壽超凡的最佳法寶。

　　緣於無數史實證明：中國道家內丹養生學修練成功後，它確確實實能夠讓修練者有效地達到掌握生命密碼，改善命運運行規律等種種真實而神奇功效。同時又具有道法自然，而又能顛倒乾坤、掌握自然等等超級特異功能。故黃帝為讓千秋萬代天性慈悲、德才兼備、有超凡脫俗、掌握自然、裨

益人天之志者之高士能夠學得道家內丹養生學以酬其志，黃帝同時又考慮到能有效地嚴防世間小人，庸者竊得道家內丹養生學真機，幹出傷天害理之事。為此，黃帝鄭重三思後制定出一套完整的丹道傳授條規總綱如下：

中國道家內丹養生學其理論蘊含於《伏羲先天八卦圖》、《黃帝陰符經》、《黃帝內經》，《黃帝歸藏易中天八卦》以便廣示天下人，以廣引有緣之賢者高士。

中國道家內丹養生學其功法即具體下手功夫口訣，則嚴格規定不准著於文字。

只准在師徒之間歷經長期考驗證明確實道緣相合，然後歷經極其鄭重而隆重地傳授丹道儀式，最後方允在極其保密的環境中，惟有師徒二人在場的情況下，方可以逐步以言傳口授的方式傳授丹道之一步功法。

然後需待為徒者積德行功：真正練出了功效後方可逐步逐階秘授以下各步口訣。

自從黃帝所立丹道傳授道規之後：世間便流傳起「性功靠自悟、命功惟師傳。」「道不傳六耳」和「理傳萬卷書，法傳一句話」乃至「假傳萬卷書，真傳一句話」和「得訣歸來方看書」等等重要傳道術語。

人類數千年的發展史證明：黃帝所定中國道家內丹養生學傳承方式是百分之百的科學傳承方法。致使中國道家內丹養生學既能一代一代傳之久遠世間天性慈悲、德才兼備，有志超凡脫俗，掌握自然，稗益人天之仁人志士，同時，又有效地完完全全地避免了小人與庸者竊得丹道真機，幹出傷天害理之事，以影響朗朗乾坤之天道中和。

星移斗轉，滄海桑田──

歷史進至距今上溯二千七百多年的中國春、秋之際。

　　中國、春秋之際的道家大宗師老子（名李耳，字伯陽）。他身為周朝史官，他目睹了人類現實生活中天地人生生滅、滅興衰事實，同時，他又靜看了記載人類發展史上天地人滄海桑田驟變的史書典籍，運用他自己的大智慧，他發現黃帝開創的中國道家文化思想，黃帝秘傳的中國道家內丹養生學是全人類最完善、最科學的學問，故爾，全面學習繼承、發揚了中華民族神聖祖先黃帝開創的中國道家文化思想與黃帝秘傳中國道家內丹養生之道。

　　《史記‧老子韓非列傳》載：「老子乃著書上下篇，言道德之意五千餘言。」眾所周知，由於《老子道德經》內涵天地人奧秘之科學性光耀千秋萬世而日益顯其廣大，故古來西方世界各界人士公認《老子道德經》為「東方聖經」。

　　老子對黃帝開創的中國道家哲學思想與確立秘傳的道家內丹養生學的繼承與發揚，集中體現在《老子道德經》中：

　　1. 老子在《道德經》中，以中國道家哲學思想為指導，對天地人萬物產生的全過程進行了全面正確而形象的描述，同時對天地人萬物運行的運動規律進行了絕妙的論述：「有物混成，先天地而生，寂兮寥兮，獨立而不改，周行而不殆。」

　　令今天的科學家們萬分感到神奇的是：老子在《道德經》中對天地人萬物產生及其運行規律的描述，經過二千六百多年而至今；當人類駕馳著太空船自由自在地邀遊在太空，用現代高科技攝影設備：全息攝影機拍出的每一顆新的星球產生的全過程及發展與運行規律，竟與老子《道德經》中描述完全相符。這實在令當今科學家們由衷地欽佩老子之偉大。

　　2.《老子道德經》中對天地人萬物內部結構描述為：「萬物負陰而抱陽，沖氣以為和。」而目前現代最先進的高能物理設備所能分析出的物質最小單位「夸克」與「亞夸

克」的內部結構，正極與負極竟也與《老子道德經》中所描述的相符。這實在令大科學家們歎為觀止。

3.《老子道德經》對天地人萬物運行的規律描述為：「反者道之動。」不言而喻：這和當今辯證法在論述事物運動規律：「事物都是向相反方向發展的」完全一樣。

老子在《道德經》中，對黃帝確立秘傳的道家內丹養生學同樣有著神奇而絕妙的論述：

《老子道德經》中開篇：「道可道，非常道。」古來道學名家與丹道行家一看便知：老子所談「道可道，非常道」即是指天地人萬物大道之理與丹道之道。後文之：「故常無欲以觀其妙，常有欲以觀其竅。」乃是指道家內丹養生學九轉還丹功之第一步修練之大法。「觀其竅」，此乃古今修練丹道致年逾百歲猶童顏之高師秘傳口訣「守玄關竅」。

有關史籍載老子晚年後，曾隱居著述與修練丹道於中國終南山樓觀台（位在今中國西安西南方五十公里處）一段時間。樓觀台至今猶存《老子五十六字養生丹訣》，石刻楹聯。楹聯內專言修練丹道之要訣大綱曰：

　　上聯題寫為古稀字體：
　　上聯含義大體意譯為：育爐燒練延年藥。

　　下聯題寫為古稀字體：
　　下聯含義大體意譯為：真道行修益壽丹。

老子修練丹道大智大慧大增至大智若愚境界，因而其平生著出「東方聖經」《道德經》，這無疑對人類生命科學與人文科學做出了科學價值不可估量的貢獻。

老子修練丹道養生長壽有成：《史記·老子韓非列傳》載：「蓋老子百有六十餘歲，或言二百餘歲，以其修道而養壽也。」老子二百歲以後如何？《史記·老子韓非列傳》載：「莫知其所終。」

老子為了千秋萬代有道德經，同時又有志掌握生命科學和人文科學的志士，盡可能有緣有條件學到中國道家內丹養生學，他特意著出了中國道家內丹養生學發展史上第一部以闡述道家內丹養生學為主的《太上老君內丹經》因本經至關重要，故爾很早就被收入了中國道家寶庫《道藏》之中。

綜上所述：中國道家內丹養生學──

始由距今上溯七千多年的中華民族神聖易祖伏羲「仰觀天文，俯察地理；近取諸身，遠取諸物」，所畫《先天八卦圖易學》，開創了人類生命科學與人文科學精華並鑿開丹道養生學理論之先河。

又經距今上溯五千年左右的中華民族神聖人文之祖黃帝，他大智大勇大慧，兩次登臨崆峒山至誠拜得廣成子為師學得丹道秘傳真機。

再由黃帝繼承、充實、完善為「黃帝九轉還丹法。」其功理蘊含於《黃帝陰符經》、《黃帝歸藏易》、《黃帝內經》、《黃帝外經》，其口訣由代代高師口口相授秘傳於有緣之士。

最後由距今上溯二千七百多年的中國春、秋之際的黃帝道學與丹道集大成者：中國道家大宗師老子繼承發揚光大，著出《老子道德經》、《太上老君內丹經》、《老子常清靜經》等經典傳世。

至此，中國道家內丹養生學理論與實修工程程序：則性功與命功、動功與靜功兼俱達於完善，臻於大備；世人全稱

之為：「黃帝、老子秘傳九轉還陽金丹大道。」簡稱「黃、老丹道」，巍然立於世間。

歷經上述幾位大聖哲的經天緯地妙手精工細雕，歷經數千年的歷史滄桑檢驗，中國道家內丹養生學益顯精妙絕倫、稗益人天——豐哉，偉哉！

放眼縱觀古今中外全人類數千年的文明史：中國道家內丹養生學為全人類生命科學與人文科學開闢了一個德澤萬世而永久不衰的新紀元。

中國道家內丹養生學：為千秋萬代中之賢者志士，實現康壽超凡，掌握自然，稗益人天之宏圖大志，建立了一整套足可掌握生命科學與人文科學的，完整的，經得起長期歷史檢驗的，實用的、簡捷的，足可取得真實神奇而全面顯著功效的功理功法體系，故爾時至當今之世。西方諸大科學權威對中國道家內丹養生學推崇備至：稱中國道家內丹養生學為「生命再造工程。」

這真是：

　　　　黃帝老子傳丹道，人文科學架仙橋；
　　　　積德行功復歸嬰，天人合一任逍遙。

第三節　中華各界泰斗練丹道

中華各界泰斗練丹道成為聖哲
古來帝王將相求丹道望洋興嘆

鑒於中華民族神聖祖先黃帝、老子修練中國道家內丹養生學而康壽超凡、掌握自然，成為「聖功益當世，大德澤

萬代」而不衰之大聖哲。故而展卷縱觀記錄中華五千年文明史的中國《二十五史》一目了然，顯而易見：大凡在中國歷史上大有作為的各界泰斗，大多競相效法黃帝、老子，大多站在高文化素養的基石之上，嚴學嚴遵中國道家養生文化思想，同時因修習了中國道家內丹養生之道而身心康壽超凡、大智大慧大增、成為各界泰斗，進而留芳萬世而不衰。

其詳情請看古之史卷載其聲名與德業：

中國儒家祖師、中國教育界泰斗孔子，《史記・仲尼弟子列傳》載：孔子對弟子言其平生拜師六位：「於周則老子」為首位。《史記・老子韓非列傳》《史記・孔子世家》均載孔子適周問禮於老子，而老子卻默擯孔子所問周禮而給孔子談了大道之理及道家養生之道。老子對孔子曰：「子所言者，其人與骨皆已朽矣、獨其言在耳。且君子得其時則駕、不得其時則蓬累而行。吾聞之『良賈深藏若虛』君子盛德，容貌若愚，去子之驕氣與多欲，態色與淫志，是皆無益於身。吾所以告子，若是而已。」孔子去，謂弟子曰：「鳥，吾知其能飛；魚，吾知其能游；獸，吾知其能走。走者可以爲網（以捕），游者可以爲綸（以釣），飛者可以爲贈（以射）。至於龍，吾不能知其乘風雲而上天。吾今日見老子，其猶龍耶！」

《論語・里仁》載：孔子曰：「朝聞道，夕死可矣。」於此足見孔子渴求習練丹道之殷殷之情。《史記・孔子世家》記載，孔子嚴遵老子教誨；改變人生軌跡，他後半生一方面修道研易，著出《中庸》、《易大傳》等經典；另一方面靜心辦學育人，成為中國教育界泰斗。

《史記・老子韓非列傳》、《道藏》等史料記載：親自拜老子為師，第一位讀到《老子道德經》，同時得到老子道家文化和道家內丹養生之道直接秘傳的是：中國東周函古關

尹喜。他平生修學道家文化與道家內丹養生之道有大成。他根據《老子道德經》內涵而著出道家經典《文始真經》，又根據老子秘傳道家內丹養生之道著出內丹養生秘籍：《尹真人東華正脈皇極闔辟證道仙經》而傳世。

中國兵家祖師孫武，在其所著《孫子兵法》中明言：為將帥重要之事是「修道保法」。

中國商業界祖師范蠡，《史記・貨殖列傳・范蠡》載：范蠡輔弼越王「既雪會稽之恥，乃乘扁舟浮於江湖……」中國近代道學名家陳攖寧在其所著《道教與養生》中據有關資料記載：范蠡先變易姓名為陶朱公經商，遂後則隱於太湖潛修丹道，其詳況載中國近代道學名家陳攖寧著作集《道教與養生》（華文出版社：1989年7月出版第397頁。）

中國春秋戰國之際的道家大宗師莊子，其平生言行皆依循老子之道學與丹道。據《史記・老子韓非子列傳》載：莊子者，蒙人也（今河南商丘）名周，周嘗為漆園吏，與梁惠王、齊宣王同時，其學無所不窺，然其要本歸於老子之言。」莊子主要著作收入《莊子》一書，其中以《逍遙遊》《養生主》為代表。其餘文章均是道家思想與暗寓丹道修練玄機之名篇。故而後世之道學與丹道名家將《莊子》一書，稱為《南華真經》。

中國戰國時期著名外交家、縱橫家蘇秦、張儀，《史記・蘇秦列傳》《史記・張儀列傳》均載其二人為中國智慧聖人鬼谷子的學生。古籍《尚左錄》載：中國戰國時期著名軍事家孫臏、龐涓也師事鬼谷子。史載鬼谷子修練丹道隱居「周之陽城」。（今河南淇縣雲蒙山有鬼谷洞遺跡。）鬼谷子修練丹道之餘注釋過黃帝、老子秘傳丹道經典《陰符經》。同時著出被稱作：「天下第一奇書」的《鬼谷子》。

　　中國秦、漢之際，身為大謀略家漢高祖劉邦帝王之師的張良的老師黃石公，《史記・留候世家》載：黃石公平生隱世修練黃帝、老子秘傳丹道，著出丹道經典《素書》，同時著出被列為中國兵家必讀經典《武經七書》之一的《黃石公三略》。世人稱黃石公為黃大仙，並為之建廟時時祀之。

　　中國大謀略家，被史學家稱為「古今無雙第一」，身為帝王之師的張良。《史記・留候世家）載其輔佐漢高祖劉邦興漢滅秦後則功成身退、遂隱於中國川陝之交的留地紫柏山中（今陝西省南部留壩猶存張良廟）。潛心習練道家內丹養生學，志隨其丹道高師赤松子（即黃石公）雲遊。

　　中國史學界泰斗司馬遷與其父司馬談，父子二人均頗崇尚道家之學與道家養生之丹道。據《史記・太史公自序》載：「太史公學天官於唐都，受《易》於楊何，習道論於黃子」；司馬遷、司馬談父子二人所撰《六家旨要》哲學研究名篇。其中獨贊道家曰：「道家使人精神專一，動合無形、瞻足萬物。」又曰：「道家無為，又曰無不為，其實易行、其辭難知，乃合大道，混混冥冥，光耀天下，復反無名。」凡是讀過被中國近代偉大思想家、文學家魯迅先生稱為：「史家之絕唱，無韻之離騷」的司馬遷所著《史記》，古今中外各界人士均會發現：司馬遷在《史記》中對黃帝與老子評價最為崇高，司馬遷對黃帝禮贊曰：「維昔黃帝、法天則地、四聖遵序，各成法度；唐堯遜位、虞舜之治；厥美帝功，萬世載之。」司馬遷對老子禮贊曰：「（老子）李耳無為自化，清淨自正。」並評價老子曰：「老子所貴道，虛無，因應變化於無為，故著書辭微妙難識……皆源於道德之意而老子深遠矣。」

　　中國道教創始人，東漢初時人張道陵《雲笈七籤》載其乃張良後裔八世孫，張道陵於丹道與道學道術均精通，他至

一百二十三歲時身心仍康健而四處傳道，後來張道陵隱居江西龍虎山潛心習練丹道與正一法術。

世界上最早發明地震測量儀器地動儀和揭示天體運行規律的渾天儀與風向測定儀器風候儀的中國東漢大科學家張衡，乃為中國道教創始人張道陵之長子，《後漢書·張衡》、《後漢書·劉焉傳》載：「張道陵死後，傳其子張衡。張衡傳其子張魯。」張衡祖祖輩輩精於道學，他發明的渾天儀和地動儀與風候儀和《黃帝飛鳥曆），自然是在黃帝和老子的道家思想指導下完成的。

中國周易研究界泰斗，古今中外丹道家們均尊為「萬古丹經王」的《周易參同契》的作者，東漢時人魏伯陽，據五代後蜀彭曉著《周易參同契分章通真義序》（本文收入《正統道藏》容字型大小上。第624冊）載：「眞人魏伯陽者，會稽上虞人也。世襲簪裾，唯公不仕，修眞潛默，養志虛無，博贍文詞，通諸緯候，恬淡守素。唯道是從，每視軒裳如糠秕焉。不知師授誰氏？得《古文龍虎經》，盡獲妙旨，乃約《周易》撰《參同契》三篇。又云：未盡纖微，復作《補塞遺脫》一篇，繼演丹經之玄奧，所述多以寓言借事，隱顯異文。密示青州徐從事，徐乃隱名而注之。至後漢孝桓帝時，公復傳授與同郡於叔通，遂行於世。」又據葛洪著《神仙傳》載：「魏伯陽者，吳人也。本高門弟子，而性好道術，後與弟子三人，入山作神丹。」作《參同契五行相類》，凡三卷。其說是周易，其實假借爻象，以論作丹之意。而世之儒者，不知神丹之事多作陰陽注之。殊失其旨矣。」

中國書聖王羲之，《晉書·王羲之傳》載其「五世奉道」。他本人渴求中華聖祖黃帝，老子道家文化與中國道家內丹養生之道，為此，他曾向當時著名道士許邁學習丹道，

並與許邁共優游林下。

中國藥王孫思邈，丹道、醫道、易道全精通，《舊唐書·卷一百九十一·列傳第一百四十一》載其「七歲就學，日誦千餘言。弱冠，善談《老子》《莊子》，兼好釋典，周宣王時，思邈以王室多故，乃隱居太白山……」，唐太宗即位，將授以爵位，固辭不受……」，藥王孫思邈平生修練丹道有大成，本人大智大慧著出道醫名著《千金要方》《千金翼方》，壽齡至一百四十二歲時羽化，平生還給後人留下修練丹道的名詩：《內丹四言古詩》。

中國詩壇泰斗李白，《舊唐書》《新唐書》均載李白平生尊崇道家，為學得道家內丹養生學真機，曾先後拜當時著名道士吳筠為師學習丹道，後來賴吳筠道長鼎力舉薦於唐玄宗，唐玄宗方詔李白入京師。《中國文學史》載李白平生好道，自號「謫仙」。其詩充滿仙味。為學中國道家內丹養生學，他還曾托請北海高如貴天師為自己授「道篆」於齊州紫極宮，成為一名正式道士。李白自己在其詩作《廬山遙寄盧侍御虛舟》中。吟詠自己習練中國道家內丹養生學體會曰：「早服還丹無世情、琴心三疊道初成。」

中國唐、宋之際之八仙，據中國《二十五史》及有關古籍所載他們平生事蹟看；均是中國道家內丹養生學修練有大成者，張果老事蹟載於《舊唐書》一百九十《列傳第一百四十一》載：「張果·老者，不知何許人也。武則天時，隱於中條山，往來汾晉間，時人傳其有長生秘術，自云年數百歲矣。嘗著《陰符經玄解》，盡獲玄理。武則天遺使召之。果佯死不赴。後人復見之，往來恒山中」。唐開元二十一年，唐玄宗將張果老召入宮中，屢試其功德高尚、功夫精深後，特下詔將玉真公主嫁給張果，果大笑，竟不奉詔，後張果懇辭

歸山，因下制曰：「恒州張果先生，遊方外者也。跡先高尚，深入窈冥。是渾光塵，應詔城闕。莫詳甲子之數，且謂羲皇上人，問以道樞，盡會宗極。今特行朝禮，爰畀寵命。可銀壽光祿大夫，號曰通玄先生。」

漢鍾離事蹟見於宋釋志盤《佛祖統紀》卷42說：「鍾離權，號玄房。自稱漢時遇王玄甫，得長生之道。避亂於終南山，於石壁間得《靈寶經》，悟陰中有陽，陽中有陰；爲天地升降之宜；氣中生水，水中生氣，即心腎交合之理，乃靜坐內觀，遂能身外有身。」

呂洞賓事蹟《宋史·陳摶傳》卷四百五十六《列傳第二百十六）載：「關西逸人呂洞賓精劍術，百餘歲而童顏，步履輕疾，頃刻數百里，世以爲神仙，皆數來摶齋中，人咸異之。」

又據成書於北宋仁宗初年楊儀著《說苑》中載：「呂洞賓者，多遊人間，頗有見之者……洞賓自言（唐代官宦）呂渭之後，渭四子：溫、恭、儉、讓，讓終海州刺史。洞賓係海州房」據上述正史與古籍我們可知：呂洞賓是唐宋之際修練丹道而有大成就者。

漢鍾離與呂洞賓二人為師徒，兩人自己不僅修練丹道有大成就，而且時時雲遊天下，隨緣度人傳授丹道。漢鍾離與呂洞賓關於丹道著作甚豐，其丹道名篇《鍾呂傳道集》飲譽古今中外，書中所載之《破迷正道歌》《靈寶篇》《呂祖敲爻歌）《呂祖百字碑》更是膾炙人口的修練丹道之必讀名篇。

中國《易學》泰斗陳摶老祖高臥華山，四辭朝命，承上古黃帝、老子之遺教，開後世易道之師風，壽至118歲始蛻化於華山張超谷。《宋史·陳摶》載：「摶好讀《易》手不釋卷，常自號扶搖子，著《指玄篇》八十一章，言導養及還丹之事……」

　　中國太極拳祖師，中國武術界武當派創始人張三豐，乃華山陳摶老祖弟子火龍真人的弟子，故自己寫詩曰：「陳摶是我師之師。」他「外顯金鋒，內練內丹」，武術與丹道均精，他所著《丹經秘訣》和丹道名篇《無根樹》，寓意深廣飲譽古今。《明史・張三豐》載其「元初與劉秉忠同師，後學道於（老子故里河南）鹿邑太清宮……」明太祖朱元璋，明成祖朱棣覓之多年不可得。」

　　中國佛教界大德高僧，晉代著名法師曇鸞，據《雲笈七簽》卷70載：其平生師事魏晉南北朝之丹道名家陶弘景習練丹道，由於曇鸞法師習練內丹刻苦，故而其功效頗有大成，能「忽暫亡而起，忽躡空而行。」

　　中國佛門禪功高師南北朝之際天臺宗三祖慧思，慧眼深識道家內丹養生學乃養生長壽至寶，故而師事當世之內丹道學諸多大師而習練道家內丹養生學於佛門之內。

　　中國清代道學與丹道大名家黃元吉，有關史料載其曾與元、明之際雲遊天下的道學與丹道高師張三豐相晤。黃元吉所著《道德經注釋》至今飲譽海內外道家與丹道界，由於黃元吉學習黃帝、老子道學與修練丹道層次頗高，清朝道光年間其雲遊至四川富順縣時，被當地同道相邀留下講道學，傳丹道十餘年，使黃帝、老子依人文科學確立之道學與丹道德澤無數人。據人民體育出版社1993年6月出版：梅自強著《顛倒之術——養生內丹功九層十法真傳》一書310頁載：中華人民共和國開國元帥朱德、劉伯承二元帥，早年均曾在四川瀘州拜入黃元吉門徒官德懋門下學習道學與道家內丹功。

　　中華民國開國大總統，國父孫中山平生對中華民族神聖祖先黃帝拓殖中華五千年文明甚為崇尚與贊楊。據《延安文學》1993年3、4月號合刊45頁載：1912年1月1日，孫中山在

南京宣誓就任中華民國大總統之後不久的三月，即寫下了流傳當世與今世之《祭黃帝》，其中寫道：

中華開國五千年。

神州軒轅自古傳。

創造指南車。

平定蚩尤亂。

世界文明，

唯有我先。

中國近代偉大的思想家、文學家魯迅先生，他平生對黃帝精神與平生所創業績頗為推崇：據魯迅先生老友徐壽裳著，人民文學出版社1952年6月出版之《我所認識的魯迅》一書；載：「魯迅先生對於民族解放事業堅貞無比，在1903年留學日本東京時，贈我小像，後補以詩，曰：

靈台無計逃神矢，風雨如磐暗故園。

寄意寒星全不察，我以我血薦軒轅。

中華人民共和國開國主席毛澤東，開國元帥之首朱德，對中華民族神聖祖先黃帝及其所創業績推崇甚高。據《延安文學》1993年4月5日合刊號46頁載：1937年4月5日清明節，迎來了民族第一個掃墓節……中國共產黨、蘇維埃政府祭之：維中華民國26年4月5日，蘇維埃政府主席毛澤東，人民抗日紅軍總司令朱德敬派代表林祖涵（伯渠），以鮮花時果之儀致祭於我中華民族始祖軒轅黃帝之陵。而致詞曰：赫赫始祖，吾華肇造，胄衍祀綿，嶽峨河浩，聰明睿智，光被遐荒；建此偉業，雄立東方……

中華人民共和國成立之後，中國近代道學與丹道名家，曾任中國道教協會會長的陳攖寧先生（1880—1969），其平生對黃帝、老子依人天科學確立之道家之學與丹道推崇備

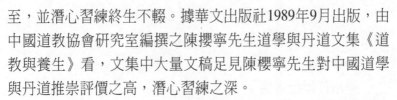

至，並潛心習練終生不輟。據華文出版社1989年9月出版，由中國道教協會研究室編撰之陳攖寧先生道學與丹道文集《道教與養生》看，文集中大量文稿足見陳櫻寧先生對中國道學與丹道推崇評價之高，潛心習練之深。

陳攖寧在其著《道教與養生》首篇中言：「故嘗謂吾國，一日無黃帝之教，則民族無中心，一日無老子之教，則國家無遠慮。」「嗚呼！荒百家之總論，濟儒術之窮途，攬國學之結晶，正新潮之思想、舍吾道教，其誰堪負此使命哉？」

古語道：英雄所見略同。陳櫻寧先生對中華民族神聖祖先黃帝、老子依人天科學開創之中國道家之學與丹道認識之深，評價之高竟與李約瑟博士何其相似？

陳攖寧先生與李約瑟博士對中國道家之學與丹道評價對今日之振興中華，造福人類其現實意義多麼切實，其對跨入二十一世紀之人文科學與生命科學領域的全人類，其歷史意義更為深遠矣……

歷史發展時至今日：世界科技進入西方實驗科學加東方古代科學（有人稱之東方神秘主義），進行綜合研究以期望新發展之際，中國道家內丹功日益受到各界有識之士推崇，僅舉《中國科技史》作者，英國皇家學會會員李約瑟博士在《中國科技史》一書中精闢指出：「中國的內丹成為世界早期生物化學史上一個里程碑。」

世界著名生物遺傳學家牛滿江教授，因科研日繁，身心俱衰，後來他於1979年在中國北京向中國道家華山派內丹道功十九代傳人邊治中先生習練道功後，身心頓健，他連連稱道：「養生秘術，千真萬確；千真萬確。」並以大科學家的嚴謹態度，確認道功為「從增加生命之源入手，繫細胞長壽術，返老還童術，」進而深有感觸地向全人類推薦道功道：

「我習練這種功法受益非淺,真誠地希望此術能在世界開花,使全人類受益。」(牛滿江博士之語見:上海翻譯出版公司1986年出版邊治中著:《中國道家秘傳回春功》154頁)。

聞名世界的中國當代大科學家錢學森在《論人體科學》一文中強調指出並且特別提倡:「結合科學的觀點,練功、練內丹。」(引文見於人民軍醫出版社1988年出版《錢學森等論人體科學》第282頁。)

綜上所述,古往今來,古今中外,各界有識之士崇尚學習中華民族神聖祖先黃帝、老子,依人天科學開創的中國道家文化和渴求習練中國道家內丹養生學者不可勝數;與此同時,中國歷史上,古來帝王將相仰慕黃帝、老子習練丹道、康壽超凡,掌握自然,成為聖哲之舉,渴求黃帝、老子秘傳道家內丹養生學者不勝枚舉?

請看中國《二十五史》所載:

《史記‧秦始皇本紀》載:秦始皇平生仰慕黃帝封禪名山大川而仙登於天之舉,故而其平生也頻頻效法行之,為封禪名山大川可謂不遺餘力,秦始皇曾對群臣下詔曰:「吾慕真人,自謂真人,不稱朕。」

遺憾的是:由於秦皇嬴政行暴政於天下,豈能學得以道德為本根之道家文化與道家內丹養生之道。據《史記‧留候世家》載:當世之道學名家,丹道高師黃石公不僅未把道學與丹道真機傳給秦始皇,反而傳給了敢於在博浪沙攜壯士刺殺秦皇嬴政,立志推翻秦皇暴政的張良;致使張良學得道學與丹道後,大智大慧大增,得以有能力完成了滅秦暴政之大業。

《史記‧孝武本紀》《史記》卷四十九《外戚世家》

載：漢武帝因其母竇太后好黃帝、老子言，故而其幼年便得讀《黃帝》《老子》，漢武帝年長後，渴求黃帝、老子秘傳丹道尤甚，他平生效法黃帝封禪中華名山大川無數。

《資治通鑑》卷二十《漢紀十二》載：「天子（漢武帝）對齊人公孫卿曰：「嗟乎，誠得如黃帝，吾視去妻子如脫履耳。」

唐太宗崇尚黃帝、老子道家之學，對黃帝拜廣成子為師學得丹道之玄機頗神往，《舊唐書》卷一百九十一《列傳一百四十一》載：唐太宗親詔當世隱於太白山修練丹道，並於易道與醫道均甚精通的中國藥王孫思邈詔詣京師後，嗟其容貌甚少，謂曰：「故知有道者，誠可尊重，羨門，廣成子豈虛言哉！」

又據《舊唐書》卷七十一《列傳二十一》唐太宗重用曾出家為道士的巨鹿曲成人（今河南安陽內黃縣）魏徵，君臣同心，鑄成了中國歷史上有名的太平盛世——貞觀之治。

再據《舊唐書》卷七十九《列傳第二十九》與《資治通鑑》卷一百九十九《唐紀十五》載：唐太宗還曾每每與當世道學名家李淳風秘商機要大事以佐治天下。

《宋史》卷四百五十六《列傳第二百十六》載：「宋太宗渴求丹道頗甚，謂宰相宋淇等」曰：「陳摶獨善其身，不干勢利，所謂方外之士也，摶居華山已四十餘年，度其年近百歲。自言經承五代離亂，幸天下太平，故來朝觀，與之語甚可聽」。「因遣中使送至中書，琪等從容問曰：『先生得玄默修養之道（即丹道）可以教人乎？』陳摶對曰：『摶山野之人，於時無用，亦不知神仙黃白之事，吐納養生之理，非有方術可傳……』」。

元朝太祖成吉思汗對中國道學與丹道高師邱長春頗信

服，《元史》卷二百二《列傳》八十九載：「歲己卯（公元1219年）太祖自乃蠻命近臣札八兒：劉仲祿持詔求之……既見，太祖大悦，賜食，設廬帳甚飭。太祖時方西征，日事攻戰，處機（即邱長春）每言欲一天下者，必在乎不嗜殺人。及問爲治之方，則對以敬天愛民爲本。問長生久視之道，則告以清心寡欲爲要。太祖深契其言，曰：「天賜仙翁以寤朕志」。「命左右書之，且以訓諸子焉。」

明太祖朱元璋，明成祖朱棣二人為覓得明代黃帝，老子道學與丹道傳人張三豐，以致學得道學與丹道，《明史》卷三百九十九《列傳第一百八十七》載：「太祖聞（張三豐）其名，洪武二十四年（1391）年遣使覓之不得…永樂中，成祖遣給事中胡濙偕內侍朱祥賫書香巾往訪，遍歷荒繳，積數年不遇。乃命工部侍郎郭王進，隆平候張信等，督丁夫三十萬人，大營武當宮觀，費以百萬計，既成，賜名太和太嶽山，設官鑄印以守，竟符三豐言。」

綜上所述，不言而喻：中國歷史上古之帝王將相大多求練丹道若渴。

遺憾的是：古之帝王將相，大多求練丹道，不是像中華民族神聖祖先黃帝師廣成子那樣：至誠地求學得丹道真機，練成丹道，掌握自然，康壽超凡之目的是利國利民，造福人天。

古之帝王求練丹道的目的大多是對丹道採取極端利己的實用主義態度，求得丹道目的為的是個人更好地花天酒地，吃喝玩樂，更進一步壓抑賢才，魚肉百姓，鞏固其家天下。故上述之丹道高師黃石公，孫思邈，張果老，吳筠，陳摶，張三豐等丹道高師，自然不會將丹道之天機輕泄於帝主將相，致使上述之帝王將相，在神奇無比、道大無所不包而又

可望不可及的丹道面前只好望洋而興歎……

於斯，足見古來學得丹道真訣所備先決條件是真功真德，真心求道，練成丹道，康壽超凡，以造福人天，這真是：

> 丹道真訣仙師藏。帝王求之也望洋；
> 世人果欲求大道，志益人天乃總綱。

第四節　吳老練丹道百歲童顏

帝清合汙摧殘中華大道
報刊同載吳老百歲童顏

眾所周知：中國歷史自從滿清入關之始與1840年鴉片戰爭之後，帝國主義列強侵入中華大地，中國論為半殖民地半封建社會，在那災難沉重的歷史歲月裏，我中華民族包括中國傳統文化之本源：中華民族神聖祖先黃帝、老子依人天科學確立的道家文化與丹道在內的各個領域，均遭到史無前列的破壞與摧殘。《清史稿》卷一百十五《志九十》文稿中，竟公然稱，「道流卑賤……」至於帝國主義列強侵入中華大地所犯下的種種罪行，我中華男女老幼至今皆知，故筆者就不在此一一列舉重述。但我們必須深刻地懂得：這段歷史是殘酷的。

「前車之轍，後車之鑒。…前事不忘，後事之師。」我們回首靜觀這段令人不堪回首之歷史，究其根源如下：

1. 由於滿清統治者長久地生活在中華大地偏僻之處，文化素質自然落後乃其先天不足。

2. 像歷史上任何統治者一樣，滿清統治者為鞏固其統治，自然需摧殘博大精深的中國傳統文化之本源，中國道家文化與神奇無比的丹道，來推行其愚民政策。

3. 由於滿清統治者，無端摧殘屬全人類生命科學與人文科學頂峰的中國道家文化與丹道，國勢必然衰敗，而導致帝國主義列強侵入中國。

4. 帝國主義列強侵入中國大地後，必然會變本加利地採取形形色色，名曰文明進步，實乃愚昧之極的愚民政策以利其統治中華民族。

5. 有些人自身文化素質偏低而又不知時時加強對中國傳統科學文化與現代高科技結合起來學習。

6. 有些人知識褊狹，也不懂得中華五千年文明史和世界發展史。

7. 有些人則缺乏民族自尊與自強而盲目地崇洋媚外。

8. 有些人則完完全全地出於一己之私需要而互鬥，置整個民族乃至全人類而不顧。

綜上所述：滿清統治者與外來帝國主義列強用形形色色「名曰文明進步，實乃愚昧之極」的種種手段對中國傳統文化本源，中華民族神聖祖先黃帝、老子依人文科學確立的中國道家文化思想及其道家內丹養生學進行了無端的大肆摧殘：

這種摧殘是極端殘酷與殘忍的……

這種摧殘是形形色色名目繁多的……

這種摧殘是混淆視聽以假亂真的……

這種摧殘是以無數人的鮮血與生命為代價的……

這種摧殘是以奴化中國人的肉體與靈魂的……

這種摧殘是根深蒂固，步步進逼置於死地的……

這種摧殘最終目的是妄圖將堂堂中華亡國的……

這種摧殘是最終企圖是將偉大的中華民族靈魂化掉而不自知！！！……

基於上述：致使至今有些人，一提起中華民族神聖祖先黃帝、老子來所知甚少。

基於上述：致使至今有些人，一提起中國道家文化與中國道家內丹養生學來所知了了。

基於上述：致使至今有些人，不知道中國道家文化與中國道家內丹養生學是全人類生命科學與人文科學之頂峰。

基於上述：致使至今有些人，不知道中國道家內丹養生學乃古今中外朗朗乾坤有識之士獨尊。

基於上述：致使至今有些人，不知道中國道家文化與中國道家內丹養生學連西方科學權威都尊為至寶。

基於上述：致使至今有些人，不知道中國道家便「鸚鵡學舌」地講「我聽別人說道家是唯心主義」。

基於上述：致使至今有些人，一提起中國道家內丹養生學便拾人牙慧地講：「我聽人家說內丹道學是封建迷信產物。」

基於上述：致使至今有些人，他不知道中國封建社會帝王將相大多渴求練丹道而不可得，乃至望洋興嘆。

基於上述：致使至今有些人，被偽科學、假丹道、假功法騙去生命與錢財而至死不悟。

基於上述：致使至今有些人，研究養生之道多年，做體育領導工作多年，尚不知中國道家內丹養生學乃生命科學和人文科學之冠。

鑒於上述：致使有些人，對中華民族神聖祖先黃帝、老子依人文科學確立之中國道家文化的認識與中國道家內丹養生學求之若渴程度遠不如古之大聖賢孔子、孫武子、張良、張道陵、張衡、王羲之、孫思邈、李白、漢鍾離、呂洞賓、

陳摶、張三豐……近則不如西方大科學家愛因斯坦、李約瑟、玻爾……

古語道：

> 大道如宇宙，包容萬物，
>
> 大道如日月，不廢江河。

中華民族神聖祖先黃帝、老子依據人文科學確立的中國道家文化與道家內丹養生學在中華大地流傳五千年而不衰，滿清與帝國主義列強這些歷史跳樑小丑企圖焉能肆意得逞。

中國近代發展史告訴我們：從中華民族神聖祖先黃帝、老子依人文科學確立的中國傳統文化本源：中國道家文化與道家內丹養生學哺育與武裝起來的黃帝子孫、中華兒女是不會被滿清與帝同主義列強這些歷史的跳樑小丑奴化的。

本文上回已講過：在滿清入關之後和帝國主義列強侵入中華大地之後，以孫中山、魯迅、毛澤東、朱德、劉伯承、陳攖寧、牛滿江、錢學森為首的中華兒女之驕子，均對中華民族神聖祖先黃帝及其平生所做的豐功偉績倍加推崇；其中朱德、劉伯承、陳攖寧、牛滿江、錢學森對黃帝、老子確立秘傳的道家內丹養生學或入門習練之，或評價甚高。這其中，就弘揚中華聖祖黃帝、老子確立之中國道學與中國道家內丹養生學而言，上述之中國近代道學與丹道名家，中華人民共和國第二屆道教協會會長陳攖寧先生他平生做出的貢獻舉世矚目、實令人欽佩不已。

據中國道教協會研究室編撰，華文出版社1989年7月出版之《道教與養生》第444頁所載：中國道教協會研究室研究員李養正撰《論陳攖寧及提倡仙學》一文載：陳攖寧平生喜好學習黃帝、老子道學與丹道。年長後則不辭萬苦、雲遊天下，訪明師習練道家內丹養生學。最後終於拜得丹道名師。

致學得黃帝、老子秘傳丹道真訣。而後則在上海白雲觀潛心通讀中國道家寶典《道藏》全書。值帝國主義侵我中華之際，陳攖寧先生則幹起了弘揚中國道家文化與丹道之事業，他自己一方面潛心習練道家內丹功，一方面則創辦《仙學月刊》、《揚善半月刊》大力弘揚中國道學與丹道以振中華民族精神，強健中華民族之體魂。另一方面則隨緣傳授道家內丹養生學以度人康壽超凡。

當時有人問及陳攖寧先主為何如此大力宣導道學與丹道，其動機何在？陳攖寧先生在他的學生志真所作《再與海印山人書》中答曰：「實因外教侵略，無所不用其極，籍勢況權，喧賓奪主，遂使國教日益衰頹，國難日形嚴重，故有識之士秉老聖抑強扶弱，損有餘而補不足之旨，不惜犧牲精神，不計個人利害，借管城子之力。以聊盡其心而鳴不平，而亦正軌焉！」

陳攖寧先生住世享年89歲，他一生最大的遺憾：是沒有充分的條件修練丹道。他生前每每對學生與友人說：「如能讓其按仙學修養法清靜修養，他起碼可活一百二十歲。」

從滿清入關和1840年鴉片戰爭之始帝國主義列強侵入中國之後；中國淪為半殖民地半封建社會之際，中國道家內丹養生學形勢如何呢？

《黃帝陰符經》曰：「聖人知自然之道不可違，因而制之。」

《老子道德經》曰：「反者道之動，弱者道之用。」

歷史發展規律果如老子所言：「反者道之動。」其壓迫越深，反抗越烈。道家與修練丹道之士自然會依黃帝、老子所言：「自然之道不可違，因而制之。」

縱觀從清至民國文獻所載：因修練道家內丹養生學而致

年逾百歲猶童顏之高師時而有之。據陳攖寧先生1933至1941年在上海創辦《仙學月刊》、《揚善半月刊》所載修練丹道而至年逾百歲猶童顏和其他高超功能者計有：

1. 北京劉神仙真人。
2. 天津之余教誨真人。
3. 河北吳淑度真人。
4. 東北長白左島無名氏真人。
5. 山東宋宗福真人。
6. 浙江沈永良真人與老褚仙真人。
7. 江西陳致虛真人與吉亮工真人。
8. 中國大西北則有陳真如、季至蒼、解道人三位真人。
9. 中國武當山則有武當異人。
10. 中國溫州王城山則有陳靜遠真人與萬啟型真人。

以上諸高師聖名引自中國大連出版社1991年9月出版，由洪建林先生編撰之陳櫻寧著作文集《道家養生秘庫‧近代仙真事蹟》。

上述諸位丹道高師，皆是修練丹道至年逾百歲猶童顏者，其中，身為孫中山先生護衛鏢師杜心五的老師，北京人稱之為劉神仙者，其平生所為和功力功夫猶為傳奇。今將杜心五武術弟子，中國當代武術名家萬籟聲所著《武術匯宗》中《劉老師祖小傳》恭錄於後以益同道修練時借鑒之：（需要補充的是：萬籟聲先生曾親自受到其師祖諄諄教誨而得以習練丹道。）

「劉師祖，不知何許人，自諱其年，鶴髮童顏，視之似八九十老叟，而精神矍鑠，體態看如嬰兒，其功夫無所不通，但不多道，亦無固定處所。至其如何神通，余也不樂多述；惟醫道高深，生死人而肉白骨，察今而知來，人以為神，故以神仙

呼之；杜楊鄧諸師皆從之學敬禮甚篤。而師祖更樂與余遊，顧余年幼，未能多加指誨，不過略爲糾正所學功夫而已。師祖爲人，不拘形跡，無可無不可，無親無不親，詢其年，則曰五旬也；或曰：然洪楊之時（即1851年洪秀全，楊秀清領導太平天國起義）。先生何作耶？曰：余仍行醫也，並道當時情事甚悉，曾有陳君三代人，皆見師祖亦如今日狀，師祖和靄善意，惡道其身世，余亦謹略傳之於焉，是亦即其所以爲神仙者矣。」

當今之世，隨著西方實驗科學加東方神秘主義進行綜合研究以求人類科技新發展之潮流，日益洶湧澎湃之際，中國道家內丹養生學益發受到各界有識之士的重視，因習練道家內丹養生學而至年逾百歲猶童顏者，見諸近幾年報刊上的大體如下：

1. 中國陝北當代160歲丹道高師吳雲青（其事蹟載於1980年9月10日《人民日報》4版和《中國體育報》1980年9月12日頭版。）

2. 中國終南山百歲道長李理祥（其聖照載於1993年5月19日《科學晚報》三版。）

3. 中國泌陽白雲山百歲道長唐道成（其事蹟載於1980年10月8日《河南日報》。）

4. 中國華山百歲道長楊仙洲（其事蹟聖照載於1987年中國道教協會編印《洞天勝境》。）

5. 中國武當山百歲女道長李誠玉（其事蹟載於1997年4期《中國道教》。）

6. 中國青城山紅廟子百歲道長趙百川（其事蹟載於1995年第4期《中國道教》。）

上述六位高師中，壽齡最高而身猶健者當數吳雲青老

人。

　　且說一九八〇年九月十日，《人民日報》4版刊登新華社訊：由記者張純本攝影並報導的一則圖片新聞驚動中外有識之士。

　　《人民日報》圖片新聞題目為：《142歲的吳雲青增補為延安市政協委員。》其主要文字內容為「吳雲青出生清朝道光18（戊戌）年臘月（即1838年）。他雖然經歷了142個春秋，但仍精神矍鑠，步履穩健。

　　上述主要文字內容旁邊配合發表一張吳雲青老人家照片。但見老人家年逾百歲，鶴髮童顏，道氣軒昂，笑傲滄桑；丹道行家一看便知吳雲青老人家即是由中華民族神聖祖先黃帝、老子依人文科學確立與秘傳道家內丹功當代正宗傳人之高師之一。

　　《人民日報》九月十日這則新聞報導，旋即在海內外引起極大反響：此後不久，《北京日報》、《浙江日報》、《山西日報》、《河南日報》、《解放日報》、《安徽日報》、《陝西日報》、《西安日報》等報先後將上述圖片新聞給以轉載。《人民中國》、《半月談》、《長壽》等雜誌均曾給予報導。

　　美聯社駐京分社，日本一名記者，阿根廷一家體育雜誌紛紛來電要求報導吳雲青老人。

　　需要補充的是：在《人民日報》未報導之前，記者張純本與另一位記者劉仙洲二人合寫的長篇通訊《訪一百四十二歲老人吳雲青》，分別發表於1980年7月號《新體育》，1980年元月號《陝西體育》，本文以「奇人之奇」「壽齡之迷」「養生之法」三個小標題記述了吳雲青老人，文旁除刊登吳雲青老人家半身照片外，還同時刊登了吳雲青老人家騎自行

車照片。

　　張純本、劉仙洲二記者風塵僕僕奔波於陝北一帶採訪與考察吳老是令人欽佩不已的。唯一美中不足，令人遺憾的是，二人當時尚不懂得吳雲青老人家是因習練道家內丹養生學而年逾百歲而童顏的。故其二人對吳雲青老人家只是做為一個罕見的老壽星來報導的。試想：古今中外年逾百歲的老壽星不少，但有幾位像吳雲青老人家那樣年逾百歲而童顏的呢？

　　再看張純本、劉仙洲兩位在《訪142歲吳雲青》文章中所述，吳雲青老人家所吟詠的《三寶歌》：

>　　天有三寶日月星，地有三寶水火風；
>
>　　人有三寶精氣神，善用三寶可長生。

　　文中又述吳雲青老人家吟詠的一首《四不貪歌》：

>　　酒色財氣四道牆。世人都在牆裏藏；
>
>　　有人能跳牆外去。不是神仙便壽長。

　　上述二首歌詠，皆古來修練道家內丹養生學之詩明證：吳雲青老人家是中華聖祖黃帝、老子秘傳道家內丹養生學當代正宗傳師之一。他是因修練道家內丹養生學而年逾百歲猶童顏的。

　　1980年在《人民日報》、《人民中國》、《新體育》、《長壽》等海內外諸多家報刊報導吳雲青老人家壽高142歲而身心輕捷之時，也有些人聞此消息後對吳雲青老人家高齡表示懷疑，其實這些懷疑者主要原因是不瞭解道家內丹養生學神奇的康壽超凡之效。據正史記載：古來習練道家內丹養生學獲年逾百歲猶童顏之功效者大有人在：黃帝其壽齡或曰110歲，或曰380歲。老子200歲時身心康健西出函谷關時寫下了《道德經》。張道陵壽高123歲，孫思邈壽高142歲，張果

老、漢鍾離，呂洞賓皆年逾百歲猶四處弘揚丹道。華山陳摶老祖118歲時蛻化華山張超谷。張三豐、黃元吉均壽高百餘歲猶童顏。

　　還有些懷疑者主要依據是吳雲青自己在20世紀50年代曾給人講自己六十多歲。持這樣觀點的人根本原因也是不瞭解中國道家內丹養生學的特殊修練規律：「道不言壽」。古來真正修練丹道者均只會告訴別人比自己實際年齡要小得多的年齡：比如《舊唐書》所載藥王「孫思邈」自云開皇辛酉歲生（即公元601年）經過近代道學與丹道名家陳櫻寧先生根據種種史料考證：孫思邈實是西魏文帝大統七年之辛酉（即公元541年）顯然孫思邈將自己的年齡一下子少說了六十歲。

　　令人感到頗有些幽默的是：吳雲青老人家20世紀50年代、60年代、70年代、80年代一直到現在的90年代他均給別人講他60多歲；有時則講自己40多歲。筆者自從1980年三生有幸：被吳雲青老人家收為入室弟子至今，從未聽吳雲青老人家給別人講自己是一百多歲。

　　還有一個常識論據也可以反證出吳雲青老人家年逾百歲而童顏不虛：

　　眾所周知：古今中外假如一個人說謊，必有其不可告人的利己目的，倘若吳雲青老人家自1980年言自己142歲後，即而賣起什麼「吳氏長壽靈丹妙藥」或隨即傳授起什麼「吳雲青長壽秘法」而大賺其錢，人們懷疑其壽齡142歲情有可原，可是事實上，吳雲青自從1980年《人民日報》披露其142歲之後至今十八年間，仍一如既往自食其力和習練道家內丹養生學，從未有什麼非份之舉。

　　退一步講：既便吳雲青20世紀50年代給別人講自己六十多歲是實，而今90年代未葉，講他是年逾百歲猶童顏之老人

也可以吧？

「實踐是檢驗真理的唯一標準」。

關於吳雲青壽齡最有說服力的是與之長期生活在一起的，淳樸善良的陝北父老鄉親們，他們中間許多人自己孩童時便見吳雲青老人家已是「鶴髮童顏」，而當自己從孩童變成「白髮蒼蒼」的老人了，而吳雲青老人家依然和他們孩童時見到時一樣「鶴髮童顏」。故爾人們很自然地會聯到自己在神話中聽到的那些古之長生不老的神仙一流人物，故爾當地父老鄉親也有不少人呼吳雲青老人家為「老神仙」了。

時至1996年倘健在人世的，從小便見吳雲青老人家「鶴髮童顏」，其中壽齡較高的，見吳雲青老人家較早的，比較有代表性的陝北眾鄉親中，諸如陝北青化寺79歲左旺業老人，76歲朱德才老人。這真是：

　　　中華丹道有傳人，年逾百歲猶童身；

　　　世人欲探長壽迷，黃老丹道是核心。

欲知世界著名老壽星吳雲青傳承，秘練，由中華聖祖黃帝、老子創立並秘傳的中國道家內丹養生真訣詳情，請您細看——《中國道家養生與生命科學系列叢書》。（如欲實修丹道，請與總主編蘇華仁聯絡。）

蘇華仁撰文
時在中國廣東羅浮山沖虛觀東坡亭（郵編：516133）
聯絡手機：13138387676
電郵：Su dao@163.com

第二章

老子史傳與呂洞賓史傳

第一節 《史記・老子列傳》

原著：司馬遷（中國偉大史學家）

注釋：陳攖寧（中國道教協會老會長）

《史記・老子傳》原文：

老子者，楚苦縣（今中國河南省鹿邑縣）、厲鄉、曲仁里人也。名耳，字聃。姓李氏（此從古本《史記》；今本《史記》云：姓李氏，名耳，字伯陽，諡曰聃），周守藏室之史也（管藏書室的史官）。孔子適周，將問禮於老子。老子曰：「子之所言者，其人與骨皆已朽矣，獨其言在耳。且君子得其時則駕（駕，是乘馬車而行），不得其時則蓬累而行（蓬，沙磧上轉蓬也，累，轉行貌。言人不得志，則生活如飄蓬。流轉無定所）吾聞之，良賈（賈，音古。良賈即會做生意的商人）深藏若虛，君子盛德，容貌若愚。去子之驕氣與多欲，態色與淫志（態色即不自然的態度，淫志即過高的志願），是皆無益於子之身。吾所以告子，若是而已」。孔子去，謂弟子曰：「鳥吾知其能飛，魚吾知其能游，獸吾知其能走。走者可以為網，游者可以為綸，飛者可以為矰

（矰，即射鳥之箭）至於龍。吾不知其乘風雲而上天，吾今日見老子，其猶龍耶」。

老子修道德。其學以自隱無名為務。居周久之（東周建都在洛邑，即今中國河南省洛陽市）。見周之衰，（乃）遂去，至關（即函谷關，在中國河南省三門峽靈寶縣西南），關令尹喜曰：「子將隱矣，強為我著書」（你自己雖不願著書，請你勉強為我作一部書）。於是老子乃著書上下篇，言道德之意五千餘言，而去，莫知其所終。

或曰；老萊子亦楚人也。著書十五篇。言道家之用，與孔子同時云。（《漢書‧藝文志》有《老萊子》十六篇，列於道家）。

蓋老子百有六十餘歲，或言二百餘歲，以其修道而養壽也。

（關於老子年齡一事，我們不必懷疑。今世人活到一百幾十歲的還常有，他們多是普通勞動人民。不是專門修養家。老子精於修養之術，二百餘歲並非不可能。）

自孔子死（孔子死於公元前479年）之後百二十九年（當作一百零五年），而史記周太史儋見秦獻公曰：「始秦與周合而離，離五百歲而復合，合七十歲而霸王者出焉」（周本紀作十七歲，秦本紀作七十七歲，此處又作七十歲，數目字必有錯誤）。或曰：「儋即老子」。或曰：「非也」。世莫知其然否。

老子，隱君子也。老子之子，名宗（第二代），宗為魏將，封於段干（魏國地名）；宗子注（第三代），注子宮（第四代）。宮玄孫假（第八代）；假仕於漢孝文帝，而假之子（第九代）為膠西王卬（音昂）太傅（膠西，國名；太傅，官名）。因家於齊也。（漢朝的膠西國，即今山東膠縣

高密縣等地。老子後裔因為在此處做官；所以就住家於此。山東省本是古之齊國，故曰：家於齊。）

世之學老子者則絀儒學（絀，同詘，排斥之意），儒學亦絀老子，「道不同不相謀」，豈謂是邪？李耳無為自化，清靜自正。

太史公曰：老子所貴道，虛無，因應變化於無為，故著書辭稱微妙難識，皆原於道德經原意，而老子深遠矣。

第二節　《老子新傳》

老　子　新　傳

編者　蕭天石

老子者，楚苦縣、厲鄉、曲仁里人也。姓李氏、名耳、字伯陽、諡曰聃，周守藏室之史也。

孔子適周，將問「禮」於老子，曰：「丘治詩、書、禮、樂、易、春秋六經，自以為久矣，孰知其故矣。以見者七十二君，論先王之道，而明周、召之跡；－君無所採用，甚矣夫！人之難說也，道之難明耶？」老子曰：「子之所言者，其人與骨，皆已朽矣，獨其言在耳。幸矣，子之不遇治世之君也。夫六經，先王之陳跡也，豈其所以跡哉！今子之所言，猶跡也。夫跡，履之所出，而跡其履哉？……性不可易，命不可變，時不可止，道不可壅。苟得於道，無自而不可，失焉者，無自而可。孔子復進而語仁義。老子曰：仁義，先王之帳廬也，止可以一宿，而不可久處，觀而多責。

夫播糠眯目，則天地四方易位矣；蚊虻叮膚，則通夜不寐矣。夫仁義慘然，乃憤吾心，亂莫大焉；吾子使天下無失其樸。吾子亦放風而動，德而立矣，又奚傑傑然若負建鼓而求亡子者耶？且子之所言，其人與骨，皆已朽矣，獨其言在耳。君子得其時則駕，不得其時則蓬累而行。吾聞之，良賈深藏若虛，君子盛德，容貌若愚。去子之驕氣與多欲，態色與淫志，是皆無益於子之身，吾所以告子者，若是而已。」

孔子行年五十有一而未聞道，求之於度數而未得，求之於陰陽而未得，復南之沛，往見老子。老子新沐，方將披髮而乾，超然似非人。孔子便而待之，少焉見曰：「丘也眩乎？何者先生形體，形若槁木，似遺物離人，而玄於獨也。」老子曰：「吾遊心於物之初。」孔子曰：「何謂耶？」老子曰：「心困焉而不知，口辟焉而不能言，嘗為汝議乎其其將。至陰肅肅，至陽赫赫；肅肅出乎天，赫赫發乎地；兩者交通成和而物生焉。或為之紀，而莫見其行；消息滿虛，一晦一明；日改月化，日有所為，而莫見其功。生有所乎萌，死有所乎歸；始終相反乎無端，而莫知乎其所窮。非是也，且孰為之宗？」孔子曰：「請問遊是。」老子曰：「夫得是，至美至樂也。得至美而遊乎至樂，謂之至人。」孔子曰：「願聞其方。」老子曰：「草食之獸，不疾易藪；水性之蟲，不疾易水；行小變而不失其大常也！喜怒哀樂不入於胸次。夫天下也者，萬物之所一也，得其所一而同焉，則四肢百體皆為塵垢，而死生終始將為晝夜，而莫之能滑；而況得喪禍福之所介乎？棄隸者，若棄泥塗，知身貴於隸也。貴在於我，而不失於變；且萬化而未始有極也，夫孰足以患心已！為道者，解乎此。」孔子曰：「夫子德配天地，

而猶假至言以修心，古之君子，孰能脫焉！」老子曰：「不然。夫水之於溝也，無為而才自然矣。至人之於德也，不修而物不能離焉。若天之自高，地之自厚，日月之自明，夫何修焉？」孔子出以告顏回，曰：「丘之於道也，其猶醯雞乎？微夫子之發吾覆也，吾不知天地之大全也。」

孔子歸，謂弟子曰：「鳥，吾知其能飛；魚，吾知其能游；獸，吾知其能走。走者可以為網，游者可以為綸，飛者可以為矰，至於龍，吾不能知其乘風雲而上天。吾今日見老子，其猶龍耶？」

老子居周之久，見周之衰，乃遂去。至關，關令尹喜曰：「子將隱矣，強為我著書。」於是老子乃著書上下篇，言道德之意五千餘言而去，莫知其所終。老子，隱君子也。

老子修道德，其學以自然為宗，以道德為體，以清靜為正，以為而不爭為用。以本為精，以物為粗，以損為益，以屈為伸，以無知無欲為教，以無身無己為訓。以利而不害普物，以反而自成濟道。以柔弱謙下為表，以空虛不毀萬物為實，以返本還淳為修，以歸根復命為紀，以自隱無名為務，而澹獨與神明居。人皆取先，己獨取後；人皆取實，己獨取虛；人皆求福，己獨曲全；人皆貴得，己獨不爭；人皆貴有，己獨尚無。凡有所行，無世反矣！故不為世知。其為道也，於大不終，於小不遺，故成物備。廣廣乎其無不容也，淵淵乎其不可測也。老子者，其古之博大真人哉！

或曰：「老萊子亦楚人也，著書十五篇，於孔子同時

云。」孔子之所嚴事，於周則老子，於楚老萊子。老萊子之教孔子，示之以齒之堅也，六十而盡，相靡也。常樅之徒，同尚柔者也。

自孔子死之後，百二十九年，而史記周太史儋見秦獻公，曰：「始秦與周合而離，離五百歲而復合，合七十歲而霸王者出焉。」或曰儋即老子，或曰非也；世莫知其然否？蓋老子百六十有餘歲，或言二百餘歲，以其修道而養壽也。

老子之子名宗，宗為魏將，封於段干。宗子注，注子宮。宮玄孫假。假仕於漢孝文帝。而假之子解，為膠西王卬（音昂）太傅，因家於齊焉。

老子無為自化，清靜自正。（清虛以自守，卑弱以自持）。貴道德而小仁義，輕禮法，賤兵刑。世之學老子者，則詘儒學，儒學亦詘老子；道不同，不相為謀，豈謂是耶？

夫天下，殊途而同歸，一致而百慮！至乎其極，大通於一，豈有分耶？是謂「玄同」！「玄同」者，天地萬物與吾一體，無不同也，無不通也，無不化也。

第三節　呂洞賓史傳

呂純陽祖師

《仙鑑》云，呂祖係古聖皇覃氏臨凡，因提紀之君也。

治世二百五十載，遜位入太白山。養真得道，證位天君，天君在天宮歷劫。至天寶元年，正月九日，侍元始天尊几，與十極真人，演說靈砂丹訣，奉諭於唐朝。德宗貞元十四年，戊寅，四月十四日，巳時，降生河南呂宅，大振玄風。先世為河南蒲州永樂縣人，曾祖延之，仕唐終河東節度使。祖渭，貞元進士，終禮部侍郎。伯父四人：溫，貞元末進士，戶部員外郎，為衡州刺使；良，早隱；恭，元和進士；儉，進士；父讓，元和進士，為太子右庶子，後遷海州刺史。母王夫人，向居東平，繼遷京川，誕生呂祖，幼名紹先。方初母就妊蓐時，異香滿室，天樂浮空，一白鶴自天而下，飛入帳中不見。生而金形玉質，鶴頂龜背，虎體龍腰，翠眉鳳眼，修頸露觀，鼻梁聳直，面白黃色，左眉角一黑子，如筋頭大，後變赤色，兩足文如龜折。少聰敏，日記萬言，矢口成文。

　　始在繦褓，馬祖見之曰：「此兒骨相不凡，自是風塵表物。他時遇盧則居，見鐘則叩。留心記取。」丁酉，時年二十歲，父命婚劉校尉女。既長，身長八尺二寸，淡黃笑臉，微麻喜頂華陽巾，服白襴衫，繫大皂縧。狀類張子房，又似太史公。（按：武昌黃鶴樓，有呂祖數十代元孫，題匾樓頭，可見仙嗣有人也；本傳與仙鑑，有二十不娶，結褵未近之說，不可為訓，特正之）癸亥，四十六歲，本傳云，會昌中，兩舉進士，不第。丙寅，時年四十九歲，呂祖功名失意，遂浪流江州。私行至盧山，遇葛仙翁弟子火龍真人，姓鄭，名思遠，號小祝融。世稱神醫，遇人有疾，則書符誦祝，立見消融，與上古祝融氏相類。（仙鑑作祝融氏，非也，祝融氏位證衡山，為火德天君，並非火龍之號）真人見呂祖骨相清靈，遊心世外，即傳以內丹練己之訣，製成通天

靈劍（即天盾劍法）。並詩曰：「萬里誅妖電光繞，白龍一片空中皎。昔持此劍斬邪魔，今贈君家斷煩惱。」臨別囑曰：「子可居此山，以完玉練，他日聞鐘聲響處，乃得聞金煉之訣。」呂祖遂拜謝，授畢而去。

宣宗大中元年，丁卯，時年五十江州望江亭自記云，三舉進士不第，因遊江湖，五十道始成，言初得小成也。已巳，時年五十二歲，草堂自記云：「予年五十二歲，修得內丹，依然儒士。寄身家園，混俗人間，亦時有廬山之遊。（本傳作貨墨於人間）庚午，五十三歲，皈宗廬山，皈依仙宗，將欲修大道於廬山也。丙午，五十九歲，草堂自記云：「予五十四至五十九歲，寄跡廬山養靜。入省父母，出臥煙霞。讀三教書，玩一壺景，往來輕健，道全其行，正在此時也。」丁丑，六十歲，遊羅浮山，有贈羅浮山道士詩綱目。

大中十一年，上好神仙，遣使迎道士軒轅集於羅浮山。大中十一年，呂祖遊羅浮山，訪軒轅集。集，羅浮山道士，得桐君之傳，修練羅浮山中，數百餘歲，容顏不衰。呂祖往訪之，適集被招入朝，獨自盤桓山內。忽遇馬仙來遊，相得甚歡。馬名湘，字自然，杭州鹽官人，遇魏伯陽，傳以大道。以大中十年歸家，借竹杖化形而去。十一年春，在梓撞白日飛神。

既而訪勝羅浮，得見呂之面，曰：「大仙伯也。」軒轅集還山，行過石橋，見石橋有二人下迎，一是馬自然，攜竹杖，掛酒瓢；一位裹青巾，衣黃杉，麻鞋皂縧，背劍執拂，如功曹使者。集問之，自然代答曰：「呂先生有出塵之志，度世之心。」集愕然曰：「得見何晚也！」聚首言心，臨別，作詩贈軒轅集而去（呂祖是時，未遇鍾離祖，仙鑒云，馬自然曰，此正陽首徒，純陽子也。[誤]馬自然有二：一係

大中間人，自然其字也；一係劉海蟾弟子，自然其名也，所做道歌，有五遇海蟾為弟子之句，後人混為一人。殊不知海蟾遁跡，在燕王劉守光稱帝時，得道於後唐之間，距大中七十餘年，豈有海蟾未遇呂祖，其徒孫先成道者哉？）六十一歲，閒居家山。

　　懿宗咸通元年，已卯，時年六十二歲，呂祖奉親命，入長安赴試。至酒肆，浩然歎曰：「何日得第，以慰親心？何日得道，以慰我心？」旁一道翁，聞而笑曰：「郎君有出世志耶？」觀其人，青巾白袍，長髯秀目，手攜紫杖，腰懸大瓢。書一絕詩於壁曰：「坐臥常攜酒一壺，不教雙眼識皇都。乾坤許大無名姓，疏散人間一丈夫。」其二曰：「得道真仙不易逢，幾時歸去願相從。自言住處連滄海，別是蓬萊第一峰。」其三曰：「莫道歡顏笑語頻。尋思世網可傷神。閑來屈指從頭數，得到三清有幾人？」

　　呂祖大驚，訝其狀貌奇古，詩情飄逸，因揖問姓氏。道翁曰：「吾復姓鍾離，名權，字雲房。」呂祖再拜延坐。雲房曰：「子可吟一絕，吾欲觀之。」呂祖遂書其後云：「生日儒家遇太平，懸纓重滯布衣輕。誰能世上爭名利，臣事玉皇歸上清。」雲房見詩暗喜，因同憩肆中，雲房自起執炊，為熟黃粱飯，呂祖忽覺困倦，枕案假寐。

　　夢以舉子赴京，進士及第，始自州縣，而擢郎署台諫，給舍翰苑秘閣，及諸清要，無不備歷，升而復黜，黜而復升，前後兩妻富家女，婚嫁早畢，孫甥振振，簪笏滿門，幾四十年，又獨相十年，權勢熏炙，忽被重罪，籍沒家資，妻孥分散，流於嶺表，一身孑然，窮苦憔悴，立馬風雪中，方與浩歎，恍然夢覺。

　　雲房在旁微笑曰：「黃粱猶未熟，一夢到華胥。」呂祖

悚然曰：「先生知我夢耶？」雲房曰：「子適來之夢，升沉萬態，榮悴多端，五十年間一轉瞬耳。得不足喜，喪不足悲，且世有此大覺，而後知人世一大夢也。」呂祖感悟，知功名皆幻境，再拜曰：「先生非凡人也，願求度世術。」雲房曰：「子骨節未完，志行未堅，若欲度世，須更數世可也。」呂祖磕頭乞度，誓修現在良因。雲房曰：「子尚有數年，塵緣未了也。」翩然別去，呂祖如有所失。不得已，強赴春闈，名書雁塔。呂祖啞然曰：「又入黃粱夢也，慎勿至立馬風雪時也。」辛巳，六十四歲，出仕江州，復遇鍾離祖。（陳上陽云：以科舉授江州德化令，因縱步廬山遊灃水之上，遇鍾離祖授道。）咸通三年，呂祖宰江州德化縣。

六月炎天，遊廬山避暑，忽聞鐘聲響處，鍾離祖自山中出來。心知其時到也，即求指使前途。鍾離祖即偕坐林間，授以金丹妙旨，並教其致仕歸家，早入終南山。呂祖即抽簪解組，卜吉小陽之月，即往從師。

行次終南山第一層，即見師面。鍾離祖曰：「真信人也！子得火龍之法，今已練還童體，當此六十四歲，卦氣盡而反於先天，復成乾象，可號純陽。」（仙鑒，作上朝元始賜此號）又云：「而今而後，子即吾山中友也。」為更名曰岩，字洞賓，並勉其結庵靜坐，以練還丹，私心易之，臨爐三次不就，心中茫然。

鍾離祖曰：「人心未死，火候不嚴故也。必再冥心，入於泰定，乃可。」自是鍾離十試呂洞賓。一日，坐榻上，杳冥中，忽云長安歸，見家人皆病歿，心無悼怛，但厚備棺具，已而歿者皆起。忽云鬻貨於市，議定其價，市者翻然只酬其半，呂亦無所爭，委貨而去。忽云元日有丐者，倚門求施，與以錢物，丐嫌其小，再為與之，丐嫌其遲，恣意謾

罵，呂祖禮謝，丐者笑而去。忽云牧羊山中，遇虎來過，呂居羊群之中，虎目捨羊試呂，若貪人而賤物者，呂知不可免，值前當之，虎釋去。忽云居深山草舍觀書，俄來一女，年可十七八，光豔照人，妝飾靚麗，自言歸寧迷路，借此小憩，夜逼同寢，調弄百端，呂竟不為動。忽云一日郊出，及歸舍中，所有盡皆劫盜席捲，殆無以供朝夕，呂了無慍色。躬耕自給，於鋤下見金數十餅，速掩之，不取。

忽云於坊肆買古銅硯歸，磨之，金也，即訪主人還之。忽云有瘋狂道士，在城中市藥，自言服者立死，再世得度，旬日不售，呂異之，因買藥歸。道士曰：「自速購棺箱可也。」呂服無恙。忽云春江水發，喚渡至中流，高濤掀舞，眾皆危懼，呂祖端坐舟中不動，竟亦無虞。忽云獨在室中，見奇形怪狀，鬼神無數，有欲襲者，有欲殺者，一無所懼。復又有夜叉數十，械一囚，血肉淋漓，哭曰：「汝宿世殺我，急償我命。」呂曰：「殺人償命。」其又奚辭，遽索道繩欲自盡，忽聞空中叱聲，鬼神皆不見。

雲房撫掌而下曰：「塵心難滅，仙才難遇，吾之求人，甚於人之求我也。吾見汝心君泰定，魔光十現，而皆不為所折，得道必矣。」（呂祖師云：人言鍾離祖師試我，而不知為我自試也。魔光十現，能持其心，必如是，乃可入室還丹，難哉難哉！或言呂祖師屢世簪纓，登進士第，何得有賣貨牧羊，躬耕自給諸事，又云武城取二三策，今於十試亦然。以十試為人間之事，必未嘗守己持心，經過魔練者也。）但功行未滿，授子黃白秘術，可以濟世利物，使三千功滿，八百行圓，方來度子。問曰：「所作庚辛，有變易乎？」曰：「三千年後，還本質耳。」呂祖愀然曰：「誤三千年後人，不願也為。」雲房笑曰：「子推心於此？三千八

百，悉在是矣。」因與之敍棄世得道來歷，且言受苦竹真君記曰：「此後有兩口者，即汝弟子。」

　　若得其人，以吾日月交並法傳之。今詳君姓，實符苦竹之記矣。子來終南，未入妙境，予居鶴頂，能從遊乎？」呂祖即往，星月交輝，四顧寂寥。雲房執手偕行，才數步，恍如騎快馬，歷山川，俄頃至洞，南門下鑰矣。雲房以鐵杖敲之，門忽自開，豁然明朗。（仙鑒與本傳，俱作以碧縧繫呂祖，帶從門隙中入，未免是小說家言，今特正之。）登一高峰，至大洞門東，前有二虎踞守，雲房叱之，虎伏不動。引入金樓玉台，珍禽琪花，光景照耀，氣候如春。相與坐盤陀石，飲元和酒三杯。俄有一青衣，雙鬟金鈴，朱裳翠袖，雲履玉佩，異香氳氲，持璽紙金書，曰：「群仙已集蓬萊上宮，要先生赴天池會，論五元真君神遊記事。」雲房將去，呂祖慮其不返，賦詩送曰：「道德崇高相見難，又聞東去幸仙壇。杖頭春色一壺酒，頂上雲攢五嶽冠。飲海龜兒人不識，燒山符子鬼難看。先生去後身須老。乞與貧儒換骨丹。」雲房曰：「汝但駐此，不久仍還也。」遂望東南，乘紫雲而去。呂祖將所附素書，批閱玩誦。

　　旬日，雲房又回，曰：「子在此岑寂，得無意歸否？」呂祖曰：「既辦心學道，豈有家山思乎？」雲房曰：「善哉！吾今以九轉金液大還丹法，付傳於子。夫道有分合陰陽之妙，守陰則只是魄，守陽則是魂。若能聚魂合魄，使陰陽相會，是謂真人。」呂祖問曰：「魂魄冥冥，至理甚深，何以全形？」雲房曰：「慧發冥冥，泰定神寧。神既混合，豈不契真？金形玉質，本出精誠，大丹既成，身乃飛輕。」

　　呂祖問天地日月，四時五行，水火龍虎，鉛汞抽添，河車內觀，十魔九難等事，雲房悉傳以上真玄訣，洞達條明。

「一曰衣食逼迫，一難也；恩愛牽纏，二難也；利名縈絆，三難也。災患橫生，四難也；盲師約束，五難也；議論差別，六難也；志意懈怠，七難也；歲月蹉跎，八難也；時世亂離，九難也。一六賊魔，二富貴魔，三六情魔，四恩愛魔，五患難魔，六神佛為害，是聖賢魔，七刀兵魔，八女樂魔，九女色魔，十貨利魔。

又問有何證驗？雲房曰：「始也淫邪盡絕，外行兼修，採藥之際，金精充滿，陰魂消融。次心經湧溢，口出甘液；次陰陽搏擊，腹鳴如雷；此魂魄未定，夢寐驚恐；次或生微病，不療自癒；次丹田夜暖，形容晝清；次若處暗室，而神光自現；次若抱嬰兒，而上金闕；次雷鳴一聲，關節通而驚汗四溢；次玉液烹練成凝酥，而雪花飛墜，或化血為乳，而漸畏腥膻，或塵骨將輕，而漸變金玉；次行如奔馬；次對境無心；次吹氣療疾；次內觀明朗；次雙睛如漆；次紺髮再生；次真氣足而常自飽；次食不多而酒無量；次神體光澤，精氣秀媚；次口生異味，鼻有異香；次目視萬里；次瘢痕消滅；次涕淚涎汗皆絕；次三屍九蟲盡除；次內志清高，外景清虛，凡情皆歇，心境俱空；次魂魄不遊，夢寐自少，神強氣聚，不分晝夜；次陽精成體，靈府堅固，寒暑不犯，生死不干；次噓呵可乾外汞；次神光坐臥常生；次靜中常聞天樂，金石絲竹之清，非世所常有；次內觀如遊華胥，樓臺殿閣之麗，非世所常見；次見凡人腥穢；次見內神出現；次見外神來朝。功德圓滿，應受籙圖，紫霞滿目，金光罩體；或見赤龍飛，或見玄鶴舞，彩雲繚繞，瑞氣繽紛，天花散空，神女下降，出凡入聖，逍遙自然。此乃大丈夫功成名遂時也。」

呂祖聞言，得大歡喜。雲房又授以《入藥鏡》一集曰：

「得此採取，火候皆明矣。」問何上真所作？雲房曰：「崔公名鈺者手著，仙秩已高，為玄元真人也。」呂祖讀而贊之曰：「因看崔公入藥鏡，令人心地轉光明。」雲房曰：「予初於終南石壁間，得靈寶經三部，上曰《元始金誥》，中曰《元皇玉錄》，下曰《太上真元》，義凡數千卷，予撮其要為《靈寶畢法》（非今之所付畢法也），為三乘六義，十六科。蓋明陰中有陽，陽中有陰，天地升降之道，氣中生水，水中生氣，心腎交合之機，以八卦運十二時，而其要在艮，以三田互相反覆，而其要在泥丸，至下手功夫，姑借咽氣漱液為喻。而真氣口訣，實在口口相傳，不在文字間也。」又以神丹數粒相示曰：「此非是世間五金八石，乃是異寶合成，有質無形，如雲如火，如光如影，可見而不可執。服之與人魂識合為一體，輕虛微妙，非有形之丹也。他日金液功成，亦須練此隨身，乃能點枯骨，度有緣超不識字之群生，拔塵海中之九族也。」

復贈詩一章曰：「知君幸有英靈骨，所以教君心恍惚。含元殿上水晶宮，分明指出神仙窟。丈夫得遇真訣，須要執持心猛烈。五行匹配自刀圭，內有龜蛇顛倒縮。三屍神須打撒盡，進退天機法六甲。知此三要萬神歸，來駕為龍離九闕。九九道至成真日，三界四府朝元節。

氣翱翔兮神煊赫，蓬萊便是吾家宅。

群仙會飲天樂喧，雙童引入升玄客。

道心不退故傳君，立誓約言親灑泣。

逢人兮莫亂說，遇友兮不須訣。莫怪頻頻發此言，輕慢必有陰司折。執手相別意如何，今日為君重作歌。說盡千般玄妙理，未必君心信也麼。仔細分明付與汝，保惜吾言上大羅。」

　　呂神聞言，盡豁塵俗，復盡問三元三清三寶三境之說，雲房曰：「第一混洞大無元，從此化生天寶君，治玉清境，清微天宮，其氣始青；第二赤混大無元，從此化生靈寶君，治上清境，禹餘天宮，其氣玄黃；第三冥寂玄通元，從此化生神寶君，治太清境，大赤天宮，其氣玄白。故九天生神氣經云：三號雖殊，本同一也。（師云，此特分其層次耳）三君各為教主，而又一氣相連，（此句師添）乃三洞尊神也。」授受將畢，忽聞有叩戶聲，啟扉，見二人，體凝金碧，相揖共坐，乃清溪鄭思遠，太華施胡浮也。

　　思遠曰：「適為真人尹思逸丹成致賀，並造仙扉。」施曰：「此一侍者何人？」雲房曰：「本朝呂海州之子，少習儒墨。性靈心悟。大中間，得遇鄭公，傳以玉液還丹，天遁劍法，既與予邂逅長安酒肆，志心奉道，始通陰陽，制練形神入道之微。」施答曰：「二師皆得此高弟子耶？」鄭正色曰：「此雲房先生之正傳，吾與子，當贊成之。」施亦起敬曰：「形清神注，目秀精藏，子欲脫塵網，可示一詩。」乃授以金管霞箋，靈膠犀硯，即獻詩曰：「萬劫千生到此生，此生身始覺非輕。拋家別國雲山外，練魄全魂日月精。比見至人談九鼎，欲窮大藥訪三清。如今獲遇高人面，紫府仙扉得姓名。」二仙歎其才清，各以所秘相贈而別。（師云：鄭師復賜仙方，施翁特賜易經真解。）

　　時春禽嚶嚶，雲房於洞口題曰：「春風塞空花露滴，朝陽拍海嶽雲歸。」復曰：「吾朝元有期，十州羽客，玉清啟奏功行，以升仙階，恐汝不能久居此洞，後十年，洞庭相見。」取筆於洞中石壁上，草書曰：「晝日高明，夜月圓清，陰陽魂魄，混合上升。」

　　俄有二仙，綃衣霞彩，手捧金簡寶符。云上帝召鍾離

權，為九天金闕選仙使，拜命訖。雲房謂洞賓曰：「住世修功，他日亦當如我。」呂洞賓曰：「岩之志，有異於先生，必渡盡眾生，方願升上界。」時翔鸞舞鶴，玉節金幢，仙吹嘹亮。雲房與捧詔二仙，乘雲冉冉而去。

壬午，呂祖六十五歲，是時鶴嶺閒居，有懷火龍先生，鍾離權先生之詩。至甲申，已六十七，草堂自記云：鍾離祖師去後二年，予居終南山中，殷勤修養，金液大丹，九還功成，十月神全，閑取金丹妙道，放為詩歌。時咸通甲申之六年也。乙酉，六十八歲，咸通七年，呂祖金丹已成，不覺洋洋自喜。乃復從遊盧阜，至黃龍山。（南康志：黃龍山在縣西三十里盧山志：由西道入隘口，兩山封峙，西北為盧阜，時文女仙跨黃龍升天處也。全書作武昌黃龍山（誤）。值黃龍誨機禪師升座，呂祖登播鼓堂聽講。

師詰座下何人？呂祖曰：「雲水道人。」師曰：「雲盡水乾，何如？」呂祖曰：「歎殺和尚。」師曰：「黃龍出現。」呂祖曰：「飛劍斬之。」師大笑曰：「咄，此固不可以口舌爭也，因問汝功夫如何？」呂祖曰：「一粒粟中藏世界，半升鐺內煮山川。」師曰：「這守屍鬼耳。」呂祖曰：「爭奈囊儲不死藥，安知與佛有參差？」師指鐵禪杖云：「饒經千萬劫，終是落空亡。」呂祖豁然大悟，乃留一偈曰：「棄卻瓢囊摔碎琴，大丹非獨水中金。自從一見黃龍後，囑咐凡流著意尋。」遂拜禮辭去。

又五燈會元云：呂真人常遊盧山歸宗寺，未歲，道經黃龍山，值黃龍禪師升座，呂問「一粒粟中藏世界，半升鐺內煮山川」，且道此意如何？黃龍指曰：「這守屍鬼。」呂祖曰：「爭奈囊儲不死藥，安知與佛有參差？」黃龍曰：「饒經八萬劫，終是落空亡。」呂恍然大悟，再拜求指歸，言下

頓契。又仙佛同源云。黃龍誨機者，乃商山四皓之一，黃夏公所化也。初引鍾離祖師，見東華帝君王玄甫，繼托跡於盧山黃龍寺，架箭張弓，以俟呂真人，其慈悲可謂至矣。其所啟發者，正復不小，則呂祖之受益黃龍，黃龍之傳燈呂祖，使其集大成，歸神化者，豈淺也哉。

　　咸通中，呂祖由南康黃龍山之湖南，泛覽彭蠡洞庭，復由楚入蜀。聞王方平陰長生，常在平都，因往訪不遇，遂遊青城山。他日，再過平都，方平一見即驚曰：「神仙宗伯也。」相得甚歡。是時乙酉之歲，七月中元，呂祖臨別題詩於壁云：「盂蘭清曉過平都，天下名山所不如。兩口單行人不識，王陰仙館甚清虛。」又曰：「一鳴白鶴出青城，再謁王陰二友人。口口惟思三島藥，抬眸已過洞庭春。」武昌舊志：「唐懿宗時，有呂仙師者，來遊錦江，每歇崖洞中，數日不出，人怪之。跡其處，只見衣冠草履，委棄於地，已不知其所之矣。」呂祖詩云：「曾於錦水為蟬蛻。」或即此也。丙戌，六十九歲。

　　至庚寅，七十三歲。以上五年，聖神功化之極，道德崇高之時也。草堂自記云：「咸通中年，予感黃龍之示，更窮萬仞之功，北極醫吾盧山，了卻歸空大道。自此則神滿太虛，法周沙界，度人心事，無岸無邊。」錦州志：「仙人岩，在醫吾盧山，北鎮廟東北，孤石峭拔，上鐫呂祖聖像，又名呂公岩，想即練神處也。」七十四歲，辛卯，呂祖道成。歸家，後出遊江淮，試靈劍，斬長蛟，至洞庭湖，登岳陽樓自飲。雲房忽降曰：「來踐前約，上帝命汝眷屬，悉居荊山洞府，（時劉夫人尚在家）子之名字，已注玉清。三月十八日，引拜苦竹真君，酬傳日月交并法。苦竹望而歎曰：「真仙宗也。復上朝元始玉皇，敕授選仙使者。」自此在人

間隱顯度世，變化莫測。

是時有洞庭湖君山頌詩，草堂自記云：「余作君山頌之前，雲房先生約於洞庭相見，浪跡至此，拱候雲車，翹首青霄，徘徊詠歎。」明日，先生來，曰：「上帝命汝眷屬，悉居荊山洞府。」逾日，復朝元始玉皇，敕授選仙使者。是時有赴瑤池仙會，留題寺壁，寄學道諸君詩，有醉後以道袍戲質酒家詩，有知音難遇。仍還星渚廬山詩，有過洪都西山，遇施希聖詩。壬辰至庚子，改元廣平，黃巢陷東都，入長安，稱大齊皇帝，有移家終南避亂詩。

以上九年，呂祖佩劍執拂，青巾草履，往來名山，有下廬山遇軒轅集來訪詩，有贈俠客劍客等詞，有贈嵩高上下石室主人詩，有遊華山遇馬湘詩，有商山度韓清夫詩，自真元十四年戊寅，至南唐末年乙亥，呂祖在唐歷年一百七十八歲矣，自是隱顯變化不一。歷朝顯現，威靈赫奕，惟其誓願度盡世間人。是以浮沉濁世，雖愚夫愚婦，罔不聞名起敬。嘗曰：「世人竟欲見吾，而不能行吾言，雖終日與吾同處，何益哉？若能忠於國，孝於家，信於交友，仁於待下，不慢自心，不欺暗室，以方便濟物，以陰德格天。人愛之，鬼神敬之，即此一念，已與吾同，雖不見吾猶見吾也。蓋人之性，念於善，則屬陽明，其性入於輕清，此天堂之路；念於惡，則屬陰濁，其性入於粗重，此地獄之階。天堂地獄，非果有主之者，特由人心自化成耳。」

宋藝祖建隆初，（或謂政和中）宮中有祟。白晝現形，盜金寶妃嬪。上精誠齋戒，虔禱奏詞，凡六十日，晝夜不息。一日，上晝寢，見東華門外，有一道士，碧蓮冠，紫鶴氅，手持水晶如意，揖上曰：「臣奉上帝命，來治此祟。」即召一金甲丈夫，捉祟擘而啖之。且盡，上問丈夫何人？道

士曰：「此乃陛下所封，崇寧真君關羽也。」上勉勞再四，因問張飛何在？羽曰：「張飛為神累劫，世世作男子身，今已為陛下生於相州岳家矣。」上又問道士何人？道士曰：「臣姓陽，四月十四日生」，覺而錄之，知為洞賓也。自是宮禁貽然，遂詔天下有洞賓香火處，皆正妙通真人之號，當其顯現後苑，對上稱朱陵上帝。留語移時，上解赭袍玉帶賜之，命繪像於太清樓，塑像於景靈宮，歲時奉祀。元世祖，封號純陽演正，警化真君。元武宗，加封純陽演正，警化孚佑帝君。所著詩詞，有渾成集，行於世，迨後降乩飛鸞，現化於五陵。演有前後八品，鄂渚樓真觀，演有五品。涵三觀，演有三品。及《參同契》諸經，湖南草堂，有聖德經。南海西樵雲泉仙館，演有善與人同錄，其先有《指玄篇》、《忠孝誥》、《修真傳道集》、《玉樞經贊》、《金剛偈》傳世。而靈應事蹟，神通變化，呂祖全書中，皆備載之。清季庚子春，粵城四境大疫，毒核猝發，朝起暮死，呂祖駐跡城西橫沙鄉，降方活人，逾三千數，有純陽子駐跡橫沙歌。

民國三十三年，甲申，時世界戰亂，民其流離。呂祖憫世多艱，降廣州市西，何啟忠道士家，活人渡世。是年冬，至寶台弟子，恭奉呂祖仙師靈几於恩寧路，逢慶首約，宣道濟世，救災恤貧，至今香火甚盛。飛鸞降有至寶真經，照膽鏡，苦海慈航，琅環寶卷等書，行於世，而其威靈顯赫處。無時無地，莫不表現其救世憂民，渡人無量也。（世傳呂祖姓李，名玨，字伯玉。唐宗室也，有四子，為避亂攜妻入山。以兩口為姓，因更姓呂，其後妻亡身孤，遂扁其號曰純陽子，皆非真事，不過呂祖自敘墨刻小像之喻言耳。）

本宗云

純陽祖師姓呂，諱岩，字洞賓，號純陽子，河南歸德府，柘城孫人。按古之皇覃氏降世。父讓，為唐太子右庶子之官；母王氏。年二十，娶劉校尉之女。時年四十六歲，為唐天寶進士，遇正陽祖師於長安酒肆中。師授枕作黃粱夢，醒而悟，退而修道。五月二十日，天詔為九天採訪使，故有詩云：「糾司天上神仙籍」之句。證位純陽演正，警化孚佑帝君，授道於劍海蟾祖師。四月十四日寶誕。法派曰，純陽派。

郝天挺注呂祖云，咸通及第，兩調孫令，黃巢之亂，移家終南。

草堂自記云，乾符間，黃巢作亂，余偕柳仙歸河中。髮妻劍氏，在家為女冠，四子謀生於外。因攜入終南，付紫雲庵中，令何仙姑教之。屍解後，招入莉山洞府。（此有妻有子之實證也。）

第三章

老子《道德經》呂洞賓秘注之一

老子《道德經》呂祖秘注自序

　　五千言之書，盡人而知為道德之經，而五千言之旨，舉世而難傳道德之脈，非修人不能傳。而旨理淵微，一語括萬象之機，千言悉三才之奧，使後之學者得其梗概。注解支離，讀者未克了然，修者豈能純粹，必幾將太上玄教真詮，徒為人間章句乎？

　　道人願思指迷，性就淹貫，概造物之分途，體玄機於一得，不辭寡陋，昔降筆制中，何敢逞逍遙之論，鸞於北壤，惟見人心不古，道德罔幾，每憐欲海低徊不向玄尋問學。是以白雲留影，黃鶴空啼，徒增太息滄桑幾度間？

　　牟子目源，素中清朗，實獲我心，頃以道德釋義重訂問世，仍乞序言，欲人人知省，字字詳明，自修身以至治國平天下，從無欲以臻無上神通。五倫忠孝為先，九轉氣精宜養，以有相而悟無生，劈頑空而歸靜界。要知：道乃強名，

德以何有，苟強於物我咸忘，又奚必分身外之天性中之命也耶！是以聖人之教分於三，理歸於一。願生民清其心，豁其目認得源頭。莫教虛度庶幾乎無愧道德之身而可讀道德之經也。致若八十一章之中，縱橫順逆，隱喻良多，隨人志之所在，遁世立名，無不可以為法。

第一節　張三豐贊老子《道德經》呂洞賓秘注詩

呂祖首序定評論，自敘尤開八德門。
又見關中來紫氣，眞看李下毓玄孫。
欲教後世人同度，能使先天道益尊。
多少注家推此本，寶函長護鎮崑崙。

第二節　老子《道德經》呂洞賓秘注全文

一、重刊老子道德經呂祖秘注二種肖天石序

余庫藏呂祖秘注道德經心傳凡四種，其中二種內文同版本不同，今特選刊其二種公之於世，要亦恐其久而失傳也，第一種道德經釋義一書共二版本，一為廣州漱珠岡純陽觀藏版，一為掃葉山房版，前者字大版大而古樸，共二原冊內容多回道人呂洞賓自題詞一文，餘則均同，以有殘頁，補綴不易，故改取此掃葉山房版。

　　原書將上陽子之道德經轉語，及古今本考正二文，編次例於呂祖釋義正文之前，此與一般體列不合，故將全書主文之八十章秘注提前，而將「轉語」，「考正」二文改次於後，使主從有別輕重得宜也，卷末附輯太上老子清靜經及呂祖金玉經秘文，所以存原版書之實，故不忍割捨耳，金玉經一書，余於選刊道藏精華第九集時，曾將青城山天師洞藏之秘抄本，附於該集之七悟真寶筏一書內，其行文說道，不少有優於本書者在，讀者互為參照，即知余言之不誣也。

　　呂祖道德經解一書，係成都經堂版，所解與前述有異，二而非一，此書為四川劉門開祖劉沅止唐先生，於清光緒十二年重鐫本，止唐為有清一代之大儒，一生著作等身可考者計凡二十八種之多，人恒稱「川西夫子」而不名，晚年致全力修練內丹。

　　本書為劉止唐系於丙辰由京西歸，道出陝西漢中留候張良廟下，遇靜一老人，知其有緣可造而授之，終得大道其昌，未負此一老神仙也。

　　　　　　　　　　一九七五年，肖天石於石屋草堂

二、老子《道德經》釋義河上公舊序

　　五味辛甘不同，期於適口，麻絲涼燠不同期於適體，學術見聞不同，要於適治。今夫天下所以不治者，貪殘奢傲，吏不能皆良，民不能皆讓，以及於亂。誠使不貪矣，不殘矣，慈儉而讓矣，天下豈有不貪不殘，慈儉而讓，乃有不治者乎。今夫儒者蹈高仁義，老氏不言仁義，而未嘗不用仁義，儒者，蹈禮法。老氏不言禮法，而未嘗不用禮法，以懦弱謙下為表，以空虛不毀萬物為實。見素抱朴，少私寡欲，

而民自化焉。故其言曰，我有三寶，持而行之，曰慈曰儉，曰不敢為天下先。慈，非仁乎，儉，非義乎，不敢為天下先，非禮乎。故用世之學，莫深於老氏，今儒者不務自治，而虛名之幻，內貪殘而外仁義，處奢傲而治禮文，此乃忠信之薄而亂之首也，而老氏之所下也。

三、老子《道德經》呂祖秘注李明徹序

大道之宗空空洞洞，包涵無極，主宰三才，流行造化，養育群生，本無言說，無言不顯無說不明。是以太上老子立五千餘言，發大道全體宗源，統太虛一貫，至齊家治國平天下，為聖為賢之大本也。

祖師悲愍，普化均天，釋義經文貫修真正脈，發玄理精微，指示真常，明性命之學，使學者知返本窮源，識修真正路，定靜靈明不落旁流曲徑，達悟無上真空，如是啟諸同學，應會龍沙，皆籍祖師普度之聖心也哉。

四、老子《道德經》呂祖秘注釋義凡例

一：《道德經》上下二卷，古本今本，略有異同，有古本多一二字一二句者，有今本多三四字三四句者，有古本某字，今本又作某字者，有此本作某字，別本又作某字者，無所考正，惟有闕疑，何敢妄言是非，定從違耶。晉王弼題是書曰：道德經，不析乎道德而上下之，猶近於古歟，其文字則多誤謬，殆有不可讀者，令人惜之，今一以真人釋義為定，不敢泥乎古，亦不敢徇乎今，今既祥所釋之義，而更考經文，知古今傳寫，誠不無誤謬耳，於是校其同異列於卷首，以備參稽。

二：古本今本，皆無音釋，不揣固陋，謬為考核增補，

經文則有音有切，釋辭則去切存音，蓋以字下地步短狹故也，隨考隨筆，間有遺漏，惟賴後之君子補之。

　　三：俗慣用字，相沿日久，不知其非，敢為考正一二，如者個，用這個，考這字，並無者字音義。毛晃曰：「凡稱此個為者個，者，即物之辭也，又此也。俗多改用這字，這，倪殿切，音彥，迎也，周禮有掌訝，主迎，訝，古作這。」郭忠恕佩觿集曰：「迎這之彥，為者回之者，其順非有如此者，又俗語辭，多用的字。」讀朱子語類等書，又用底字，考的，丁歷切，丁入聲，明實也，又婦人額飾，有丹的，射侯之中，曰的，又當入聲，又音灼，無低音，今本朱子用底字，凡供役使者曰小底。晉公談錄云，皇城使劉承規，在太祖朝為黃門小底，又齊，韻音低，今用底字，雖無取義，或亦不致大謬也。又如經文，怳忽，作恍惚，考怳一作恍，忽俗作惚，心旁重文不必作惚之類，今改正之，非敢從古悖今也。

　　四：經文分章，原不可易，河上公章句，則以第一章為體道，二章為養生之類，釋義則盡削去，惟照原文，如道可道章第一，天下皆知章第二之類，蓋詩經關睢麟趾，語孟之學而為政，梁惠王離婁等，即以本文起語為章，不必蛇足也，其所分體道，養身等名，仍載之轉語章下，以便觀覽。

　　五：經文所解不一，真人則一以體道修真為主，故凡家國天下民人車器等，總約於一身不事外求，蓋謂身既修，而家國天下，皆可舉此而措之耳。呂祖自序云：「八十一章之中縱橫順逆，隱喻良多，隨人志之所在，遁世立名，無不可以為法。」斯言得之矣。上陽子陳觀吾有道德經轉語及偈八十一首，皆是過來人，作指實語，頗與真人之解相發明，開悟後人不小，並附於前，俾讀者涵詠經文，會通釋義，再詠

歟此詩，自能快然豁然，不斤斤於章句中求之也，惟讀者深思而自得之。

六：前列授經圖，蓋本古人左圖右史之義，且讀者一展卷開，覺函關紫氣，繚繞目前。執鞭欣慕，今人有超然世外之思。

五、道德經釋義卷之上

純陽眞人釋義道可道章第一

道可道，非常道。名可名，非常名，無名，天地之始，有名，萬物之母。故常無欲以觀其妙，常有欲以觀其徼，此兩者同出而異名，同謂之玄，玄之又玄，眾妙之門。

道，乃混元未剖之際，陰陽未分之時，無天地以合象，無日月以合明，無陰陽以合氣，無造化以合其道。這是個道字，可道，心可道其妙，而口難道其微。謂之可道。

道不可須臾離，而瞻之在前，忽焉在後，這是可道底的。仰之彌高，鑽之彌堅，如此之玄，非空於玄，而實有玄之之妙。如此光景，豈是口可道，只可心領會，而心可道。非常道，是心可道之道，非尋常日用五倫之道。非治國安民之道，非天地化生之道，非陰陽順逆之道。這個道，豈是有作有為尋常之道？故曰非常道。

名，何謂是名？無動無形，無機無化，無極無虛，無空無相，這就是名。名不知其為名，故名也。可名，是心名其名，難謂口可名其名。心領神會，可名其名，謂之可名；非常名，是心之名，非有形有相之名。虛中虛，空中空，虛中有實，空中有相，只可意取，不可聲名。非口名其名，非一切有影有響之常名也，連有影有響，算不得此名，而況有實

具者乎。只在先天中求先天，這就是可道之道，可名之名了。連先天中之先天，還算不得道名二字，就是強為道為名，只是不開口，者就是道之可道名之可名。

此二句，方是道經老子之意，方說得其奧旨，這才是非常道。非常名，無名天地之始，天地之始，是混元純一不雜，一團底性中之性為之始。連天地也在後生。連陰陽也在後剖，那時節才是無為之始。天地二字都合不上，這是太上老子恐後人不知所以然，強安天地二字在此句之中。既無名之始，何嘗有天地之形？既無天地，又何為無名之始？此天地二字，要另看。那時節，有天地之性存於中，而無天地之形，這就是無名天地之始，有名萬物之母。

這個萬物，在外講，就是天地化生之道，夫妻、父子、君臣、朋友化育之理。在內講，體道，乃得此中之根本，現如意之光，珊瑚、瑪瑙、珍珠、寶石之相，要在一個母字之上求，方有萬物，這是個性中有為萬物之母，這是個實中求虛，而虛中返實的景象，也說不出有為萬物之母妙處。

要體此道，體此名，方知母之奧妙，此正是有為萬物之母了。俱是個虛靈中景象，是個有名的萬物。從混元之母而生，故曰有名萬物之母，故常無欲以觀其妙。因有母而化生出萬物，才道一個故字，因故，而實中才生出一個虛無的境界，故吾常無欲以觀其妙。不從萬物中來，安得從萬物中而觀妙。這就是慮而後能得。

那個莫顯乎微，又得那個莫見乎隱，這才是個天命之謂性，率性之謂道，到此率性底地步，吾故能常常無欲以觀吾道之妙。故曰：「故常無欲以觀其妙，常有欲以觀其竅。」竅，非耳目口鼻之竅，乃生死存亡出入必遊之竅，所關甚重，所繫非輕，此其竅也。吾若有欲，而身不得道之之妙，

從世欲中出入，此亦竅之門也。吾若無欲，而心領神會，得道之妙，皆從此道之妙，而求其道妙之竅，任其出入關閉，皆由於我，而不由於竅之督令。

自專之權柄，這就是在明明德，而止於至善之道。吾方能常常去有欲之心，以觀吾道之竅，此竅字從母字中來，上妙字從始字中出，總是元始之母。而生妙於竅，皆從心可道之道，從心可名之名，而合於始生之母，方得到一個妙字。知其之竅自然之竅，非造作有欲之竅。體道之妙，知道之竅，此兩者豈不是同出之門戶者也。妙於心，而竅於意，同其玄之又玄的境界，在那個囫圇之時，溶化之際而不可道其道之妙，而不可名其名之玄，都玄而又玄，到無為之始，無聲無臭的時節。惟精惟一，言那個能體道之士，慎篤之輩。除此，安得入眾妙之門？

篤信謹守抱一無為之始，以心道其道，以心名其名，方得入其門，知其妙，以悟混元之母而得其至妙之竅，此之謂其道也。嗟乎，道之，義大矣哉，而復無其言。

天下皆知章第二

天下皆知美之為美，斯惡己。皆知善之為善，斯不善己。故有無相生，難易相成，長短相形，高下相傾，音聲相和，前後相隨；是以聖人處無為之事，行不言之教，萬物作焉而不辭，生而不有，為而不恃，功成而弗居；夫惟弗居，是以不去。

天下皆知美之為美，斯惡己，皆知善之為善，斯不善己。天下皆知，是抱道之人皆知，非尋常之人皆知，要體認此理。美，是到了美處，為美，是到了極美處，到盡頭田地。若知靜而知美，不知靜而不知美，既不知靜，安得知

美？既不知美，而惡從此斯生己。

　　善之為善，是善能達道者，方能知善，那不達道者，安得能知善？既不知善，那不善從此斯生已。善，美是知其微，美之為美，善之為善，是到了知微的虛靜處。再加潛修，惡與不善，俱化為美，為善，就知極美之妙，極善之妙。美不知斯惡，善亦不知斯不善，到了美而知其極美，到了善而知其極善。如此抱道，故知其有無相生，是陰陽反覆之理，一定而不可移。

　　人稟無中生有而來，亦抱至道從有中而反無，方知盡善盡美。美善不知，是有無相剋，盡其善盡其美，故有無相生，吁籲嗟乎，大道之難，鋼堅石固。成之亦易，難也得到，易也得到，同到彼岸，豈不相成？大道無二，豈不相形，有何長短？正人行邪，邪亦入正，邪人行正，正亦入邪，何患長短？傍正底路，高下相傾，是水往下，高也到此，下也到此，沒有二的法門。

　　音聲相和，是抱道者，彼唱此和，此唱彼和，言其心意相和，同懷至道，前後相隨而不離也。如此懷道底聖人，方以無為而處事，心領神會，而行不言之教。萬物作焉，而不離我規矩之中，萬物生於無為，又何嘗有中生萬物。春到動植自生，不假作為。就如人到靜，種子自現，又何嘗有作為？自生而不知其生，故生而不有，此有名無質之秘物，方能自知其美而爭美，自知其善而爭善。若為方知其有美有善，既性中為到有萬物時，而不可恃其有。

　　有了方得，得後功才成，成其一，而無所以居之，是混其體，而無其質。既無其質，就無所以可居，即無可居，夫惟弗居，一得永得，是以不去。此養自己元神，而居無為之境，生於不有之時，方能知其盡善盡美。

故有無相生，難易，長短，高下，音聲，前後，相成，相形，相傾，相和，相隨之景象。是以聖人方能處無為之事，行不言之教，如此，無為不言，萬物方能現象，不離混一之中。故生而不有，為而不恃，功成而弗居。夫惟此弗居。是以才養得吾身而弗去，使天下養身者，不得外於此。

不尚賢章第三

不尚賢，使民不爭；不貴難得之貨，使民不為盜；不見可欲，使民心不亂。是以聖人之治，虛其心，實其腹，弱其志，強其骨。常使民無知無欲，使夫智者不敢為也。為無為，則無不治。

此章安爐立鼎底說話，不尚賢，不禮有德之士，此是外說。內說，不親於外，而惟知有內。外若尚賢，而民就有競爭之端；內若尚賢，而心就生人我之念。內外不尚賢，民爭就息。我若不生，這爭心無法可法，惟不尚治之。不貴難得之貨，使民不為盜。難得之貨，是稀奇之物，人見即生貪心，豈不懷盜心？此外講也。

內講是目內觀無著於物，我之貪心從何染物，故不為外欲，盜念就無物而生。

世之財物，人人愛的，一見即欲，不見不欲，人之心就不亂了，我無見，我就無欲。使我內觀之心無馳於外，守惟精惟一，只知有道，而不知有欲。如此，是以聖人之治，苟能不爭不為盜，方能降伏其心，使猿馬不外馳，不生欲，若是才得虛其心。能虛心，只知飽食暖衣，除此之外，不生一點雜念。實我之腹，弱我爭盜之志，強我體而守我鼎，養後天之藥，以補我先天之靈。

常常使我無知無欲，存一念於靜中，故不敢為爭為盜，

以亂我之心，以作無為之道。若有為，民就有爭，有盜，有亂之心，從此而生。若以法度治他，在治之時，其爭盜亂之心不敢起。過治之時，依舊復萌，惟為無為，不但爭盜亂之心不起，而且不萌。若如是，不但民可治，而大道亦可以成矣，惟無為則無不治，痛也。

夫養心之要，煌煌於章句之中，胡不勉勉而參求？外治民而內立鼎，以生堅固之心，遇火不避，遇水不回，立焚立溺，就死而不生退心。如此方能造道，不辜負吾輩，講五千言之秘要。

道沖章第四

道沖而用之，或不盈。淵兮似萬物之宗；挫其銳，解其紛，和其光，同其塵，湛兮似若存。吾不知誰之子，象帝之先。

此乃見道之實，知其味，得其理，充塞乎天地，飽味乎己身，故沖滿於體，而用之不窮。已知有道，而不可滿，一滿，而其得妙有幾不能。已精而益求其精，已妙而益求其妙，守道不盈，則知淵源之妙，方明道之宗旨，而知萬物之本源，此大聖人方能。

稍有盈則溢，或者有堅其志，不至於盈，而方能造到大聖人。知宗，知萬物者也，豈不淵乎？到此一步，不可效子路之勇，進得勇，而退心易生。勇進則用於心，使心勞而退念出；效顏子之默，不用於心，而用於神，故銳鋒而自挫，不知有銳，亦不知挫銳之心。其外之紛不能入，外紛不入，不待解而紛自無。不外於默，一默，諸紛不能亂我之神，擾我之神，分我之心，散我之氣，耗我之精，不亂，不擾，不分，不散，不耗，如此性光方現。使我靜內生光，才能知其

妙，明其理，方得深入其奧。沖而用之，到沖的地步，才叫作和。

人練形如地靜寂不動，才叫作同其塵，塵，土也，地也，地屬坤，乃練坤之質，從陰中求出點陽明之象，現而為光，光生則坤靜，坤靜則湛兮而成道。道非無，無而若存焉。嬰兒一現，我不知是誰之子，在杳冥之中，我不知有我，而安知辨別其子？帝，我也，要返於一來之際，而復我本來面目，歸於無始之先，合道以為我，合我以為道，才叫作道沖而用之。

嘻嗟夫，子等學道者，要飽味乎身心，養浩然之氣，充塞乎天地。不盈乎志，不挫其銳，不解其紛，無鋒不挫，無紛可解，到其同塵之寂靜，而知性光之沖和。道不知為道，子不知為子，那時節，子不欲會吾，吾欲會子耳。同其聲，同其應，子是吾耶？吾是子耶？總不外道沖而用之，吾與子也。這景象，知道之妙，明道之理，深入於道之奧，不但吾與子，而充塞乎天地之外者也。

天地不仁章第五

天地不仁，以萬物為芻狗；聖人不仁，以百姓為芻狗。天地之間，其猶橐籥乎！虛而不屈，動而愈出，多言數窮，不如守中。

此章是用默，以歸於不言，而心神領會其至道之妙，用意如茲，止存其性而不知其身。天地乃至高至厚，居無德之體，恩澤布於萬物，而無施仁之心。不仁，是天地無容心，以仁施萬物，萬物得天之太和，故生之育之，長之成之，此天地仁也。乃天地容萬物，而萬物感天地化育之德，不有形跡。是上德不德，上仁不仁，不仁處，正是為至仁也。天地

以不仁長存，修身之聖人，效天地之不仁，運化育於一身。百姓指一身而言之，非他是我之意也。身為國，心為君，意為民，心以無為化身，意以無為守法，如此是仁也。

冥冥之中，不見施仁，是聖人效天地上仁不仁處而修己。故乃以百姓為天地之芻狗，天地不仁，無聲無臭，高也，明也，博也，厚也，此天地之仁也。而萬物感之不見其仁，此所以不仁處，而仁大矣。此所以不見仁，而仁宏矣。

此是天地之修，亦是天地之橐籥，為天地，尚以無為橐籥。為人修身，何不效天地以無而為橐籥，天地之間無何以修身，其猶橐籥而以無為為之乎？

是以修身用虛而不屈強為之名，用虛以修者，領虛之美，得虛之妙。無處強名，無處強道，虛之極而動方生，一動愈出，美而愈知其妙，到此難言矣！

多言而無可言，故數窮不如知我之美，會我之妙，抱我至中至道，而守我冥忘之理。常存真一之氣，以樂天真，豈不謂聖人修身，效天地之不仁也哉？虛之理妙矣！天地之不任，仁矣，玄玄乎至大至剛也。

谷神章第六

谷神不死，是謂玄牝。玄牝之門，是謂天地根，綿綿若存，用之不勤。

此章是體道之實，知道之微，用道之妙，登道之岸。從虛而入，根上章而來，虛而不屈，動而愈出。是者谷神之源，譬如山，四面皆是聳嶺，中是深谷，落葉聞聲。人身上下皆寶，惟中常虛，將谷譬言之。山谷聞聲，乃山之虛神耳，山有虛神，故千萬年無更變之端，目今如此，千載之後亦如此。

人之修身，當推此理，一個幻身只有中之內一點靈氣，四肢百骸，皆是無用。若有嗜欲，虛靈就被他埋沒，終日用心，勞碌於外，神從耳目口鼻舌身意散盡，安得不死？若求不死，須問靈神，靈神所居，上不在天，下不在地，中不在人，在虛靈不昧，一點真性之中，近學者不知說出多少落地。上降下升，用性光會合，黃媼牽引，為坎離交參，一點金液發於玄牝，玄牝生芽，方得性命歸宗，樂於冥忘之間。

從吾性中見出，是不昧之性，非氣質之性，要點下落，須遇高人，高人指點，如夢初覺，如醉方醒，得來不費半文錢，若求庫藏無處覓。非他言難易相生，不可求輕得。玄牝之門，在空谷之中，視之不見，聽之不聞，瞻之在前，忽焉在後，在無聲無臭之間，鉛汞合一，方知下著。

此理深淵，似日月運行，東出滄海，西沒窮谷，晝夜反覆，無息而往。此理即是身中下落，水中取金，火中取木，金木相並。譬如月感日精而光生，日返月華而晦出，俱是造化之氣所感，身中豈無真一之氣而生？上不上，下不下，中不中，在杳杳之中，而生真一之氣，引上接下而歸黃庭，此庭之名亦是多了，才叫作天地之根。

要歸甲子周流，去而復返，返而復去。身中要金木降升，離而合，合而離，離合之妙在於真一之中。真一之源，在於一點性光之內；性光之居，在於虛靈之中，虛靈之神，在於空谷之間；空谷之處，在於幻身之中；幻身常無，神乃得一，神一，而性命方來朝宗。

性命合，而魂魄潛跡，收來入神，方能雪光。雪光一出，便是慧照，慧照無間，才是綿綿若存。使之不窮，用之不竭，才如山谷。常靜而存神，是謂綿綿，若用心存，就不是了，要似若閑耳。勤字，莫作勤苦上看，此勤是綿綿不絕

之意。用之不勤，是無窮無盡之妙，而無刻暇，是體我之道，樂我之妙。豈不綿綿而用之不窮，人生在天地間，返天地之化工而成真，抱真以合天地。

人之玄牝，是天地之根，天地之根，亦是人之玄牝。總不過要人明天地之理以修道，返道以合天地，方是谷神不死章之旨。

天長地久章第七

天長地久，天地所以能長且久者，以其不自生，故能長生，是以聖人後其身而身先，外其身而身存。非以其無私耶！故能成其私。

此章因稟公而無私存，聽其物之消長，隨其生也，殺也，無容心於物，以靜治之。天之職蓋，地之職載，以無聲而生，故能長且久。在於不自生，以聽萬物生育，隨天地之氣感之，隨其萌敗，故不耗天地之元精，方能長生。

是以聖人體天地而修吾身，先以靜御氣，後以精養身，無身不成道，有身不歸真。先以靜而抱真，後以後天而養身，才是後其身，而身外之身方得。

先外我之假身，而存我之真形，無他，乃一靜而存，無私於物耶？天地以無私而開，人以無私而合，天地無容心以感萬物，聖人效天地，亦無容心而抱全真，總不過要人心合天地。天地以清虛之氣而轉周，聖人以清虛之氣而運動，天地能長久，聖人法天地，不能長存，無是理也！

故能成我無私之私，以靜而守我真形，待天地反覆之時，而我之真形無壞，此所以天長地久。聖人合天地而長存，只是無私心於物，存無聲無臭於身，其真乃成。

老子《道德經》養生之道

上善若水章第八

上善若水，水善利萬物而不爭，處眾人之所惡，故幾於道。居善地，心善淵，與善仁，言善信，正善治，事善能，動善時。夫惟不爭，故無尤。

此章要人修道若水，水乃無心之物。善字，百福之根，上善的，無事不無規矩，諸事無外感應。水滋物，無容心，人所惡的污穢之地，而水不爭，內功用水而若水，如是故不爭，這等人，可幾近於至道也。

下七句有兩說，外說，人能持善，不擇善地，而地善也，人善地善，豈身不安乎？心存善而心公，一公，心淵於海，而無物不容。心善，方能人善地善，七句中在心字。與善仁，他本改作此人字看，吾不然。

與，普也，心存善，無處不普，普與善，無處不仁，作人字便輕了。言善信心存善，出言必善，心存善，為政必化而治矣！百姓無不瞻仰。心存善，作事無不中節，心存善，有道則見，無道則隱，一動無不合時。如此，夫惟若水之不爭，故無尤。居善地，則心安；心善淵，則神定；與善仁，則義存；言善信，則志立；政善治，則化普；事善能，則無惑；動善時，則天命知，若是可近於道矣。

此外說也內說，心正意誠，即是善字總領。水是圓通的，修道如水之圓通，正誠圓通，無道不成。水乃養命之源，水升火降，聚則結為金液，散則無處不周，如滋養萬物一般。雖污穢之所，無不沾之地，乃絳宅一善，則身外之身，處而安之。存正誠，則心淵而冥之；存正誠，則意外意，周流用之而不窮。存正誠，我之魂魄，無不為我之治，合之而成真種子。一有性中景象，乃吾之事也。

惟我能知，他人安能；存正誠入於冥忘，性發而後動，

方知命歸根。此其時也，要圓通若水，可動則動，可靜則靜，善能正誠圓通，動靜方得隨時。無人無我，安得有爭？夫惟不爭，幾成於道。故無尤，無尤若水，方能上善，方得如此，信道之不浮矣！

持而盈之章第九

持而盈之，不如其已；揣而銳之，不可長保；金玉滿堂，莫之能守；富貴而驕，自遺其咎。功成名遂，身退，大之道。

此章修身之要，要人有道而不自滿，持真而無驕心。入性之後，任其自然，在冥忘中，不知其有，如是乃得道之士。初入道門，有此數病，持，是有了，勇猛向前不知進退，故至於盈。一盈，不知其住火，而使其盈，不如不修。

此句上合其天而同天之虛無，體無始之真，只是中和以修之，方成久持之功，而無漏泄。

銳，乃趨進之心，及不可持，其心揣之而無保。因銳也，富貴，乃涵養之功，用之不窮取之不竭。若驕之，前若水之功，豈不自養。而安能成無極之道，合我本來面目？故使我常常綿悟。

而丹之液，金也，玉也，久在虛氣之中，故守之，得其長存。少有驕心，則不能守，而泄天元一炁（氣），世辭之矣。要久守，除非退其身，方得成我之功，遂我之名。

而合天地萬物造化之樞機，返無極之至道，乃得常持而不盈，能保能守，不致於漏其真，泄其元，一混合其天，不外中和之旨。

載營魄章第十

載營魄抱一，能無離乎？專氣致柔，能嬰兒乎？滌除玄覽，能無疵乎？愛民治國，能無爲乎？天門開闔，能爲雌乎？明白四達，能無知乎？生之蓄之，生而不有，爲而不恃，長而不宰，是謂玄德。

此章體道之實，周遍內外，使魄成真。一團性光內照，無中尋有，以樂天真，抱真一道，而永住黃房。

如嬰兒，無知無識田地，返其太無之始，以滌除瘴魔，保我無極大道。以合天地，方得愛我真一之元，治復我身心。並一切凡想，無放於外，才能開其天門，閉其地戶，以養我一團太和之氣。上合天之清浮，下合地之重濁，中澄我之身心，不空我本來面目，方得自明其明，自復其復。一點陽神，周遍六合，通天達地，無所不照，無處不普，才為真人。

於是生之氣，蓄之神，生氣於無為之中，冥冥忘忘，為之而不恃。其可道之道，可名之名，故長生，而天地神明，所以玄之又玄，無處主宰於我，是謂玄德。不由天，不由命，而由我一點道心，誰能似此全德全玄，而不改初心，豈非神也？仙也？

三十幅章第十一

三十幅，共一轂，當其無，有車之用；埏埴以爲器，當其無，有器之用；鑿戶牖以爲室，當其無，有室之用。故有之以爲利，無之以爲用。

此章要人外靜而內動者也。車乃載重，腹內輪轉之物，從舉步至千萬里，其形隱若泰山，而無可撼，聽其腹之轉動。若周天移星換宿，周而復始，此陰陽變化之樞機。而車

不知己之動，隨輪之轉也。

埏埴，乃土之平，而無造作之功，聽其自然，隨人造作以為器，借水火以成形。室乃人之居，若不開窗，其室不明。三者，車不知為車，聽其輻也，埏埴不知其為埏埴，聽其器也；室不知為室，聽其牖也。

輻乃車之黃庭；器乃埏埴之黃庭；牖乃室之黃庭。車無輻不行；埏埴無器不用；室無牖不明；人無中宮不生。輻壞車敝；器壞埏埴亡；牖壞室崩，中宮壞氣斷；車修輻，埏埴修其器，室修其牖，人修其中宮；此四者，當無以為車，為器，為室，為人。

既無為將何修之？故有之以為利，有利必死，無之以為用，無用必生，此乃修身之譬，修真之要端也。隨氣之生，無隨心之死也，炁（氣）益身仙，心旺軀死，總不過要人留氣而去心者也。

五色章第十二

五色，令人目盲；五音，令人耳聾；五味，令人口爽；馳騁田獵，令人心發狂；難得之貨，令人行妨。是以聖人為腹不為目，故去彼取此。

此章教人觸物不著，一心內聽，收神，收身，收心，收意。五色，是內五臟；五音，是內五行；五味，是內五行中藥物；馳騁田獵，是內五朝元；難得之貨，是內一點靈明；聖人為腹不為目，是內觀，外不著著。

五色雖言外，而其意在內，凡人順行，外著五色，天目閉而凡目開，豈不盲乎？內和五臟，使真一柔順，不染邪氣，而如天中五嶽，立極陰陽，億萬年不朽，五嶽之氣，和而上升，與太和交合，故不敗常存。

土中生水而滋養流通萬國,此要緊之脈,如人五臟,不使其枯,常潤其中,脈絡周流遍身,脈清則氣和,氣和則道立,道立則基地固,基地固則外色彩,一彩則世之五色,一毫不著,二目光明,豈能盲我乎?目乃神之門,門戶高大,神守其宅,魔豈能入?魔既不入,神明內聽,則五聲了我之明,不向外馳,而炁(氣)方得來朝,氣一朝,酸甜苦辣,吾自啖之,豈他人得知?

實實得其中奧味,任其金木來交,五行聚合,方產紫英。其貨一得,聖人只知有內,忘其軀殼。豈有目於外,耳於外,口於外,心於外,行於妨乎?聽而不知其聞,食而不知其味,到無聲臭時,色豈能著我目乎?聲豈能聽我耳乎?味豈能聽我口乎?馳騁田獵,豈能亂我心乎?奇珍異寶,難得之貨,豈能動我念乎?

修真之子,一心內守,外判陰陽,靜體無極,返混元於我腹之中,出其身於太虛之上。故去彼之色、音、味、馳騁、難得之貨,而取此中之色、音、味、馳騁、田獵、難得之貨,靜中生之育之,養我之清氣,助我之靈根,守我之神明,出我之真身。以我合天,以我合全,以我之道而同太空,總從為腹而不為目,方得取真一之性,而生其命。就是天上仙子,不過是斷外接內四字,以歸於空,從空中返有,日月合明,而成其道。道之成,在於耳目心三字,三者聚而成道,散而成鬼,可不慎乎!歎其人為此而喪,守此而生,聚此而成,諸子勉之慎之!

寵辱章第十三

寵辱若驚,貴大患若身。何為寵辱若驚?寵為上,辱若下,得之若驚,失之若驚,是謂寵辱若驚。何謂貴

大患若身？吾所以有大患者，爲吾有身，及吾無身，吾
有何患？故貴以身爲天下，若可寄天下；愛以身爲天
下，若可托天下。

此章要人得失如一，不爲此所著。外說榮華爲寵，患難
爲辱；內說無爲爲寵，有爲爲辱。深一步說，得靈爲寵，失
靈爲辱，我從空裏得來，孜孜汲汲，惟恐有失，常以驚爲
念。我道日長而無消化之日，若遇無知，授之作爲，是吾辱
也。要我洗滌參求，徨徨然涑歸正道，若無驚心，沉於苦
海，常存驚心，漸歸正去邪，此講人之自盲。

吾今日開光，再講內功寵辱，要存真內照，見我本來，
是我寵也。惟恐毫釐之差，常存若驚，靈性倘有一念之差，
是我辱也。凡人有寵必有辱，惟驚字守之，此驚非怕也，一
念不動，是驚；一物不動，是驚；空中顯相，是驚；光中霹
靂，是驚；有有中無，是驚；虛靈不昧，是驚；驚難盡述，
如此若驚，有寵而無辱也。

貴大患若身，有身就無患，無患亦無身，患乃身中出，
身從患中生。一靜之後，絲毫運用，是吾患也。崩鼎者，一
患也；痰絕者，二患也；火炎無水者，三患也；四肢不動
者，四患也；目眩而無光者，五患也；氣不接者，六患也；
口不能言者，七患也；五臟炎枯者，八患也；有骨無肉者，
九患也；不明大道者，十患也。

此患皆從從天之身而來，亦從重命而來。若輕命，輕後
天之身，惟重先天身，患從何來？有爲患生，無爲患絕，貴
大患者，是重命入邪之人。人重命，方去修，不管邪正，死
死下功爲重命怕死，誰知死期更速。重性輕命，方得無患。
命中不得性，性裏常生命。故若驚若身，而貴我真全之理，
倘有察處，以若驚而守若身，何謂寵辱？辱爲下，元海枯

竭，故先天不生，是辱也，後天作，而補先天是寵也。得真靈若驚，失本來若驚。是謂寵辱若驚。

何謂貴大患若身？所以有大患者，為後天身耳，及吾存先天之身，而無後天之身，吾何患之有？貴以先天之身為天下者，則可以寄其身，而塞於天下。

愛吾先天之身為天下者，乃可托虛靈之身於天下，是存道身外凡身。如此寵其身而無辱於身。無患於身，方是清靜常存之道，而無入邪之心，此是修真至妙，願學者勉之！

視之不見章第十四

視之不見，名曰夷；聽之不聞，名曰希；搏之不得，名曰微；此三者不可致詰，故混而為一。其上不皦。其下不昧，繩繩不可名，復歸於無物；是謂無狀之狀，無物之象，是謂恍惚。迎之不見其首，隨之不見其後，執古之道，以御今之有，能知古始，是謂道紀。

此章是知「道」，不可以色聲力求之者也。道本無見，不可色求，道本無聞，不可聲求，道本無得，不可力求。

道之渺矣，豈能見乎？惟夷夷然自見。道之奧矣，豈能聞乎？惟希希然自聞。道之玄矣，豈能得乎？惟微微然自得。三者，合於天而全於人，不可詰之而窮其理。見於內，聞於內，得於內，精一而見，氣一而聞，神一而得，方為混一。

其上不皦，瞻之莫知其高，其下不昧，俯之莫知其淵。言其難聞難見難得之道，上達於天，下達於地，中合於人。要體此理，究其奧，通其玄，會其無中之有三家合混初之體。如癡中知癡，醉中知醉，方乃見乃聞復乃得。

繩繩然而專心精至，不落頑空，才有真象出現，使為無狀之狀，無象之象。本真一出，聚則成形，散則成氣，何有

實狀？何有實象？故此不著若是，方為恍惚，到杳杳然。迎之不見其首，隨之不見其後，玄不知其玄。道不知何道，強名不見不聞不事，故曰夷希微耳。古之道者，以身合天，以德合天，以心合天，三者既合，是為真道。

今之人口雖言而身未體也，就雖體，不過勞心勞意而苦其形，是謂執古之道以御今之有。倘或苟能知古人，體元始之初以修身，如是者，乃見乃聞乃得，是謂修道之綱紀。

能時時如是，刻刻體此，方能如天之清，如日之升，如月之恒，如松柏之茂，如南山之壽，如此無疆之道，何不體此而黽勉行之？

道在不動，道在不行，道在不言，道在不目，道在不耳，道在不心，道在不意，道在不息，道在不知。知內尋知，息內尋息，意內尋意，心內尋心，耳內尋耳，目內尋目，言內尋言，行內尋行，動內尋動，苟如是，皆可上沖。

古之善爲士章第十五

古之善爲士者，微妙玄通，深不可識。夫唯不可識，故強爲之容。豫兮若冬涉川，猶兮若畏四鄰，儼兮其若客，渙兮若冰之將釋，敦兮其若樸，曠兮其若谷，渾兮其若濁。孰能濁以靜之徐清？孰能安以久之徐生？保此道者不欲盈，夫唯不盈，故能蔽新成。

此章是借古之修者教後之人，古之人從實，無穿鑿；今之人，從精壯妙嚴，以作外相。

上古修者善士，小心謹慎，故微妙玄通，深不可識。夫微者，道之幽深，故不可識；妙者，道之精粹，不可識；玄者，道之難窮，不可識；通者，道之廣博無所不通，不可識。此四者，體道者，能搜微究妙，悟玄，通遍三界，內外

無一不燭，言道微妙玄通。入定內，細細覺察，方得通達。外說達天下，內說達全神之靈，使他暗裏珠明，光透百骸，形神俱妙，與道合真，故無可識。

故不識，容者道之體，本來無容，強名為容。豫者，是我虛中用虛，如冬川不可涉，如涉川一樣兢惕，方得不漏。稍放，就不能生。猶兮若畏四鄰，此乃澄靜本來，猶恐有外魔來攻，如有鄰舍竊取，存敬畏以防之。

儼若客，修身，如宴有尊客之前，不敢放肆，方守靜到底澄清。渙若冰將釋，入靜大定時，如履春冰一般，防其驚異，恐走失靈根，致生不測，保身之要也。敦兮其若樸，不尚雕鑿，素其玄風，不可搬運身心，存澄靜為用。體元始之理，行元始之事，以神歸元始，以氣合元始，以身化元始，以心意混元始，皆成一炁之樸。曠兮其若谷，廣曠虛中，若太虛之體，為一大竅，任其烏兔東西，炁合自蝕，存靈守真，中中乃得。是我舉動之靈，歸於空谷，渾兮其若濁。

本來混一，灰心乃靈，從靈中炁合，復渾，又從此渾中求明，到此明處，人以為濁惟我獨清，任以馬牛呼之，只自固真一，返其當來，以脫屍骸，方能解脫。不使鬼神專權，惟我自主，始見真神。是內清而外若濁，以遮凡塵俗目，此隱聖故耳。如此難妙，孰能似古善士者，濁內求清，清中更澄，要時時徐行，弗得貪求？

如此清矣，孰能似善士安身心，久久如一，體本末終始，先後不改如初？方似古善士。如此修行，乃可以近道，而生定靜慮得之妙。

後之學者，遂一遵行，才有明德新民之奧理，率性以近其道，盡性以生其道，才叫做致中和。

合天地以育萬物，不過是安之久而生，靜之極而生，這

是個無中有了。從前一一體行，如冰、如鄰、如容、如濁、如川、如古善士，方能保此道，保此道者，守中無盈，不盈難溢。倘有妄生，盈乃克生，夫惟不盈，是以能蔽其形，蔽其心，蔽其意，方乃成焉。要人小心漸進，無妄無退，方得學古之善士，行精一無二之功，乃得全真。是以借古人而徹後學者也。

致虛極章第十六

致虛極，守靜篤。萬物並作，吾以觀其復。夫物芸芸，各歸其根。歸根曰靜，靜曰復命，復命曰常，知常曰明。不知常，妄作凶。知常容，容乃公，公乃王，王乃天，天乃道，道乃久，沒身不殆。

此章是逐徑之妙，一層深一層，一節玄一節，要人層層通透，節節光明，致虛極，何也？虛從何來？從空裏來，何謂極？徹底清為極。何謂致虛極？身心放下，為致身心窈忘，為致虛極。

何謂靜？絲毫不掛為靜。何謂篤？純粹精一為篤。何謂守？專一不雜為守。

何謂萬物？虛中實，無中有，為萬物。何謂並作？皆歸於一為並作。何謂吾？靈中一點是吾也。何謂觀其復？內照本來。何謂以？得其神而返當來。

何謂物芸芸？諸氣朝宗，物來朝宗暖烘烘，蒸就一點神光。何謂各歸其根，是從無而生，虛而育，打成一塊純陽，常住於中。何謂歸根曰靜？是有中復無，實內從虛，靜者太和之氣，天地之靈是靜也。何謂復命？返其元始，是命也；覺其本來，是命也；虛空霹靂，就是嬰兒落地一聲，是命也。人得此生，仙得此道。

何謂常？得之曰常。何謂知常曰明？明得這個，是明，明此理，通此妙，參此玄，得此道。何謂不知常？不明這個是不知。何謂凶？不知其靜，不知靜裏求玄，動中求生，有裏著手，故凶也。既不知靜，又得知動，知有此動，此有，從靜生者吉。從動裏尋有，有中取動，安得不凶？

謂何知常曰容？知常靜之妙，知靜裏常動之微，靜中動，無所不通，無物不容。言其博也，厚也，高也，明也，悠也，久也，微也，妙也，巍巍乎，煥乎其有道也。就如儒經云，靜而後能安，安而後能慮，慮而後能得。又如子思云：「道也者，不可須臾離也。」「致中和，天地位焉，萬物育焉。」又如顏子有云：「仰之彌高，鑽而彌堅，瞻之在前，忽焉在後。」又如孟子有云：「盡其心者知其性也。」又如釋典云：「無無明，亦無無明盡。」又如大法云：「不出不入，此皆容也。」

何謂公？無人無我，無聲無臭，普照萬方，惟澄而已，何謂王？一澄乃公，公得其旨，統領謂虛，歸於密室，湛寂無為，是為王也。

何謂天？金木交並，湛寂真神，無微妄無微無，無虛中之物，合陰陽之炁，按五行之虛，得天地之和，體清虛之妙，得無極之真，是一天也。何謂道？靜如清虛，徹底澄澄，是謂玄，玄之為玄，是為道也。道本無名，借道言真，返之混沌之初，無言可言，無道可道，是為道也。何謂久？無言無道，是久也，何謂沒身不殆？既無言無道，身何有也？無有何殆也？是以為殆，妙哉斯明矣。

太上下知章第十七

太上，下知有之，其次親之，譽之；其次畏之，其

次侮之。信不足焉，有不信焉。猶兮其貴言，功成、事遂，百姓皆謂我自然。

此章大旨在何處？在清欲澄心。何為太上？澄清後返之於純，合元始之初，謂之太上。何為下知有之？諸氣不生，神凝之後，眾皆歸宗，謂之下知；凝結於內，謂之有之。下乃諸宗也，既知有之，其性鎔也，既鎔，親之，譽之。何也？要刻刻防之。親也，惟恐有失，關閉來鎔譽也，要我含太和以養之，存極靜以鑄之。鑄劍之要，全在忘中得，靜中采，采中忘，是親也，譽也。

既親之譽之，何故又畏之何也？我不驚恐入於頑空，其空一頑，鼎翻火散，其害不少。是以畏存之，既存畏，又侮之，何也？稍有不純，其藥爆現，侮我之靈，神即分散，是侮也。敬謹固守，養其真靜，純粹精一，抱元合虛，不令其侮此真趣味。

信猶不足，焉有不信，而有動者乎？既靜而信之，又貴言之，何也？我以篤信真靜，猶若無言而守也，是無言也，猶之乎貴言一般。何為功成事遂？驪龍得珠，豈不謂功乎？彩鳳驪珠，豈不謂事遂？如實諸脈歸宗，情性為一，俱合太和，以為而使之然也。皆謂之曰，我得之自然而已哉。

大道廢章第十八

大道廢，有仁義；智慧出，有大偽；六親不和，有孝慈；國家昏亂，有忠臣。

此章大意何說？此意功到方見妙，何為大道？默默無言，靜極無知，謂之大道。無往不是道，又何廢也？不廢，不為道，廢盡乃為無極，既廢為何仁義有？廢到不識處，諸脈絡，循規蹈矩，一一朝元，不待勉強而來。不言即仁也，

不為即義也，不言不為，合成一處，其中若有仁有義存焉。以無為，其德含容，其量恢廓，豈不有仁義存於中？

何為智慧出？有大偽，練己以愚，修行以癡，方得成丹。苟有智慧，加之作為，用心用意，勉強胡行，諸魔迭至，諸障肆生，無不作假，大偽生焉。若在愚癡內，生出智慧，諸魔不侵，諸障不出，何偽之有？若練得愚癡，不識不知，是亦偽也。人身是假，人神是真。有大偽，去其身而留神，謂之大偽。

何為六親？眼耳鼻舌心意。何為不和？不見，不聽，不臭，不味，死心，忘意，謂之不和。既不和，又何有孝慈？孝者順也，慈者愛也，順性愛靈，返天之根，天根既得，子孝母慈，和合骨肉，母抱其子，子伏其母，是謂有孝慈。

何為國家？身心是也，虛中亦是也，性命又是也。何為昏亂？心不定，入世而昏；心不定，逐境而亂，塵欲內集，昏亂吾中，氣性不斷，先天性不生而昏。凡命不惜，真炁絕而亂。身心定，虛中靜，性命應，定靜應，元神慶，昏於中，取於外。外亂內昏，金木相親，外昏內亂，水火相並。昏者冥也，亂者交也，一冥一交，神仙之道。

何為有忠臣？忠臣是意安也，精中華，皓中白，交而純粹，合而杳冥，復神於中，內合天形，是為忠臣。

絕聖棄智章第十九

絕聖棄智，民利百倍；絕仁棄義，民復孝慈；絕巧棄利，盜賊無有。此三者以為文不足，故令有所屬。見素抱樸，少私寡欲。

此章申言何也，恐人易看，不留心窮究，故復按也。請其旨，要人到上德不德，情欲塵心，一毫不著。希聖希賢念

頭，一毫不染，盡忠盡孝的意思，都不存毫釐之念，到無為地步，是此旨也。

何為絕聖？忘神入太虛。何為棄智？忘忘於空。何為民利百倍？無為後，諸氣化淳，聽其自然，謂之民利百倍。

何為絕仁？冥中更冥。何為棄義？除意歸仁。何為民復孝慈？入無為，到了捉摸處，不知己快，不知己樂，聽其生化，謂之民復孝慈。

何為絕巧？不自作了然而生枝葉，恐聰明反被聰明誤。何為棄利？不生貪求，恐求盈而反溢也。何為盜賊無有？不聰明，不求盈，而無害生，謂之盜賊無有。

何為此三者，虛空靈是也。何為以為文，不粉飾造作，自作聰明而求盈。何為不足？故令有所屬，以中求中，為之不足，以中求中，不盈不溢，常常冥忘，不待去求，而自令有所歸。

何為見素？不彩之文之。何為抱樸？不粉之飾之。何為少私？不貪之求之。何為寡欲？不盈之溢之。總歸純化無育的地步，合於無極之始，反歸於空，乃申明上章之意也。

絕學無憂章第二十

絕學無憂，唯之與阿，相去幾何？善之與惡，相去何若？人之所畏，不可畏畏。荒兮，其未央哉！眾人熙熙，如享太牢，如登春臺。我獨泊兮其未兆，若嬰兒之未孩，乘乘兮，若無所歸。眾人皆有餘，我獨若遺。我愚人之心也哉！沌沌兮俗人昭昭，我獨若昏；俗人察察，我獨悶悶。澹兮其若海，飂兮似無所止。眾人皆有以，我獨頑且鄙。我獨異於人，而貴求食於母。

此章自知玄玄，獨落根本，只知有靈，不知有身，又何

況人可得而知也。

絕學無憂，絕無有之學，抱中而已，豈有憂哉。唯之與阿，惟靈內之根，守純陽之氣，寧無憂之神，與人隔障，可得易聞，欲知之人，而人不知，靈神能去幾何？有無相通，呼吸相應，善惡不分。有靈必有神，有神必生靈，善者靈也，惡者神也，相去有何若哉？言其神靜生靈，靈徹通神，人之畏，畏性不生，畏命不靈，無虛也，無靜也，虛靜不極，豈不畏哉。我若虛也，虛之極，我若靜也，靜之極；我若極也，極之至，又何畏性命之畏哉？上畏字之，我有驚醒，終日惕惕。下畏字之，是性命，是虛靜。

荒兮其未央哉，荒非荒也，一物不著，一絲不掛，無天無地，日月暗明，惟混而已，謂之荒也。其未央，恍惚未生，不知有冥，不識有空，如此境界，有何中央，是未央哉。

眾人熙熙，若有所得而自快，盈其心，滿其志，止於此而已矣。如享太牢，如登春臺，因盈也，因滿也，不知盈滿而自害。

我獨泊兮，我到未央時，不敢苟且愈堅其志，愈恆其心，只執於中，連中也不知，是為泊然其未兆。我到未央時，若嬰兒之未孩，知識不生，聞見不開，嬰不知其嬰也，乘乘兮若無所歸。嬰不知為嬰，此時候有何歸著到寂然之境，靜到寂寞之鄉。

眾人皆有餘，為勝心二字，自滿自貪，謂之有餘。我獨若遺，到一境，減一境，入一步，殺一步，得一趣，忘一趣，知一妙，去一妙，自己危微精一，謂之若遺。人到玄玄處，秋毫不貪，飛灰不染，方為若遺。

我若遺，愚人之心也，寂然不動，輝輝兮，燦爛於中，

冥冥兮，性升於空，沌沌兮，返之混始，歸之混沌。俗人昭昭，盈心滿志，自以洞然為昭昭也。我歸元始之初，神不知為神，氣不知為氣，虛不知為虛，入與混然，惟昏昏然不識，若未胎嬰一樣。我獨頑且鄙，此頑非頑也，五行自運，天地自交，陰陽自混，乾坤自一，謂之頑也。鄙非鄙也，精粹純一，謂之鄙也。

我獨異於人，默默無為，著中不著，異於人而合於天也。混沌合於我，我還歸於混沌，謂之異於人。而混沌同也，混沌之內，惟知有中，母乃中也。昏默之中，採先天精華，含養於內，謂之求食於母。

孔德之容章第二十一

孔德之容，惟道是從。道之為物，惟恍惟惚。惚兮恍兮，其中有象；恍兮惚兮，其中有物。窈兮冥兮，其中有精；其精甚真，其中有信。自古及今，其名不去，以閱眾甫。吾何以知眾甫之然哉？以此。

請問此章大旨？此章虛中著實，空中生有，自知自覺，涵容養中是謂孔德之容。心不虛，不能容，心不空，不能量，虛空方得應物。

道為何物？是先天生的炁。炁生道，從道凝為物，人何能使物凝中？初然下手，下手處在太虛立基，去心意，住基。合恍合惚，謂之初進，此一講也。

凡人修道，必先由此，後至恍惚。復為熔金，熔化養體，如坐大火中，周天雲霧，如入冰山，方為恍然。崑崙鎮頂，不能力支方為惚然。恍惚之中，中若有象，見如不見，知如不知，方為真象。恍中生惚，惚內返恍，內若物存，覺如不覺，存如不存，方為真物。

　　既惚中返恍，恍中生惚，如影一樣，為何有名？吾不改之，因存因有，著定於中，是其名也。名乃害也，其害不去。焉有眾甫，不存他，不有他，不著定於中，是去名也。去名亦是去害，害去氣熔，名去神化。

　　甫字，當作父字看，亦當主字，亦當神字。目不觀，目神入矣；耳不聞，耳神收矣；鼻不息，鼻神凝矣；口不言，諸神聚矣。謂之眾甫。諸神聚其舍有主，諸神化；其氣有父，諸神存；其名不去，是為眾甫，為眾甫，方得若窈若冥，到了窈冥時，才得神化，氣結，精凝，而成道如此。

曲則全章第二十二

　　曲則全，枉則直，窪則盈，敝則新，少則得，多則惑。是以聖人抱一為天下式。不自見，故明；不自是，故彰；不自伐，故有功；不自矜，故長。夫唯不爭，故天下莫能與之爭。古之所謂曲則全者，豈虛言哉？誠全而歸之。

　　此章是教人純一不雜，自無驕貪者也。太上之婆心，恐人自驕自貪，常存好勝之心不自加功，而妄採取，有害清靜之道，教人長存不盈不滿之意，故以式示之。

　　凡學道者，從曲而生，深究太陰之理。從月之三日，生陰，三日取陽光方明，故漸加採取，功到自然滿盈，曲則漸直。初三，初八，十一，十三，十四，十五，十六故望曲則盈，如月也。枉者，要人純其精一其華，精華純而生，用華不用精，固精採華。窪者小土塘，水多則盈，要人防溢之害。弊者，弊其著採，弊其採守，去有為之弊，存意中意，太虛中運用生化之理。少者，一絲不著；多者，妄心極用，是去此數件。清之，一之，虛之，極之，是以聖人教人式如

此。

故舉言之，人無矜，故道生。前不自者，默其功，而聽其自然來往生化，未免強用他之功。氣聚自生，氣烘自化，氣融自結，氣純自成，氣化自泰，泰後自旋，自轉微意，一點落於宮中。

氣後合混沌時，如太虛中一點金星，天水相映，總從不自是，不自矜中來。是以不爭，不爭者，因不自是自矜，方處不爭，到不爭時，豈有虛謬哉？深為後人而詳說之。因曲、枉、窪、弊、少、多者六字，總不過要人去有存無，去勝存樸，去貪存實，是以不爭而歸式之。

希言自然章第二十三

希言自然：飄風不終朝，驟雨不終日。孰為此者？天地。天地尚不能久，而況於人乎？故從事於道者，道者同於道；德者同於德；失者同於失。同於道者，道亦樂得之；同於德者，德亦樂得之；同於失者，失亦樂得之。信不足，有不信。

此章言其自然，不待作為。希言者，言貴於無，如飄風亦然，倘天心不靜，飄風即起，不能恒耳。如人之功，其鉛方起，意即外馳，豈能恒乎？驟雨如人之功，水方來朝，心即他向；火不能降，雖朝無益，如驟雨不終日耳。

如此用功，孰謂是先天地？此乃谷之餘，天地尚且不久，火來水散，水朝火滅，不能合一，天地豈能久乎？人妄採後天，乾坤毫無主機，人乃神也，神豈能返舍，無是理也！故從事於道，言靜極之功，去有而就無，故從之靜，從之無。道者同於道，同天地不言太虛之體，德者同於德，同天地生化萬物之機，失者同於失，同天地虛靈不昧。

　　無言無動，而合天地之道，同於道者，同生化肅殺之權。如人有動有靜，相生相剋，與天地無絲毫差謬，樂自然之道，故得之。

　　同於德者，同天地含弘廣大，無不復載，其有容也若此。樂其自然之道，故得之。

　　同其失，同天地虛靈不昧，風雲雷雨，無意而生，無意而散，絲毫不著，如此容靜，包羅乾坤，聽其自然，合天地，樂我自然希言之道，故得之。

　　如此合天，信之猶為不足，焉有不信之理乎？太上老子教人，不過體天惜己而修，忘德忘失，無容心於物也。

跂者不立章第二十四

　　跂者不立，跨者不行。自見者不明，自是者不彰，自伐者無功，自矜者不長。其在道也，曰餘食贅行。物或惡之，故有道者不處也。

　　此章從虛自運，不待勉強，何為跂者不立？跂者，是斜身不正，謂之跂，故不立為何譬跂？意邪心著世欲，猿馬不收，何能得靜？何故得靜，正其心，澄其意，毫無染著，故能得靜。何為跨者不行？跨者，一腳而立，不能行也。譬此者何也？因人不漸進，知而不行，如獨腳而立，豈能久乎？是以警後學也。不靜，安能得起不虛，詎能得知？人若聞道，不從漸修，焉能成乎？

　　何為自見者不明？自有邪見妄自為是，不規自然，豈通透內學，若有通透，將何求之？似愚似癡，終日默默不待勉強。自作聰明，不求明而自明也！何為自是者不彰？自立偏見，終日妄參，其大道不能彰現，將何求彰？常存不滿之心，不生速進之心，終日自足，豈能彰乎？要不自足，虛虛

靜靜，常若蠢然，澄見底，不求彰，功到自見。此彰非外彰彩之意，乃內中運行生化之機，方合太上本旨。

何為自伐者無功？外說如滿山蒼槐古柏，樵人日採山之槐柏，日採不覺，月採年採漸漸待盡，山之秀氣，漸漸消散，久之為一枯山。如人終日目視耳聽，口言鼻嗅，身勞神損，氣耗精枯，終日不覺，久之如枯山者同。又如人妄相授受，不歸清靜大道門頭，終日或守或放，耗水抑火，每日燒煎，其已不覺，久之亦如枯山同。

何為自矜者不長？人少靜，微有覺意，便生自誇之心，矜心一存，道無漸進。今日如此，年如此，終此而已，因自矜自誇故也。焉有漸進之理？將何得漸進，有恐聞之心，存不足之意，堅之固之，精之一之，再加一篤字，不求長而自長也。如此自然與道合也，何為道合？要如餘食贅行，人不知以後天餘食之氣，精心切悟，以為己害。起後天地，精心切悟，去靜中參悟，後天中先天，贅行是不動貌。心貪身懶之意，既心貪身懶，為何譬道？言如人外不動而外勤於功，就如身懶心貪贅行一般。

何為物或惡之，物乃靈物也，因自見，自是自伐，自矜，不從自然，不歸清潔，靈物豈能起乎？若或有惡者然。何為故有道？道乃自然之玄，有道的人，不見，不是，不伐，不矜，此為故有道。何為故？有道者，不跂立，不跨行，從清靜自然，不待勉強中而來者。無速進之心，無矜誇之意，入於冥忘，常在虛無之境而不處，見是伐誇有為之地也，故不處。

有物混成章第二十五

有物混成，先天地生。寂兮寥兮，獨立而不改，周

行而不殆，可以爲天下母。吾不知其名，字之曰道，強爲之名曰大。大曰逝，逝曰遠，遠曰反。故道大，天大，地大，王亦大。域中有四大，而王處一焉。人法地，地法天，天法道，道法自然。

此章旨在何處？在一大字。修在何處？結穴在寂寥。混成物是何物？靈明隨氣而結，空洞之中混成有質，此質虛象無形，結而成丹，謂之有物混成。何為先？何為後？積穀為先，採陰精為後；著意為先，一切有為為後。寂靜中生，虛靈中出；空洞中升，無杳中來；無有中見，虛實中成。為之先，皆謂之先天地而生。

何為先天地？混元中未有天地，而天地性存；未有陰陽，而陰包陽，陽包陰，陰中生陽，陽中生陰，謂之先陰先陽。取而用之，謂之先天地。

既有先天地，要寂寥何用？不寂，陰中陽不生；不寥，陽中陰不出，寂寥之中，天地生而合一，陰陽聚而泰交。何為獨立不改？天地不可改。天地為獨立，至道為獨立，天地不外於道，而況萬物乎？謂之不改。何為周行而不殆？天旋地轉，周流生化，豈有崩墜乎。天地原以一氣化成，天中之天，地中之地，天中之地，地中之天，一氣混融，出於自然。道乃天地，亦是流行而不殆，天地可殆，而道不能殆也。何為可以為天下母？母者以氣成道，道生天地，天地生萬物，而萬物亦本於道，是以為母。可以為天下之母，言其無事不本於道也。

何為吾不知其名，字之曰道？太上亦不知何為道，言其純粹精一，至玄至妙，不知為何名，想像自推之曰，字之曰道。何為強名之曰大？無往不包，無處不利，通流陰陽，強之曰大。

何為大曰逝？逝者，無處不周，謂之曰逝；逝曰遠，遠者，天上地下，流道流行，謂之曰遠，遠曰反，反者，天地萬物，無不本於道而生，無不歸於道而化，謂之曰反。

生無不本於道，化無不歸於道，故曰道大。何為天大？地大？王大？天故大也，天本於道；地故大也，地本於天；王故大也，王本於地。天地王皆本於道，道故大也。殊不知道亦本於自然，天所以覆萬物故曰大；地所以載萬物，故曰大；王所以統萬物，故曰大；道所以包羅天地萬物故曰大。

何為域中？域中者，天地萬物之主宰。道凝於天，而為天之域中；道凝於地，而為地之域中；道凝於萬物，而為萬物之域中；人能體道，道凝於人，而為人之域中。

何為四大？天、地、王、道，謂之四大，精、氣、神、靈，謂之四大。四大皆空，而道處於中，謂之王處一焉。

何為人法，天法，地法，道出於自然，人能自然，如地之靜，故長存。謂之人法地，地得天之雨露下降，生化之機，地固結而長存；謂之地法天，天稟清虛之氣，凝虛於上，不動無為而合道；謂之天法道，道本於虛無，常含湛寂之體，聽無為之生化；謂之道法自然，自然之中，有物混成，感先天地而生，凝寂寥而化，隨自然之機，而合混成之道，謂之自然。

重爲輕根章第二十六

重爲輕根，靜爲躁君。是以君子終日行，不離輜重，雖有榮觀，燕處超然。奈何萬乘之主，而以身輕天下。輕則失臣，躁則失君。

此章教人溫和弱體，靜動相宜，漸進的意思。

重為輕根，是從少而多，從靜而動，雖性命為重，世事

為輕，先去世事之輕為根，從靜而為本，根本既固，方能重性命，如人負物，先力寡不能勝，從輕而漸重，方才能勝。人不去世事，安能全性命之重乎。靜為躁君，君者，心也，心屬火，安得不躁？練乎靜以制之，一靜心純一虛火降。是以君子重性命，而虛靜降君，降國之君，常常若惕，如負自重，終日堅心清靜，行若負重者然。

人能惕惕不忘，清靜真一，雖有榮觀，燕處超然，而終日不離虛靜之機。奈何人君主天下者，以身輕天下，是重末留本，妄想邪見，其國易於傾頹。身者，國也。臣者，氣也。難於靜則矣，臣躁於心則失君，一講也。

重為輕根，何也？重者丹也，輕者氣也，氣為丹之根。重者，性也。輕者，命也。性為命之本，築末必先務本，謂之重為輕根。靜為躁君，何以靜者，清而澄躁者。妄而生，以澄止妄，以靜治躁。清者妄，息常澄其心，靜其意，清其神，如此心則灰去。

是以君子終日不離輜重，何也？是以修真之士，終日乾乾，若惕如有重任者，一時不能拂去，若輜重者然，終日不離靜澄而練其主，雖有榮觀，燕處超然。若何？靜中有奇景異象，雖有榮觀處而以無為化之。

澄中雖超然燕處之暢亦以無為治之，奈何萬乘之主，何也？奈有血肉而為之主君其國者，此患也，以身輕天下。何也？是形骸之累，又有血肉主宰其身，內不能灰，外不能化，奈何有累於我哉！去心輕身，從無為治國，清靜治君，是謂奈何。

輕者失臣何也？君不能以清靜化，國不能以無為治，溫良恭儉之臣，見躁其君，亂其國，危邦安肯出任仕，故常隱於海國，而不化行天下。是輕則失臣，躁則失君，何也？君

不能以無為治國，馳騁田獵，好作為世欲之事，如此昏亂，安得不躁失其靜？而君亦以失之，不靜有為，為之失也，是謂躁則失君。

善行無轍跡章第二十七

善行無轍跡，善言無瑕讁，善計不用籌策，善閉無關鍵，而不開。善結無繩，約而不可解。是以聖人，常善救人，故無棄人。常善救物，故無棄物，是謂襲明。故善人，不善人之師，不善人，善人之資。不貴其師，不愛其資。雖智大迷，是謂要妙。

此章太上教人隨機化育，不待勉強而聽自然者也，是一團無中有的景況。

何謂善行無轍跡？善乃人之本性，父母未生之初，就有善性，是一點落根源的時候，未有化育，就有此善，即先天也。行是發生歸鼎，先天一來，只可意取，豈有轍跡。若有轍跡，即是採取有為功夫，大道本於自然，謂之善行轍跡。何為善行無瑕讁？善若言即有瑕生，即有詭詐。善不言，則瑕玷詭詐從何而起？方得還白不言謂之善言，自然謂之無瑕讁。

何為善計不用籌策？淳化之民何用刀兵，不計為善計，氣和了先天即生，何用子午卯酉？著意籌策，能善用計者，就用不著籌策。何為善閉無關鍵，而不可開？不閉為善閉，何用閉穀道，通三關，開崑崙，從夾脊兩關，臍下元海，何竅要閉，何竅要開？終日用心用意，去自搬弄，豈不惜哉！善閉者，出自自然而關竅自然通透，自然光明。著於關鍵者，而關鍵沉於淵海，昏昏無著者，虛無之關鍵，周天為大竅，無有隔障，善閉而無關鍵，不可開而自開也。

何為善解無繩，約而不可解？不結為善結，著意採來，

容心凝結者，不是養性命，是送性命。不是養長生藥，是自煉毒丹而害生也。終日耗後天之寶，耗竭氣散，懼寒，懼暖，懼風，懼濕，面金唇玉皆不善結者。倘後有同志者，宜以此戒，聽其自然，神氣凝結不待用意，而自從規距準繩中而結，一結成丹，豈可解也。

何為是以聖人，常善救人，故無棄人？聖人是善言、善行、善計、善閉、善結的人。人者，身也，是以聖人愛身，常修身而不棄身也，恐人於塵囂枷鎖之累，故救身而抱道也。何為常善救物，故無棄物？物者靈也，恐人於有為，長存救人之心以無為化之，故出自然聽其生育，無向凡俗而不棄也。何為襲明。天無容心生物，亦無容心化行人體；亦無容心修身，亦無容心凝結，聽物之生化是為襲明。

何為善人不善人之師？無為之人不假造作，是有為之規模，是有為之人，用意造作為無為之榜樣。聖人修自然之道，體天之無為。故不貴其師，不愛其資，雖有智人體杳冥而若大迷，是謂得道要妙，總不過無容心於道，而聽自然者也。

知其雄章第二十八

知其雄，守其雌，為天下谿。為天下谿，常德不離，復歸於嬰兒。知其白，守其黑，為天下式。為天下式，常德不忒，復歸於無極。知其榮，守其辱，為天下谷。為天下谷，常德乃足，復歸於樸。樸散則為器，聖人用之，則為官長。故大制不割。

此章何意，要人守道，分理陰陽。

何為知其雄，守其雌？雄是陰中陽生，雌乃先天一氣。知而不採，謂之知其雄；守而自來，謂之守其雌。

何為為天下谿？分理陰陽，則天下柔和。谿乃淳也，天

下淳，陰陽自然分理。天下，指一身而言，一身無為，常德不離，德者，道也。人本清虛，清虛陰升，清虛陽降，陰升陽降，其德乃長。真常不離，反與嬰兒同體。

嬰者，氣未定，五臟未全，皆虛空也。人能無五臟者，方能知其白而守其黑也。以嬰兒為天下抱道之式，人能如嬰兒，觸物不著，見境無情。為天下式者，真常之德，無差忒矣。道得淳化，反歸於無極，而合太虛之無為。

知其白，不若守黑，白能易染，而黑無著，靜到白時，如月返晦，到晦時，收斂之象也。知其榮，榮則有害，不如常守其辱，辱心一存，萬事無不可作，無為存辱。為天下谷，谷者，虛其中，一身常能虛中；為天下谷，此之謂也。常德乃足，中能常白，其道常存。道存，而反歸於樸。

樸者，全完之器，樸散而成器，散者分其樸，而聖人用之，聖人能守中精一，則純一而不雜，為天下管轄，統天下之民，歸於一國。聚萬成一淳化無為之國，分理陰陽，五行之造化歸於一統。則大之而不割也，一身純陽，分理陰陽，其煉而成體，豈能割乎？知雄守雌，以柔治剛之意也，太上教人無為化淳，聽生化之自然，不假勉強也。

將欲取天下章第二十九

將欲取天下而為之，吾見其不得已。天下神器，不可為也，不可執也。為者敗之；執者失之凡物，或歔或隨，或呴或吹，或強或羸，或載或隳。是以聖人去甚，去奢，去泰。

此章是教人無為，法天行事，絲毫不掛的意思。

將欲取天下而為之，天下者，一身也，取者修也。為者，無為之道也。人若修身，必本於無為，諸事若不造作，

則不能成。惟道不然，將欲修身，必本於清靜自然之道。如今世人，若不些小言一二著，長笑而逝矣，吾見其不得已也。

天下神器，何嘗有為？以湛然常寂，聽其自然生化，隨機靜動，故不可為也，有為必敗於性，有著必失於命，不為不著，性命長存。凡先天氣生，聽其隨行。內應於歔，外應於吹，出入自由，不待勉強而嬴也。若有微意，非太上至玄之道，亦非不壞真空長生之道也。

或載或隳，若修清靜，隨其左沖右沖，上旋下繞，待其中千穴萬竅，忽然一旦豁然貫通，方得根深蒂固，載值於中宮；無隳無豫。

是以聖人修身，必先去甚而無妄心，去奢而無繁華之心，去泰而無勝心。心既無，而一身無不自然。合太上傳道之本心，同太虛而歸真空，無為真空，安得不取天下乎？

以道佐人章第三十

以道佐人主者，不以兵強天下；其事好還。師之所處，荊棘生焉；大軍之後，必有凶年。故善者果而已矣，不敢以取強。果而勿矜，果而勿伐，果而勿驕，果而不得已，果而勿強。物壯則老。是謂不道，不道早已。

此章清靜無為，不加造作，造作早已。以至道佐人主者，不言為道。道之渺矣。清靜即是至道，以清靜之道治伏我心，我心治伏，人主安矣。

不以兵用天下，兵者，雜氣運行。如一國之主，亂行不道，不得已而用兵，用兵必有勝敗，其國必亡。如人修身、必先治心。心馳不一、運行雜氣、或長或短、見功速而成者

少，其身早已，其事好還。還者是造作之顛倒。殊不知師之所處，禾麥盡盡，民豈生焉？如人之雜氣所止之處，血肉凝聚，病則生焉，就如荊棘者然，與至道毫無關係，故善者不敢用強。

在上者，施無為之化；在下者，聽其自然歸伏。如善者心，心清靜，不待勉強，其氣自生，清靜果矣。而勿矜誇，無為果矣。荊棘不生而勿剪伐，自然果矣；而勿用強，果而不得己，乃清靜中一點真氣，至道本來連一點都是多了的。勿強於道，是謂真道，用強於道，是為不道，不道者，安得不早已乎？此乃太上教人，無為修道，以有為之說戒之！

夫佳兵章第三十一

夫佳兵者，不祥之器。物或惡之，故有道者不處。是以君子居則貴左，用兵則貴右。兵乃不祥之器。非君子之器，不得己而用之，恬淡為上。勝而不美，而美之者，是樂殺人也。夫樂殺人者，不可得志於天下矣。故吉事尚左，凶事尚右。是以偏將軍處左，正將軍處右，言以喪禮處之。殺人眾多，以悲哀泣之。戰勝，以喪禮處之。

此章用淳不用強、用和不用剛；用氣不用意，有意為強兵；故不祥。

夫佳兵者、溫良柔和，佳兵者凶，善用者吉，善用者，靜後用之；不善用者，開首用之。物或惡之而不致。故有道者，不先動，故不處，是以修道君子，處其靜而貴左；不靜者，處其動而貴右。

先意故不祥，不祥亦有氣至，乃勉強採來谷氣，謂之不祥之器，非修道之君子。靜後動者氣不得己，而開導初進之

人，故以下乘教人取後天而得效也。只快於一時，久則必敗！能恬淡清靜。

自然之功，謂之虛無至道。苟有微意而不美，而美之者，入一境，殺一境、得一理，忘一理，不殺不忘，謂之佳兵。靜中動者，副將軍之謂也，居左而不凶，乃無意焉；動中動者，正將軍之謂也，居其右而不結，用意取也。惟精惟一，清虛而得天機，謂之性；厥終厥始，有動而得地機，謂之命。性定，命生，從此而生泣。

知命方知命難，因其有斷殺之志，故一戰得勝，言其心切意專也。苟有二念則不得，是以喪禮教之。不有殺人心，不可以入道；不有鐵石心，不可以求真。言其可教則教，不可則止，是以太上教人如此，用靜，不用動；用意，不用氣，用氣立性而後命。以佳兵譬之，柔和治之，虛無修之，靜動得之，空空成之。所以有兵而不用，兵有勝敗，故不祥，教人體此而修者也。

道常無名章第三十二

道常無名。樸雖小，天下不敢臣。侯王若能守，萬物將自賓。天地相合，以降甘露，人莫之令而自均。始制有名，名亦既有，夫亦將知止，知止所以不殆。譬道之在天下，猶川谷之於江海也。

此章乃無人我，自得意思。

道以混沌無名，常住真靜，與太虛同體，不言不動，謂之道常無名。樸者，性也，大而通徹天地，細而入於微塵，雖小天下不敢臣。臣者氣也，性定，氣凝，謂之不敢臣。侯王能自守，侯王者，心也，心空神靈。若果能如此守者，萬物將自賓服。萬物者，諸經脈絡是也。能定而守靈，經絡再

無不賓者也。

總歸大竅，一片光明，天地自然相合，下升上降，天地合一，甘露二氣而生，混合於中。到此光景，人莫之令。人者，靈中微意是也。到混沌時，有人不知其人，而自然定均，定均時始制有名，定而後能慮是也。

名既有之，不要妄貪。夫亦將知止，知止，則有定期而漸進者也，能知止，所以不殆。譬言道，天下莫不有之，無物不有道。凡天下萬物，以無為者亨，以有為者咎。至弱者水也，川流者水也，水之不息，猶大地萬物。不可須臾離道者也，謂之猶川谷之於江海也。

知人者章第三十三

知人者智，自知者明，勝人者有力，自勝者強。知足者富。強行者有志。不失其所者久，死而不亡者壽。

此章教人內省自意思，不馳與外而守真靈，脫解無用之軀，與天地同久也。

知人者智，明哲於外，非我之本分。自知者明，守自己之靈，虛中生白，光灼天地，自知其有，默默自得，而為之明。勝人者有力，不可以力勝人，以虛無至道勝人。力者，內光也，勝己者，自勝之中和，充塞於天地，與太虛同體者也；強內光之充塞，含容於我，知足者，知瑩白之光芒，無處不周遍。虛虛於中，守有於內，而不妄求，謂之知足。

富者，滿其體，一氣豁和，含光於中。強行者有志，堅其心、固其意、忘其形、存其虛、守其有。以待功成也。能常真靜，守其中，而不失其所。其道恆而天地交泰，陰陽合抱於中，恆常不二如此，豈不能久乎？道成而軀丟，光融而

性存。雖死於世，而我實不死也，死則死矣，假形骸雖死而不亡。與天地同其德，與日月合其明，與陰陽合其道，與混沌同其體。道存而性融，形亡而光結，故壽而不死。無中下手，虛中能有，有中返空，性命合一，靈性常存，清光融融，謂之死而不亡。長存其於天地之外，包羅於萬象之中。空空洞洞，其真常靈，其道長存，真常至道，謂之不亡而壽。

大道汜兮章第三十四

大道汜兮，其可左右。萬物恃之以生而不辭，功成不名有。愛養萬物而不爲主，常無欲，可名於小；萬物歸焉，而不爲主，可名於大。是以聖人，終不爲大，故能成其大。

此章是教人歸於大竅，而不著的意思。

大道，是虛無至玄至妙之道，無物不有，無處不到，謂之汜兮。一靜之後，遍體皆空，無有障隔，此乃汜也。左之右之，無不通之，無不靈之。

節節相通，竅竅光明，謂之其可左右。萬物，諸經絡也。心空，意無，萬物無不持之以生。熔成一片，內外光灼，雖無心於萬物，萬物自然生之而不辭。常無雜意，可著可名者，雖道大而不見其大，入於微末。而於小焉，一氣熔成，萬物無所不歸。若無主焉，諸氣自然合一，若無主宰，而主宰存焉。此乃性中命也，性中得命，若可名於大。大道至微，實無所大，而大存焉。

是以聖人修道，默默而不彰，隱潛而不見。道雖大，而始終不爲其大，故能虛無以合道，默默以合天地，隱潛以合陰陽，成汜汜兮。合其至道之大而入於渺渺之天，恍惚存亡之間耳，故能成其大。

執大象章第三十五

執大象。天下往往而不害。安平泰。樂與餌，過客止。道之出言，淡乎其無味，視之不可見，聽之不可聞，用之不可既。

此章是教人不著的意思。

象字，是有著而歸實，大象是不著而歸空。象本於中，守中而小。大象本於形，無形而空。本於中者害，空於形者不害。執大象忘形合虛，空中空形，四大皆為一竅，使我之神，清虛而合至道，任往來而不害。

天下者身也，身為天下。是普天之下，無物不載，無處不有，任日月之照臨。空洞之乾坤，往往而不害。如人之身，空其形，絕其欲，清虛其神，默默於大竅，混沌於陰陽，不知有人，亦不知有我。故往往而不害，不害，安於神；不害，平和其氣；不害，交泰於性命。安於神，平和其氣，交泰於性命，皆歸於虛，虛中生有。

樂與餌，是先天之真氣，聚而成樂，凝而為餌。如過客之往來，無定止之地，任來則來，任往則往。天下任其周旋。待通身經絡，靈通而合一，如是為丹，性中見命者是也。

無可以言道，道之出言其無味，無味而自其味。無可以耳聞，聽之不可聞，不聞之中，而自聞也。無可以目視，視之不可見，不見之中，而自見也。無可以著用，不用之中，而自用也。故不可見，不可聞，不可既者，言其道理精粹，無不貫通。成天地之大竅，而含容乎至道，虛虛實實，無無有有，皆一其氣耳，此謂執大象，而天下往往不害者此也。歸中不中，忘形忘虛，昏昏默默，為一天地。混合陰陽，打成一個錦繡乾坤。

老子《道德經》養生之道

天地壞而我不壞，天地崩而我不崩，皆因不害一氣之至道。不見而見，不聞而聞，不用而用，如過客之行止。不著於中也，聽其自然而已，這個才為執大象，後學如此，方能了得性命。故天下而不害也，安平泰之至道也，如此至道，不可見聞，亦不可既也，此之謂也。

將欲歙之章第三十六

將欲歙之，必固張之；將欲弱之，必固強之；將欲廢之，必欲興之；將欲奪之，必固與之，是謂微明。柔勝剛，弱勝強。魚不可脫於淵。國之利器，不可以示人。

此章是盜天地之真一，陰鼎陽爐，剛火柔用，自知其密，純粹精微的意思。

將欲二字，將盡而未盡的時候，未得先天之初，欲深息聚氣。時含太和而歙之，歙合聚也。將欲合聚真一，必先張侈於外，張侈定而後歙；保合太和，含弘萬象，混一而成。必先收屬身心，身心定，而後含光內照。則真一之歙（氣）強。氣充足，然後以和柔之。

將欲弱之，必先待歙而強之之後，然後充滿，方才以和制之。使其純一不雜，含太和柔之，是二八月之候也，卯酉之時也。無寒無暑，充和一炁（氣），謂之弱也。得之矣，從有中而返無，欲廢之矣，將欲廢之先。必先興起於中，充滿四處，而後以和廢之。

廢的是有質無形之物，不但煉去有形的，連有質的要盡煉去之。而成光，炫灼於內，恐光散去而欲奪之。必先與之以和，將欲奪之之先，以和而合天之化機。歙而聚合於一處，從中起於上，從上見於空。如魚潛於淵一般。溫溫一

性，包裹命根，虛見天心，謂之魚不可脫於淵。

國之利器，是強也；國之利氣，是明也。國之利氣，是剛也。國之利氣，是微也；明明能以柔制剛；微則能以弱制強。不明不微，為國之氣。明也，微也，為國之氣。剛強故多利，利則有害於身。柔弱亦多利，利則有益於己。剛強之利不公多害，柔弱之利，和平多益。只自知也，自明為也。入於玄，知不知為知，明不明為明。己之不知不明，安能示於人？入於湛寂，合於真靜，如此之微，如此之妙，玄之又玄可以示人乎？故不可以示人。

道常無為章第三十七

道常無為而無不為，侯王若能守，萬物將自化。化而欲作，吾將鎮之以無名之樸。無名之樸，亦將不欲。不欲以靜，天下將自正。

此章從無而有，有得還丹，丹成光生，以靜而進，從有而守，不欲之謂也。

大道常以混元為體，以無名為用。道常無為，無中生有，未嘗無為，無為而無不為。要王侯守之，王侯，靈也，真靈若能存，萬物從無中而生有，靜中而自化，靜極將自化。不靜不能生，安得自化靜極。極之至，於中方生，生後自化，化而能鎮，是我虛中。一點靈慧，守起來去，聽其自然，以無名之樸。

樸是欲也，不欲靜生，靜中萬物萌，萬物從靜中萌，從無中生。從虛中化，化而斷欲，斷欲以無名之樸鎮之，鎮之光生，鎮之慧出，鎮之虛靈。無名之樸，亦將不欲，此句是申明無名之樸意思。無名之樸，亦是不欲，何為不欲？

不欲以靜，不欲即無為，不欲即王侯。能守，不欲即萬

物化；不欲即鎮之；不欲即為無名之樸。雖不欲，無靜而不能，先以不欲靜之。靜之極，欲不能生。靜之至，欲不能萌，靜之至極，方為不欲。靜從不欲靜，不欲亦從靜不欲。入於虛空中，虛則有中，空則實，空其虛中，則不欲以靜。天下將自正，而合天，而合道。

靜而符天之虛空。化而符天之日月，鎮而符天之不動。隨氣之運行，聽陰陽之樞機。天能靜，我亦能之。靜乃道之根，化乃道之苗。道之根苗，聽其自然，無不合道，無不合天，天道即合，大道成矣，謂之天下將自正。

素解曰：「虛名是道。」不動不生是無名，真心見是王侯，諸經絡是萬物。經絡諸氣會合於中，是自化，真心了了，不動不生，聽其自然，是鎮之。入於虛，靜之湛寂。是無名之樸，亦是不欲形，乃天下也虛中有物，物化而空，謂之自正，外無其形內無其心。

欲斷意絕，冥冥竊竊，入於慧光之中，充塞乎天地，瀰滿於世界，皆成一片光華。性中得命，命合性空，才教做天地將自正。大道歸於無名，返於混沌，入於無極，而合大清，此章之謂也。

（道德經譯義卷上終）

六、道德經釋義卷之下
純陽真人釋義

上德不德章第三十八

上德不德，是以有德，下德不失德，是以無德。上德無為，而無以為；下德為之，而有以為；上仁為之，而無以為。上義為之，而有以為；上禮為之，而莫之應，則攘臂而仍之。故失道而後德，失德而後仁，失仁

而後義，失義而後禮。夫禮者，忠信之薄，而亂之首也。前識者，道之華，而愚之始也。是以大丈夫，處其厚，不處其薄；居其實，不居其華。故去彼取此。

此章是虛生明，空生慧，清靜合太虛的意思。

上德者，不言，不動，不聞，不見，合天之至真，謂之上德。無心於萬物，無心於身形，謂之不德。外忘其身，內忘其心，聽萬物自然之生化，隨其自然之流行，謂之上德不德。德字，道之別名也，即道字，非恩德之德也，這等才是個有德的，謂之是以有德。著心外用，謂之下德，有心用去，就有心望報，故為不失德。不合天之不言，不動，不聞，不見，亦無清靜自然之德，是以無德。

外實而內空，外無而內有，實若無，空若有，聽自然之生化，謂之上德。無為而無以為，不能虛心，而心外耗；不能實腹，而腹運虛，滿腹心，聽心之指揮。心動火盛，焚其腹，或守或運，形容日漸枯衰。無上德之自然，是以下德為之而有以害為之。和順柔弱，溫良靜定，而合上德，謂之上仁。為之而無以為。

義字，改作個斷字。義重生剛，剛勝必有果斷，果斷必有是非，是非出自疑生，疑生上德。夫德失而為仁，仁下而為義。義字改意字看，何也？義重則剛心生，心動意馳，意馳必有為。有為者，三千八百門，皆從此意字。安能合上德？是以義為之，而有以為禮者，路也，有意於道，必有心去求，一求非上德也。

谷氣應之，則真心不見，而真氣莫為之應。是以攘臂而仍之，攘臂者，殺伐之氣也。即氣質性也。仍者，就而應之之謂也。即勝心貪意者是也，如此則道遠矣！故失道。失道者，失自然之生化，容心於萬物者也。謂之失道而後德，有

心物者，謂之德，無心於物者，謂之上德。失了道，就是有心於德。失德而後仁，失了自然之德，存仁於萬物，和順於生化，就於有為而失仁。

失仁而後義，是堅心剛者勇鹵之性，一派氣質殺伐之心。失義而後禮，有路為之謂之禮，不知禮者吉，知禮者，忠信之薄凶亂者。敗也，亡也，因禮之害也，故為亂之首。前識者，高明正大清靜無為之人也。不德而若愚，昏默之謂也。如此之丈夫，處上德之厚，不處上禮之薄也。居上德無為之實，不居上仁，上義，上禮，有為之華也。故去仁義禮智之彼，而取無為上德之此也，謂之去彼取此。

昔之得一章第三十九

昔之得一者：天得一以清，地得一以寧，神得一以靈，谷得一以盈，萬物得一以生，侯王得一以為天下正，其致之一也。天無以清，將恐裂；地無以寧，將恐發；神無以靈，將恐歇；谷無以盈，將恐竭；萬物無以生，將恐滅；侯王無以為正而貴高，將恐蹶。故貴以賤為本。高以下為基。是以侯王自稱為孤寡不谷，此其從賤為本耶？非乎？故致數車，無車不欲，碌碌如玉，珞珞如石。

此章是守法之要，返本還原之意也。

昔者是胚胎之時，惟有靈性，一氣貫通，本來之一也。如今世欲多端，雜念橫生，故不得一。要從虛無二字，返元為一。如昔之得一者一樣，虛其心，忘其形，絕其意，歸其清，守其靜，還其空，得其一而歸有，有中復靜，謂之得一，得一者如天。天之高也，悠也，久也，明也，此其為天也。因得一而清。博也，厚也，此其為地也，因得一而寧。

明也，虛也，昭也，洞也，此其為神也。

因得一而靈，神者不散而聚，潛藏不露，靜以合德，虛以斂形，空以得一。散而充塞天地，聚而入於微渺。水火不焚溺，金石不障蔽，立日月而不影，此其為神也。神何以靈乎？清心靜意，忘物忘形，惟精惟一，以誠內觀。以一貫流通，信心虛無，而歸於空，歸空不空，抱道守一。始得神靈，天也地也，大地皆空，四圍不著，虛空一身，乾坤盡在掌握，真氣隨其流通。身外之身，此其為谷也。上不上，下不下，前不前，後不後，左不左，右不右，中不中，虛無一氣之間耳！此其為真谷也，因其得一而盈。草木也，飛走也，日月星辰也，天地也，此其萬物也。

天地得乾之真火，坤之真水，從虛無而生形，此物也。天地得乾坤，水火交泰，抱一虛無媾精，清靜生氣。得陽火而成日，天地之命也；得陰水而成月，天地之性也。性命流通，生生化化，而育萬物。皆得天地陰陽之氣，以靜而守一，萬物故能生。今日動，明日移，真火一照，真陰不滋，萬物豈能生乎？如人之稟父母，陰陽媾精，交泰而生。即天地稟乾坤之氣，同父母之氣。原是虛無，因世欲所染，故歸於實。如今要返虛無，有何難哉？在一念間耳。

念誠虛無見，心死真心現，意絕真性明，性明而命歸，命歸而神立。神不外散，先天起而諸氣潮。氣潮有信，不失時候，周流天下，聚散有度，此人之萬物也。人若外現外聽，心馳意往，則神耗動舉無度。多言無忌，負重拏輕則氣耗，神耗精隨而耗之，氣耗，精亦隨而耗之，神隨精聚，氣隨精生，精亦逐神氣之消散。心動神耗，意動氣耗，念動精耗，常常虛無則精氣神之不耗者，才是萬物得一而生。

候王者心也，心灰無容於物，心灰無容於形，心灰無容

於心，謂之候王得一，一身歸空，一氣返正，存神而不存人，存性而不存心，存物隨氣，隨氣養神，神安命則立，氣安性則明，命立性明，謂之為天下正。其致之一也，誠其意，一貫其氣，其致虛致無之一也。

天之震怒，是不清也，狂風驟雨，轟雷掣電，此其所以不清也。天不清，因氣不和，氣不和，將欲裂。裂者變也，氣散神不斂，故不和而變，水竭山搖，地脈枯而不寧，此其所以發也。地之無以寧者，不靜之故耳。

發者，起也，不虛不無，神固無以靈，不靈將欲歇。歇者，止也，谷不虛，無以盈竭之而不開，塞之而不貫，谷不虛，惟恐竭；天不清，惟恐裂；地不寧，惟恐發；神不靈，惟恐歇，此其不空耳。空中生有，萬物始生，入於頑空，則萬物無以生。頑空，萬物不生而滅，在空不空中，恐萬物有滅，空而存不空之意也。

心不灰，則候王不正。候王不正而貴高，居貴本於賤，居高本於下，不本賤下，則身心蹶裂。因心有容於物，有容於形，心有容於心，故蹶之，無容心者，故不蹶。常以戒慎恐懼，不睹不聞，清心靜意，忘物忘形，心無其心，意無其意，無無亦無，無無不無。如此則不裂，不發，不歇竭，不滅，不蹶之患也。因其得一於我也，故貴以賤為本，高以下為基，無他，順則一生千千萬萬，從此而始。

逆則一，從一而誠，誠則忽然貫通矣，此是賤之本，基之下也。是以候王自稱孤寡不谷，心原本於一，孤者單也，寡者獨也，不谷者，無同類也。言其孤於一，寡於一，不谷於一。一者，清也，靜也，空谷傳聲也，如此其以賤為本耶。難道不是此說之非乎？你不看車之輪輻，周流難計其輻，不動則易明其輻也。如人之氣靜，則無期限，動則有限

之元氣，易於散盡，氣盡猶之乎。車無輻也，故致數車，無車不欲。無車不欲其輻，如無人不欲其氣。車無輻不行，人無氣豈能生乎？

　　珠珠如玉者少，珞珞如石者多。言其多必自少，貴必自賤，高必自下者故耳。因其得一於我也，返我昔日之陰陽。歸於虛無而成不二之道，故以言天地之清寧。欲人得一而法天地，使其谷神不死，與大道同焉。

反者道之動章第四十

　　反者，道之動。弱者，道之用。天下萬物生於有，有生於無。

　　此章動靜知宗祖。動則散而耗，靜則聚而見。言語舉動則耗，心意馳動則耗。耗則外散。外散神不寧，氣不結。神氣寧結無他，心安意定也。安定，中宮見，神室開。此時才為真動，本於靜也。靜者，氣反而通。

　　反者，反心之不明，反性之不識，反口之不知味，反目之不知色，反鼻之不聞香臭，反耳之不辨聲之高低，反手不能取，足不能履，反五臟化而不生，反不知嘻笑言談，反不識父母，惟有活活潑潑，一團和氣，靈性存於中，如此方為反也。如嬰兒在腹，不知天日，真陰真陽，聽他循環於虛無之中。八萬四千，三百六十，五官六腑，無不通徹，皆因靜中動也。

　　動亦不知動之所以然，恍恍惚惚之間耳，謂之反者，道之動。心泯意絕，含光於內，謂之柔。柔和於我，神寧氣定若似乎無作，又若屍同。弱之無間，時時如是，久則合大道之用。天之真性結於虛空，人之真性，凝於虛無，道之真性，入於無無，存於空空，合於玄玄，此為道之用。

天不言不動，從空中而生真動，此天之反也。人神安氣和，從虛中而生真動，此人之反也。能反者弱成，造化循環於中。五行周流於內，陰陽凝結而成一，則天下萬物，無不感陰陽之氣而生。言其竅竅通徹，處處空靈，諸氣朝宗，而環抱於中。此有也，此生也，有生必有化，從生而反化，從有而入無。

世人只知有生有，偏見於一生二，二生三，三生萬物之說也。殊不知萬物，生於土，而反化於土。歸土者有二，枯朽而歸者，潤澤而歸者。枯朽者，入於無何有之鄉，為鬼耳；潤澤者，歸於虛靈不昧之地，為仙耳。

學道無他，無中下手有中得，得後不知有形跡。唯有空中成大竅，清虛天半懸月窟。此是有中無也。無合於天，而性光同月，虛合於氣而命蒂同日，日月環抱而為太極，此人之無中有也。道凝虛中之象也，命盡而性存，光華燭於周身，輝於內外，打成一片，虛光而入於無極，此有中無也，學道豈易哉！

上士聞道章第四十一

上士聞道，勤而行之；中士聞道，若亡若存；下士聞道，大笑之，不笑不足以為道。故建言有之：明道若昧，夷道若類，進道若退，上德若谷，大白若辱，廣德若不足，建德若偷，質直如渝。大方無隅，大器晚成，大音希聲，大象無形，道隱無名。夫唯道，善貸且成。

此章教人知止知退，無道為道的意思。

無道，上士聞之，體無為而勤修之。無道，中士聞之，無處著腳，故生疑。若亡若存，兩可之心，故不能行。無道，下士聞之，付之一笑，何也？

言其無影無形，無有把柄，但笑而不言，不笑不足為無為之大道。故建言有之。建者，設也，設言有道。以明無為之妙，上士明道，幽處靜修，若昧然。中士雖明道，不以無為為實，心疑之，故不昧。下士明道，一聞之而生謗心，安能昧之？夷，道者，精心於道，於天地同類而修之；與無極同體而暗付焉。

進道者，進清虛之氣，周流太虛而不知有為，故若退然。上德乃無為之士，性命歸於虛空，精氣神合於靈動，與天地合其德，與日月合其明，與陰陽合其體，與四時合其序，空空洞洞，窈窈冥冥一氣於中，若空谷焉。空谷之後，靈光朗耀，內有虛白生焉。若辱焉，辱者，打動於心，真心發現，沛然見於面，紅光四布，瑞氣蒸揚，形身無影，靈光獨現。神隱於中，飄飄蕩蕩，照徹乾坤，故大白若辱。廣德者，若天地之德。上德不見德，其德廣矣！故若不足，與人修道同。至道不見道，道乃何物？

而若無道，無道者，方見道之至矣。故若不足建德者，設言有德，不知德何居。偷者，引而伸之，如道無道，故以道名，不過設言，曰道德者，即道也。你看天地間，萬物生育，豈非天之德乎，地之德乎。天地合其德，而萬物感之而生，不見其德，而德更大。如人之氣生，乃道也。

性命合道，而炁（氣）方生，不見其道，而道至矣，謂之建德若偷。質直者，真心也，真心見，而先天足。充滿天地，流貫萬川，總歸於一。浩浩蕩蕩，溢溢盈盈，此渝也，真心者，信也，性現而命存。惟精惟一者，是「質直」二字。精一而氣足，故如渝。

大方者，空洞天地，無絲毫障蔽，明明朗照，無處不燭，東西南北，前後左右，上上下下，皆是空洞，成一大

竅。惟氣流行，光明萬國照徹諸天，謂之大方無隅。大器者，先天見，而虛空成器，即神室也。不要以有尋，不要以無覓，靜極氣生，氣生神室見，出於自然而然，不待勉強而成大器也。如水泡一樣，有形無質的東西。晚成者，炁（氣）生而後見，謂之晚成。大音希聲，音者；潮信也。時候到，而潮不失信。如靜極而炁（氣）生，呼呼若有聲然；又若火然，大音希聲者，故耳大象者，神凝也，神凝而不見其形，神凝即道也。道原無名，惟自知其妙，難於口言，難於目見，故大象無形，道隱無名，此也。

夫惟者個道，中士聞而怠心生；下士聞而怪無形；惟上士者，善守善靜，收拾身形，撇去心意，一點虛靈，常常內固。善貸而且成，且字最妙，稍有絲毫心意就不成。如身居土內，即成之，且字活，不一定也。夫惟道，善空、善靜、善采、善有、復善於無謂之善貸且成。

道生一章第四十二

道生一，一生二，二生三，三生萬物。萬物負陰而抱陽，沖氣以爲和。人之所惡，惟孤寡不谷，而王侯以爲稱。故物或損之而益，或益之而損。人之所教，亦我義教之。強梁者不得其死。吾將以爲教父。

此章大旨何爲？太上教人以弱制強，以靜生動，以有入無的意思。

何爲道，靜極乃道也。靜虛極，乃玄也。道入於玄，謂之道。從何處生？虛中見，靜裏生。何爲一？靜裏有動機，在無心處見，謂之生。

何爲道生一？靜極機動，恍若有物，謂之道生一。何爲一生二？物有時，陰陽合抱，動靜合機，虛虛實實。金生

水，木生火，此時侯天地才分真心與真水，一降一升，聚合於虛中，謂之一生二。何為二生三？陰陽既分，天地既判，此二也。俗說天、地、人為之三。天地既生，難道又有天地？此論謬矣。天之秀氣，地之生氣，感和風之清氣，此三也。外言之，氣之清，神之靈，精之潔。靜裏分陰陽，而精氣神同化於虛無，此三者內言也，不靜，陰陽不分。陰陽不分，氣不清。不清，精不潔，不潔則神不靈，不靈，安得為道？

何為三生萬物？得天之秀，感地之生，乘風之化，風乃天地交感之氣。故言之，如無風處草木難得，天之秀，地之生，無風則不茂，無風則不華，理必然也。人之修道，雖靜也，靜中不生，陰陽不分，精不潔，氣不清，神不靈，入於頑空，故命不立，如草木避風者同。神也，氣也，精也，秉靜而先天生。此三者，皆先天中之物也，會合於虛無，運用於陰陽，合抱於神空。此三者，凝而為丹，丹成八萬四千毛竅，三百六十骨節，五臟化盡，血白脈絕，四大皆空，都成一個虛無關頭。諸氣朝元，而生萬物，謂之三生萬物。

何為萬物負陰而抱陽？大凡有形之物，皆陰也，有形者，皆有性，性乃陰也。性中得命，陽也。陽生於陰，潔白而生光，與月同也。人之修道，無裏取金。一靜而水中之金自然躍出，不靜而用意取，非水中金也。谷氣聚而結為精華，此物也，非金也。

萬物乃諸氣之靈，虛無中，先天凝結，四大皆空，而萬物方秉先天中的一點，陰中之陽，去陰而合抱於陽。如人終日塵世，心存意在，食五穀而加五味養之，盡歸於陰，陰盛精生，而穿透於皮骨，潤於四肢，此陰中陰也。陰盛情動，精漏而盡，或心動於物，形勞於事，精耗而枯，此陰盛而使

之然也。假後天之寶，養我皮袋，住居不損主人公才能安身，此外丹者也，外丹固而內丹方成。釋子云：捨身者，謬矣。此謂之負陰抱陽，負陰之體，而合抱真陽，萬物來歸，形化氣，骨化虛，形骨化為虛氣，似天之有象無形，象負陰之上而抱真陽。一氣而已。

何為沖氣以為和？沖者上也；清氣上浮，而和合太虛。

有形者人所惡之，言其純陰不見於陽。修真者，唯孤寡不谷，言其清靜於己，與人不相同也。總不外獨字，獨於己身，一於己形，而我之玄，隨氣之沖和。合無極之至道，謂之孤寡不谷。

何為王侯以為稱？王侯者，神也，精於一，合於虛，方能玄妙之妙。獨見於何為故物，或損之而益，人能精一於我，靜靜於中。物之秉靜而生，是有也，以無損之，損之又損。清之至，靜之至，清靜之至，謂之損也。物不損不能生，生後以靜養之，此其有也。

靜久則有益於己，旋轉周流，或上或下，或左或右，或前或後。沖萬竅之開通，諸絡之一貫。會眾氣於神室之中，含養於虛無之境，謂之故物，或損之而益。

何為或益之而損？物之通徹明瞭，靜極而益。從益之中，化為空，返空不空，返無不無，空復真空，無無不無，無無亦無。此二句不外先靜後有，從有入無，靜者，以性下手；有者，性中立命；無者，性命返虛而合道。萬物復化而為三，化三而為二，化二而返一，一後而入無，從無而合道。此時身心同於虛空，性命歸於湛寂，無極而化太極之時也。

到此地位，人何之所教？有入無，無化虛，人之所教，道有而止，亦我以不明之心，不動之義，昏昏默默教以無為

而合太虛。所為強梁者，心守意取，不以虛而入，以誠而守，為之強梁。何為不得其死，人以心住守方所。以意用力採取，終日養谷之氣，精之華，谷氣盛而真陽耗，精化華而精液消。日復一日，陽盡精枯，豈能久於人世而惡病生。故不得其死，吾將以無為之父，以孤寡不谷，沖氣為和，負陰抱陽而教之，如此方謂之道。

天下之至柔章第四十三

天下之至柔，馳騁天下之至堅。無有入於無間，吾是以知無為之有益。不言之教，無為之益，天下之稀有者哉。

此章因上章強梁者，不知無為之益，而申明上章之意也。

天下之至柔，清心靜意，絕欲安神。不知有天地，亦不知有身形，一氣貫通，凝丹室內，惟性而已。此天下之至柔者，或意住，或心存，或取，或就，吞吐後天，在皮毛上用工夫。終日擒拿，勞苦身形，凝養後天，此天下之至堅也。學玄之士，虛虛一性，真氣氤氳，聽自然之衝突。諸竅皆通，神室頓開。我之真道，從柔而堅，自然馳騁之至堅，何用心意而苦身形？此謂天下之至柔，馳騁天下之前至堅，柔者，氣也；馳騁者，衝突也，堅者，身形也；以自然之真一，衝突乎假形，何須作為哉？

無有之心意，無間於時日，空空一性，清淨無為。時時刻刻，入無間工夫，自然真一上升，木來交並。虛無中會合，空洞中交感，如此之景象，豈待作為而然哉！如此，從無為中來得。何苦作為？吾是以知無為中，如此之玄，如此之奧。空空洞洞，一個虛無，有益於我之神，不去言玄說

妙。

無言而內教之，無為而內益之。如此者，天下稀有之人哉！不言而道教之，無為玄益之，如此之奧妙，天下稀有之道哉！不但稀有如此之道，亦稀有以柔，馳騁之堅，以無為人於無間之人者哉！又不但天下稀有知此者，天下並無聞此者以柔制堅，以弱制強，以無為如無聞，如無聞，如此之道，豈易言哉。

名與身章第四十四章

名與身孰親？身與貨孰多？得與亡孰病？是故甚愛必大費，多藏必厚亡。知足不辱，知止不殆，可以長久。

此章教人絕有存亡的意思。

名與身孰親？名者，有也。身者，神也。舉一意，動一心，即名也。存於心，虛於靈，即身也。一意一心，頃刻千里。意去心馳，我之心即耗，如此思之，其孰親乎？內照返觀，外繁多事，其孰疏乎！知其親，明其疏，無我之身，安得有名。名從身得，豈有捨身而從名乎，知其神，忘其名，乃道也。

貨從身得，捨身而貨，安得貨者，不過隨處有之，不能充滿天地。身雖一己之神，散而彌滿乾坤，聚則存於虛室，如此究之孰為多乎？

得與亡孰病？得於名，得於貨，惟我之所有。亡於身，亡於神。惟我之所無，如此考之，其孰為病？此三者，皆外講也。內講者，名者，求其得也，身者；存其神也。不虛心而求得妄、心生；不無意而求有則神已耗。不求其得之虛名，不求其有之虛名，虛我之神而名實，虛我之名而神失，

神失名就實，名實而神隨失。請思之，其孰親乎？貨者，谷之氣；身者，清之氣。存心者，意谷氣生，忘心絕意，清氣谷盛騰，氣不過存其所，透其關清氣，竅竅流通，周身充塞。谷氣存心意，以養之。清氣虛，神靈以蘊之。請思之，其孰多乎！得者，意中得，亡者，心中亡。有意去得，著意去亡，得者，虛中得，亡者，無中亡，虛裏自得，無裏自亡，請思之。其孰病乎！

此三者，在下文以明之，是故甚愛必大費。欲虛身是愛也，欲惜靈是愛也，愛則愛矣，必無中費心，虛中費意，靈中費身，費之至，方為真愛。藏者，養也，多藏必厚其神。神清而知足，神凝而止知，神靈而知身，知身而不親其名，知身而不多其貨，知身而不為其病。不親名，不多貨，不為病，因身之清，神之靈也。

故不有辱於我，取殆於我，如此，親其身，多其氣，不病其神，可以為道之長久。

大成若缺章第四十五

大成若缺，其用不弊；大盈若沖，其用不窮；大直若屈，大巧若拙，大辯若訥。躁勝寒，靜勝熱。清淨，為天下正。

此章要人致中和的意思，跟隨上章知止知足來。

大成者，已成之士，先天見而凝的時候，不要自貪自求，妄意存守，隨他自然，轉動寧止。若缺而不足，其中妙用，樂其天然而不能弊我本來一點真靈者，才叫做大成若缺，其用不弊，大盈者，周身通徹，無絲毫障礙，皆先天一氣時候。若空洞然，若沖虛的一般。其中玄妙，聽其自然，其中妙用，就無窮矣。

　　大直者，先天直上，貫於虛中。不要意取，聽其自然不能的意思，而若屈然。屈者，不能也，大巧者，是他，時至時候，左旋右轉的樞機。按周天而合五行，其中巧妙莫能言，到此時，吾言不謬矣！其中巧妙，難知難識，是他自然之巧，非我之用巧也。他雖巧，而我之心意若拙，隨他樞動，而我灰然，謂之大巧若拙。

　　大辯者，他來時，我以心意覺之，謂之大辯。這個辯，也說不出微覺，就是大辯。訥字是個死字，他來時，我若不知，若不識，不似個死的一般，不覺為訥，不訥就覺了。是死心灰意然，謂之大辯若訥。世人看訥字，不能言者是訥也。在此作個死字看！

　　躁勝寒，躁者，後天穀氣。人用力時，而穀氣勝，寒則不犯。內講躁者，華也，後天足，寒亦不犯，內實則外不敢侵。寒不能入，故勝之。凡修道，先固後天為最。靜勝熱無心，一作可熱，不熱內進者，靜心以待真陽生，而真火薰蒸。脾土固，而虛火不生；心地靜，而妄火不生；意寧，而肝火不生；情絕，而肺火不生；性定，而臟火不生；一塊真陽，諸火皆散，謂之靜勝熱。

　　清靜為天下之正道，清而缺而沖，靜而屈而拙，清靜而訥。如此，則天下正。正者，正其心，誠其意，絕其情，盡性而得命，謂之清靜，為天下正。

天下有道章第四十六

　　天下有道，卻走馬以糞；天下無道，戎馬生於郊。罪莫大於可欲，禍莫大於不知足，咎莫大於欲得。故知足，知足常足。

　　此章要人收服心意而不外馳的意思。

外講者，天下有聖君賢臣在位者。秉公心，立正意，則百姓得以安康。馬字改個心字看，外面用世也要心，內面修己也要心。外面心不正，則天下不治，內面心不虛，則我不能久。謂之走馬以糞，糞字改做個苗字看，舉心動念也。苗字改做個念字看，不動念，何以走馬。

奸臣賊子、忠臣孝子、義夫節婦、暴君汙君，仁君聖君，皆從心造。此次走馬也。念不動，心亦不動。念動，則心生苗，心生苗，謂之以糞。

此在心內講善惡俱從心出，天下無道，戎馬生於郊。此二句在外講，天下無道時，亂政多出，頑風壞俗，皆是在上者心馳於外，貪之求之，蓋不由己，而心去矣。心去，惡心生而多欲。焉得無罪。有罪必死，因多欲所招。惡心生而不知足，不知足，焉得無禍；有禍身必亡；因不足，所招惡心生而欲得。欲得焉得無咎；有咎身必故，因欲得所招。皆不知足故矣，故知足者，無罪，無禍，無咎。如此之人者，知足常足。

知足者，大而常足，天下次之。常足一國；再次常足一家；至小常足一身；類而推之，知足，天下治。知足，謂之天下有道。不知足，謂之天下無道。知與不知皆出於心，太上故以馬譬之，此外講也。

天下者，是我之一身。有道，是一炁（氣）混然；走字，改個去字看，馬字，作個心字看；糞字，是寂然不動；走馬以糞。去心寂然之意，我之身，一氣混化，寂然還空，這叫做天下有道。

天下無道，是心性不定而亂馳。郊字，心境也；戎馬，是野心也。或存這裏，或想那裏。戎是操軍之馬，無休息終日搬弄，而作有為，不歸清靜。俗語云：「終日盤算」是此

也。心不閑，謂之無道，罪字，作病字著；可欲，是欲不死也，終日盤弄而求長生，殊不知反生病也，不欲則不病，故罪莫大於可欲！禍字作個死字看，今日貪，明日求，日夜無寧。有限陽氣，日漸耗光，因求足而反生不足，故死！

取禍之端，莫大於不知足。咎字，作害字看，今日欲起，明日欲來，殊不知，注意的都是後天，而反生害。清靜自然得，何必欲得！故咎莫大於欲！得清靜者，故知足。知足者，常足而不死，不病，不害。因其不欲知足，不欲得，而渾我之一炁（氣）保一身，養我之虛，固我之鉛，靈我之性，而返我之汞，為有道之天下。收束其走馬，降伏其心性，常足以恣然不動，養我浩然而返於寂。盡性而得命，一炁（氣）豁然而貫通。

故無病無害，亦無死，因其清靜而不欲，空洞而知足，虛靈而不欲，得如此，方為有道之天下。無心道士，方合得太上本旨，教人去心知足的意思。

不出戶章第四十七

不出戶，知天下；不窺牖，見天道。其出彌遠。其知彌少。是以聖人不行而知，不見而名，不為而成。

戶者，虛中之門，不出戶，是一炁（氣）常盈於戶。空洞而不覺也。知天下諸炁（氣）朝元，通徹萬方。不出戶，昏昏不知其門，默默貫通六合。其理皆然不外是也。

牖是虛中無？無一竅，寂寂然而道存。於天相符，於道同體，謂之見天道。其字，指道也；出字，渺茫不知所有，空空一性者是也。我之道充滿宇宙，愈靜而愈玄，更清而更妙。一靜充塞天地，一虛包羅乾坤。

其道愈出而愈彌，更出而更遠，言其一靈虛於中，無不

照察，無不通貫，謂之其出彌遠。靜於道，而不見其道，窮於玄而不覺其玄，不知何為道？何為玄也？其知彌少，此也。

是以修真之聖人，清之、靜之；不行而知道之來，空之、洞之，不見而強名曰道。無之，虛之，不為而道自成。這才是不行而知者，謂之真知；不下見而強名者，謂之真名；不為而成者，謂之真成。知不見其知，名不見其名，成不見其成。

此三者：性中融於命、命存於性，從無中所得，得後還無，與道合真，而洞湛寂。五行貫通，交泰陰陽，恍兮惚兮，其中有象。虛虛實實，不知其知，不名其名，不成其成，謂之知天下而見天道也

名其道而成，至道也。故彌遠彌少者此也，這才叫作成道。本不行不見不為，而真心見矣！是以聖人修之，如此其知其名其成而道真矣。

爲學日益章第四十八

爲學日益，爲道日損，損之又損。以至於無爲，無爲而無不爲矣。故取天下者，常以無事。及其有事，不足以取天下。

此章教人復歸混沌，返於上清的意思。

借學以言道，為學日進，而不見其功，其學日增；為道日損，而不見其減，其道曰寂。道者，混沌之體，以清靜而用之，湛然一氣也。心無其心，而真心見；意無其意，而真意存；情無其情，而真情寂。空性以立命，養命以還空。若亡若存，一氣充塞，竅竅流通，其光曰見。其妙曰玄，玄之又玄真道乃見，這是個道。

仰而不能攀，俯而不能就。若云遠，目前可得；若云

易，勝若登天。瞻之在前，忽焉在後，窈之冥之，其道難見，空之洞之，其功易成。無他，在己之靈，虛之則神藏於室，實之則神馳於外，在人之專與不專耳。無人無我，是損也；無靈無性，又損；槁木死灰內有性存。

凡取天下者，淳化之風，無為之治。窈窈冥冥，湛寂若清天，空空洞洞，清之若深淵。以無事而取之，天下自然來，服人之心清如水，人之性湛如天，則諸氣朝元而合一。混沌打成一片，空其心，通其性，靈其神，抱其命，熔鑄一個空洞鏡子，照物無所不徹，光明沖射萬方，乾坤為之我有，天地為之我無，陰陽合一。而虛靈以存之，這是個無事。若有毫髮所染，絲須掛牽，則為有事，不足以取天下。為道者，不足以通百脈，則光明不開，真性不見，難以降伏諸炁（氣），為道者，當自勉之！

此章不過教人去聰明之心，馳騁之意，貪欲之情，若愚若蠢，死心灰意，損之而進於道矣。雖是無為而盡性，無不為而立命。無不為，是沒有不為之道，靜極而動，是無不為。動後返靜，是無為，從無為而到無不為，再從無不為而返於無為。如此者也，何患道不成而天下不取也。

聖人無常心章第四十九

聖人無常心，以百姓心為心。善者吾善之，不善者吾亦善之，德善矣。信者吾信之，不信者吾亦信之，德信矣。聖人在天下歙歙。為天下渾其心。百姓皆注其耳目，聖人皆孩之。

此章洞燭常虛，光明內固者也。

聖人者，神也；常心，世欲之心，知識之心，神靜真心現，故聖人無常心。百姓者，氣也，氣固真空，虛靈之心

出，如天之無心，實有心存，故以百姓心為心。

善者，淳化之輩，真常清靜，吾得妙矣，故善之；不善者，塵凡外務，攪亂真道，吾亦靜治之。無所以亂我之本來，清靜虛神，淳化混然，吾亦善之。德字，作得看，我之真靈不昧，靜極而量弘，天地山川無所不容。量弘則德重，如天之德，上德不見其德，得善矣。

信者，不無欺也，時至而到也。吾得靜之妙，信乎其玄玄矣。不信者時未至也，堅心清靜，必候其至吾亦信待之。如此之淳德，得信矣！

聖人之在天下，即神之返室矣，神歸於室常歙歙然，歙歙是無人無我之境，為天下渾其心，虛中不昧的意思。一氣渾然，而百姓皆注其耳目，一神虛無，而聖人皆孩之。

寧神混沌凝其虛中，神凝於氣，氣懷於神，神氣合一，運用於虛中，空空於身外，則百姓之耳目真注矣！聖人無常心真孩矣，霹靂一聲虛空粉碎，飄飄蕩蕩，不知天地而我內有天地，不運五行，而我自然轉動，不知其身而真身見矣！不知其心，而真心明矣。真身見，真心明，聖人物外之神，則常心泯矣，非道而何？

出生入死章第五十

出生入死。生之徒十有三，死之徒十有三。民之生，動之死地亦十有三。夫何故？以其生生之厚。蓋聞善攝生者，陸行不遇兕虎，入軍不避甲兵，兕無所投其角，虎無所措其爪，兵無所容其刃。夫何故？以其無死地。

此章外其身形，求身外之真身，故無生亦無死。

凡有生必死，生者死之門，死者生之戶。出有心之生，

入無心之死，生之徒十有三矣。生生者，生一氣之真；死死者，死通靈之心。忘其生即忘其死，不待穿鑿，而歸自然，十之中有三矣！三三之數老陽之體，去九而歸於一，純陽之體矣。此句太上破九轉之說，九轉還丹是耶？非耶？世人以訛傳，訛作為九轉，非九轉也！

九者，陽也，金也。陽金之數，返而歸一，為之十有三，死之徒十有三。言人入於作為，求術以長生，豈止避了九數，而妄作九轉之行功，不能歸一，而返閉陽金，則有落地矣。凡有落地，傷生取死之道也。夫何故？生生之厚，求生之心切，反有死矣！

民者，氣也，氣生則生，氣動則地見，氣見陽金生。金生而動，動則九數純。純而返一，不厚生而生金矣。如是之五穀、五味、藥物、方術等，皆生生也。外此則不生，殊不知反害也！

蓋聞善養生者，忘其生亦忘其死，俱從無心無意中而長生。有心則鉛耗，有意則汞竭，鉛耗汞竭，則死矣！何故，因作為而求生，豈知反死也。

善攝生者，陸行不遇兕虎。陸乃命也，忘其命，真龍真虎見，作為之，兕虎則不遇，因其無心也！軍者，性也，入於性，則不避兵戈；兵戈，刀圭也。己土戊土，性定真心見，二土自然歸中，何待作為？因其忘身也，身心忘，天地自然交泰，不惟兕無所以投其角，虎無所以措其爪，兵無所以容其刃。因其忘我忘形，凝神定性，氣和而得命，清天靜地之謂也。返於虛歸於空，神靈氣息唯有存性，兕虎、兵戈，安能得害！

夫何故？以其無死地，蓋其不入於術而常虛也。有術者必死，無術者必生。修道者，可行術耶。

道生之章第五十一

道生之，德畜之，物形之，勢成之，是以萬物莫不尊道而貴德。道之尊，德之貴，夫莫之命而常自然。故道生之、畜之、長之、育之，成之、熟之、養之、覆之。生而不有，爲而不恃，長而不宰，是謂玄德。

此章教人不待矯揉造作，聽其自然，而知漸進之功焉。

道字作個無字看，有字就是術了，無字就是至道。道從無而生，從虛而入，空之又空，道乃生焉。故道生之，乾坤合一謂之道，陰陽轉舒謂之生，太和之氣謂之德。道從太和而生，生而不舍謂之畜。畜之若有物，空其靈，虛其實，畜而成形若有之，因其旋轉左右衝突上下，若有勢焉，故成金液。物成，而天下萬物無不化生，萬物本無而生，是以萬物莫不尊道。

萬物本太和而成，是以萬物莫不貴德，故道所以尊之，德所以貴之。何也？本於一性也，一性而生，太和而成。夫莫之命，命者，動也。靜極而成道，自有命存，何有意動？而道常出於自然；自然之中，而道自然。

火發而生之，若有以畜之，我以自然之氣，內和太和而長之。畜清虛而育之，體靜而成之，無為而熟之，不動而養之，以氣還元而覆之。

故生而莫知其有，為而莫之可恃，長而不見其形，故不宰，是謂虛無之道，太和之德，窈窈茫茫，若有而不見其有。空空洞洞，若存而不見其存，如此者，是謂玄德。

天下有始章第五十二

天下有始，以爲萬物母。即知其母，以知其子，既知其子，復歸其母，沒身不殆。塞其兌，閉其門，終身

不勤；開其兌，濟其事，終身不救。見小曰明，守柔曰強。用其光，復歸其明，無遺身殃，是爲襲常。

此章是返本還元，歸於太虛，如聖經有云：「物有本末，事有終始，知所先後，則近道矣。」又如中庸有云：「致中和、天地位焉，萬物育焉。」種本留末的意思。

天下者，身也；有始是一炁（氣）之初，發生未動之先，此時乃先天也！以為萬物未生之前，即有靈性。靈性就是萬物之母，即知有性，性發即是子也。發生時就是意了，有意是後天，性是先天。先天稟而後天生，未發之初，即有意存，謂之以知其子，即知其子，意勝而復滅。

生意盡，復歸其性，謂之復歸其母，如未驚蟄時，草木稟性而未生，內有先天存焉。到清明後，漸多生意而枝葉萌動，此其子也。夏茂秋落，有霜雪殺之，肅之。生意盡，止有性存，含養於內，寂然不動，而又待來春。此是復歸其母。

如修道者，一炁（氣）融性，清靜而俟物至。上升下降而會於虛，此其母也。左旋右轉，上下衝突，而為金液，此其子也。覆性而候動，動而復靜，隨其自然不待勉強而合天真，此即是知母知子而明本末終始之謂也。即明本末終始，不知先母后子，先子後母，則近於真常之道矣。

真常之道，在於湛寂。沒身而不殆，兌者，口也，塞其兌，寡言惜氣之謂也。則內境不出門者，耳目也，無聽無視之謂也。則心灰意絕，無所搖動，則外境不入，閉其門，塞其兌。終身不待勤勞，而近於道矣。

開其兌，則真氣不出，真氣凝，則餐風飲露，而濟於其事。若兌開而不凝，露泄真氣，則終身莫能救。見小而不貪，入無而不有，虛其神，和其氣，益其精，皆化為空。則內外通透，無有隔障。

輝煌乎見於微渺曰明，守純一之中和，空虛無之境界，不知人我而無貪求。退藏幽境，遠於囂俗，知柔而返曰強，用其柔和之光，復歸於見小之明，則知天下萬物。有母必有子、有子復歸於母，言其靜而動，動而返靜也。

遺字，作個說字看，如此，光至於柔和明至於見小，內外虛白，沖塞天地，無蛻我之身，皮袋之映也。

如此者是為襲常，襲者，時時不間，念念長存，不可須臾離之謂也。知天命而率性，求率性中而得命，是謂常。真長存之全道也，極言虛中有，有還虛譬如命本性出，無性不為真常。藥本靜靈，無靜不成玄妙。而天下萬物本末終始前後，自此而明矣！

使我介然章第五十三

使我介然有所知，行於大道，惟施是畏，大道甚夷。而民好徑，朝甚除，田甚蕪。倉甚虛，服文采，帶利劍，厭飲食，財貨有餘，是謂盜夸，非道也哉。

此章教人知本知末，行近而遠邪，就無去有的意思。

我者：身外之身。使身外之身介然湛寂，湛寂中有所知。知者覺照也，如此覺照，若行於大道，惟聽其自然之施為，長存是畏之心，深息常守而不敢放逸。

大道，即天地之正氣，如天之無言無動，輕清而至高，虛靜而至靈，無有奇異處平夷而已。大道與天同體，亦是甚夷。而無奇異，平常而已。無有施為，靜以俟其自動，隨一氣之周流。

靜則徑生，民者：氣也，處靜則徑路通貫，而民隨其徑而入虛無。氣靜則和，氣和則定，氣定真生，真生，而好徑。從徑而起，元海如火發，火發上升！則先天見矣！這才

叫做民好徑。

朝者，一氣也，氣升除息，謂之朝甚除。田者，身也，修身要無絲毫掛牽，看得如千年不耕不種無用之地，為世之所廢。我之身，亦看得如此無用，若田之蕪一樣。

真修道者，捨其身而修心，心修得灰，無身而道曰益，身看得重，道安在哉？身重心動，則求名求利念出。輕其身而身存，身存既道存，重其身而身亡，亡其身，道安在哉？謂之田甚蕪。

倉者，無名無處虛空之室也。虛心靜意則先天生，先天生，則倉才開，人才知其處也，這個時節，方才知道之妙，謂之倉甚虛。歷代祖師所言虛無竅者，此也，後人求見者有訣，訣曰：「心靜而性明，意清而慧覺。」息深忘我，空我忘形，一氣才生，火發乃見起者，金室也。止者，神室也，無意之中，而聽自然，四海之富，莫能得此，這才是太上倉甚虛本旨的訣法。

服者，丹也，丹乃保身之珍，服乃護身之物，故以服字作丹字看。文采者，內中五行，而還於虛白，從虛中見丹，丹成於三色雲氣之中，照徹天下，保我之身。謂之服文采，帶利劍，先天生，慧光見。則心之厭矣，厭者，無心之謂也。飲者，金液也。金液有物，謂之食。無心中動，是我飲也。食也，總者不過一氣耳。

財者，氣也。貨者，神也。神氣足而有餘，是謂盜天地陰陽之道兮，天地陰陽之盜兮。非道也哉？錯當這個不是大道！就錯了！不錯上文，即道也非道而何？

善建不拔章第五十四

善建者不拔，善抱者不脫，子孫祭祀不輟。修之

身，其德乃眞；修之家，其德乃餘；修之鄉，其德乃長；修之國，其德乃豐；修之天下，其德乃普。故以身觀身，以家觀家。以鄉觀鄉，以國觀國，以天下觀天下。吾何以知天下之然哉，以此。

此章教人知一生二，二生三，三生萬物的意思。

建者，樹立直上之謂也。善性則氣生，純一莫能拔。靜定則生，生動，直上而不移，抱一而定，忘人忘我的境界，時時如是而不脫。

性，母也。氣，子也。母靜子定，常守母子規模而呼吸自如，動靜天然不待勉強，時時不輟，稍有心中心，意中意，則忘母之規模，而不自然。常常定靜安慮，而得真道。以此真道不輟而修之，而我之身外身真矣！

純一不雜，一團天然之趣者是我修身之德，如此，其德乃真。得天然之氣，時時不輟而修我之家。身者，神也。家者，虛室也。其家空洞中而現，以我純和之德修之，其德乃餘，使我天然之氣，時時不輟，養純一之體，修之於鄉。

鄉者；性也，虛室之外宅也。常常純和其氣，而德乃長。得真性而不昧，使我天然之氣時時不輟而修之於國，則國有淳化之風，常常清靜，無毫髮之餘。以性還空，內若有所得，沖盈而豐之，使我天然之機，時時不輟，而修之於天下。則通身透徹，無絲毫隔障，光明於萬國，無不普照。

此身外之身，慧光朗映，一貫乾坤，而天地悉歸於我，我還天地。故以我之身，觀身外之身；我之虛含，觀虛空之室；我之性，觀虛白之性；我之神，觀湛寂之神，我之慧，觀混沌天然之慧，吾何以知天下之道然哉！

不過一性者，此也；靜者，此也；靜而後動者，此也；動而返靜者，此也；湛寂而歸於虛白，此也；混沌而返於太

清亦此也；無他，盡性以俟命也！返命而復歸於性，此乃常真常存之道也。

以此懷真人曰：「靜性靜性真靜性，先天一炁起太清，寂然常繞虛無竅，一氣流通萬氣朝。渾然一身雲外客，不知身外有金身。太極爐中常錘煉，混元鼎內現真形。以空還空隨覺悟，無無有有此章神。心灰意滅歸大道，靈靈虛室現陽神。頂上一聲雷霹靂，天地晴和放光明，算來都是無著處，一身之外始為真。真，真，真，到了妙處，道有靈。我身不作主，任他自己行。得了天然味，才得做真人。」

含德之後章第五十五

含德之厚比於赤子，毒蟲不螫，猛獸不據，攫鳥不搏，骨弱筋柔而握固。未如牝牡之合而朘作，精之至也。終日號而嗌不嗄，和之至也，知和曰常，知常曰明，益生曰祥，心使氣曰強。物壯則老，是謂不道，不道早已。

此章是返本而歸太清的意思。

德者氣之知，厚者常常精一，含蓄和炁（氣）而不間斷，謂之含德之厚，如赤子毫無知識。螫是行毒也，毒蟲不螫，無心之謂也。如赤子無容心，外不能入害。猛獸不據，無意之謂也。如赤子無思意，外不能攪亂。攫鳥不搏，無情之謂也。如赤子不種情於萬物，內絕心意情，外欲不入，和氣以合道，則骨弱筋柔而握固，雖有其身而不知我之形，雖有其氣而不知我之道，赤子無知識。則忘人忘我，而不知我之為我，常歸於空。

修道者故以赤子譬之，他既不知人我又安知牝牡之合而朘作。朘者，赤子之真陰也。一點真陽隱於內，赤子氣和而

生一，故見牝牡出，他也不知用意用情，聽其自然而樂天真，氣固則精潔，精潔則一氣生。謂之未知牝牡之合而腄作，精之至也。

　　赤子無心，而氣不耗。終日號呼而嗌，嗌者，咽也。雖然號呼而真氣不散。言其無欲無忿，故不嗄，精粹純一，和之至也。言其氣歸於空。空無所空，氣存於有，有無所有，聽其天然常和以合道。知和之所以然而曰真常，知真常而返於虛，慧生而曰明，和之至，有益於先天。先天抱一而曰祥，損而曰不祥，氣益則生氣損則耗，心益不祥生心損祥，見不過損心而益氣。

　　心使於氣者凡，氣使於心者聖，心使氣則強，氣使心則弱，強者萬物壯而老，弱者萬物化而生，能弱即道也。能強是謂不道。弱者同天地之氣，天地壞而我存，是謂道也。安得早已，強者，自耗真陽。日漸消化，是謂不道。不道者，安得不早已乎。總不過和其氣去其心，忘其形，存其道，聽其天然，隨其流通。周遍天下而復歸空。歸空不空，是謂含德之厚。比於赤子，存真常之道，清之靜之返於太清而道常存，豈已矣乎。

知者不言章第五十六

　　知者不言，言者不知。塞其兌，閉其門，挫其銳，解其紛，和其光，同其塵，是謂玄同。故不可得而親，不可得而疏，不可得而利，不可得而害，不可得而貴，不可得而賤，故爲天下貴。

　　此章教人無貪無求，知止知辱的意思。

　　道原無道，強名曰道。道原無知，強以有知。道不行功，強以有為。道原天地之理，道原人生之氣。知者實無所

知，此為真知，真知無可說。謂之知者，不言者，就是道了。言者，或說何處下手，何處採丹，何處結丹，不聽天然，強以意取，此非道矣，如此之人，毫無知道。

是謂言者不知真，知者坐若山，行若輪，時時不放，內固以塞其兌，外固以閉其門。內外真固，常挫其有為之銳。不知不識，以返其本，柔和以隨其自然，內外柔和，無心意之紛。則以知者不言解之，一氣貫通，內外貞白。柔和則慧生，慧生則光明萬竅諸經絡通透。空無所空，有無所有，謂之和其光。

自以為一，天地四時八節無不合之，長存天地間無我，我無天地。呼之以牛，我以牛應之；呼之以馬，我以馬應之；水溺火焚，不能動其心者。這等人才講得與光同塵，和光是慧生內外；同塵，是竅竅光明；一氣周流而無隔障者也。內中一生二，二生三，三生萬物，變化無窮。而復返於一，歸於混沌，是謂玄同。

如此地步，不可得而親之，親之意存而歸於有。如此地步，不可得而疏之，疏之入於頑空。如此地步，不可得而利之，利之貪得，反傷其元。如此地步，不可得而害之。害之欲得，反枯其精；如此地步，不可得而貴之，貴之驕心生，終不能成。如此地步，不可得而賤之，賤之退心起。

空聞至道，聞道者，不親而親，疏而不疏，不利而利，害而不害，不貴而貴，賤而不賤。如此者，故為天下貴。才為知者不言之至道也。

以正治國章第五十七

以正治國，以奇用兵，以無事取天下。吾何以知其然乎？以此。天下多忌諱，而民彌貧；人多利器，國家滋昏；民多技巧，奇物滋起；法令滋彰，盜賊多有。故

聖人云：我無爲而民自化，我好靜而民自正，我無事而民自富，我無欲而民自樸。

此章教人歸靜，無使精魂搬弄而傷其生。

以正治國，正其心，誠其意，我自安然。靜極景生，無不照察。如天之清極，風雲雷雨沛澤天下。

此乃天之奇，景現是人之奇。兵者：意也；以靜治兵，則兵良，不害於民。總而言之，無意氣醇，無不貫通。有意氣積，無病不生。以奇用兵，去意而已。天下者：身也；以無為治身，則長生不死。吾何以知道之然乎！譬如以靜修真，真何在也。以無為言道，道何存也。

故吾何以知其然乎，此句解作個修身，不知道看。然字：指道而言也，太上真道，不知何道？是為大道。故以清靜修之，以此然也。世人訛傳，誤人多矣！誤人者：講後天一氣，即下數句是也。

天下多忌諱，清靜而歸於有。忌諱者用情用意是也。則民彌貧；民者：氣也，貧者：絕也。用意用情，氣絕早亡。何也？心意耗氣故已；已者，死也。民多昏，因意所害。故奇物多起，滋者：念也。隨他以意搬弄則念起而隨之；於氣多有效也。人故娛之。殊不知取死之道也。

法令滋彰，法令者：後天氣路的規矩何起？何行？何住？如此行久精耗而真一散。後來路熟，不能丟去，盜賊多有而傷身也。真修者：切宜戒之。盜者：心也；賊者：意也；搬弄久，我不能為主死日近矣。

故聖人戒人有云：「我無為而氣自化。」無為知妙真一。聽其天然，則行止自然。合天之度，我好靜而氣自正。靜之至，情之極，清靜至極：一氣貫通，周遍天下。江海河漢，無不流動，故天地能長久。人效之，豈不道也。無事無

欲，則民樸，而風化淳。去心去意之謂也，常清常靜之謂也，此是太上苦心。一一教人無為修身，有為氣化，化而返元，歸之於空，此章之意也。

其政悶悶章第五十八章

其政悶悶，其民醇醇。其政察察，其民缺缺。禍兮，福所倚。福兮，禍所伏；熟知其極，其無正耶。正復為奇，善復為妖。民之迷，其日固久。是以聖人方而不割，廉而不劌，直而不肆，光而不耀。

此章教人混沌養真，杳冥養神的意思。

修真以柔、以弱、以無、以空。虛則靈，空則明，其道也。常常悶悶以無我，悶字：關防我心，為道之要。其氣也，通貫融和，心無主也。謂之醇醇，政是道，民是氣，道和於氣，氣和於我。忘我合真，始為政也。

察察者：惺惺之謂也；我能惺惺，我即為心所使。不能關防也；其氣散，而不知因，有心也，而道不成。故有禍福兼行，禍者，因福而至，福者防禍而得。禍福兼至，在於心也。我能防此一塊肉，無求福之心，其禍無門而入。我能惺惺常住，求福而返招禍也。如此推之，孰能明至極之道哉？惟無可以為天下政也。

我有淳化之風，感動其民，則民無不歸我之化，政若施於有為，好奇之心無不招禍，我能空洞善根，常常關防，不放半著。其德無不合天，無心之謂也，非道而何？我若修有為之善，好勝之心，生於妄念，則妖見矣。

求福而禍隨之，我無奇，我無妖，只悶然而不放，氣通天下，水流九洲，湛寂真常。

若迷其心，則我之氣無不混然，而民迷。常常握固之

久，而道成矣。是以古之修道聖人，堅剛其志，而不割動絲毫，志不移也，謂之方而不割。清心靜意，常守其神，外不能動我之情，生死寄之於天，身形忘之於地。我不在天地間，天地未嘗生我，亦未嘗死我。

清靜廉潔而不劌，劌者，碎割也。言其我成一片不能分也。直立不斜，秉空性而不倚。虛我神而不搖，常常誠之正之，而不肆。肆者：放逸也；言其我，常關閉防閑，而不使出入，久而不肆。光者：性生於內，我常收藏幽密之室而不耀。方者：道之機也；廉者：道之統也；直者：道之體也；光者：道之用也。全此四者，無道不成。

關防心意而心意醇醇，惺惺放縱而真元缺缺。泯心、泯意，非道也。而又何求意絕，氣生意至，氣止意寂；氣勝無意，而氣和。沖滿天地，照徹乾坤。如此者為政悶悶矣！意者：心之苗；情者：心之根；念者：心之發生；絕心而意泯，忘心而情寂；空心而念無。

為道者：可不悶我之。心而妄求至道，其道遠矣。嗟夫！欲學悶悶者，自求真心，忘其血心，而道成矣。

治人事天章第五十九

治人事天，莫如嗇。夫唯嗇，是謂早服。早服謂之重積德，重積德則無不克，無不克則莫知其極，莫知其極則可以有國。有國之母，可以長久。是謂深根固蒂、長生久視之道。

此章盡性以俟命的工夫。

治人者，治己之神。純一不雜，念念歸真。絕妄遠思，清其內而心死，靜其衷而意亡。神魂守舍，鉛汞交加，聽其天然。周旋於內，身與天同，氣合日月，運用亦是周天之

老子《道德經》養生之道

度，身形皆同湛寂之體，此乃治人也。事天者：清虛窮極之謂也。輕清而上浮，虛之至也；包羅萬象，無不含容，窮之極也。謂之事天，人能治人事天，無他，莫如嗇足矣。

嗇者：儉也；一儉則易於虛，易於空，易於無。儉則妄念不生，妄念絕而心死，則不耗其氣也。夫惟嗇，是謂早，復其元，習靜而氣足。

德者：道也。早能回其心意，靜內潛修，反覆元陽，不耗真一，謂之重積德。若能如此重積，乃德則金水流通，先天到而無處不克，百脈萬竅無不通連，而成一個空空洞洞的大光明竅矣。到了無不克時節，就入了湛寂之鄉，無人無物的田地。反不知其道之所以然者，空之至矣。則莫知其極，空之極，我不能知，極中又生有矣。

莫知其極，可以有國者，就是靜極方見無影無形底虛無矣。不靜不能知，不靜極不能見。靜極見者，是有國矣。

有了此個，則真一自投，不待意為者也。意至復滅，意盡復現，真一來投，則有母矣。其中生化之機，口不能言。惟有覺照，有母方能生化。生化不絕，我用就無窮，常生常化，內有天機。中合道機，我明玄理。聽其自生自化，不耗於外，常固於中，可以長久矣。

長久者，只要深靜其性，固生其命。性根命蒂，從虛而入，從有而生，從空而成。生生化化，其用無窮，如此可以視長久之道也哉。治人事天，豈外此乎？總不過著而不著，不著而著。虛虛實實，生化之機，玄妙無窮而道久矣。

治大國章第六十

治大國若烹小鮮。以道蒞天下。其鬼不神。非其鬼不神。其神不傷人。非其神不傷人，聖人亦不傷人。夫

兩不相傷。故德交而歸焉。

此章去心之謂也。

大國者，身也，治者，虛也，空也，虛生明，空生慧，虛極空極，陰陽合一。治身以虛空為主。不要頑空，而要虛空。虛有存，空有具，如此若烹小鮮，言其虛空易得也。

蒞者，到也，普遍也。周流世界，無不貫通。一團真一之氣。一塊乾健之精。通身化而為炁（氣），性抱命，命孕於性中。休作釋氏頑空。而道家一一有具。

釋氏去身存性，道家化身養性，皮囊化為一氣，聚散無不有身，身若去而我何存，道家如此之妙，如此之玄，人有魂魄，魂魄各一，故為人；魂魄合一，故為仙；魂魄不虛，故為鬼；魂魄能空，故為神。其鬼不神，我無心而鬼難測，故鬼不神。

非其鬼不神，天地不能度我，而況鬼乎？其神不傷人，神者，虛也，空也，虛空為實，靈靈為神，故不傷人。人者生也，神靈乃得長生，故無害也。非其神不傷人，杳冥湛寂之中，神不知為神，而我亦不知為我，故非其神不傷人。聖人以無心立腳，亦無意下手，心意窈然，故聖人不能傷人，如天地久也。

神也，我也，神我合抱，入無尋有，有中返空。兩無隔礙。俱不著於有，若存若亡之間。一氣貫通，而周遍天下。至道至德，交感為一，同歸於無極，以入玄玄之境，同歸上清之鄉。治身之要，虛空見矣！故德交歸焉。

大國下流章第六十一

大國者下流，天下之交。天下之牝，牝常以靜勝牡。以靜為下，故大國以下小國。則取小國，小國以下

大國，則取大國。故或下以取。或下而取，大國不過欲兼畜人。小國不過欲入事人。夫兩者，各得其欲，故天者宜為下。

此章知彼知此的意思。

大國小國，天下皆是我身。下上上流，合而為一，大國者下流。言其一身通透，無有隔障。陰陽交泰，天地感而為孕，抱合乾坤，而真成矣！謂之天下之交，天下昏昏默默，不知已有，而有自現。

大凡此章虛能實，空能有，不待自作聰明，造作而成小國者。虛無也，虛無通天地成一大竅。玄妙而久，心不在焉。視而不見，聽而不聞者，乃得於玄，而通於道也。

心者虛中不昧，杳杳冥冥之中，存一真性養和萬物，蓄氣於中，貫通於外。各得其宜，皆是玄妙的宗旨。如此行之，清靜，外妄不生，內欲不動澄於心。去其意，灰其情，則小人不敢犯，誠篤宜慎，皆為大道提綱。

上下貫通，內外貞白。如此故與天同，故天者宜為下，天下者，形也，大國者，性境也；小國者，虛靈也。形清靜則性生，性清靜，則虛靈不昧；虛靈不昧，則慧劍鑄；慧劍鑄，則外魔不生；外魔不生，則內欲盡除；內欲除，則虛中靜；虛中靜，則萬竅歸通；萬竅通則入於沈寂，而道成矣！故謂之大國下流，天下交，小國貫通也。此乃章中大旨，玄妙顯然而後人得之，可以進道成玄矣。

道者萬物之奧章第六十二

道者，萬物之奧。善人之所寶。不善人之所保。美言可以市。尊行可以加。人人之不善，何棄之有。故立天子。置三公，雖有拱璧以先駟馬，不如坐進此道。古

之所以貴此道者。何也？不曰求以得。有罪以免耶。故爲天下貴。

此章言道之不可量，難以測度者也。

一氣圓通，謂之道。道者，天地之包萬物之奧。天無道不清，地無道不寧。天有道，不言而高；地有道，不動而卑。萬物無道不生，萬物有道，所以化育。乾坤內外，無不有道，故為道之奧。

「道也者，不可須臾離也。」天地萬物，無不稟氣而生。無不隨氣而化，人乃天地中之天地，可不以道為寶乎？捨氣安能生乎？寶氣安能死乎？噫，道者氣也！無陰陽之氣，豈能化育而為天地，為萬物者乎？道之寶也，即氣為之寶，捨其氣，又有何求？善人者，惜精惜氣之人也。生死捨於腹外，形身之生死不足惜，化身之生死實可寶，善人之所寶者此。

不善之人，從其實，就其有，隨欲之生化，保目前之傀儡。美言可以市，市者，欲念也，欲念一起，便成幻境。如開市然，無欲不縱，謂之美言可以市。

行者，貪心也，貪心一起，如火之上然，莫能滅。日縱一日，無有的止，人人可以縱之為不善。就如求有之人，禍發而已莫能知。日貪其有以為美，何能棄之？謂之人人之不善，何棄之有？

故立天子，天子者，神也，存其神養其性。以置三公，三公者，性也，性之樞動，感一氣貫通，秉陰陽之升降，合天地之生育，得乾坤之正氣，四大部洲，皆為一個無有隔礙。雖有拱璧之障蔽，以先駟馬之周流，貫通之後，不如坐進性守之道，聽其反覆陰陽，輪轉日月，合乾坤周天之度，秉天地清濁之分，不言不動，無聽無視，惟善以為寶。

古之所以貴此道者如此，又古之所以貴此道者何也？不

曰求，言其靜也，凝也，無求於動。功到處，性現處，慧生處，內外虛白，自有天然之味以得。

有罪者，貪也，妄也，去其貪，除其妄，以免外邪之侵，諸障之蔽，魔魔之害。總而言之，去其心斷其欲，捨其貪，忘其意，滅其情，種種業債，不能侵犯。故道者，萬物之奧，善人所寶，如此以為天下貴。

爲無爲章第六十三

爲無爲，事無事，味無味。大小多少，報怨以德。圖難於其易，爲大於其細。天下難事，必作於易。天下大事，必作於細。是以聖人終不爲大，故能成其大。夫輕諾必寡信，多易必多難。是以聖人猶難之，故終無難。

此章動靜合一，虛實並生。

為者，不動而靜，此上為字，為無為。是個空字，不動而靜入於空，空中自有，謂之為無為；事者不有而無此上事字，事無事，虛不作。入於玄，不有而無入於玄，謂之事無事；味者空中動而我知其味，此上味字，味無味，動而復寂，空中動而復寂，謂之味無味。

道之大者，充而塞乎天地；道之小者，斂而入於微渺；道之多者，無物不有；道之小者，無可聞無可見，亦無可言，言其道，不能測度大小多少，亦難衡量修道者。

斂於內，不現於外，此人人鬼神不能知，斂於內之小者不見其大；斂於內之少者，不見其多，為道不彰。雖有加害，我不理之，若是乎報怨以德，圖充塞天地，大之多之，先以清之，靜之。安我之神，定我之性，還我之命。斂於內，為無為事無事，味無味，必先於其易。為其無物不備之

大者，必先於其為無為，事無事，味無味，而斂於內之細者，天下之難事者道也，必先於其清之靜之之易；天下之大者道也，必先於其湛之寂之之細。

由此觀之，是以聖人終不為大，故能成其充塞天地，貫滿乾坤，與我合一之大，而道體是以成之。故輕言道者易諾，得道者必寡信，孰不知道在何處多易得者，始勤而終怠，終無一成，故多難，是以聖人始終如一。

不易不細，若是乎挾泰山而超北海，如此猶難之，常存固心。為無為，而無不為，事無事，而無事不事，味無味，而無味不味，就是聖人。故終無難成，其大而塞乎天地，小而入於微渺，多而無物不備，少而不見不聞，無可言之道也。

其安易持章第六十四

其安易持，其未兆易謀，其脆易破，其微易散。為之於不有。治之於未亂。合抱之木，生於毫末；九層之台，起於累土；千里之行，始於足下。為者敗之，執者失之，聖人無為。故無敗、無執、無失，民之從事，常於幾成而敗之，慎終如始，則無敗事，是以聖人欲不欲，不貴難得之貨。學不學，復眾之所過，以輔萬物之自然而不敢為。

此章混合陰陽，收斂天地萬物，合周天之度數，滿卦內之爻象，返之於未有，與混元合抱的意思。

念無念，心無心，情無情，欲無欲，物無物，我無我。如此才能安，一毫著安而不持；萬緣不有，謂之安而能持，持字，不要看易了，要先難於安，才能易持。兆者，了然明白，常常昏默，而若不明，其未兆明而不默，因其思也。思

動則籌於心，言其太了然明白，而不若愚，故謀易生。

脆者，日夜不放，存心意於運用，日耗其思，則心不下，謂之脆。脆則魔生。至於我之真，崩而裂之，其形易壞；微者，稍有心神，使我不下；此皆道之病也。無心則無病，學玄者可勉之。

如此病多，將何修之，默而為，誠而守，無念而行，為之於不有，寂然無我，冥然無人，治之於未亂之先。無為心不亂，無作意不馳，無功情不種，如此始可以言道矣！

道乃何為？金也，木也，金生於水，木生於火，得水火而交並於土。交並者，不為不作，聽彼之天然，隨氣之運用；不知不識，湛若天之清，冥若地之寧，聽生於毫末之處，發萌於無始之前。慎篤於我，謂之合抱，合抱之木，即是一點之真，靜極而坐毫末之間，定極而降一氣之初，謂之合抱之木，生於毫末九層者。

二土成圭也，還九之數，起於水，降於火，抱合而為圭台，即圭也。二氣交泰，累於中土，合成太極，從太極中，返於無始，即此物也。千里之行，始於足下，譬言道之不驟行到也，驟則易敗，遲則難來要不間，常常溫故，時時在念，刻刻在心，不可須臾離也。

臨物不著，臨事不染，亦不要死死坐定，為者易敗，執者易失，全在著而不著於外，清心靜意於內，是以為作者，執著者，避陽就陰之病也！聖人無為亦無敗，無執亦無失，何也？因其心不在焉！視而不見，聽而不聞，食而不知其味，空空洞洞，二個氣象；有有無無，兩段景象，聖人學道如此。民之者，氣也，若有則敗若無成矣，從事，是有了，民之從事常於幾，故敗之。

慎終如始，言其先靜而後靜中，雖有景象從靜中而來，

亦從靜中而返，本來面目庶乎不失。

聖人學道，全在於心，心靜故無敗事，心靜欲才不欲，毫髮不生，謂之欲不欲。故不貴難得之貨，心靜故愚，愚故不學，謂之學不學。道從何學？亦從何傳？心靜似愚，即道也。將何學焉？故學不學，學不學，復我本來，與眾不同。

故復眾人之過，生兮勤兮，長兮滅兮，隨陰陽之氣，聽其自然之始。天地萬物，總不過二氣化育，故輔萬物之自然，因有敗有失，聽天然而不敢為。

古之善爲道章第六十五

古之善爲道者，非以明民，將以愚之。民之難治，以其智多。以智治國，國之賊。不以智治國，國之福。能知此兩者，亦楷式。能知楷式，是謂玄德。玄德深矣！遠矣！與物反矣！乃至於大順。

此章渾然自得而得在寂然，自守而守成，窈窈冥冥，默默常存，與混沌符合，非以明民。民者，氣也，為道之士，非以明氣之往來，升降之理，要渾然不動，萬象皆空，自有一番景象，何以求明民之說耳？明中若愚，故將以愚之。

如今修道之士，只求於說不務無為，為氣之樞轉，自難主持，故民之難治可知矣！智者，明白了然謂之智。俗語有云：聰明反被聰明誤，學道者，愚而能篤，誠而能守，以智治國則國失。國者，身也，太明為國之賊，似愚非愚，若不篤而誠者，是不以智治國之人，身形康健，容貌溫和，三寶內固而不泄，身享太平，無魔侵害，如天地皆春，長生不死，皆因湛寂窈然，空洞無為之道也。

謂之不以智治國之，為國之福。古之善為道者，故能知此賊此福之兩者，就楷式了，楷式者，清靜而安，高明而

和，不言不動，無有無無，湛然常寂，非白非青，真常堅固之體，金剛不壞之身，謂之楷式。與道同體，然如是能知楷式者，是謂玄德之道。

玄德者，仰之彌高，瞻之在前，忽焉在後。致中和之道，莫見乎隱，莫顯乎微。故古之善為道者，必慎其獨也。如此，可謂深矣！遠矣！

天地萬物，俱從順生，惟道逆之，謂之與物反矣。如是乃至於大順，從逆而順，從順而生，復返於逆，歸於太玄，入於上清，保合太和混沌之體也。謂之乃至於大順。嗟夫！善為道者，難矣哉。

江海爲百谷王章第六十六

江海所以能爲百谷王者，以其善下之，故能爲百谷王。是以聖人欲上民，必以言下之；欲先民，必以身後之。是以聖人處上而民不重，處前而民不害。是以天下樂推而不厭。以其不爭，故天下莫能與之爭。

此章以退、以弱、以柔、以和為主。

江海者，水之聚也。言其水善下之。故百谷者，天地萬物也，水為天池之脈，為萬物之滋，是以借水而譬之。水之最退、最弱、最柔、最和。天地萬物，不能強之，不能遠之。言其道與水同體，似退、似弱、似柔、似和，故水為百谷王。

道亦然之，何也？水之善下故耳。道之能逆故耳。水之體柔而不絕，道之體柔而長生，總而言之，清之靜之足矣。水能川流不息，故以水譬之，水之勢故然。

是以聖人在上位而不驕，順乎民情；學道而不驕，順乎一氣，聖人故欲上民，先以下之；故欲順民，先以和之。故不重不害，居上以退、以弱、以柔、以和，則民無變；道以退、以

弱、以柔、以和，則氣不聚。故無重無害，無重無害，則民不爭，則氣不散；以清以靜，居上之體，守道之要。

譬言天地萬物莫如水，道莫如氣，氣莫如心，心死道存，心默道守。安如泰山，穩如磐石，萬緣不掛，毫髮不染。莫如靜，靜則無爭。

除水之外，道之外，莫能如是無爭，故莫能無爭。不爭則不害，不害則不重，不重則不前，而先後之；不前則不下，不下則居上不驕，不驕則能為百谷王。

能為百谷王者，無他，言其善下也，善下者，為水為道，故以江海言之，是以聖人莫能與爭。

天下皆謂章第六十七

天下皆謂我，道大似不肖。夫惟大。故似不肖若肖久矣。其細。我有三寶。持而寶之。一曰慈。二曰儉。三曰不敢爲天下先。慈，故能勇。儉，故能廣。不敢爲天下先。故能成器長。今捨慈且勇。捨儉且廣。捨後且先。死矣夫。慈以戰則勝。以守則固。天將救之。以慈衛之。

此章言道之微末，世人罕知，皆謂之大，大不足以進道，微足以進之。

天下，指眾而言也，天下皆謂我大，故似不肖，不肖者言我大而不微。殊不知正所謂道。夫惟大，故似不肖，若肖久矣。其字，指道而言；細字，言道之莫見乎隱，莫顯乎微。修道者，篤慎謹守，無不合道。

何為道？我有三寶，篤慎之人，一曰慈，二曰儉，三曰不敢為天下先。慈者，惇厚也；儉者，素風也；不敢為天下先，退守也。仁厚和順清靜無心者，能之；忘物忘形者，能

之；捨己從人者，亦能之。

慈雖敦厚，內有勇存，儉有素風，其量含洪。後常退守，自廣自大，人莫能知，慈故能勇，無勇空柔，故不成。儉有素風，常素不強，空溫不成，退而不先，空守無益。若圖勇廣而不柔和，若圖先而不後。如是者，其器不長，器者，中宮也，勇廣而加乎先。死矣夫，豈不嗟乎！

和柔退守而固，剛柔相當，陰陽合宜，乾坤有序，夫妻和合，子母不離，全在乎不肖。天可保也，以慈恒存，總不過退守灰心柔和絕意，慈儉斷情，故六賊不侵，三屍無害，我以空防之，不假門戶，從何入來？故曰清而慈，靜而儉，忘形物而不先。

嗟夫，道之大矣！微矣！人不知其微，而皆曰大，故不肖，不肖久矣！總皆謂之慈也，空虛若有，實中還無故器成，器成不死，而曰道。惟守慈可以長生，慈者，謹慎篤厚，內和其光，外斂其形，內外貞白，是謂慈。眾皆曰，大而不肖，道成者，不肖久矣。

善爲士章第六十八

善爲士者不武；善戰者不怒；善勝敵者不爭；善用人者爲之下。是謂不爭之德，是謂用人之力；是謂配天，古之極。

此章以清更靜，以弱更柔的意思。

善為士者，士字，作道字看。善能固守道者，似天之虛，地之寧。山靜水清而不武，不武者，靜極不動也，善為道之士，至清而不動。善戰者，聽天機之自然，不假造作，無繁於心，無關於情，無動於念，聽天機之自轉，無毫髮之染，故不怒。

善勝敵者，強則多敗，柔則克之。以氣御氣，無種於情，不假乎爭，空中勝之，無裏爭之，以無以空，故不爭。善用人者，人即是先天，到無為處，我不能用乎人，人不能用乎我，隨二氣之周流，任五行之運動，不用修為而為之下。如此者，是謂不爭之德。

德者，道也，不爭之德，即是無為之道。如此者，是謂用人之力，靜極氣生，氣生神化，神化歸空。力者，道力也，如是謂用道之力，如此者，是謂配天。天以無為而治，道以無為而成，玄妙合天，謂之配天。

古以淳化之風，道以淳化而成，天之高也，虛也，古之淳也，道之玄也，皆到至極精微之處，謂之配天。古之極，皆從一善來，故能不武。善戰不怒，勝敵不爭，能用人之士，謂下者故能配天，古之極。

用兵有言章第六十九

用兵有言：吾不敢為主而為客，不敢進寸而退尺。是謂行無行，攘（ㄖㄤˊ）無臂，仍無敵，執無兵。禍莫大於輕敵，輕敵幾喪吾寶。故抗兵相加，哀者勝矣。

此章隨天機之舒動。任陰陽之運行，不待造作而為道。借兵以喻氣，言道無用心處，無著意處。

用兵有言，起下文之意，修真者，不敢為主，主者用心著意是也。客者，我真也，清靜天真，侯二氣來升，不敢勇於前而退於後。一段中和之氣，天地位焉，萬物育焉，在乎精粹純一，常處中和的景象，是謂行無行。

攘無臂，任天河之水流，仍無敵，待他生而我方迎之。執無兵，他雖勝，我以柔制之，我若以意迎之，心取之，是我輕敵也，禍莫大於輕敵。輕敵者，幾喪吾寶，致崩於鼎，

漏於真，大道失矣。皆因抗兵相加之故，而不能勝，衰弱退後者勝之，用兵無他，中和而已。

吾言甚易章第七十

吾言甚易知，甚易行。天下莫能知，莫能行。言有宗，事有君。夫惟無知，是以不我知，知我者希，則我者貴，是以聖人，被褐懷玉。

此章我知我有，人知我無。我行甚易，人言我行難，大道貴於己知，不公天下。

吾者我也，我非我之身，即我之神也。定於性，靜於神，定靜恒常，我難言妙。雖難言易而行甚易，謂之吾言甚易，道難乎知，知者易行，我知其易，天下莫能知，天下者一身也。氣生於混沌，入於冥忘，昏默之中，不知我存，故莫能知；昏默之中，無有運用，隨天機之自動，我不能為主，故莫能行。

言者口口相授，片言一語之中，指點一二，就有了宗旨，有了把柄，謂之言有宗。君者心也，萬事從心，心存意在，心死渾忘，渾忘之中，自有主宰，歷歷自驗，謂之事有君。

夫惟無知乃能成道，是以不我知，獨修獨行，孤陋寡聞，坐如磐石，性似太陰，氣若長河，川流不息之中，惟我自樂。

知我者，是以希，希我知者，是以自貴，古之聖人，是以被褐，而外若無為，內實懷玉，玉者，虛靈之至寶，無為之至真，我之懷我之寶，懷我之真，是以天下罕知者矣。

知不知章第七十一

知不知上，不知知，病。夫惟病病，是以不病。聖人不病，以其病病，是以不病。

此章是以無言開化，無為修身。

聖人知道，實無所知。無所知，斯為真知，上等之人，不知其言，不知其修，故不知為真知。俱在先天中一炁（氣）運行，五行自轉，陰陽無意而和，造化無意而成，如此觀之，有何知之？是以不知為知，真知者不知，真知之人夙根清靜，謂之上，上不知之。溺心者，專意者，死死運行。

是為我病，夫惟二字，解作者個二字。如此死死運行，溺意專意者，不隨天機自動，靈神自舒，強為我知，是以病者，這個才為真病。

清心靜意者，忘物忘行者，立命於虛無，存性於空靈，坐如磐石，氣若流水。四時無寒無暑，人以我為病。如此者，是以不病，聖人不病，以其病，人亦病之，病是以不病。

民不畏威章第七十二

民不畏威。大威至矣。無狹其所居。無厭其所生。夫唯不厭，是以不厭。是以聖人自知不自見，自愛不自貴。故去彼取此。

此章一團至理，一團玄妙，劈邪歸正之說。

民者，先天至寶，威者，使也，用也。至道無使，至玄無用，冥然自生自化，不待做作有為之事，虛靈至極，明其心，見其性，先天自生，流貫天下。意不使，心不用，至寶不畏其威，如此大威至矣。

狹者，限於所，從於處，大道無所處，待先天見，自有著落，命即存矣，謂之無狹其所居。先天見，萬國九州，無不道透暢然，性命從此合一，歸於虛無之中，按天地之度數，合日月之儀，秉乾坤之象，符陰陽之氣，同四時之生，化肅殺之機。

長長如是，不假間斷，謂之不厭其所生。夫惟，是這個二字，這個不厭，方是大道。是以道祖聖人，成道如此之不厭，不厭者，無止其所生，無厭其所化，自生自化，內合天地陰陽之理。外成山嶽不動之形，外靜自然之靜，內動自然之動，是以聖人自知其有，而不自見其形，自愛其道，而不自貴其形。

是以聖人，去彼之形，而留此之真，血化膏，心化虛，形化氣，而成自然之真，去彼之假象，存此之真形，聖人修道，不畏威也，如此。

勇於敢章第七十三

勇於敢則殺，勇於不敢則活。此兩者，或利或害。天之所惡，孰知其故？是以聖人猶難之。天之道不爭而善勝，不言而善應，不召而自來，坦然而善謀。天網恢恢，疏而不失。

此章清靜自然工夫，無為至玄的大道。

勇者有三，有血氣者，有強暴者，有果斷者，此世之勇也；惟修真之勇，割愛堅固是也。

勇於敢，則身心為利名所牽，命故殺矣。先天盡矣，三寶耗矣，真元死矣，故殺。雖勇未堅，此也，謂之勇於敢則殺，心靜而空，意絕而忘，情欲斷而無，長存柔弱中和，無世塵所染！戒慎恐懼之心，常常清靜虛無，與天同體，則真元來朝。一氣周流，無毫髮所染，湛寂自然任二氣流通，日月共照其道乃得，勇於不敢者此也。

天地壞而真靈不崩，世世長存謂之活也。內清真朝，內靜氣固；清靜養神，靈虛死心，謂之活也。只有性存，命來固蒂，謂之活也。何也？

言其利則殺，故害。天之所惡，盜其至寶，而不同天行

事。天之所惡，風也，雲也，迷乎宇宙而不清；天之所惡雷也，電也，震乎六合而不寧。

言人之好動而不善靜，易迷而難清，此天之所惡也。天者，我靈也，意取耗其真，心存耗其精，息通耗其氣，內運耗其神。如此者，我之真靈所惡也。天即我真也，我之真，精一純粹，孰能知此者。孰能知此故，孰能知天惡，好動務有者，勇於敢也。故天惡之而殺，清靜自然，篤慎謙柔，中和之勇。勇於不敢者，故天不惡而活。勇於敢者，易進而不成。勇於不敢者，難進而易就，是以聖人猶難之。何也？

聖人體天合道，清虛混元，故似天道不爭而善勝。勝者起也，來也，至寶來而天下暗迷，則氣即混純不分，二氣交合成為太極，五行運動而有，歸於虛無而成。無極與道合真，湛然常寂，而為之天道不爭而善勝，天道既不爭矣。不爭，即不言也，不言而善行。不取其意不用其心，而真氣合一，自然來矣。

是以聖人猶此之難，故不謀於有，不謀於心，不謀於意，而謀於湛寂杳然，混然一體。不知其道，不知其玄。而天網恢恢，恢恢者，死心之謂也；天者我也；網者，昏默無主之謂也；疏者忘物忘形之謂也。物形既忘而真心不失，而字指形物言，莫當虛字過文看。我之真，昏默不醒，形物不分，不失真性，長存真心了然至道。何殺之有？何惡之有？何爭？何言？何取？而謀之，故無利，而害不生，以此常活。謂之天網恢恢疏而不失之勇也。

民不畏死章第七十四

民不畏死，何以死懼之？若使民常畏死而爲奇者，吾得孰而殺之，孰敢常有司殺者殺，夫代有司殺者殺，

是謂代大匠斲。夫惟代大匠斲者,稀有不傷其手矣。

此章清靜心地,割斷愛根,虛無下手,實處著腳,以空還空,實有所得,得後返空,寂然至道。

民不畏死,民者氣也。清靜惜氣,內秉中和,外無耗散,坦然自固,與天同久,湛然常存,何死之有?謂之民不畏死,奈何以死懼,因人從順,道不返於逆。日耗真元,故常耗而不固,年年不惜,日日不保,以至於老。枯朽之槁槁乎?豈不死乎?自取之奈何,反以死懼,若使民常畏死。孤寡而不和,陰陽而不合,萬物而不生為之奇者,不能偶矣!奇者,陽也;偶者,陰也,陰陽合而成道。

吾者,我也,吾得孰而殺之?吾得至道,孰能殺害之?至道有形無質,有影無跡,我得其妙,誰能殺之?孰敢常有司殺者?有司者,我之心也,我死其心使其無主,勿起思妄,勿起殺害,勿起執著,常常平等而不動,孰敢使有司而殺者?必無是理也!總不過清靜自得,無使我之心,亂我之至道,謂之孰敢常有司殺者!殺是亂其本心,無所不為,自耗真元,自取其死而殺之,謂之殺夫代有司殺者。是我隨心轉動,不能自主,我害我也,謂之代有司殺者;我害道也,謂之代有司殺者。

故殺大匠者,巧工也。巧工之人,玲瓏其心,虛靈其神,貫道其意,無所不作,了徹於胸。若使愚蠢之輩代而作之,必害其事,故殺之。苟能免其害者,稀有不傷其手矣。譬如人之為道,巧精巧氣而又巧其神,虛無自然之理,空洞自玄之妙,湛寂貞常之道,天然自得,與天地同體,與日月合期,陰陽自然好合,五行自然流貫,內秉至道,外合真全,假使有作之輩,晝夜運行,後天抽添谷氣。猶如愚蠢之輩,代大匠斲之,未有不害其生也。如有作者,不明至道隨心搬弄,未有不死者也。

只要惜精惜氣神，盡性以俟命，命歸而返合於性，打成一片之為道也。果如是，民不畏死何懼之有？故以大匠譬之，代之者，稀有不傷其手矣。

民之饑章第七十五

民之饑，以其上食稅之多，是以饑；民之難治，以其上之有為，是以難治；民之輕死，以其求生之切，是以輕死。夫唯無以生為者，是貴於長生。

此章以無為自化，不求生而乃長生民者。

我也，氣也，我不食，饑從何來？以其惜氣保身，閉五官之門，固我真之室。人若大開門戶，貪好五味，日漸一日，習氣太甚是以饑之。人饑者，以其愛身之故，殊不知反受其殃，以其死故。

若求長生者，上者心也，隨分食祿，心不貪求，口不貪味，一心內照，是以不饑。以其心食稅之多，稅者，斂也，人之不食畏其生也，不是要人辟穀，是要人一心內固，不貪不求，食而不知其味，一心向道，故無饑也。一心貪求，是以饑之，拿思食之心思道，何道不成？拿稅食之心稅身，何身不久？如此才叫個不饑。

民之難治，因我之思多，心多，思多則欲生，心多則事不了，欲靜事清，民豈難治？以其上之無為。明心見性，氣有順逆，以無為自化，則和於中，靜於內，安得不治？雖無為而心不死，是以難治，不是教人瞎坐，肉心死而真心見，無為化為有作，有作者，天然自動之機，陰陽隨分之化，乾坤從無而生坎離，坎離得混元之氣，而合至道，於是復返於清靜，外無息而氣內輪，淳化之極，何難治之？雖無為而入禪，是以難治。

民之輕死，何也？以其求生之切，未饑先思食，食到思

甘；未寒先思衣，衣到思麗；見色思淫；見財思富，富到貪之。身安思祿，祿到求爵，爵高思壽。五金八石，終日服之？學彼延年無所不至。

此求生也，求存世也，殊不知反害其生，何也？因貪因求，日費其思，遂耗其陽，日漸一日，是以輕死，欲得長生，無是理也。欲求長生者，何法治之？無稅其食，無空無為，無求生之切。一心內固，外無貪求，內外貞白。貞白者，夫唯無以生為者。是不求生而固道，道存者，故不死，是貴其生也，苟能如是，寧有死乎？

人之生章第七十六

人之生也柔弱，其死也堅剛；萬物草木之生也柔脆，其死也枯槁。故堅強者死之徒，柔弱者生之徒，是以兵強則不勝，木弱則共。強大處下，柔弱處上。

此章教人惜氣內斂，藏神內用，中和修身，無為養道。

人乃寄天地中一物耳，物有長久者，有速敗者，人之生也死之門，死也生之戶。人秉天地之秀，得陰陽四時之氣，感父母乾坤之精，皆是一派中和之氣，生而為人，養而成體，長而成形，得道以成仙，失道以為鬼，俱在和與不和之間，在己之修為而已。己之修為，其柔弱也，故生；其堅剛也，故死；於是方為人之生也柔弱，其死也堅剛。

無他在於中和二字之間，人生柔弱者，外則能保身，內則能練神，堅剛者，外則能殺身，內則能死神。人之修行譬如藏物，封固堅者，無風雨霜雪之苦，故長存。露於外者，有日曬夜露之苦，故敗之。

人若體此修身，中和惜氣平等斂神，死生二路，在我之柔弱剛堅之中，其柄在我不在天矣。人若有為者，強而行

之，是用心用意，堅執剛勇，一頭行去，無返避之心，謂之其死也堅剛。人若無為者，忘心灰意，聽其天然不假修為，道自混元，謂之其生也柔弱。

苟能體此行之，則生而不死；不能如是，則死而不生。去其堅剛，忘其柔弱，則不死不生，草木萬物之生也柔脆，萬物之中，無不中和，言其不行不動，不賭不聞，不言不食，感天之雨露，得地之和氣，無風折之，春夏長於外，秋冬斂於內，故來春尚有生氣，謂之柔脆。

其死也枯槁，言其可玩之材，可用之質，人之愛也　慕也，不能忘情於他。故遭人取之，因他之美質，故枯槁矣。又一等不得天地之氣，又無雨露之施，日暴之，風折之，不枯已槁已而何？譬人之不修，譬人之豐衣玉食，功用於外，不修於內，萬物之枯槁，由人之死而不生，人之死而不生，由萬物之枯而槁矣。二理一也，只在和與不和間耳。和者退也，無用也，無材也，無心無意也，無物無形也，一團混元之氣，斂神惜精之謂也。

嗟夫，柔弱者生之徒，堅剛者，死之徒，是以客氣勝和，有為害中，心意使之然也，謂之兵強則不勝。木者和之根中之苗，根苗中和，內外共斂，謂之木弱則共之。

強而大者，處下以為鬼，故死之然也，柔弱者，則居上以成道。無他，明於心者，謂之柔，見於性者，謂之弱和於中，謂之生。明心見性，生生不已而成道，迷於心者，謂之堅，亂於性者，謂之剛。不和於中者，謂之死。迷心亂性，死而已矣，上下於此明矣。

天之道章第七十七

天之道，其猶張弓乎。高者抑之，下者舉之；有餘

者損之，不足者補之。天之道，損有餘而補不足。人之道則不然，損不足以奉有餘，孰能有餘以奉天下，唯有道者。是以聖人為而不恃，功成而不處，其不欲見賢。

此章平等待人，平等修己，言人道天道，不過一理，皆是致中和的道理。

天之道，不言而高，不名而尊，不動而大，此乃天之道也。天之道猶張弓乎？弓者，中也，入矢為中，不高不下之謂中。力大而放則射，射者去也，不為中。力小而不滿弦，弦不滿則不中。天之道猶之乎弓也，不過不及之謂也，過者不為中，不及者亦不為中，天之道中而已矣。

不足者補其足以為中，有餘者，損其餘以為中，是以天道如此，人道若如之，即合天道。如今人道則非也，不中不和，見有餘者，損之；不足者，亦損之，自持其強壯。殊不知損之又損，安得有餘？

人若合天道，固中和，隨先天之自然，不言不動，而中其的，若是者，孰能以有餘奉天下？能以有餘奉天下者，唯有道則然也。有道者誰乎？是以古之聖人，唯聖人能以有餘奉天下，何也？因其為不自逞，不自持其有餘，功成不自居，不自處其下也，因其能合天道，猶之乎張弓者，然不偏不倚之謂也。

故古之聖人，內省不有，隨乎混元以自修，故不自見其賢也。因退修自固，以中和體天而合天道，補不足，損有餘，而合張弓，張弓者，中而已。

凡人修道，內外合天，氣秉於和而居於中，天道人道盡矣。故道祖以張弓譬之，不過一中也已矣，通章一中字盡矣，道德五千，亦一中字盡矣，離中字即非矣。

天下柔弱章第七十八

天下柔弱莫過於水，而攻堅強者莫之能勝，其無以易之。弱之勝強，柔之勝剛，天下莫不知，莫能行。故聖人云：受國之垢，是謂社稷主；受國之不祥，是謂天下王。正言若反。

此章教人以柔弱修身，以和以中修道。

天下之至弱者，莫過於水，水之性柔，體水之柔，修道乃得。天下之至堅剛者，土也。萬物不能強土，惟水能之。水之柔能克剛，故譬言水也。

水者，人之性，萬情萬欲，千心千意，性能治之。性若水，心地清靜，性若水，形骸隨之。水能長養萬物，性能收伏身心，水能滋土，性能固道。無水土烈，無性道分。道者，心也。性不存，心外弛，故分也。心分道安在哉？用心者非道離，心者，亦非道，故譬言天下柔弱莫若水。

性非氣質之性，清靜天命，本來之性。故堅強莫如水，誰能行此水者？誰能勝此水者？謂之莫能行，莫能勝。人若存性，孰能行之？孰能勝之？故柔弱勝剛。

聖人云柔弱者，社稷之主，天下之王，社稷我之身也，天下我之形也，性柔弱心能和之，心和氣固，氣固道存，道存真心現，真心現方知玄裏微妙。如水之川流不息，無風浪靜之謂也。天下水之柔弱，如性之中和，水之川流，如性之氣運，水之恬淡，如性定而氣固，水之淵源，如性之默默，水靜魚潛，性定命伏，何水無魚，何性離命，水聚魚藏，性存命固。如此類推，性命之理畢矣。

故柔弱莫若水，修命莫如性。命乃人之根，性乃命之苗。土乃萬物之父，水乃萬物之母，無父不生，無母不養，命乃人之父，性乃人之母，無父不固，無母不成。水不能離土，性不

能離命，水土滋生萬物，性命煉成汞鉛，人若體此，道立成矣！

和大怨章第七十九

和大怨，必有餘怨，安可以爲善？是以聖人執左契，而不責於人。有德司契，無德司徹，天道無親，常與善人。

此章克已修爲，篤慎自守，和怨於人，而不自取之也。

和怨於人，必有餘怨，安可爲克己篤慎者也？善修己者，自潛自固，不親於人，如是可以爲善矣。一親於人，則有怨於人，不親則不怨矣！如是不和大怨，庶可以爲善乎？和者，偏愛也，偏親也，不偏著中，則無餘怨矣。

是以聖人修己，如此無偏無斜，而執左契。責己而不責於人，惟有德者，司其契矣。無德司徹，不與上天同德，故司徹矣。契者，普遍也，天道無私，普遍而無親。人道偏倚而親愛，故有餘怨人能體天之無親，不偏不倚而執中，長存普遍之心，與天同善矣。

天道無私不親，無餘怨而常善，故常與善人同矣。道君之意，教人內秉中和，外安磐石，不偏不倚，無愛無親，惟精惟一，允執厥中。故無和大怨，而無有餘怨，可以爲善，而同天之無親也。惟聖人能司其契者能之，與天同德矣，故常與善人，道與天合矣。故無和大怨，而無有餘怨者也。無他不言不動，無視無聽之謂也。

小國寡民章第八十

小國寡民，使有什伯之器而不用，使民重死而不遠徙。雖有舟車，無所乘之，雖有甲兵無所陳之。使民復

結繩而用之，甘其食，美其服，安其居，樂其俗，鄰國相望，雞犬之聲相聞，民至老死，不相往來。

此章教人知方所，知運動旋轉之機，毋得空無，方為不死之玄機。

小國者，中之中也；寡民者，氣之深也。器有什伯非止一處，皆傍門導引之法也，可以一己之功，久必誤矣！非聖人流傳之法，故而不用。虛裏能見小國，氣靜而知寡民，此至道微妙，非什伯之器。靜極小國見，氣深先天起，那時方知先天大國，自然玄妙。

運動周流，一竅生百竅，百竅生千竅萬竅，一一貫通，皆成大竅。此時光照十方，虛無大地，謂之小國寡民，何必使有什伯之器，而不用也。

又何必使民重死而不遠徙，遠徙者，存想之功，何處起，何處凝，謂之遠徙。著心用意，謂之重死，使民者行氣之說也。人能小國寡民者，雖有三車，三關度數之說，無所以意，乘而用之。雖有文武甲兵之說，無所以心陳而用之。修至道者，深其氣，返淳化之風，樸素以復古道。如是清之極，靜之極，清靜至極，無心自動，無意自行，隨天然使民復古道，結繩而用之。

結繩者，一團混元之氣也，清如斯也，靜如斯也。方動自然運動，運動時方知其味之甘，其服之美，其居之安，其小國寡民之俗之樂。

鄰國者，我之形也，相望而化，為清虛之境也。雞犬者，我之心意也，相間而化，為太清之地也。如是安於大定不動。而復返清靜，歸於無始之先，謂之民至老死不相往來，小國寡民者，與道合真也。

信言不美章第八十一

信言不美，美言不信；善者不辨，辨者不善；知者不博，博者不知。聖人不積，既以爲人，己愈有。既以與人，己愈多。天之道，利而不害；聖人之道，爲而不爭。

此章言聖道無聲無臭，不睹不聞，極矣至矣！

信者誠也，信於言而不為美，美者鮮也，美於言而不為信。至道少言，至玄寡語，少言寡語，至道立基。

辨者，分剖也，善者，存道也，有道之士，不分人我，謂之善者不辨，能辨別明白者，務於外，聰明外用，日耗元精，不能默默自守，為無道之不善者也。

知者聰明過人，博覽世事，而不為知道之善者，精神全用於外，不能篤慎固守，與道相離，謂之博者不知。言其善道者，不睹不聞，無言無動。

那善道的聖人，何常存觀之心；雖不睹而實內睹矣。何常存問之心，雖不聞，而實內聞矣。何常存多言之心，雖不言而實有言矣。何長存不動之心，雖不動，而實內動矣！聖人之心空空洞洞，無毫髮掛慮，心地光明，內外貞白，謂之聖人不積。故既以為人，己愈有，既以與人，己愈多，言其聖人之心，於天平等，濟人利物而無害。

聖人之為道也，中和而不爭，言其不博不辨不信，固己。不博不辨不信，故心地不積，心地不積，故聖人善為道者，故不爭。不爭才與天平等，平等才不分人己，濟利而不害。吁！聖人之心，美矣！善矣！知矣！中和而合道矣！

（道德經譯義卷下終）

第四章

老子《道德經》呂洞賓秘注之二

第一節 《道德經解》純陽山人序

玄元道祖，為無始之至尊，代分身而啟化。函關初度之年，紫氣來東，青牛寄跡，著道德五千言以授尹師真人。其書推本於聲臭之原，旁及乎物理之變，體用本末，蓋綦詳焉。秦漢而還，代有著述，惜多狃於膚見，偏泥元文，昧厥源流，指為惝恍，句讀之不明，豈細故哉？

予叨逢妙化，證位清虛，深悼末學遊談，各分門戶，仍訛踵謬致誤來。茲不憚親為厘訂，以袪千載之疑，雖無上妙奧，非文字所能畢宣，而精一淵源。即此書堪為典要，得其義而大其傳。是予之厚望也夫，是之予厚望也夫。

（南宋）端平三年（公元1234年）五月午日，純陽山人呂（洞賓）謹敘。

第二節 重刊《道德經解》劉沅序

乾坤未剖，氤氳混融，混混淪淪，莫名其始，是天地萬

物之源，即無極太極之妙也。迨夫相摩相蕩，乃奠兩儀。於斯時也，混元一氣，誕瑞鐘靈，厥惟！

太上道祖，緣其先天，奉天不今不古，隨時變化，更姓易名，以神奇之妙旨，常闡教而分真，住世留蹤，隱顯莫測。所以歷代以來，儒者罕究其故，夫子不云乎：「鳥吾知其能飛，獸吾知其能走，至於龍？吾不知其乘雲而上青天也！」嗚呼！盡之矣。道德經五千言，總貫天人萬物之理，直抉於穆清寧之機。秦漢以來，識者甚鮮，兼忘本逐末之流，偏枯附會之輩，謬解虛無妄相，訐病詎知，言各有當。道無二端，清淨自然，乃純一不已之極。致中庸淵淵，浩浩無臭無聲，詞異旨同，均言性體。世儒談理，或專倚於寂，言事則偏執於形，烏睹夫一本萬殊，異用同原。

太上德合無疆，不可以尋常膚見窺測也。沅幼從庭訓，即受此經。每苦捫燭測蠡，未宣窾要。丙辰下第西歸，道出留侯廟下，邂逅靜一老人，譚次，畀以道德經。

第三節　《道德經解》呂洞賓注

道德經解──呂純陽大帝注釋

廣都劉沅重鐫

道可道章第一

◎道，可道，非常道。名，可名，非常名。無名，萬物之始。有名，萬物之母。

道，由也。道，言也。道本人所共由，然非常說所能盡也。名，稱也。道以名顯，故可指名，然非常稱所可泥也。無名，即無極。有名即太極。物所自來，曰始。物所含育，曰母。

故常無欲，以觀其妙，有欲，以觀其竅。此兩者，同出而異名。同謂之玄，玄之又玄，眾妙之門。

無欲，主靜之時。有欲，動察之機。觀，內視也。妙以虛靈之用而言。同出於先天，因事而異名。玄，幽微之意。玄之又玄，中庸所謂隱也。眾妙之門，易所謂乾坤其易之門也。

知美章第二

◎天下皆知美之為美，斯惡已。皆知善之為善，斯不善已。故有無相生，難易相成，長短相形，高下相傾，音聲相和，前後相隨。

美惡，質之成於天者。善不善，事之成於人者。已，止也。知美與善之所以為美善，則自不為惡與不善也。有無，以生化言。難易，以事功言。長短，以器用言。高下，以地勢言。六者，自然之理勢也。

是以聖人處無為之事，行不言之教。萬物作焉而不離，生而不有，為而不恃。功成而弗居，夫惟弗居，是以不去。

作，興起也。不離，不離道也。生，生成。有，有跡。為，振作。恃，矜誇也。弗居，功成身退，如堯舜是也。不去，長保其美善也。蓋惟聖人知美善之所以為美善，是以恭己無為，不言而信。萬物風動咸協於中，被生成而無其跡，勤化導而化其矜。迨夫功成身泰，可以棄天下如敝屣。而天

德之在我者，故無加損也。

不尚賢章第三

◎不尚賢，使民不爭。不貴難得之貨，使民不爲盜。不見可欲，使心不亂。

尚，相誇也。難得之貨，謂非己有而必欲得之者。可欲，聲色臭味之屬。

是以聖人之治，虛其心，實其腹，弱其志，強其骨。常使民無知無欲，使夫，知者不敢爲也。爲無爲，則無不治。

夫知俱去聲。虛，虛靜。實，誠實。心者，神之舍。腹者，氣之府也。弱，專氣致柔。強，剛健中正。無知，不自恃其知。無欲，能克其欲。不敢為，不敢妄有所作為也。為政以德，則無為而無不治。

道沖章第四

◎道沖，而用之或不盈。淵兮，似萬物之宗。挫其銳，解其紛。和其光，同其塵。湛兮，似若存。吾不知誰之子，象帝之先。

道本沖虛，而用之或不能窮其量。其淵深而有本，則萬物之宗也。似想像之詞，此言道之體如是。體道者，搓其銳氣，以直養而無害。解其紛紜，惟抱一而守中。由是而盛德之光輝，發邇而見遠，善世而宜民。湛然之體，擬諸形容。若有所存，而實無所存，虛明之至也。帝，上帝。先，謂無聲無臭至矣。

天地章第五

◎天地不仁，以萬物為芻狗。聖人不仁，以百姓為芻狗。天地之間，其猶橐籥乎。

仁者，生生之意。天地所以含育萬物，而聖人體之以治世者也。芻狗，束草為之。言使天地聖人而不仁，則萬物百姓，皆以芻狗視之。何以包含偏覆於無已乎？下二句，乃正言之。無底曰橐，有孔曰籥。言氣機之鼓蕩，闔辟者似之。其流通運行，而不息者，則所謂仁也。

虛而不屈，動而愈出。多言數窮，不如守中。

承上文橐籥之意，而申言之。虛，則含宏而能翕受。動，則變化而用不窮。數窮，功效竭也。中，天下之大本。聖人之仁，即天地之所以生萬物者也。守，奉持之意。

谷神章第六

◎谷神不死，是謂玄牝。玄牝之門，是謂天地之根。綿綿若存，用之不勤。

山穴曰谷，人身虛靈之性曰谷神。不死，至誠無息也。元陰而牝陽，太極之樞，造化之本。故謂天地根，綿綿不絕也。勤，急切也，道本自然，故用之以不勤為妙。

天長地久章第七

◎天長地久，天地所以能長且久者，以其不自生，故能長生。是以聖人，後其身而身先，外其身而身存。非以其無私耶，故能成其私。

乾元資始而不窮，故曰長。地道無成而有終，故曰久。不自生，無心而生化也。後其身，不依形而立。身先，先天而天弗違也。外其身，不以嗜欲為身累。身存，不隨死而亡

也。無私則與天地合撰。成其私,謂能成德於己。

上善章第八

◎上善若水。水,利萬物而不爭。處眾人之所惡,故幾於道。居善地,心善淵,與善人,言善信,政善治,事善能,動善時。夫惟不爭,故無尤。

上善,善之至者。若水,天機活潑不爭,無成心也。眾人,庸眾無識之人。眾人狃於一偏,故違道而爭。上善之人,居則擇地而蹈,心則深藏若虛。慎所與之人,復近義之信,施諸於政,惟求可以適治。任人以事,惟期不負所能。慮善以動,動惟厥時。所謂不爭者如此。尤,怨悔也。

持盈章第九

◎持而盈之,不如其已。揣而銳之,不可長保。金玉滿堂,莫之能守。富貴而驕,自貽其咎。功成,名遂,身退,天之道。

持,偏持。已,止也。揣,妄揣。銳,躁進也。偏持已見而自滿,不如止足之安。妄為揣測而躁率,難保慎終如始。二者皆由意氣之盛,而道德莫能守也。

金玉滿堂,喻道在吾身,用之不竭也。天道惡盈而好謙,君子遯世而不悔。故富貴而驕者,自貽其咎。功成,名遂,身退,法乎天行也。

載營魄章第十

◎載營魄,抱一,能無離。專氣致柔,能嬰兒。滌除玄覽,能無疵。愛民治國,能無為。天門開闔,能無雌。明白四達,能無知。生之畜之,生而不有,為而不

恃，長而不宰，是謂玄德。

營，魂也。一，不二。致柔，直養而無害。嬰兒，赤子也。玄，黑色，幽暗之意。覽，觀也。蔽於聞見，曰玄覽。心為君主，七情六賊，譬曰民。五官百骸，有如國。無為從容中道。天門，元神所棲。雌，陰滓。知，私智也。不息曰生，涵養曰畜。生而不有神為之生也。為而不恃，氣為之為也。長而不宰，為一身之長，而不假於制伏之勞也。

蓋人受中以生官骸之用。依於魂魄，得之則生，失之則死。為。惟內不能保其神氣，外不能祛乎物誘。斯無以復性而成德。抱一者，其神存。致柔者，其氣固，而又滌除障礙，檢束形骸。俾元神依於祖竅，而化厥陰柔。性體極於空明，而絕乎私慮。則營魄之生養無窮，而體乎自然之極致。德之幽微，至是乃為無加也。

三十幅章第十一

◎三十幅，共一轂，當其無，有車之用。埏埴以為器，當其無，有器之用。鑿戶牖以為室，當其無，有室之用。故有之以為利，無之以為用。

此言至無而含至有也。車有三十幅，以象日月居輪之中心者，為轂車之所恃以運轉也。當其無，謂居空隙之處。埏埴，以水黏土而為器也。器非埏埴不成，及其成也，埏埴仍歸無用，故曰當其無也。戶牖，非若棟樑之重繫於室。而非此，則室為無用。故若無關而實有用也。

蓋道不外於動靜，動而為有，根於至靜。故凡涉於有者，以為推行之利。居於無者，即裕推行之機，要亦互為其根。闔闢變化之理而已。

五色章第十二

◎五色，令人目盲。五音，令人耳聾。五味，令人口爽。馳騁田獵，令人心發狂。難得之貨，令人行妨。是以聖人，為腹不為目，故去彼取此。

敝於外，則亂其真。五者，皆逐於嗜欲之蔽。腹，深藏。目，外炫。言聖人靜深而有主，不隨物而思遷。故去其可甘而全其至真也。

寵辱章第十三

◎寵辱若驚，貴大患若身。何謂寵辱若驚？寵為下，得之若驚，失之若驚，是為寵辱若驚。何謂貴大患若身？吾所以有大患者，為吾有身。及吾無身吾有何患。故貴以身，為天下者，則可寄於天下。愛以身，為天下者，乃可以托於天下。

為吾為天下之（為去聲）。驚，危懼意。貴，重也。大患，禍害之難堪者。若身，視如身受也。寵辱下，非良貴也。言常人之情，營營於得失，故寵辱若驚。困於身之嗜欲，惟恐有害於身，故視大患，不能一朝居。

以身為天下者，不自私其身，而欲偕天下於大道也。貴以慎重言，愛以關切言。可寄於天下，寵辱不驚也。可以托於天下，不以一身之患為患也。此為以道濟天下者發。

視之章第十四

◎視之不見，名曰夷。聽之不聞，名曰希。搏之不得，名曰微。此三者不可致詰，故混而為一。

道體本無形聲，故不可以見聞求。以手圜而聚之曰搏。致詰，窮究也。混，混合。一，不二。中庸所謂誠也。

其上不皎，其下不昧。繩繩不可名，復歸於無物。是爲無狀之狀。

承上文而極言其妙。皎，明也。昧，暗也。繩繩，猶綿綿，相續不絕也。無物，猶言無有。狀，以彼喻此之名。上則皎，而下則昧者。凡物皆然，混而為一，則無是也。繩繩不可名，以生機之不息言，歸於無物。以氣化之返始言也。

無象之象，是爲恍惚。迎之不見其首，隨之不見其後。執古之道，以御今之有。能知古始，是謂道紀。

上文已言混一之妙，此乃示人以知要之功也。無象之中求象，原為恍惚。豈可參以迎隨之念乎。無首無後，道之周流不息者如是。執，專主也。御，調攝也。古道，先天。今有後天，執古御今，一以貫之之意也。古始，無始之始。道紀，道之統紀。

善爲士章第十五

◎古之善爲士者，微妙玄通，深不可識。夫惟不可識，故強爲之容。豫兮，若冬涉川。猶兮，若畏四鄰。儼兮，其若客。渙兮，若冰之將釋。敦兮，其若樸。曠兮，其若谷。渾兮，其若濁。

容，形容。豫，備豫。冬涉川，喻其嚴。猶，夷猶。畏四鄰，喻其慎。儼兮，渙兮，莊敬而和暢也。樸，無雕鑿。谷，能虛受。渾，全之至。反若濁者，不為皎皎之行也。

孰能濁以澄？靜之徐清。孰能安以久？動之徐生。保此道者，不欲盈。夫惟不盈，故能敝不新成。

此言未及乎成德，而求以人德之事。濁者不易澄。靜存，則心體自澈。安者，貴於久。洞察則神志不窮。滿招損，故不欲盈也。敝，壞也。新成，猶言速成。新成者，其

敝必速。能敝不新成,形敝,而神不敝也。

致虛章第十六

◎致虛極,守靜篤。萬物並作,吾以觀其復。

致,委致。委致其心,若無著者然。則有以極乎虛之妙矣。守,存守其心。而不雜於物,則有以極乎靜之真矣。萬物,道之散殊,故皆涉於有作。觀其復,見天心也。下文乃詳言之。

夫物芸芸,各復歸其根。歸根曰靜,靜曰復命。復命曰常,知常曰明。不知常,妄作凶。知常容,容乃公,公乃王,王乃天。天乃道,道乃久,沒身不殆。

芸芸,生生不息。根者,物之所從生。命者,理之所自出。公,無私也。萬物之長,故曰王。天也,道也。推極其致而言之也。承上文而言,萬物雖紛,無不歸根復命者,此乃造化不易之理,陰陽消長之常。

修道者,必知此而後可無妄作之凶。蓋至常者,天下之大本,變化所從始。故知常者,可以無所不容,而無私之至,物莫能加。與天合德,道體長存,尚何危殆之有哉?中庸首章,言慎獨而極於中和位育。即此意也。

太上章第十七

◎太上,下知有之。其次,親之譽之。其次畏之。其次侮之。故信不足,焉有不信?猶兮其貴言,功成事遂,百姓皆謂我自然。

此言化民之道。太上聖人之治,入人者深。下知皆有聖人在其意中。其次,親譽之,則涉於跡也。畏者,惕於威。侮者,凌其上。其故皆由信不足也。夫信者,人所同具。何

以上下不能相孚？豈非文告煩而躬修薄歟？故必優遊感化，慎重其言。然後民觀法而自從，曰遷善而不知。迄乎功成事遂，恭己無為也。

大道廢章第十八

◎大道廢，有仁義。智慧出，有大偽。六親不和，有孝慈。國家昏亂，有忠臣。

仁義者，道之實也。世衰道微，非仁義無以正之。是大道之廢，賴有仁義也。乃人不察乎此不本道以為治，而專尚智慧。不知智慧不由仁義，無以燭奸，而反啟大偽。

是故體道者必崇仁義。孝慈者，仁之實。忠臣，義之表也。六親不和，賴有孝慈化之。國家昏亂，恃有忠臣扶之。此正大道廢有仁義之證也。

絕聖章第十九

◎絕聖棄智，民利百倍。絕仁棄義，民復孝慈。絕巧棄利，盜賊無有。此三者，以為文不足，故令有所屬。見素抱樸，少私寡欲。

復，反也。以為，太上自決之詞。文，文告也。不足，言不足禁之。絕棄聖智，主昏於上矣，故民趨利者百倍。絕棄仁義，主殘於上矣，故民反乎孝慈。巧利者，與聖智仁義相悖者也。能絕棄之，盜賊何有？

此三者，皆非文誥所能感，非謂治民不必以令也。但命令必本於躬行，所繫屬者為要焉。見素，則識定。抱樸，則神全。少私寡欲，則有天下而不與。此恭己無為之化，非聖智之資。居仁由義者不能也。

絕學章第二十

◎絕學無憂。唯之與阿，相去幾何？善之與惡，相去何若？人之所謂，不可不畏。荒兮，其未央哉。

絕學，大道不明之時。唯，有應答而無問難也。阿，阿比。荒，遼遠意。未央，無窮也。言學術不明之時，無他憂，惟是非得失之難辯為可懼耳。唯者未必即阿，而相去正自不遠。善惡本自分途，而辨別介於幾希。此人之所宜戒懼者，不可不知畏也。知其不可不畏，則無憂而有憂。戒慎恐懼，亦安有窮期哉。

眾人熙熙，如享太牢，如登春台。我獨泊兮，其未兆如嬰兒之未孩。乘乘兮，若無所歸。眾人皆有餘，我獨若遺。我愚人之心也哉，沌沌兮。俗人昭昭，我獨若昏。俗人察察，我獨悶悶。澹兮其若晦，漂兮若無所止。眾人皆有以，我獨頑且鄙。我獨異於人，而貴食母。

熙熙，和育意。享太牢，飫其澤也。登春台，暢其天也。蓋民化於至德，日用而不知為之者也。未孩，未離母腹之時。保慎不容不至。乘乘，任天而動貌。歸，倚著也。滿假故有餘，純一故若遺。沌沌，虛靜之貌。若昏，則非果昏。悶悶，喻其神全。澹，謂無欲於外。漂，謂不泥於形。有以者，有所挾也。頑且鄙者，絕機謀也。無極之真，二五之精。為受氣成形之原，是吾身之母也。食養也。

孔德章第二十一章

◎孔德之容，惟道是從。道之為物，惟恍惟惚。恍兮惚兮，其中有象；惚兮恍兮，其中有物。窈兮冥兮，其中有精；其精甚真，其中有信。自古及今，其名不

去，以閱眾甫。吾何以知眾甫之然哉？以此。

　　孔，空也，通也。恍，光之閉。惚，幾之微。道雖恍惚，而其中有象。下文恍惚，又以離珠之流動言也。蓋離中真陰，是為恍惚中之物。坎中之陽是為窈冥中之精。二者，性命之宅，道義之根孔德之容者，此也。二五之精，別於凡精，故曰甚真。信，陰陽遞運，不失其候。名，體物而在，不易其稱。閱，觀也。甫，始也。太上自言以此能知萬物之始。則道豈能外是而他求哉？

曲則全章第二十二章

　　◎曲則全，枉則直，窪則盈，敝則新，少則得，多則惑。是以聖人抱一，爲天下式。

　　曲則全，中庸所謂曲能有成也。此句，下五句之綱領，文同而義別。枉，屈也。窪，卑濕之處。得，自得也。枉與直，窪與盈，敝與新，極於此，則伸於彼。物理之循環不窮者，類如斯。守約，則能自得。即此可以知彼也。貪多，則反多疑。美惡惡其雜揉也。

　　惟聖人以一貫萬，故可為天下式。其次，則必致曲以求全。戒多而取少也。

　　不自見，故明；不自是，故彰；不自伐，故有功；不自矜，故長。夫惟不爭，故天下莫與之爭。古之所謂曲則全者，豈虛言哉？誠全而歸之。

　　此覆解上文曲字之義見以而言。是，以所行而言。所謂曲則全者如此。期於道得諸己，全而歸也。豈委蛇遷就之比哉。

希言章第二十三

　　◎希言自然。飄風不終朝，驟雨不終日。孰爲此

者？天地。天地尚不能久，而況於人乎？故從事於道者，道者同於道；德者同於德；失者同於失。同於道者，道亦樂得之；同於德者，德亦樂得之；同於失者，失亦樂得之。信不足焉，有不信焉。

夫道不貴多言，為言有盡而道無窮也。飄風驟雨，喻其不久。道，統萬物而言。德則人之體道於身者也。失，謂失意。三者，憂樂同人，故人亦信之。結二句，反言以明之。若己信不足，人亦不信之。尚口乃窮者也。

跂者章第二十四章

◎跂者不立；跨者不行；自見者不明；自是者不彰；自伐者無功；自矜者不長。其於道也，餘食贅行。物或惡之，故有道者不處也。

跂，舉踵而望。跨，垂足而坐。以喻為其事而無其具也。餘食，餘棄之食。贅行，贅疣之行。自滿假者視道為無用，徒見惡於物。有道者，豈為之乎？此與二十二章略同。

有物章第二十五

◎有物混成，先天地生。寂兮寥兮，獨立而不改，周行而不殆，可以為天下母。吾不知其名，字之曰道，強為之名曰大。大曰逝，逝曰遠，遠曰反。

渾成，無偏缺也。寂，虛靜。寥，空闊。獨立，其尊無對。不改，悠久無疆。周行於萬類，而足以給之，故不殆。母，字育之也。機一往而不留，曰逝。境遼邈而無盡，曰遠。反者，其所歸宿也。此極言道之所以為大。

故道大，天大，地大，王亦大。域中有四大，而王居其一焉。

此承上文推廣言之。道之大不可見，天地實布昭之。王者，參贊天地，體道施化。以四大並言之，見王者所以干三才而能宏道也。

人法地，地法天，天法道，道法自然。

法地之含宏光大，品物咸亨則道無不濟矣。地承天而時行，天本道為運化。道體無為，故極乎自然之致。此又承上四大之說，而推論之。以明凡人皆可崇效卑法，而體道也。

重爲輕根章第二十六

◎重爲輕根，靜爲躁君。是以聖人終日行，不離其輜重。雖有榮觀，燕處超然。奈何萬乘之主，而以身輕天下？輕則失臣，躁則失君。

此示人以持重守靜之功也。根，本。君，主也。輜重，行者載資重之車。藉以為遲重之喻也。以身輕天下，謂危其身，而忘乎天下。失臣，無以馭氣。失君，無以鎮心。志以帥氣，若君臣然也。

善行章第二十七

◎善行，無轍跡；善言，無瑕讁；善計，不用籌策；善閉，無關鍵而不可開；善結，無繩約而不可解。

無轍跡，不拘成跡，而合於時中。不用籌策，不逆不億而自然先覺。善閉，謂凝神養氣，不馳其閑。善結，謂抱一守中，綿綿不息。此五者，修道之實功，聖人之能事也。

是以聖人，常善救人，故無棄人；常善救物，故無棄物。是謂襲明。

襲，重也。易曰重明以麗乎天下，是也。聖人盡人性以盡物性，明乎五者之義而已。

故善人者，不善人之師；不善人者，善人之資。不貴其師，不愛其資，雖智大迷，是謂要妙。

此又示人以取善之功，是善行善言，五者之所以能深造也。資，取資。要妙，崇德修匿，必取諸人以為善也。雖智亦迷，自用則小也。

知雄守雌章第二十八章

◎知其雄，守其雌，爲天下谿。爲天下谿，常德不離，復歸於嬰兒。知其白，守其黑，爲天下式。爲天下式，常德不忒，復歸於無極。知其榮，守其辱，爲天下谷。爲天下谷，常德乃足，復歸於樸。樸散，而爲器。聖人用之，則爲官長，故大制不割。

知，見之明。守，存之固。雄，為陽精。雌，為陰魄。谿，山水自上下注之所。常應常靜，為不離嬰兒，先天一炁所生，謂聖胎也。金之色白，黑者神氣入於幽靜之意。式，法。忒，差也。練神還虛，則歸於無極。

知榮，明其無與於己。谷，匯川之名也。德足者，無所不容。物質純固曰樸，道體如是。散而為器，一本之所以萬殊。官長，君師之職。大制不割，本道以為宰製，而無所矯揉割裂於期間也。

將欲取章第二十九

◎將欲取天下而爲之，吾見其不得已。夫天下神器不可爲也。爲者敗之，執者失之。故物，或行或隨；或嘘或吹；或強或羸；或載或墮。是以聖人去甚，去奢，去泰。

為，紛更妄作。不得已，可已而不已也。神器，言其至

重。妄為，則反以擾民。拘執，則無所變通。二者皆未適中，蓋凡物之理，各有所宜。行，自行。隨，從人。噓緩而吹急，物之以息相扇者也。強，羸，以形質言。載，墮，以才能言。甚，太甚。奢，華侈。泰，矜肆。物情不一，聖人權其輕重緩急。去此三者，是以能理萬物之宜，而與天下相安於無事也。

以道佐人主章第三十

◎以道佐人主者，不以兵強於天下。其事好還；師之所處，荊棘生焉。大軍之後，必有凶年。

其事謂兵事。好還殺戮必有報也。荊棘生，則井里蕭條可知。必有凶年，傷天地之和氣所致。

故善者，果而已。不敢以取強。果而勿矜，果而勿伐，果而勿驕，果而不得已，果而勿強。物壯則老，是謂不道，早已。

善，善於為治。果，自強不息。取強，兵力爭也。不得已，柔弱之意。太上恐人誤以勇力為果，故詳言五者以明之。物壯則老，正強力不能久之徵也。不道，不以道。早已，敝之速也。

佳兵不祥章第三十一

◎夫佳兵者，不祥之器。物或惡之，故有道者不處。

此與上章皆一時之言，三句乃一章之綱領。佳兵猶言利兵也。

是以君子，居則貴左，用兵則貴右。兵者，不祥之器，非君子之器。不得已而用之。恬淡為上，勝而不

美。而美之者，是樂殺人。夫樂殺人者，不可以得志於天下矣。故吉事尚左，凶事尚右。偏將軍居左，上將軍居右，言以喪禮處之。殺人眾多，以悲哀泣之。戰勝，喪處之。

居，平居。恬淡，鎮靜而不擾。左為陽，右為陰。兵，凶器。故尚右同於喪禮。殺人過多，非禁亂之本心。雖勝必戚，見仁慈之無已。此承上文，反覆申明之。欲人懲不詳，而廣好生。賤武勇，而崇仁義。其丁寧之意至深切矣。而後世且以申韓刻薄之學，歸咎於道德，不亦謬哉？

道無名章第三十二

◎道常無名，樸雖小，天下不敢臣。侯王若能守之，萬物將自賓。天地相合，以降甘露。人莫之令而自均。始制有名，名亦既有，夫亦將知止。知止，所以不殆。譬道之在天下，猶川谷之於江海也。

樸字解見二十八章。不敢臣，無有加乎其上者。侯王守樸，則可以恭己而理故萬物賓服。天地相合以下，推無名之道所由來，言天地以一氣而均萬物。氤氳化醇，各正性命，始制有名。既有名矣，萬殊一本，物各有當止之處，惟知止於至善。則以一貫萬，所以不殆。江海為川谷之王，大道為萬物之本。侯王舍是，將安所守哉？

知人章第三十三

◎知人者智，自知者明。勝人者有力，自勝者強。知足者富強。行者，有志。不失其所者，久。死而不亡者，壽。

知人勝人，外騖者也。自知自勝，內省者也。知足，則

常覺其有餘。強行，則日新而不已。不失其所，得主而有恆也。死而不亡，與天地同休也。

大道汎兮章第三十四章

◎大道汎兮，其可左右。萬物恃之以生，而不辭；功成不名有。衣被萬物，而不爲主。常無欲，可名於小。萬物歸兮，而不爲主，可名爲大。是以聖人，終不爲大，故能成其大。

泛，如水之氾濫而滿也。其可左右，言不可以一偏限。下文正言泛之實也。不辭，能容受。不名有，無跡象。衣被，以衣被人，藉以言覆冒之意。不爲主者，萬物本道以生化，而道實無爲也。以其常清常靜而言，其小無內。以其翕辟萬物而言，其大無外。蓋無微不入，是以能無物不包也。惟聖人爲能體之。

執大象章第三十五

◎執大象，天下往。往而不害，安平泰。樂與餌，過客止。道之出口，淡乎其無味。視之不可見，聽之不可聞，用之不可既。

道本無象。而凡有象者，莫能加執之。以馭天下，則天下歸往。萬姓時雍，共安於泰運之天。彼務緣節以快目前者，如樂與餌。非不悅於口耳，然移時輒忘，如過客之去而不留。大道不然，所以視聽不可窮，而取攜無有盡也。

將欲噏之章第三十六

◎將欲噏之，必固彰之。將欲弱之，必固強之。將欲廢之，必固興之。將欲奪之，必固與之。是謂微明：

柔弱勝剛強。魚不可脫於淵，國之利器，不可以示人。

張噏強弱，廢興與奪，往復相因。有自然之理勢，燭其幾於未萌，而貞其守於勿懈。惟知微知彰者能之，柔弱勝剛強，所謂不戰而屈人也。利器，國之事權。示人，與人。太上此言，為競意氣而昧知己者發也。

道常無為章第三十七

◎道常無為，而無不為。侯王若能守，萬物將自化。化而欲作，吾將鎮之以無名之樸。無名之樸，亦將不欲。不以欲靜，天下自正。

道體無為，而其用至廣。中庸所謂費而隱也。侯王能守之，則全體大用具矣。物有不化焉者乎欲作，謂太平久而燕樂興。鎮以無名之樸，而民果返樸還淳。則欲作者，亦將不欲。故夫本道化民者，不以一己之欲強民。而天下自正也。

上德章第三十八

◎上德不德，是以有德。下德不失德，是以無德。上德無為，而無以為。下德為之，而有以為。尚仁為之，而無以為；尚義為之，而有以為。尚禮為之，而莫之應，則攘臂而仍之。故失道而後德，失德而後仁，失仁而後義，失義而後禮。夫禮者，忠信之薄，而亂之首也。前識者，道之華而愚之始也。是以大丈夫處其厚，不處其薄；居其實，不居其華。故去彼取此。

不德，不自是其德。不失德，常自見為德。無為為之，以主治者言。無以為，有以為，以在下者言。攘臂，忿爭之狀。仍，執固。亂，治也，書曰亂臣十人。道該全體大用，德則有淺深分量之不同。仁義禮，專指其用之及人者言。上

德無為，而民無由測其所為，蕩蕩難名者也。下德為之，而民亦知其有以為，形格勢禁者也。仁義禮，皆治世之具，而其用各殊。仁主於慈愛，故尚仁，則百姓日用而不知。義主於斷制，故尚義，則天下服教而畏神。若夫禮周乎人官物曲，而其制嚴密。

故禮之至者，民莫之應。或反攘臂，而自是其見蓋世運遞降。人心因之，仁義禮，今古不易。而其播為政教，則詳略損益之分。理勢所趨，不能強齊。由太古逮於今，政教有加。而風氣未必古若，而後云者，言天人氣數之適然，非謂仁義禮之可以偏任也。禮以忠信為本，故忠信薄而禮教尤先。前知亦道之發皇，而偏尚，則反陷於愚誣。寧厚毋薄，寧實毋華，去取之間，必務其本。太上此章之旨，因末文勝，而反覆推言之。欲人本道德仁義以化。

得一章第三十九

◎昔之得一者：天得一以清；地得一以寧；神得一以靈；谷得一以盈；萬物得一以生；侯王得一以為天下貞。其致之一也。天無以清，將恐裂；地無以寧，將恐發；神無以靈，將恐歇；谷無以盈，將恐竭；萬物無以生，將恐滅；侯王無以貞，貴高將恐蹶。故貴以賤為本，高以下為基。侯王自謂孤寡不谷。此其以賤為本也？非乎。

昔，太初之始。一，太極也。不二之意。谷，屬。貞，正也。致之，所以致此者。發，決坼蹶。危，躓也。言天地萬物，無不得一以成。以明侯王代天理物，必得一而後可正天下。不可恃貴高而忘自下也。

故致，數車無車。不，欲琭琭如玉，落落如石。

致，與致之之致同，言推極其至也。數車，機輪，天之所以旋運也。無車，無車之真形。琭琭，圭角落落，不同群也。承上文言致一之道，非可泥象滯形。夫至一者莫如天，天運旋樞，數度無忒。然究其所以然，實惟一氣運行，非實有車之形器也。人惟不能如天之純一，是以執貴賤之形。自高，則琭琭如玉；自賤，則落落如石。致一者觀天之道，執天下行，不欲如此也。

反者章第四十

◎反者，道之動；弱者，道之用。天下萬物生於有，有生於無。

反，復也。人知以動為動，而不知返本還元。正道之所以動而無動也。弱，致柔也。人知以強為用，而不知專氣致柔。正道之所以用而不窮也。有者，道之跡；無者，道之妙。

上士章第四十一

◎上士聞道，勤而行之；中士聞道，若存若亡；下士聞道，大笑之。不笑，不足以爲道。

若存、若亡，猶言可有可無。道本中庸，下士所忽，而上士所重也。

故建言有之：明道若昧；進道若退；夷道若類；上德若谷；大白若辱；廣德若不足；建德若偷；質直若渝。

建言，古之立言者。若昧，暗然而日章。若退，斂抑而自下。夷，平也，易也。詩曰有夷之行。若類，混俗和光。若辱，含垢鈉汙。本廣德也，而若不足；本建德也，而若偷

安。澡歷在神明，不務外以求知也。質直，忠信也。若渝，變化不拘。此引建言，以明有道之象如此，所以非中下士所能知也。

大方無隅；大器晚成；大音希聲；大象無形。夫惟道，善貸且成。

此六句，又推廣上文之意。而勉人以勤道也。物之方者，皆有隅。大方，隨時處中，而無圭角也。大器，不甘小就，故晚成。希，歇寂也。大音大象，以未發之中言。參諸物情，稽諸道體。隱微不可見者，實充周不可窮。隱於無名，本無可名也。善貸，給萬物而不匱也。且成，化功成也。

道生一章第四十二章

◎道生一，一生二，二生三，三生萬物。

道自虛無生一氣，又從一炁產陰陽。三元剖而萬物生，一本之所以萬殊也。

萬物負陰而抱陽，沖氣以為和。人之所惡，唯孤寡不谷，而王公以為稱。故物，或損之而益，或益之而損。人之所教，我亦教之。強梁者，不得其死。吾將以為教父。

惡父俱去聲。沖氣，沖虛無朕之氣。即上文所謂一也。和，調暢之意。王公貴謙下，體沖和以宜民也。損益無常，要歸於沖和為尚。人之所以教人者，太上自言：「我亦猶人，惟不失沖和為難耳」。

強梁與沖和相戾，故凶。教父言教人必以此，為先。太上以忍辱慈悲為教，故其言如此。孔子繫易，於謙卦三致意焉。而金人欹器之類，示訓諄諄，其不以此歟。

至柔章第四十三

◎天下之至柔，馳騁天下之至堅。無有入於無間；吾是以知無爲之有益。不言之教，無爲之益，天下希及之。

間去聲。道不倚於形氣，故天下之至柔。馳騁，操縱由之也。無有，道之體。無為者，自然之用。希及，民鮮能之也。

名與身章第四十四

◎名與身，孰親？身與貨，孰多？得與亡，孰病？是故甚愛，必大費；多藏，必厚亡。知足，不辱；知止，不殆；可以長久。

徇名殖貨，自忘其身。貪得無已，自蹈於亡。皆由不知權度其輕重也。大費，謂自耗其所有。厚亡，謂徒甚其悖出。知足，知止，安有此患哉？

大成章第四十五

◎大成若缺，其用不敝。大盈若沖，其用不窮。大直若屈，大巧若拙，大辯若訥。躁勝寒，靜勝熱。清靜，爲天下正。

缺，虧歉意。沖，虛也，範萬物而無跡。納，萬有而若虛，蓋德盛化神者然也。求伸者反折，炫長者必敗，多言者易窮。聖賢以理勝氣，以拙晦才，以默屈人，皆反身修慧之實功。躁勝寒，溫以解凍也。靜勝熱，定義徐蒸也。二者，陰陽之義。修道者，體此以審乎寒暖燥濕之宜，動靜交養。俾未發之中，已發之和，無稍差謬。而清淨之道心，其亦庶幾矣。不然，而小成易盈，紛紛於直與巧辯以正天下。向惑

乎煩勞而無成功哉？

天下有道章第四十六

◎天下有道，卻走馬以糞。天下無道，戎馬生於郊。罪莫大於可欲，禍莫大於不知足；咎莫大於欲得。故知足，知足常足。

糞，糞田。郊，近郊也。可欲，以功利蠱人。欲得，必欲其得也。惟有道者，能知足，常足，無求而自得也。

不出戶章第四十七

◎不出戶，知天下；不窺牖，見天道。其出彌遠，其知彌少。是以聖人不行而知，不見而名，不為而成。

萬物皆備，故不出戶而知天下。造化由心，故不窺牖而見天道。反是而馳騖以求周知，則見聞有窮，心思易洞。是以聖人養其本真，清明在躬，志氣如神。豈必歷九州而數名象，任智力以要近功哉？中庸言至誠之妙，日不見而章，無為而成，即此意也。

為學章第四十八

◎為學者日益，為道者日損。損之又損，以至於無為。無為而無不為矣。故取天下，常以無事。及其有事，不足以取天下。

博文，則日知其所未知。約禮，則日去其所本無。用萬殊以歸於一本，此損之又損之道也。無為，謂渾然天理。而不假強為，千變萬化皆從此出，故可以無不為。無事，恭己而治，若舜禹之有天下而不與也。反是者敗。

聖人無常心章第四十九

◎聖人無常心，以百姓心爲心。善者吾善之，不善者吾亦善之，德善矣。信者吾信之，不信者吾亦信之，德信矣。聖人之在，天下歙歙，爲天下渾其心。百姓皆注其耳目，聖人皆孩之。

無常心，猶言無成心。善之信之，與其善而孚以誠，亦善亦信之，化不善而去其偽。德指民而言。歙歙，誠切貌。渾其心，使歸於誠樸。注耳目，則誠服而無他念也。孩子，以赤子育之也。

出生入死章第五十

◎出生入死。生之徒，十有三；死之徒，十有三；人之生動之死地，亦十有三。夫何故？以其生生之厚。

出入指日月言。生者，氣之至而伸；死者，氣之往而寂也。乾坤無爲，以日月爲功，東西出入，而五行布四時成焉。徒，猶類也。水之成數六，火之成數七，合爲十三。日月者，水火之精。人得其真氣，而不能守，故其由生而之死也。易，動對靜而言。生生之厚，秉陰陽之氣以生者，厚於物也。太上將勉人以攝生之道。而先言生者，不能無死如此。

蓋聞善攝生者，陸行不遇兕虎，入軍不被甲兵；兕無所投其角，虎無所措其爪，兵無所容其刃。夫何故，以其無死地。

攝，衛養也。兕虎、甲兵，無道則或罹其凶。善攝生者，合陰陽之撰，通神明之德。命由我立，而何死地之有哉？

道生之章第五十一

◎道生之，德畜之，物形之，勢成之。是以萬物，莫不尊道而貴德。道之尊，德之貴，夫莫之命，而常自然。

道統名，德，則其真實無妄者也。生以資始言；畜以含煦言。品物咸章，則有形矣。暢茂條達，則勢成矣。萬物莫不由此，是以道德，至為尊貴。莫之命，無命令也。此言道德之在天地者，本於自然如此。

故道生之，德畜之，長之，育之，成之，熟之，養之，覆之。生而不有，為而不恃，長而不宰。是謂玄德。

此覆解上文道生德畜之義，而極贊其至也。長，生機引二伸育，氣化充而盛。成，器質成。熟，品味熟。養者，涵濡而葆其真。覆者，丕冒而衛其至。不有，不恃。不宰，無心而成化。民乎生為與宰之跡也。詳見第十章。

天下有始章第五十二

◎天下有始，以為天下母。既得其母，以知其子。既知其子，復守其母，沒身不殆。塞其兌，閉其門，終身不勤。開其兌，濟其事，終身不救。見小曰明，守柔曰強。用其光，復歸其明，無遺身殃，是為襲常。

天下有始，以為天下母。所謂有物渾成，先天地生者是也。神是母，炁是子；神炁相抱，終身不殆。兌，金之竅。門，六神出入之所。勤，勞擾也。濟其事，事事而求其濟。徒為自苦，故不救。察於幾微，則無所蔽矣。守其柔順，則無所折矣。

光，性體之光。明，金精是也。歸明者，收視返聽之

意。道備於己，無惡於時，殃之所以免也。襲常猶言守常也。

介然章第五十三

◎使我介然，有知行於大道，唯施是畏。

介然，倏忽之傾。施，見諸施。行，道非知之難，而行之難。偶然一隙之明，何嘗非知。但驗諸實行，恐窮於推施。甚言大道之不易也。

大道甚夷，而民好徑。朝甚除，田甚蕪，倉甚虛；服文采，帶利劍，厭飲食，財貨有餘，是謂道誇。道誇非道也哉！

夷，平易也。除，同奢。漢書，楚楚衣服，戒窮除。道誇，以誇張為道也。末俗厭中庸之道，而矜飾以為是。太上深非歎之也。

善建章第五十四

◎善建者不拔，善抱者不脫，子孫祭祀不輟。

建德，則有不拔之基。抱一，則無離道之時，是以長子孫而保世。下文乃推廣言之。

修之於身，其德乃真；修之於家，其德乃餘；修之於鄉，其德乃長；修之國，其德乃豐；修之天下，其德乃普。

歷言修己之功效如此。

故以身觀身，以家觀家，以鄉觀鄉，以國觀國，以天下觀天下。吾何以知天下然哉？以此。

觀，示法也。德備於身，隨在皆可以為人觀法。此，謂大道。

含德章第五十五

◎含德之厚者，比於赤子。毒蟲不螫，猛獸不據，攫鳥不搏。骨弱筋柔，而握固。未知牝牡之合，而峻作，精之至也。終日號，而嗌不嗄，和之至也。

峻藏回切號平聲。含德之厚，謂至人葆其真而全其形也。不螫，不知其螫也。下放此。峻，赤子陰也。嗌，咽，嗄，聲索而變也。赤子，無知而神全。故其現於外者如此，含德之厚者亦然也。

知和，曰常；知常，曰明；益生，曰祥；心使氣，曰強。物壯則老，是謂不道，不道早已。

承上文和字之義而申言之。常，不貳不息也。益生，生生不窮。祥，善也。天道以和育物，人能知之，則健運不息，故曰常。知常，則洞達陰陽，同符造化，故曰明。修身立命，奪造化生殺之權，練氣歸神，得長生不壞之道。人中之瑞，祥莫大焉。久而不朽，強斯至矣。末三句，又反言以明之。解見第三十章。

知者章第五十六

◎知者不言，言者不知。塞其兌，閉其門；挫其銳，解其紛；和其光，同其塵；是謂玄同。

道非言說所能盡，多言者妄也。孔子曰，予欲無言，即是此意。塞兌、閉門，解見五十二章。銳，志之強。紛，慮之擾。和其光者，謙尊而光。同塵者，與世無忤。盛德之至，無不可同群也。

故不可得而親，不可得而疏；不可得而利，不可得而害；不可得而貴，不可得而賤：故為天下貴。

此推言玄同之意。道足於身，其他無所加損，故為天下

貴。中庸歷言素位而行無入而不自得，與此同義。

以正治國章第五十七

◎以正治國，以奇用兵，以無事取天下。吾何以知其然哉？以此。

此章，與上章，蓋一時之言。此，指大道而言。所謂為天下貴者也。

夫天下，多忌諱，而民彌貧；人多利器，國家滋昏；人多伎巧，奇物滋起；法令滋彰，盜賊多有。故聖人云：「我無為，而民自化；我好靜，而民自正；我無事，而民自富；我無欲，而民自樸。」

忌諱，猶言猜嫌。利器，凡才智權謀，可以起爭奪者皆是也。為政以德，然後無為。居敬行簡，為好靜。因民之所利而利之，為無事。有天下而不與，為無欲。蓋聖人恭己之治如此。與上文正相反也。

其政悶悶章第五十八

◎其政悶悶，其民淳淳；其政察察，其民缺缺。禍兮，福所倚；福兮，禍所伏。孰知其極？其無正邪。

悶悶，渾樸意。淳淳，猶皞皞。察察，以察為明。缺缺，疏忽也。無，無為。言為政者，民所觀效。當慎於所施，況一人之智。不能窮天下之情偽，彼禍福之倚伏。孰則能知其歸極而持之？其惟不任智力，以無為正天下者乎。

正復為奇，善復為妖。人之迷，其日固久。

此承上禍福倚伏之意，而申言之。復，反也。善，猶祥也。正與奇、善與妖，極而必反。乃理勢之自然，而人往往迷焉。則以無聖人之德故也。

是以聖人，方而不割，廉而不劌，直而不肆，光而不耀。

割，截正。劌，傷也。肆，徑行。耀，炫耀也。四者之弊，人之所以迷也。聖人方而達權，廉而不戾於俗；不肆不耀，所以葆無為之德，而善世宜民也。

治人事天章第五十九

◎治人事天，莫若嗇。夫惟嗇，是謂早服。早服，謂之重積德。重積德，則無不克。無不克，則莫知其極；莫知其極，可以有國。

重平聲。嗇，德反於淵微，中庸所謂不顯也。服，謂人天早感其誠。重積德，克明峻德。克，能也。莫知其極，量之所爾者遠也。可以有國，治人事天之實也。

有國之母，可以長久。是謂深根固蒂，長生久視之道也。

凡物之根本，曰母。末二句乃質言之。深根固蒂，神息與性命相依。長生久視，內元共乾坤並壽。此修道之極功，而致治之本原，嗇於德者然也。

治大國章第六十

◎治大國，若烹小鮮。以道蒞天下，其鬼不神。非其鬼不神，其神不傷人。非其神不傷人，聖人亦不傷人。夫兩不相傷，故德交歸焉。

鮮平聲。治國者，和民而已，故譬之烹鮮。小鮮，極言其易也。無道之國，德薄而珍重。鬼或能神，以侵害於人。聖人以道蒞天下，陰陽和而萬民育，各不相害。故幽明交格，德甚神也。

大國章第六十一

◎大國者，下流天下之交。天下之牝，牝常以靜勝牡，以靜爲下。故大國以下小國，則取小國；小國以下大國，則取於大國。或下以取，或下而取。大國，不過欲兼畜人；小國，不過欲入事人。夫兩者，各得其所欲，故大者宜爲下。

下流，水之所歸。交，比附。牝，柔服。下，下人也。以取，我取人。而取，人取我。欲入事人，欲人納其計也。此為恃強大以凌弱小者發。而反覆推下人之功效，乃太上救時之論也。

從來大國，以力相服，往往不勝，不知柔可以制剛。理足以奪勢，大國權重而勢尊，可以容民畜眾，人咸欲歸焉。如下流然，第天下之所欲附，必天下至之柔者也。譬諸牝牡，以靜勝動。所謂靜者，偃武修交，相安無事。以此下人，則無論國之大小，皆可相制。蓋大國欲畜小國，而小國亦不過欲售其事人之謀。兩者各思得其所欲，則以勢相爭，必不甘為所屈。故大國宜為下也。

道者章第六十二

◎道者，萬物之奧，善人之寶，不善人之所保。

道生萬物，無所不在。故善人寶之，不善人亦賴之也。

美言可以市，尊行可以加人。人之不善，何棄之有。故立天子，置三公。

承上不善人之所保而言。市，售。加人，上人也。人雖不善，然聞美言者心折，尊德行者咸欽。蓋秉彝之好，不可得而泯沒，豈可棄不善而不教也哉？故天降下民，作之君師。天子三公之設，皆所以化不善而使善也。

雖有拱璧，以先駟馬，不如坐進此道。古之所以貴此道者，不曰求以得，有罪以免耶？故爲天下貴。

坐，跪也。求以得，求而得也。拱璧先駟馬，儀至禮矣。然不如以道誘人。古人所以貴此者，以道在吾身。求則得之，自新無以加乎此也。老子既恐人以不善棄人，又恐人以不善自棄。故反覆推言道貴如斯，其憂世至深遠矣。

爲無爲章第六十三

◎爲無爲，事無事，味無味。大小多少，抱怨以德。

練虛合道，為其無為，順應自然，事其無事，味無味之味，淡而不厭也。怨，專謂一己之私怨，無關倫紀者也。大小多少，稱物平施意。不以怨報即為德，非加厚也。

圖難於其易；爲大於其細。天下難事，必作於易；天下大事，必作於細。

上文成德之詣。此則為希聖者言入德之方。作，起也。書曰思其難以圖其易，又曰細行不矜，意亦如此。

是以聖人，終不爲大，故能成其大。夫輕諾，必寡信；多易，必多難。是以聖人猶難之，故終無難。

不為大，不自以為大。猶難，慎之至也。

其安易持章第六十四

◎其安易持，其未兆易謀。其脆易破，其微易散。爲之於未有，治之於未亂。

此示人以審幾之學，而下文復推廣言之。欲人以自然者恒其德也。脆，柔薄，細弱。未兆易謀，故為之於未有。其安易持，故治之於未亂也。

　　合抱之木，生於毫末；九層之台，起於累土；千里之行，始於足下。爲者，敗之；執者，失之。是以聖人，無爲故無敗，無執故無失。

　　事莫不由微至著，惟當順其自然，而因應之。妄為則敗，執滯則失。聖人天理渾然，故泛應曲常也。

　　民之從事，常於幾成而敗之。愼終如始，則無敗事。是以聖人，欲不欲，不貴難得之貨；學不學，復眾人之所過。以輔萬物之自然，而不敢爲。

　　人情不欲道，而欲難得之貨，不務學而安於過舉。所以功敗垂成，而事無終始。惟聖人賤貨而貴德。成己以成人，是以復眾人於無過，而未嘗逞其私智也。

　　古之善爲道章第六十五

　　◎古之善爲道者，非以明民，將以愚之。民之難治，以其智多。

　　智愚以在上者言。愚，誠樸意。道者，治民之具，然必毋以智自居，而後可。右之善為道者，非以明自炫於民，將以誠樸化之。故民之難治者，以在上之智術多而去道遠也。

　　故以智治國，國之賊；不以智治國，國之福。知此兩者，亦楷式。能知楷式，是謂玄德。

　　賊，傷害。福，祥和。知恃智不恃智之得失，而道之楷式，在是矣，故稱玄德。

　　玄德深矣遠矣，與物反矣，然後乃至大順。

　　反，復本也。大順，郅治也。承上文言元德，極於深遠，處乎萬物之先。以此治國，乃至大順。中庸言篤恭天下平，而稱讚其妙至於無聲無臭，而後已焉。即此義也。

江海章第六十六

◎江海所以爲百谷王者，以其善下之，故能爲百谷王。是以聖人之欲上民，必以其言下之；欲先民，必以身後之。

百谷，百川。善下，虛而善受也。上民，作民父母以言下之，詢於芻蕘。先民，為天下法，以身後之，謙退不敢先人也。此位以力服人者發。

是以聖人，處上，而民不重；處前，而民不害。是以天下樂推而不厭。以其不爭，故天下莫能與之爭。

上下相制，震懾之曰重。前後相犯，畏忌之曰害。推，推尊之也。

天下皆謂章第六十七

◎天下皆謂我大，似不肖。夫惟大，故似不肖。若肖，久矣其細也夫！

不肖，不肖乎道。德猶如毛，毛猶有倫，故謂我為大。則猶未化乎道之跡。若求其肖，必也其無聲臭乎。

我有三寶，保而持之。一曰慈，二曰儉，三曰不敢爲天下先。夫慈故能勇；儉故能廣；不敢爲天下先，故能成其大。今捨慈且勇，捨儉且廣，捨後且先；死矣！

慈仁，則心無私曲，見義必為，故能勇。守約，則敬慎不敗，推行盡利，故能廣。不敢為天下先，謙尊而光也。專恃其勇，務廣而上人，則易以賈禍而亡身。捨，猶去也。

夫慈，以戰則勝，以守則固。天將救之，以慈衛之。

衛之之之，指民而言。申言慈之美如此，蓋不忍人之心。道之本，而天之所福。戰則無敵於天下，守則眾志之成

城。天將救其危，而保其國，所以然者，以慈之德，可以謂民生而普祥和也。三寶之中，以慈為本。惟慈然後可以體道，而不以自大為肖也。

不武章第六十八

◎善爲士者，不武；善戰者，不怒；善勝敵者，不爭；善用人者，爲之下。是謂不爭之德，是謂用人之力，是謂配天，古之極。

恃力，曰武。恃氣，曰怒。兩相攻擊曰爭。為之下，屈己下賢也。力，材也。有此四者，則不動聲色，而萬物無不效其能，是謂不爭之德。用人之材，亦如天之不言，而五行順布。故之立極者然也。

用兵章第六十九

◎用兵有言：「吾不敢爲主而爲客，不敢進寸而退尺。」是謂：行無行，攘無臂，扔無敵，執無兵。

此示人以用兵之道，主御敵客，侵伐人者也。無行，無義之行。仍，因也。恃也，言用兵危事。

如有言其好為貪兵，勇往無前者，是謂行無義之行。若攘而無臂，恃一往之氣；若執而無兵，蓋先自實其用兵之其也。

禍莫大於輕敵，輕敵則幾喪吾寶。故抗兵相加，哀者勝矣。

承上文言易談兵者。輕敵，輕敵，則有亡國喪身之禍。寶，謂仁義。仁義者，治世之寶。輕敵，則有好殺之心。故兩兵相遇，強弱未分，而有哀憐無辜之心者，必勝。所謂仁者無敵也。

吾言章第七十

◎吾言甚易知，甚易行。天下莫能知，莫能行。

聖人之言，皆道也。百姓日用而不知，故老子深歎之。

言有宗，事有君。夫惟無知，是以不我知。

宗，主也。君，綱領也。道具於聖人之心，不得測其妙也。宣諸於言，見諸於事。不能即委窮源，安能知之。

知我者希，則我貴矣。是以，聖人被褐懷玉。

褐，賤者之服。被褐懷玉，喻外陋而內美。此節又推言知希之無損，以為有德而不見知者勸。蓋聖人忘名，乃能退世不見知而不悔，其次則不免以知希為戚。故太上言此以勉人，非自謂其知希之貴也。

知不知章第七十一

◎知不知，上。不知知，病。夫惟病病，是以不病。

能知人之所不知者，義精仁熟，故為上。不知而自以為知，妄作聰明，人之大患也。夫惟患以不知為知，則能遜讓以求知，是以可免於此患。

聖人不病，以其病病，是以不病。

此所謂病，以憂患而言。病病，憂勤惕厲也。孟子曰君子有終身之憂，無一朝之患，蓋述此意。

民不畏威章第七十二

◎民不畏威，大威至矣。無狹其所居，無厭其所生。夫惟不厭，是以不厭。

威，理勢之防，難犯者，皆是也。書曰，天命明威。無狹其所居，孟子所謂居天下之廣居。厭，厭倦。所生，所以

生之理也。全其所生理，則盡性立命，與天合德。是以不可厭絕也。

是以聖人，自知而不自見，自愛而不自貴。故去彼取此。

自知，得失自課。自見，炫耀求知。自愛，守身重道。自貴，矜己尚人，去彼取此。是以能畏天命而保真常也。

勇於敢章第七十三

◎勇於敢則殺，勇於不敢則活。此兩者，或利或害。天之所惡，孰知其故？是以聖人猶難之。

惡去聲。勇，猶果斷。敢不敢，以剛柔進退言。殺，害，活，成全也。事故之來，往而有害，靜而無失。兩者，其大較也。然以為殺而未必殺，以為活而未必活，則或利或害，有不盡繫乎勇於敢與不敢者，此其中有天焉。天者何？理勢之微，而數之不可知者也。利害定於天，而天之所惡，難知其故。是以聖人，酌經權而用其中，忘利鈍而守其正，不敢以為易也。

天之道，不爭而善勝，不言而善應，不召而自來，坦然而善謀。天網恢恢，疏而不漏。

人情有為必欲其勝，而希報惟恐其遲。不知天道至神，遲速美惡之應，毫無差忒。恢恢，闊也。此申上文所惡二句之意，而勉人恒其德以承天。

民不畏死章第七十四

◎民不畏死，奈何以死懼之？若使民常畏死，而為奇者，吾得執而殺之，孰敢？

民不畏死，衰世之極矣，奈何更以刑罰懼之。若使民常

有懷刑之心，則教化明。而民已知所趨避，乃有為奇邪以誘民者，從而殺之。民孰敢不畏死乎？太上此言為末世以殺禁亂，而不務本者發也。

常有司殺者殺。夫代司殺者殺，是謂代大匠斲。夫代大匠斲者，稀有不傷其手矣。

司殺者，孟子所謂天吏也。代天理物，能好能惡，故可以殺。非其人而以殺禁民，若代斲之。傷手，無益而有害。此承上文而言，欲人盡化民之道，非教之殺也。

民之饑章第七十五

◎民之饑，以其上食稅之多，是以饑。民之難治，以其上有為，是以難治。民之輕死，以其上求生生之厚，是以輕死。

有為，若刑名法術，張惶補苴之屬皆是。民不自愛其生，以其殖貨利，而徇嗜欲也。

夫惟無以生為者，是賢於貴生。

以生為者，營營於衣食嗜好，而惟恐傷其生，自以為貴生矣。不知多欲多累，反無以葆其天，而全其性。夫惟順性命之理，以養二氣之和。無所矯揉，而賢於貴生也。

人之生也章第七十六

◎人之生也，柔弱；其死也，堅強。萬物草木之生也，柔脆；其死也，枯槁。故堅強者，死之徒；柔弱者，生之徒。

人之得氣也，厚：「聚，則和融；散，則骨立」，物之得氣也。薄：「生，則易折；死，則朽敝」。蓋道生於卑退，而禍生於剛狠。故太上即形質之易曉者，以示人也。

是以兵強則不勝，木強則拱。強大處下，柔弱處上。

結言柔弱之為貴也。兵恃力而無仁智信三者，則適足以取拜。木氣不疏達而堅碻，則僅於一拱，不成美材。是以凡事，皆戒強大，而尚謙和也。

天之道章第七十七

◎天之道，其猶張弓乎？高者，抑之；下者，舉之。有餘者，損之；不足者，補之。

張弓者，必欲其平。天道，玄機運而七政齊，四序布而五行代。調變綱維，莫名其妙。要歸於至均而已，道祖即張弓之易見者而譬之。高下有餘不足，又復虛擬其名，以況其理也。

天之道，損之有餘而補不足；人之道，則不然，損不足以奉有餘。孰能以有餘奉天下？唯有道者。

天道虧盈而益謙，人則不然，是以在己常欲有餘，在人常苦不足。能以有餘奉天下，是欲萬物各得其所者也。

是以聖人，爲而不恃，成功而不處，其不欲見賢也。

舉聖人以為承天者法。不欲見賢，不欲自著其賢也。

天下柔弱章第七十八

◎天下莫柔弱於水，而攻堅強者，莫之能勝，其無以易之。故柔勝剛，弱勝強，天下莫不知，莫能行。

言柔弱之道，易知而難行。以起下文也。

是以聖人言：「受國之詬，是謂社稷主；受國之不祥，是爲天下王。」正言若反。

能容一國之垢，所謂百姓有過，在予一人者也。能以一國之不詳為己憂，所謂一夫不獲時予之辜者也。此皆用柔之道。反，委曲。又言一言之間，亦有柔弱之道也。

和大怨章第七十九

◎和大怨，必有餘怨，安可以爲善？是以聖人，執左契，而不責於人。

此言為善者，必忘人我，而貴反躬也。怨之成也，常由責人，而不責己。故積小以至大，苟不知自責。則雖解大怨，必有餘怨。未能懲忿窒欲，安可以為善？契，約也。交易者一約而兩分之，執以為信。以己度人，心理無二。反己而無怨於人，聖人之宏也。

故有德司契，無德司徹。天道無親，常與善人。

司，主也。徹，通也。有聖人之德，則稱物平施，權衡在我。故司契，無其德，則恩怨必求其分明，斤斤以明通為尚。天道無私，為善者其知勉矣。

小國章第八十

◎小國寡民；使有什百人之器，而不用；使民重死，而不遠徙；雖有舟車，無所乘之；雖有甲兵，無所陳之；使民復結繩，而用之。甘其食，美其服，安其居，樂其俗。鄰國相望，雞犬之聲相聞，民至老死，不相往來。

此示小國以自強之道，而欲其返樸還淳也。器多而不用，則糜費節矣。重死而不徙，則民志堅矣。舟車所以致遠，甲兵所以禁亂，不乘不陳。言民瞻依而誠服，無所用此耳，非謂可盡廢也。結繩而用，返乎太古，是以裕大豐亨，

風俗淳美，而不患於民寡也。

信言章第八十一

◎信言，不美；美言，不信。善者，不辯；辯者，不善。知者，不博；博者，不知。

此章勉人約德而廣業也。信，誠實無偽。美，悅人聽聞。善者，納言敏行。辯者，醫易言多咎。知者，達於事理。博則馳騖，聞見以為奇而已。

聖人不積。既以爲人，己愈有；既以與人，己愈多。天之道，利而不害；聖人之道，爲而不爭。

為人之為去聲。積，滯於私也。聖人之心，一理渾然。而泛應曲當天何積。為人，以善及人。與人，以惠加人。愈有愈多，德業無損於己，而性量益增也。天以利萬物為心，而聖人體天之心以為心，故其無心而成化，與天同。不害不爭，盡人性物性者，無一也。

第五章

《老子內丹經》

第一節　《老子內丹經》原文

老子曰：夫學長生久視，不死之道。先須理心正行，然後習炁氣。道則有三：上有還丹金液，中有神水華池，下有五金八石；術亦有三：上有神仙抱一，中有富國安民，下有強兵戰勝。若得其一，萬事畢矣。神仙抱一者，玉爐煊赫，姹女端嚴，嬰兒含嬌。深根固蒂，五行匹配。八卦相連，此之謂上也。富國安民者，龍盤金鼎，虎繞丹田。黑白真金。鉛汞至寶，水火既濟。日月騰輝，一片火輪，九年丹灶，此之謂中也。強兵戰勝者，一殿恢張，三峰蒼翠。表夫妻之心意，放龍虎以往來，兩湊玄關。一泥丸道：此之謂下也。

老子曰：夫煉大丹者，精勤功行，清靜身心，僻靜深山，幽玄石洞，絕於雞犬。斷卻是非。不睹外物，不聽外聲，一心內守。無勞外求。大凡修道，必先修心。修心者，令心不動。心不動者，內景不出，外景不入，內外安靜，神定氣和。元氣自降：此乃真仙之道也。

老子曰：聖人以身為國，以心為君，心正則萬法皆從。心亂則萬法皆廢；復以精氣為民。民安則國霸。民散則國

廢。

老子曰：修生之法，保身之道。因氣安精，因精養神，神不離身，身乃長健。凡修大道，利於生靈之性。發人智見。使人達道，得天沖虛之氣也。

老子曰：心有所愛，不用深愛，心有所憎，不用深憎。如覺偏頗。即隨改正。處富者勿謂長富。居貧者勿謂長貧。貧富之中，常當奉道。道不在煩，心不可亂。勿思衣食，勿思嗜欲。勿思名利。勿思榮辱。抱一守中，自然之道也。

老子曰：夫練大丹者，固守爐灶，返老還童。功成行滿。氣化為血。血化為精。精化為體。一年益氣。二年益精，三年益脈，四年益肉，五年益髓，六年益筋。七年益髮，八年益骨。九年益變形神，身中有三萬六千精光。神居身不散。身化為仙，足下雲生，頂中鶴舞，號曰長生。修功不怠，關節相連。五臟堅固。內氣不出，外氣不入，寒暑不侵，兵刃不傷。升騰變化，壽齊天地。玉女侍衛，金童相隨，上佐玉皇，下度黎庶，號曰真人。

老子曰：玄中有玄是我命，命中有命是我形，形中有形是我精，精中有精是我氣，氣中有氣是我神，神中有神是我自然之道也。

老子曰：長生之體，久視之門。洗心易行，乃成正真，然除想化物，要淨六根，邪魔遠離，眾病和因，通幽顯聖，無不成真，須明恍惚，輔弼帝君。太上老子曰：自己三清，何勞上望；自己老子，何勞外覓。知之修練。謂之聖人矣。

〔按〕此經由《黃帝陰符經》的思想推演而來。將道與術分為三等；以神仙抱一之術配還丹金液之道為上。富國安民之術配神水華池之道為中，強兵戰勝之術配五金八石之道為下指出「修生之法。保身之道，因氣安精。因精安神。

神不離身。身乃長健」並認為修練內丹的藥物均在自身，不必外求；對後世的中國內丹養生學說有重要影響。

第二節　老子五十六字內丹道功真訣

育爐燒煉延年藥，眞道行修益壽丹，

呼去吸來息由吾，性空心滅本無看，

寂照可歡忘幻我，爲見生前體自然，

鉛汞交接神丹就，乾坤明原繫群仙。

第六章

尹喜傳承老子《道德經》養生之道

第一節　尹喜尹真人傳

據《史記》和《道教大詞典》記載：

尹喜，字公度，周朝天水人，周康王拜為大夫，為函谷關守令。一日，見紫氣東來，吉星西行，預感必有先聖經過，於是前往，迎老子到函谷關，執弟子禮，請求至道，老子遂寫《道德經》授之，後有《文始真經》亦名《關尹子》傳世。

第二節　尹真人《文始真經》

文始眞經直解跋引

牛道淳

皓月圓明，普見千江之水；真空妙有，該通萬卷之經。因水見圓明，由經悟妙有。圓明以皓月為本，妙有以真空為

源，本末是同，源流非異。

既循末以歸本，仍溯流而還源。源既真空，乃是不容思議；流為妙有，爰非專一無言。無言之言以為經，無說之說以為妙。無說之說以薦言前，無言之言以明意外。

言前洞矣，意外幽深。非由直解以難通，不假詳箋而莫曉。因指見月，忘指而真月昭彰；因解悟經，忘解而真經洞徹。見千江之月影，知一月之維綱；究群經之真詮，悟一真之統攝。

見知雙泯，究悟俱忘。天眼龍睛，詎可窺於彷彿；神靈聖知，豈可測於依稀。意外難思，言前莫議也。

關尹子

關令尹喜，周大夫也。老子西遊，喜望見有紫氣浮關，知真人當過，候物色而跡之，果得老子。老子亦知其奇，為著書。喜既得老子書，亦自著書九篇，名《關尹子》。

今河南三門峽靈寶縣太初觀，乃古函谷關候見老子處。終南宗聖宮，乃關尹故宅。周穆王修其草樓，改號樓觀，建老子祠。道觀之興，實祖於此。

老子授經後，西出大散關。復會於成都青羊肆，賜號文始先生，所著書後為《文始真經》。

第一卷　一宇篇

第一章

關尹子曰：

非有道不可言，不可言即道。非有道不可思，不可思即道。天物怒流，人事錯錯。然若若乎回也，戛戛乎斗也，勿勿乎似而非也。而爭之，而介之，而觀之，而嘖之，而去

之，而要之。言之如吹影，思之如鏤塵。聖智造迷，鬼神不識。唯不可為，不可致，不可測，不可分，故曰天、曰命、曰玄，曰神合曰道。

第二章

關尹子曰：

無一物非天，無一物非命，無一物非神，無一物非玄。物既如此，人豈不然？人皆可曰天，人皆可曰神，人皆可致命通玄。不可彼天此非天，彼神此非神，彼命此非命，彼玄此非玄。是以善吾道者，即一物中知天盡神，致命造玄。學之，徇異名，析同實。得之，契同實，忘異名。

第三章

關尹子曰：

觀道者如觀水。以觀沼為未足，則之河、之江、之海，曰水至也。殊也不知我之津液涎淚皆水。

第四章

關尹子曰：

道無人。聖人不見甲是道，乙非道。道無我。聖人不見已進道，己退道。以不有道，故不無道。以不得道，故不失道。

第五章

關尹子曰：

不知道，妄意卜者，如射覆盂。高之者曰：「存金存玉。」惟中之者曰：「存角存羽。」卑之者曰：「存瓦存石。」是乎？非是乎？置物者知之。

第六章

關尹子曰：

一陶能作萬器，終無有一器能作陶者，能害陶者；一道

能作萬物，終無有一物能作道者，能害道者。

第七章

關尹子曰：

道茫茫而無知乎？心儻儻而無羈乎？物迭迭而無非乎？電之逸乎？沙之飛乎？聖人以知：心一、物一、道一，三者又合為一。不以一格不一，不以不一害一。

第八章

關尹子曰：

以盆為沼，以石為島。魚環游之，不知幾千萬里而不窮也。夫何故？水無源無歸。聖人之道，本無首，末無尾，所以應物不窮。

第九章

關尹子曰：

無愛道，愛者水也；無觀道，觀者火也；無逐道，逐者木也；無言道，言者金也；無思道，思者土也。唯聖人不離本情，而登大道，心既未萌，道亦假之。

第十章

關尹子曰：

重雲蔽天，江湖黯然，游魚茫然。忽望波明食動，幸賜於天，即而就之，魚釣斃焉。不知我無我，而逐道者亦然。

第十一章

關尹子曰：

方術之在天下多矣。或尚晦，或尚明；或尚強，或尚弱。執之皆事，不執之皆道。

第十二章

關尹子曰：

道終不可得。彼可得者，名德不名道；道終不可行。彼

可行者，名行不名道。聖人以可得可行者，所以善吾生；以不可得不可行者，所以善吾死。

第十三章

關尹子曰：

聞道之後，有所為有所執者，所以之人；無所為我所執者，所以之天。為者必敗，執者必失。故聞道於朝，可死於夕。

第十四章

關尹子曰：

一情冥，為聖人；一情善，為賢人；一情惡，為小人。一情冥者，自有之無，不可得而示；一情善惡者，自無起有，不可得而秘。一情善惡為有知，惟動物有之；一情冥為無知，普天之下，道無不在。

第十五章

關尹子曰：

勿以聖人力行不怠，則曰道以勤成；勿以聖人堅守不易，則曰道以執得。聖人力行，猶之發矢。因彼而行，我不自行；聖人堅守，猶之握矢。因彼而守，我不自守。

第十六章

關尹子曰：

若以言、行、學、識求道，互相輾轉，無有得時。知言如泉鳴，知行如禽飛，知學如擷影，知識如計夢，一息不存，道將來契。

第十七章

關尹子曰：

以事建物則難，以道棄物則易。天下之事，無不成之難，壞之易。

第十八章

關尹子曰：

一灼之火，能燒萬物，物亡而火何存！一息之道，能冥萬物，物亡而道何在！

第十九章

關尹子曰：

人生在世，有生一日死者，有生十年死者，有生百年死者。一日死者，如一息得道；十年百年死者，如歷久得道。彼未死者，雖動作昭智，止名為生，不名為死。彼未契道者，雖動作昭智，止名為事，不名為道。

第二十章

關尹子曰：

不知吾道無言無行，而即有言有行，求道忽遇異物，橫執為道。殊不知舍源求流，無時得源；舍本求末，無時得本。

第二十一章

關尹子曰：

習射習御，習琴習奕，終無一事可以一息得者。唯道無形無方，故可得之一息。

第二十二章

關尹子曰：

兩人射，相遇則工拙見；兩人奕，相遇則勝負見。兩人道相遇，則無可示。無可示者，則無工無拙，無勝無負。

第二十三章

關尹子曰：

吾道如海，有億萬金投入不見，有億萬石投之不見，有億萬污穢投之不見。能運小蝦小魚，能運大魚大鯨。合眾水

而受之，不為有餘；散眾水而分之，不為不足。

第二十四章

關尹子曰：

吾道如處暗。夫處明者，不見暗中一物；而處暗者，能見明中區事。

第二十五章

關尹子曰：

小人之權歸於惡，君了之權歸於善，聖人之權歸於無所得。唯無所得，所以為道。

第二十六章

關尹子曰：

吾道如劍。以刃割物即利，以手握刃則傷。

第二十七章

關尹子曰：

籩不問豆，豆不答籩；瓦不問石，石不答瓦，道亦不失。問與答與，一氣往來，道何在！

第二十八章

關尹子曰：

仰道者企，如道者浸，皆知道之事，不知道之道。是以聖人不望道而歉，不恃道而豐；不借道於聖，不賣道於愚。

第二卷　二柱篇

第一章

關尹子曰：

若碗若盂，若瓶若壺，若甕若盎，皆能建天地。兆龜數著，破瓦文石，皆能告吉凶。是知萬物天地成理，一物包焉。物物皆包之，各不相借。以我之精，合彼之精，兩精相

搏，而神應之。一雌一雄，卵生；一牝一牡，胎生。形者彼之精，理者彼之神。愛者我之精，觀者我之神。愛為水，觀為火。愛執而觀，因之為木；觀存而愛，攝之為金。先想乎一元之氣，具乎一物。執愛之以合彼之形，冥觀之以合彼之理，則象存矣。一運之象，周乎太空。自中而升為天，自中而降為地。無有升而不降，無有降而不升。升者為火，降者為水。欲升而不能升者為木，欲降而不能降者為金。木之為物，鑽之得火，絞之得水；金之為物，擊之得火，熔之得水。金木者，水火之交也。水為精，為天；火為神，為地。木為魂，為人；金為魄，為物。運而不已者為時，包而有在者為方。惟土始終之，有解之者，有示之者。

第二章

關尹子曰：

天下之人，蓋不可以億兆計。人人之夢各異，夜夜之夢各異。有天有地，有人有物，皆思成之，蓋不可以塵計。安知今之天地，非有思者乎？

第三章

關尹子曰：

心應棗，肝應榆，我通天地。將陰夢水，將晴夢火，天地通我。我與天地，似契似離，純純各歸。

第四章

關尹子曰：

天地雖大，有色有形，有數有方。吾有非色非形，非數非方，而天天地地者存。

第五章

關尹子曰：

死胎中者，死卵中者，亦人亦物。天地雖大，彼固不

知。計天地者,皆我區識。譬如手不觸刃,刃不傷人。

第六章

關尹子曰:

夢中,鑒中,水中,皆有天地存焉。欲去夢天地者,寢不寐;欲去鑒天地者,形不照;欲去水天地者,盎不汲。彼之有無,在此不在彼。是以聖人不去天地,去識。

第七章

關尹子曰:

天非自天,有為天者;地非自地,有為地者。譬如屋宇舟車,待人而成,彼不自成。知彼有待,知此無待。上不見天,下不見地。內不見我,外不見人。

第八章

關尹子曰:

有時者氣。彼非氣者,未嘗有晝夜。有方者形。彼非形者,未嘗有南北。何謂非氣?氣之所自生者,如搖扇得風。彼未搖時,非風之氣;彼已搖時,即名為氣。何謂非形?形之所自生者,如鑽木得火。彼未鑽時,非火之形;彼已鑽時,即名為形。

第九章

關尹子曰:

寒暑溫涼之變,如瓦石之類。置之火即熱,置之水即寒;呵之即溫,吹之即涼。特因外物有去有來,而彼瓦石無去無來。譬如水中之影,有去有來。所謂水者,實無去來。

第十章

關尹子曰:

衣搖空得風,氣呵物得水。水注水即鳴,石擊石即光。知此說者,風雨雷電,皆可為之。蓋風雨雷電,皆緣氣而

生，而氣緣心生。猶如內想大火，久之覺熱；內想大水，久之覺寒。知此說者，天地之德，皆可同之。

第十一章

關尹子曰：

五雲之變，可以卜當年之豐歉。八風之朝，可以卜當時之吉凶。是知休咎災祥，一氣之運耳。渾人我，同天地，而彼私智，認而己之。

第十二章

關尹子曰：

天地寓，萬物寓；我寓，道寓。苟離於寓，道亦不立。

第三卷　三極篇

第一章

關尹子曰：

聖人之治天下，不我賢愚，故因人之賢而賢之，因人之愚而愚之。不我是非，故因事之是而是之，因事之非而非之。知古今之大同，故或先古，或先今。知內外之大同，故或先內，或先外。天下之物，無得以累之，故本以謙。天下之物，無得以外之，故含之以虛。天下之物，無得以難之，故行之以易。天下之物，無得以窒之，故變之以權。以此中天下，可以制禮。以此和天下，可以作樂。以此公天下，可以理財。以此周天下，可以禦侮。以此因天下，可以立法。以此觀天下，可以制器。聖人不以一己治天下，而以天下治天下。天下歸功於聖人，聖人任功於天下。所以堯舜禹湯之治天下，天下皆曰自然。

第二章

關尹子曰：

天無不覆。有生有殺，而天無愛惡；日無不照。有妍有醜，而日無厚薄。

第三章

關尹子曰：

聖人之道天命，非聖人能自道；聖人之德時符，非聖人能自德；聖人之事人為，非聖人能自事。是以聖人不有道，不有德，不有事。

第四章

關尹子曰：

聖人知我無我，故同之以仁；知事無我，故權之以義；知心無我，故戒之以禮；知識無我，故照之以智；知言無我，故守之以信。

第五章

關尹子曰：

聖人之道，或以仁為仁，或以義為仁，或以禮以智以信為仁。仁義禮智信，各兼五者。聖人一之不膠，天下名之不得。

第六章

關尹子曰：

勿以行觀聖人，道無跡；勿以言觀聖人，道無言；勿以能觀聖人，道無為；勿以貌觀聖人，道無形。

第七章

關尹子曰：

行雖至卓，不離高下；言雖至公，不離是非；能雖至神，不離巧拙；貌雖至殊，不離妍醜。聖人假此以示天下，天下冥此，乃見聖人。

第八章

關尹子曰：

聖人師蜂，立君臣；師蜘蛛，立網罟；師拱鼠，制禮；師戰蟻，制兵。眾人師賢人，賢人師聖人，聖人師萬物。惟聖人同物，所以無我。

第九章

關尹子曰：

聖人曰道，觀天地萬物皆吾道。倡和之，始終之，青黃之，卵翼之。不受道，不棄物；不尊君子，不賤小人。賢人曰物，物物不同。旦旦去之，旦旦與之；長之短之，直之方之，是為物役者也。殊不知聖人鄙雜廁，別分居，所以為人，不以此為己。

第十章

關尹子曰：

聖人之於眾人，飲食衣服同也，屋室舟車同也，貴賤貧富同也。眾人每同聖人，聖人每同眾人。彼仰其高、侈其大者，其然乎？其不然乎？

第十一章

關尹子曰：

魚欲異群，魚捨水躍岸即死；虎欲異群，虎捨山入市即擒。聖人不異眾人，特物不能拘爾！

第十二章

關尹子曰：

道無作，以道應世者，是事非道；道無方，以道寓物者，是物非道。聖人竟不能出道以示人。

第十三章

關尹子曰：

如鐘鐘然，如鐘鼓然，聖人之言則然；如車車然，如車舟然，聖人之行則然。唯莫能名，所以退天下之言；唯莫能

知，所以奪天下之智。

第十四章

關尹子曰：

蠍蛆食蛇，蛇食蛙，蛙食蠍蛆，互相食也。聖人之言亦然。言有無之弊，又言非有非無之弊，又言去非有非無之弊。言之如引鋸然，唯善聖者，不留一言。

第十五章

關尹子曰：

若龍若蛟，若蛇若龜，若魚若蛤，龍皆能之。蛟，蛟而已，不能為龍，不能為蛇、為龜、為魚、為蛤。聖人龍之，賢人蛟之。

第十六章

關尹子曰：

在己無居，形物自著。其動若水，其靜若鏡，其應若響。茫乎若亡，寂乎若清。同焉者和，得焉者失。未嘗先人，而常隨人。

第十七章

關尹子曰：

渾乎洋乎，遊太初乎！時金己，時玉己；時糞己，時土己。時翔物，時逐物。時山物，時淵物。端乎權乎，狂乎愚乎！

第十八章

關尹子曰：

人之善琴者，有悲聲則聲淒淒然，有思心則聲遲遲然，有怨心則聲回回然，有慕心則聲裴裴然。所謂悲恩怨慕者，非手非竹，非絲非桐。得之心，符之手；得之手，符之物。人之有道，莫不中道。

老子《道德經》養生之道

第十九章

關尹子曰：

聖人以有言、有為、有思者，所以同乎人。以未嘗言、未嘗為、未嘗思者，所以異乎人。

第二十章

關尹子曰：

利害心愈明，則親不睦；賢愚心愈明，則友不交；是非心愈明，則事不成；好醜心愈明，則物不契。是以聖人渾之。

第二十一章

關尹子曰：

世之愚拙者，妄援聖人之愚拙自解。殊不知聖人時愚時明，時拙時巧。

第二十二章

關尹子曰：

以聖師聖者賢人，以賢師聖者聖人。蓋以聖師聖者，徇跡而忘道；以賢師聖者，反跡而合道。

第二十三章

關尹子曰：

賢人趨上而不見下，眾人趨下而不見上。聖人通乎上下，惟其宜之。豈曰離賢人眾人，別有聖人也哉！

第二十四章

關尹子曰：

天下之理，夫者唱，婦者隨；牡者馳，牝者逐；雄者鳴，雌者應。是以聖人制言行，而賢者拘之。

第二十五章

關尹子曰：

聖人道雖虎變，事則龜行；道雖絲紛，事則棋布。

第二十六章

關尹子曰：

所謂聖人之道者，胡然子子爾！胡然徹徹爾！胡然堂堂爾！胡然臧臧爾！惟其偏偶萬物，而無一物能偶之，故能貴萬物。

第二十七章

關尹子曰：

雲之捲舒，禽之飛翔，皆在虛空中，所以變化不窮。聖人之道則然。

第四卷　四符篇

第一章

關尹子曰：

水可析可合，精無人也。火因膏因薪，神無我也。故耳蔽，前後皆可聞，無人；智崇無人；一奇無人；冬凋秋物無人；黑不可變無人；北壽無人，皆精。舌即齒牙成言，無我；禮卑無我；二偶無我，夏因春物無我，赤可變無我，南禾無我，皆神。以精無人，故米去穀則精存；以神無我，故鬼憑物則神見。金精者忘是非，忘得失，在此者非彼；抱神者時晦明，時強弱，在彼者非此。

第二章

關尹子曰：

精神，水火也。五行且生滅之，其來無首，其往無尾。則吾之精，一滴不存亡爾。吾之神，一欻無起滅爾。惟無我無人，無首無尾，所以與天地冥。

第三章

關尹子曰：

精者水，魄者金，神者火，魂者木。精主水，魄主金。金生水，故精者魄藏之；神主火，魂主木。木生火，故神者魂藏之。惟水之為物，能藏金而息之，能滋木而榮之，所以析魂魄；惟火之為物，能熔金而銷之，能燔木而燒之，所以冥魂魄惟精。精在天為寒，在地為水，在人為精；神在天為熱，在地為火，在人為神。魄在天為燥，在地為金，在人為魄；魂在天為風，在地為木，在人為魂。惟以我之精，合天地萬物之精，譬如萬水可合為一水；以我之神，合天地萬物之神，譬如萬火可合為一火。以我之魄，合天地萬物之魄，譬如金之為物，可合異金而熔之為一金；以我之魂，合天地萬物之魂，譬如木之為物，可接異木而生之為一木。則天地萬物皆吾精、吾神、吾魂、吾魄，何者死？何者生？

第四章

關尹子曰：

五行之運，因精有魂，因魂有神，因神有意，因意有魄，因魄有精。五者，回環不已。所以我之偽心流轉造化，幾億萬歲，未有窮極。然核芽相生，不知幾萬株。天地雖大，不能芽空中之核；雌卵相生，不知其幾萬禽。陰陽雖妙，不能卵無雄之雌。惟其來干我者，皆攝之一息，則變物為我，無物非我。所謂五行者，孰能變之？

第五章

關尹子曰：

眾人以魄攝魂者地，金有餘而木不足也。聖人以魂運魄者，木有餘則金不足也。蓋魄之藏，魂俱之；魂之遊，魄因之。魂晝寓目，魄夜舍肝；寓目能見，舍肝能夢。見者魂，

無分別，析之者分別。析之曰天地者，魂狃習也；土生金故意生魄夢者魄，無分別，析之者分別。析之曰彼我者，魄狃習也。火生土，故神生意；神之所動，不名神名意；意之所動，不名意名魄。惟聖人知我無我，知物無我，皆因思慮計之而有。是以萬物之來，我皆對之以性，而不對之以心。性者，心未萌也。無心則無意矣，蓋無火則無土；無意則無魄矣，蓋無土則無金。一者不存，五者皆廢。既能渾天地萬物以為魂，斯能渾大地萬物以為魄。凡造化之妙皆吾魂，凡造化所有皆吾魄，則無一物可役我者。

第六章

關尹子曰：

鬼雲為魂，鬼白為魄，於文則然。鬼者，人死所變。雲者風，風者木；白者氣，氣者金。風散，故輕清，輕清者上天；金堅，故重濁，重濁者入地。輕清者，魄從魂升；重濁者，魂從魄降。有以仁升者，為木星佐；有以義升者，為金星佐；有以禮升者，為火星佐；有以智升者，為水星佐；有以信升者，為土星佐。有以不仁沉者，木賊之；不義沉者，金賊之；不禮沉者，火賊之；不智沉者，水賊之；不信沉者，土賊之。魂魄半之，則在人間。升魂為貴，降魄為賤；靈魂為賢，厲魄為愚；輕魂為明，重魄為暗。陽魂為羽，鈍魄為毛；明魂為神，幽魄為鬼。其形其居，其識其好，皆以五行契之。惟五行之數，參差不一，所以萬物之多，盈天地間猶未已也。以五事歸五行，以五行作五蟲，可勝言哉！譬如兆龜數著，至誠自契，五行應之。誠苟不至，兆之數之，無一應者。聖人假物以遊世，五行不得不對。

第七章

關尹子曰：

五者具有魂。魂者識，目者精，色者神。見之者為魂，耳、口、鼻、心之類。在此生者，愛為精，為彼生父本；觀為神，為彼生母本。愛觀雖異，皆同識生。彼生生本在彼生者，一為父，故受氣於父，氣為水；二為母，故受血於母，血為火。有父有母，彼生生矣。惟其愛之無識，如鎖之交；觀之無識，如燈之照。吾識不萌，吾生何有！

第八章

關尹子曰：

如桴扣鼓，鼓之形者，我之有也；鼓之聲音，我之感也。桴已往矣，餘聲尚存，終亦不存而已矣。鼓之形如我之精，鼓之聲如我之神。其餘聲者，猶之魂魄。知乎倏往倏來，則五行之氣我何有焉！

第九章

關尹子曰：

夫果之有核，必待水、火、土三者具矣，然後相生不窮。三者不具，如大旱、大潦、大塊，皆不足以生物。精水、神火、意土三者本不交，惟人以根合之，故能於其中橫見有事。猶如術祝，能於至無見多有事。

第十章

關尹子曰：

魂者，木也。木根於冬水，而花於夏火；故人之魂，藏於夜精而見於晝神。合乎精，故所見我獨，蓋精未嘗有人；合乎神，故所見人同，蓋神未嘗有我。

第十一章

關尹子曰：

知夫此身如夢中身，隨情所見者，可以飛神作我而遊太清；知乎此物如夢中物，隨情所見者，可以凝精作物而駕八

荒。是道也，能見精神而久生，能忘精神而超生。吸氣以養精，如金生水；吸風以養神，如木生火。所以假外，以延精神。漱水以養精，精之所以不窮；摩火以養神，神之所以不窮。所以假內，以延精神。若夫忘精而超生者，吾嘗言之矣。

第十二章

關尹子曰：

人勤於禮者，神不外馳，可以集神；人勤於智者，精不外移，可以攝精。仁則陽而明，可以輕魂；義則陰而冥，可以御魄。

第十三章

關尹子曰：

蜣蜋轉丸，丸成精思之，而有蠕白存丸中，俄去殼而蟬。彼蜣不思，彼蠕奚白！

第十四章

關尹子曰：

庖人羹蟹，遺一足机上。蟹已羹而遺足尚動，是生死者一氣聚散爾。不生不死，而人橫計曰生死。

第十五章

關尹子曰：

有死立者，有死坐者，有死臥者，有死病者，有死藥者等，死無甲乙之殊。若知道之士，不見生，故不見死。

第十六章

關尹子曰：

人之厭生死、超生死者，皆是大患。譬如化人，若有厭生死心、超生死心，止名為妖，不名為道。

第十七章

關尹子曰：

計生死者，或曰死已有，或曰死已無，或曰死已亦有亦無。列已不有不無或曰當幸者，或曰當懼者，或曰當任者，或曰當超者。愈變識情，馳騖不已。殊不知我之生死，如馬之手，如牛之翼，本無有，復無無。譬如火水，雖犯火水，不能燒之，不能溺之。

第五卷　五鑒篇

第一章

關尹子曰：

心蔽吉凶者，靈鬼攝之；心蔽男女者，淫鬼攝之；心蔽幽憂者，沉鬼攝之；心蔽逐放者，狂鬼攝之；心蔽盟詛者，奇鬼攝之；心蔽藥餌者，物鬼攝之。如是之鬼，或以陰為身，或以幽為身，或以風為身，或以氣為身，或以土偶為身，或以彩畫為身，或以老畜為身，或以敗器為身。彼以其精，此以其精，兩精相搏，而神應之。為鬼所攝者，或解奇事，或解異事，或解瑞事。其人傲然，不曰鬼於躬，惟曰道於躬。久之，或死木，或死金，或死繩，或死井。惟聖人能神神而不神於神，役萬神而執其機；可以會之，可以散之，可以御之，日應萬物，其心寂然。

第二章

關尹子曰：

無一心。五識並馳，心不可一；無虛心。五行皆具，心不可虛；無靜心。萬化密移，心不可靜。借能一，則二偶之；借能虛，則實滿之；借能靜，則動搖之。惟聖人能斂萬有於一息，無有一物可役吾之明徹；散一息於萬有，無有一物可聞吾之云為。

第三章

關尹子曰：

火千年，俄可滅；識千年，俄可去。

第四章

關尹子曰：

流者，舟也。所以流之者是水，非舟；運者，車也。所以運之者是牛，非車；思者，心也。所以思之者是意，非心。不知所以然而然。惟不知所以然而然，故其來無從，其往無在。其來無從，其往無在，故能與天地本原，不古不今。

第五章

關尹子曰：

知心無物，則知物無物；知物無物，則知道無物。知道無物，則不尊卓絕之行，不驚微妙之言。

第六章

關尹子曰：

物我交，心生；兩木摩，火生。不可謂之在我，不可謂之在彼；不可謂之非我，不可謂之非彼。執而彼我之，則愚。

第七章

關尹子曰：

無恃爾所謂利害是非。爾所謂利害是非者，果得利害是非之乎！聖人方且不識不知，而況於爾！

第八章

關尹子曰：

夜之所夢，或長於夜。心無時；生於齊者，心之所見皆齊國也。既而之宋、之楚、之晉、之梁，心之所存各異。心

無方。

第九章

關尹子曰：

善弓者，師弓不師羿；善舟者，師舟不師傲；善心者，師心不師聖。

第十章

關尹子曰：

是非好醜，成敗盈虛，造物者運矣。皆因私識執之而有。於是以無遣之，猶存；以非有非無遣之，猶存；無曰莫莫爾，無曰渾渾爾，猶存。譬猶昔遊再到，記憶宛然。此不可忘，不可遣。善去識者，變識為智。變識為智之說，汝知之乎？曰想，如思鬼心栗，思盜心怖；曰識，如認黍為稷，認玉為石。皆浮游罔象，無所底止。譬睹奇物，生奇物想，生奇物識。此想此識，根不在我。譬如今日，今日而已。至於來日，想識殊未可卜。及至來日，紛紛想識，皆緣有生。曰想曰識，譬如犀牛望月。月形入角，特因識生，始有月形。而彼真月，初不在角。胸中天地萬物亦然。知此說者，外不見物，內不見情。

第十一章

關尹子曰：

物生於土，終變於土；事生於意，終變於意。知乎惟意，則俄是之，俄非之；俄善之，俄惡之。意有變，心無變；意有覺，心無覺。惟一我心，則意者，塵往來爾；事者，欲起滅爾。吾心有大常者存。

第十二章

關尹子曰：

情生於心，心生於性。情波也；心流也；性水也。來干

我者，如石。火頃以性受之，則心不生物，浮浮然。

第十三章

關尹子曰：

賢愚真偽，有識者，有不識者。彼雖有賢愚，彼雖有真偽，而謂之賢愚真偽者，繫我之識。知夫皆識所成，故雖真者，亦偽之。

第十四章

關尹子曰：

心感物，不生心生情；物交心，不生物生識。物尚非真，何況於識！識尚非真，何況於情！而彼妄人，於至無中執以為有，於至變中執以為常。一情認之，積為萬情；萬情認之，積為萬物。物來無窮，我心有際。故我之良心，受制於情；我之本情，受制於物。可使之去，可使之來。而彼去來，初不在我。造化役之，因無休息。殊不知天地雖大，能役有形，而不能役無形；陰陽雖妙，能役有氣，而不能役無氣。心之所之，則氣從之；氣之所之，則形應之。猶如太虛，於至無中變成一氣，於一氣之中變成萬物，而彼一氣中不名太虛。我之一心，能變為氣為形。而我之心，無氣無形。知乎我之一心無氣無形，則天地陰陽不能役之。

第十五章

關尹子曰：

人之平日，目忽見非常之物者，皆精有所結而使之然。人之病日，目忽見非常之物者，皆心有所歉而使之然。苟知吾心能於無中示有，則知吾心能於有中示無。但不信之，自然不神。或曰厥識既昏，孰能不信！我應之曰：如捕蛇師，心不怖蛇，彼雖夢蛇而不怖畏。故黃帝曰：「道無鬼神，獨往獨來。」

第十六章

關尹子曰：

我之思慮日變，有使之者，非我也，命也。苟知惟命，外不見我，內不見心。

第十七章

關尹子曰：

譬如兩目，能見天地萬物；暫時回光，一時不見。

第十八章

關尹子曰：

目視雕琢者，明愈傷；耳聞交響者，聰愈傷；心思玄妙者，心愈傷。

第十九章

關尹子曰：

勿以我心揆彼，當以彼心揆彼。知此說者，可以周事，可以行德，可以貫道，可以交人，可以忘我。

第二十章

關尹子曰：

天下之理，小不制至於大，大不制至於不可制。故能制一情者，可以成德；能忘一情者，可以契道。

第六卷　六匕篇

第一章

關尹子曰：

世之人，以我思異彼思，彼思異我思分人我者。殊不知夢中人亦我思異彼思，彼思異我思。孰為我？孰為人？世之人，以我痛異彼痛，彼痛異我痛分人我者。殊不知夢中人亦我痛異彼痛，彼痛異我痛。孰為我？孰為人？爪髮不痛，手

足不思，亦我也。豈可以思痛異之！世之人，以獨見者為夢，同見者為覺。殊不知精之所結，亦有一人獨見於畫者；神之所合，亦有兩人同夢於夜者。二者皆我精神，孰為夢？孰為覺？世之人，以暫見為夢，久見為覺。殊不知暫之所見者，陰陽之氣；久之所見者，亦陰陽之氣。二者皆我陰陽，孰為夢？孰為覺？

第二章

關尹子曰：

好仁者多夢松柏桃李，好義者多夢兵刀金鐵，好禮者多夢簠簋籩豆，好智者多夢江湖川澤，好信者多夢山嶽原野。役於五行，未有不然者。夢中或聞某事，或思某事，夢亦隨變之，五行不可拘。聖人御物以心，攝心以性，則心同造化，五行亦不可拘。

第三章

關尹子曰：

汝見蛇首人身者，牛臂魚鱗者，鬼形禽翼者，汝勿怪。此怪不及夢，夢怪不及覺。有耳有目，有手有臂，怪尤矣。大言不能言，大智不能思。

第四章

關尹子曰：

有人問於我曰：爾何族何氏？何名何字？何衣何食？何友何僕？何琴何書？何古何今？我時默然，不對一字。或人叩之不已，我不得已應之曰：尚自不見我，將何為我所？

第五章

關尹子曰：

形可分可合，可延可隱。一夫一婦，可生二子，形可分；一夫一婦，二人成一子，形可合。食巨勝，則壽形可

延；夜無月火，人我形可隱。以一氣生萬物，猶棄發可換，所以分形；以一氣合萬物，猶破唇可補，所以合形。以神存氣，以氣存形，所以延形。合形於神，合神於無所以隱形。汝欲知之乎？汝欲為之乎？

第六章

關尹子曰：

無有一物不可見，則無一物非吾之見；無有一物不可聞，則無一物非吾之聞。五物可以養形，無一物非吾之形；五味可以養氣，無一物非吾之氣。是故吾之形氣，天地萬物。

第七章

關尹子曰：

耕夫習牛則玃，獵夫習虎則勇；漁夫習水則沉，戰夫習馬則健。萬物可以為我。我之一身，內變蟯蛔，外蒸虱蚤；痂則龜魚，瘍則鼠蟻。我可為萬物。

第八章

關尹子曰：

我之為我，如灰中金，而不若礦砂之金。破礦得金，淘沙得金。揚灰終身，無得金者。

第九章

關尹子曰：

一蜂至微，亦能遊觀乎天地；一蝦至微，亦能放肆乎大海。

第十章

關尹子曰：

土偶之成也，有貴有賤，有士有女。其質土。其壞，土人哉！

第十一章

關尹子曰：

目自觀，目無色；耳自聽，耳無聲；舌自嘗，舌無味；心自揆，心無物。眾人逐於外，賢人執於內，聖人皆偽之。

第十二章

關尹子曰：

我身五行之氣。而五行之氣，其性一物。借如一所，可以取火，可以取水，可以生木，可以凝金，可以變土。其性含攝，元無差殊。故羽蟲盛者，毛蟲不育；毛蟲盛者，鱗蟲不育。知五行互用者，可以忘我。

第十三章

關尹子曰：

枯龜無我，能見大知；磁石無我，能見大力；鐘鼓無我，能見大音；舟車無我，能見遠行。故我一身，雖有智、有力、有音、有行，未嘗有我。

第十四章

關尹子曰：

蜮射影，能斃我。知夫無知者亦我，則普天之下，我無不在。

第十五章

關尹子曰：

心憶者猶忘饑，心忿者猶忘寒，心養者猶忘病，心激者猶忘痛。苟吸氣以養其和，孰能饑之！存神以滋其暖，孰能寒之！養五臟以五行，則無傷也，孰能病之！歸五臟於五行，則無知也，孰能痛之！

第十六章

關尹子曰：

人無以無知、無為者為無我。雖有知有為，不害其為無我。譬如火也，躁動不停，未嘗有我。

第七卷 七釜篇

第一章

關尹子曰：

道本至無。以事歸道者，得之一息；事本至有。以道運事者，周之百為。得道之尊者，可以輔世；得道之獨者，可以立我。知道非時之所能拘者，能以一日為百年，能以百年為一日；知道非方之所能礙者，能以一里為百里，能以百里為一里。知道無氣能運有氣者，可以召風雨；知道無形能變有形者，可以易鳥獸。得道之清者，物莫能累，身輕矣，可以騎鳳鶴；得道之渾者，物莫能溺。身冥矣，可以席蛟鯨。有即無，無即有。知此道者，可以制鬼神；實即虛，虛即實。知此道者，可以入金石。上即下，下即上。知此道者，可以侍星辰；古即今，今即古。知此道者，可以卜龜筮。人即我，我即人。知此道者，可以窺他人之肝肺；物即我，我即物。知此道者，可以成腹中之龍虎。知象由心變，以此觀心，可以成女嬰；知氣由心生，以此吸神，可以成爐冶。以此勝物，虎豹可伏；以此同物，水火可入。惟有道之士能為之，亦能能之而不為之。

第二章

關尹子曰：

人之力，有可以奪天地造化者。如冬起雷，夏造冰；死屍能行，枯木能華。豆中攝鬼；杯中釣魚。畫門可開；土鬼可語。皆純氣所為，故能化萬物。今之情情不停，亦氣所為。而氣為物，有合有散。我之所以行氣者，本未嘗合，亦

未嘗散。有合者生，有散者死。彼未嘗合、未嘗散者，無生無死。客有去有來，郵常自若。

第三章

關尹子曰：

有誦咒者，有事神者，有墨字者，有變指者，皆可以役神御氣，變化萬物。惟不誠之人，難於自信，而易於信物，故假此為之。苟知為誠，有不待彼而然者。

第四章

關尹子曰：

人一呼一吸，日行四十萬里。化可謂速矣。惟聖人不存不變。

第五章

關尹子曰：

青鸞子千歲，而千歲化；桃子五仕，而心五化。聖人擯事去物，豈不欲速立於世哉！有形數者，懼化之不可知也。

第六章

關尹子曰：

萬物變遷，雖互隱見，氣一而已。惟聖人知一而不化。

第七章

關尹子曰：

爪之生，髮之長，榮衛之行，無頃刻止。眾人見之於著，不能見之於微。賢人見之於微，而不能任化。聖人任化，所以無化。

第八章

關尹子曰：

室中有常見聞矣。既而之門、之鄰、之里、之黨，既而之郊、之山、之川。見聞各異，好惡隨之，和競從之，得失

成之。是以聖人動止有戒。

第九章

關尹子曰：

譬如大海，能變化億萬鮫魚。水一而已。我之與物，翕然蔚然，在大化中。性一而已。知夫性一者，無人無我，無死無生。

第十章

關尹子曰：

天下之理，是或化為非，非或化為是；恩或化為仇，仇或化為恩。是以聖人居常慮變。

第十一章

關尹子曰：

人之少也，當佩乎父兄之教；人之壯也，當達乎朋友之箴；人之老也，當警乎少壯之說。萬化雖移，不能厄我。

第十二章

關尹子曰：

天下之理，輕者易化，重者難化。譬如風雲，須臾變滅；金玉之性，歷久不渝。人之輕明者，能與造化俱化而不留，殆有未嘗化者存。

第十三章

關尹子曰：

二幼相好，及其壯也，相遇則不相識；二壯相好，及其老也，相遇則不相識。如雀蛤鷹鳩之化，無昔無今。

第八卷　八籌篇

第一章

關尹子曰：

古之善揲蓍、灼龜者，能於今中示古，古中示今；高中示下，下中示高；小中示大，大中示小；一中示多，多中示一；人中示物，物中示人；我中示彼，彼中示我。是道也，其來無今，其往無古；其高無蓋，其低無載；其大無外，其小無內；其本無一，其末無多；其外無物，其內無人；其近無我，其遠無彼。不可析，不可合；不可喻，不可思。惟其渾淪，所以為道。

第二章

關尹子曰：

水潛，故蘊為五精；火飛，故達為五臭；木茂，故華為五色；金堅，故實為五聲；土和，故滋為五味。其常五，其變不可計；其物五，其雜不可計。然則萬物在天地間，不可執謂之萬，不可執謂之五，不可執謂之一。不可執謂之非萬，不可執謂之非五，不可執謂之非一。或合之，或離之，以此必形，以此必數，以此必氣，徒自勞爾。物不知我，我不知物。

第三章

關尹子曰：

即吾心中可作萬物。蓋心有所之，則愛從之；愛從之，則精從之。蓋心有所結，先凝為水。心慕物，涎出；心悲物，淚出；心愧物，汗出。無暫而不久，無久而不變。水生木，木生火，火生土，土生金，金生水。相攻（生）相剋，不可勝數。嬰兒蕊女，金樓絳宮；青蛟白虎，寶鼎紅爐，皆此物，有非此物存者。

第四章

關尹子曰：

鳥獸俄呦呦，俄旬旬，俄逃逃；草木俄茁茁，俄停停，

俄蕭蕭。天地不能留，聖人不能繫。有運者存焉爾。有之在彼，無之在此。鼓不桴，則不鳴；偶之在彼，奇之在此。桴不手，則不擊。

第五章

關尹子曰：

均一物也，眾人惑其名，見物不見道；賢人析其理，見道不見物。聖人合其天，不見道，不見物。一道皆道。不執之即道，執之即物。

第六章

關尹子曰：

知物之偽者，不必去物。譬如土牛木馬，雖情存牛馬之名，而心忘牛馬之實。

第九卷　九藥篇

第一章

關尹子曰：

勿輕小事，小隙沉舟。勿輕小物，小蟲毒身；勿輕小人，小人賊國。能周小事，然後能成大事；能積小物，然後能成大物；能善小人，然後能契大人。天既無必可者人，人又無能必者事。惟去事離人，則我在我，惟可即可。未有當繁簡可，當戒忍可，當勤惰可。

第二章

關尹子曰：

智之極者，知智果不足以周物，故愚；辯之極者，知辯果不足以喻物，故訥；勇之極者，知勇果不足以勝物，故怯。

第三章

關尹子曰：

天地萬物，無有一物是吾之物。物非我物，不得不應；我非我我，不得不養。雖應物，未嘗有物；雖養我，未嘗有我。勿曰外物，然後外我；勿曰外形，然後外心。道一而已，不可序進。

第四章

關尹子曰：

諦毫末者，不見天地之大；審小音者，不聞雷霆之聲。見大者亦不見小，見邇者亦不見遠；聞大者亦不聞小，聞邇者亦不聞遠。聖人無所見，故能無不見；無所聞，故能無不聞。

第五章

關尹子曰：

目之所見，不知其幾何。或愛金，或愛玉，是執一色為目也；耳之所聞，不知其幾何。或愛鐘，或愛鼓，是執一聲為耳也。惟聖人不慕之，不拒之，不處之。

第六章

關尹子曰：

善今者，可以行古；善末者，可以立本。

第七章

關尹子曰：

狡勝賊，能捕賊；勇勝虎，能捕虎。能克己，乃能成己；能勝物，乃能利物；能忘道，乃能有道。

第八章

關尹子曰：

函堅，則物必毀之：剛斯折矣；刀利，則物必摧之：銳斯挫矣。威鳳以難見為神，是以聖人以深為根；走麝以遺香

不捕,是以聖人以約為紀。

第九章

關尹子曰:

瓶有二竅,水實之。倒瀉閉一,則水不下。蓋不升則不降;井雖千仞,汲之水上。蓋不降則不升。是以聖人不先物。

第十章

關尹子曰:

人之有失,雖已受害於已失之後,久之,竊議於未失之前。惟其不恃己聰明,而兼人之聰明;自然無我,而兼天下之我。終身行之,可以不失。

第十一章

關尹子曰:

古今之俗不同,東西南北之俗又不同。至於一家一身之善又不同,吾豈執一豫格後世哉。惟隨時同俗,先機後事;捐忿塞欲,簡物恕人;權其輕重而為之,自然合神不測,契道無方。

第十二章

關尹子曰:

有道交者,有德交者,有事交者。道交者,父子也。出於是非賢愚之外,故久;德交者,則有是非賢愚矣,故或合或離;事交者,合則離。

第十三章

關尹子曰:

勿以拙陋曰道之質,當樂敏捷;勿以愚暗曰道之晦,當樂輕明;勿以傲易曰道之高,當樂和同;勿以汗漫曰道之廣,當樂要急;勿以幽憂曰道之寂,當樂悅豫。古人之言,

學之多弊，不可不救。

第十四章

關尹子曰：

不可非世是己，不可卑人尊己；不可以輕忽道己，不可以訕謗德己，不可以鄙猥才己。

第十五章

關尹子曰：

困天下之智者，不在智而在愚；窮天下之辯者，不在辯而在訥；伏天下之勇者，不在勇而在怯。

第十六章

關尹子曰：

天不能冬蓮春菊，是以聖人不違時也；地不能洛橘汶貉，是以聖人不違俗。聖人不能使手步足握，是以聖人不違我所長；聖人不能使魚飛禽馳，是以聖人不違人所長。夫如是者，可動可止，可晦可明。惟不可拘，所以為道。

第十七章

關尹子曰：

少言者不為人所忌，少行者不為人所短，少智者不為人所勞，少能者不為人所役。

第十八章

關尹子曰：

操之以誠，行之以簡，待之以恕，應之以默，吾道不窮。

第十九章

關尹子曰：

謀之於事，斷之於理；作之於人，成之於天；事師於今，理師於古；事同於人，道獨於己。

第二十章

關尹子曰：

金玉難捐，土石易舍。學道之士，遇微言妙行，慎勿執之，是可為而不可執。若執之者，腹心之疾，無藥可療。

第二十一章

關尹子曰：

人不明於急務，而從事於多務、他務、奇務者，窮困災厄及之。殊不知道無不在，不可舍此就彼。

第二十二章

關尹子曰：

天下之理，舍親就疏，舍本就末；舍賢就愚，舍近就遠。可暫而已，久則生害。

第二十三章

關尹子曰：

昔之論道者，或曰凝寂，或曰邃深，或曰澄澈，或曰空同，或曰晦冥。慎勿遇此，而生怖退。天下至理，竟非言意。苟知非言非意，在彼微言妙意之上，乃契吾說。

第二十四章

關尹子曰：

聖人大言金玉，小言桔梗芣苡。用之當，桔梗芣苡生之；不當，金玉斃之。

第二十五章

關尹子曰：

言某事者，甲言利，乙言害；丙言或利或害，丁言俱利俱害。必居一於此矣，喻道者不言。

第二十六章

關尹子曰：

事有在事，言有理；道無在道，言無理。知言無理，則言言皆道；不知言無理，雖執至言，為梗為翳。

第二十七章

關尹子曰：

不信愚人易，不信賢人難；不信賢人易，不信聖人難；不信一聖人易，不信千聖人難。夫不信千聖人者，外不見人，內不見我；上不見道，下不見事。

第二十八章

關尹子曰：

聖人言蒙蒙，所以使人聾；聖人言冥冥，所以使人盲；聖人言沉沉，所以使人喑。惟聾則不聞聲，惟盲則不見色，惟喑則不音言。不聞聲者，不聞道，不聞事，不聞我；不見色者，不見道，不見事，不見我；不音言者，不言道，不言事，不言我。

第二十九章

關尹子曰：

人徒知偽得之中有真失，殊不知真得之中有真失；徒知偽是之中有真非，殊不知真是之中有真非。

第三十章

關尹子曰：言道者如言夢。夫言夢者曰：「如此金玉！如此器皿！如此禽獸！」言者能言之，不能取而與之；聽者能聞之，不能受而得之。惟善聽者，不泥不辯。

第三十一章

關尹子曰：

圓爾道，方爾德；平爾行，銳爾事。

《文始眞經》後序

晉·葛仙翁　撰

　　洪體存蒿艾之質，偶好喬松之壽。知道之士，雖微賤必親也，雖夷狄必貴也。後遇鄭君思遠，鄭君多玉笈瓊笥之書。服餌開我以至道之良藥，呼吸洗我以紫清之上味。後屬洪以尹眞人《文始經》九篇，洪愛之誦之，藏之拜之。

　　宇者，道也；柱者，達天地也；極者，尊聖人也；符者，精神魂魄也；鑒者，心也；匕者，食也；釜者，化也；籌者，物也；藥者，雜治也。

　　洪每味之，泠泠然若躡飛葉，而遊乎天地之混溟；茫茫乎若履橫杖，而浮乎大海之渺漠。超若處金碧琳琅之居，森若握鬼魅神奸之印；倏若飄鸞鶴，怒若鬥虎兕；清若浴碧，慘若夢紅；擒縱大道，渾淪至理；方士不能到，先儒未嘗言；可仰而不可攀，可玩而不可執；可鑒而不可思，可符而不可言。其忘物遺世者之所言乎？其絕跡去智者之所言乎？其同陰陽而冥彼此者之所言乎？何如此之尊高！何如此之廣大！何如此之簡易也！

　　洪親受之。

　　咸和二年五月朔，丹陽葛洪稚川序

第三節　尹眞人
《東華正脈皇極闔辟證道仙經》序

　　原夫大道寶筏，莫不應運而出。蓋由太上老子好生，憫

世忘善，乃授純修弟子以度眾生，俾各會歸於極，以合皇極永保昇平於無極，無如學者，心性不明，日汙日下，所示秘文寶筏，輾轉流傳，始惟魚魯，繼且私心塗改，以至旨昧宗洧，是以得書，貴慎校訂，然傳本訛誤。未有如近日所見本二書，一名《呂祖師先天虛無太一金華宗旨》。一名《尹真人東華正脈皇極闔闢證道仙經》。實皆太上老子心傳，玄門寶筏，是二書也。

吾山遺有初傳梓本，取以印證，正合原序所云。至道隱而不宣，必遭魔障。（一得）何敢稍懈，故為仔細訂正，遂成全璧，原序曰：太上老子心傳，無非命寶，應昌明之元會，幾萬劫而一傳，皆天魔深忌之文，每乘學者，心念一偏，魔便乘機而入。改參魔說，以敗正道。故古哲一得秘書，立即諸金石，垂作砥柱，邪說亂宗，得取以證，又曰：今值真道流行，時不可失，母庸秘而不泄，什襲收藏，不壽諸梨棗佈諸都邑。無緣者忽視之傳而不傳。有志者鑽研之，秘而非秘，中有循環守護者。二書原序所載已如此。今幸闔闢經訛本，未纂入《道藏》金華宗旨本。雖入藏，而板存姑蘇，取證重梓，亦自易易，且其所誤，不過支派混淆。取登失真，明眼人見之，自然立辨。況書自山出，梓本久已傳世，而此《東華正脈皇極闔闢證道仙經》。梓本流傳未廣，世故罕見，其所摻雜偽本，又相傳來自青羊宮，乃為此經發源之地，混淆內遺，最足誤人。不早為辨正，遺誤必烈，本山書板，雖已殘缺，幸有刷印原本，原可照本翻刻，然本流傳已廣，必須補其缺，正其誤，一一標而出之，庶以本為枕中秘者，不為所惑，知所適從矣。

不敢以原書具在，無煩筆削，可登梨棗，遂惜筆墨偷安也，故撰即為付梓，廣為流布，謹述訂正顛末，以弁其首。

蓋以是經，於道宗旨，大有關係云爾，時維道光辛卯仲夏望日，浙湖金蓋山龍門正宗第十一代，閔一得沐手謹序。

尹眞人東華正脈皇極闔辟證道仙經卷之上

青羊宮傳抄本
浙湖金蓋山人閔一得訂正

一、添油接命章

尹眞人曰：原人生受氣之初，在胞胎內，隨母呼吸，受氣而成。此縷與母相連，漸推漸開，中空如管，氣通往來，前通於臍，後通於腎。上通夾脊，由明堂至山根而生雙竅，由雙竅下至準頭而成鼻之兩孔，是以名曰鼻祖，斯時我之氣通母之氣，母之氣通天地之氣，天地之氣通太虛之氣，竅竅相通，無有閡隔。及乎數足，裂胞而出，剪斷臍帶，「啊」地一聲，一點元陽落於臍輪之後，號曰天心虛靈一點是也。自此後天用事，雖有呼吸往來，不得於元始祖氣相通，人生自幼至老，斷未有一息注於其中。塵生塵滅，萬死萬生，皆為尋不著舊路耳。所乙太上立法，教人修練，由其能奪先天之正氣。所以能奪者，由其有兩孔之呼吸也，所呼者自己之元氣從中而出，所吸者天地之正氣從外而入，人若使根源牢固，呼吸之間，亦可奪天地之正氣而壽命綿長。

若根源不固，所吸天地之正氣，恒隨呼吸而出，元氣不為己有，反為天地所得，亦只為不得其門而入耳。蓋常人呼吸，皆從咽喉而下，至中脘而回，不能與祖氣相通，所謂眾人之息以喉也。若至人呼吸直貫明堂而上，（此惟息息自先天，息息由黃道。）蓋切切然以意守夾脊雙關。（其間即黃

中，即神室？又名黃堂，位在關前，心後，非後天呼吸，所得經也。）自然通於天心一竅。得與元始祖氣相連，如磁吸鐵，而同類相親。即莊子所謂「真人之息以踵也。」踵者；深也。即「真人潛深淵，浮游守規中」之義。即潛深淵，則我命在我，而不復為大冶所陶矣。此竅初凝，即生兩腎，次而生心，其腎如藕，其心如蓮，其梗中空外直。柱地撐天。心腎相去八寸四分，中餘一寸二分。謂之腔子裏。乃心腎往來之路，水火即濟之鄉。（是皆胎始結時，氣與母一所成之，一縷乃先天真氣結成。漸推漸開而然也。原其得結之由，由於未孩不有思慮。故氣不雜而純。初無朕兆得見。繼因往來久，久乃現。然屬有形而無質也。既而未孩而孩，始有臍帶，得憑以通而尚無心，故得與同呼吸。及既出胎，啊的一聲氣落下極，則已自成一物，故惟自行呼吸。然與天地終始相通而其與祖不接者，氣浮不沉之。故欲與祖接，絕不費功，但自放下一切，吾心自靜。心靜氣自靜，氣靜則自下沉，下沉自與祖氣接，自得通流一體，久久氣淳，不但周流一體，自與天地太虛同一呼吸，那有不得長生之理。）欲通此竅，先要窮想山根，（曰：窮想者，猶言想到，無可想，想念則自無。）則呼吸之氣，方漸次而通夾脊，透泥丸以達於天心祖竅而子母會合，破鏡重圓。漸漸擴充則根本完固，救住命寶，始可言修練功夫。

　　行之既久，一呼一吸入於氣穴，乃自然而然之妙也。（此千古不傳之秘而妙用只是無念而已。是純由黃道升降故能自然如此。）按了真子曰「欲點長明燈，須用添油法。」一息尚存，皆可復命。人若知添油之法，續盡燈而復明，即如返魂香點枯荄而重茂也。油乾燈絕，氣盡身亡。若非此竅則必不能添油，必不能接命，無常到來，懵懵而去矣。故呂

祖曰：「塞精宜急早，接命莫教遲。」接則長生，不接則夭死也。人生氣數有限而盛不知保，衰不知救。如劉海蟾云：「朝傷暮損迷不知，喪亂精神無所據。」細細消磨，漸漸衰耗，元陽斯去，闔辟之機一停，呼吸之氣立斷。噫！生死機關，迅何如也。

而世人不肯回心向道者，將謂繁耶，抑畏難耶，然於此著功法，最是簡易，但行、住、坐、臥，常操此心藏於夾脊之竅，則天地真氣隨鼻呼吸，以扯而進自與己之混元真精凝結丹田，而為吾養生之益，蓋此竅之氣，上通天谷，下達尾閭，周流百節之處，以天地無涯之元精續我有限之形軀，自是容易，學者誠能凝神夾脊之竅，守而不離，久久純熟，則裏面皎皎明明如月在水相似，自然散其邪火，消其雜慮，降其動心，止其妄念，妄念止，則真息自現，真息現而真念無念，真息無息，息無則命根永固。念無則性體常存，性存命固，息念俱消，即性命雙修之第一步功也。張崇烈云：「先天氣從兩竅中來，西江水要一口吸盡。」即此義也。

嗟夫！人生如無根之樹，全憑氣息以為根株，一息不來，即命非我有，故修長生者，首節專以保固真精為本，精旺自然精化為氣，氣旺自然充滿四肢。四肢充滿，則身中之元氣不隨呼而出，天地之正氣恒隨吸而入，久之胎息安，鄞鄂固，斯長生有路矣。

此段工夫自始至終捨他不得，起手時，有添油接命之功。坤爐藥生時有助火開關載金之功，嬰兒成形時有溫養乳哺之功，只待嬰兒既長。脫穴而升，移居內院之時，則是到岸不須船。而此添油接命之功，方才無用，夫添油入竅。種種玄況不一，總以造有熱湯傾注之驗，覺極通暢。卻並不是將無作有的話頭，學者細心行持，自有天然妙處。

南樵子曰：此夾脊雙關一竅，在人背脊二十四節上下之正中，真可以奪神功。改天命。《易》曰：黃中通理。正位居體，美在其中，和之至也。

閔小艮曰：按此竅在脊前脘後而有形無形，未開謂之玄關。既開謂之玄竅。學者行到虛極靜篤時。此竅乃現，胎息息於此也。我身元神。於此升降。乃謂得道道路也。謂得徹天徹地也。故此元神一入。自覺此中大無外，細無內也。丹書一名神室，又曰黃房，其名不一。總之結胎養胎，造至脫胎，皆基於此處。第非後天三寶，所得闖入也。蓋以此處是黃中。先天休養之所，主君之堂，臣輔得入須憑宣召者。若夫任督，乃為赤黑道，後天精血所由之徑。為之導者，亦藉神氣，世人未知分別，每有後天鬧黃之弊。歷古丹經。不敢遽示由中升降。而但示以由任而降。由督而升。職此故也。是經慈示。實為萬古未嘗少泄之秘。而為證道捷徑，是故諄諄導以自然。自然則無後天升降，升降純是先天矣。一得惟恐學者妄用心意。不從自然，致遭不測，識此數行，以告同學云。

二、凝神入竅章

尹真人曰：太上老子云：「吾從無量劫來，觀心得道，乃至虛無。夫觀心者，非觀肉團之血心。若觀止心，則有血熱火旺之患，不可不慎。」

（閔小艮曰：謹按太上觀心，核屬三觀，蓋即內觀外觀遠觀也。人心雖妄。嘗於此心之後，而退藏之，妙用無窮，皆基於此。其法蓋以觀虛觀無且觀靜寂耳。如是觀若勿觀，個中玄竅始開。若一雜有意念其弊亦莫測，故有不可不慎之戒。）

人有三心曰：「人心，道心，天心。人心者，妄心也。道心者，照心也。天心者，元關祖竅，氣穴是也。太上觀心

者，以道心而普照天心也。」又曰：「入竅觀心之法，凝神定息清虛自然。六根大定。百脈平和，將向來夾脊雙關所凝潛入命府，謂送歸大冶牢封固。命門一竅。即臍後一寸二分，天心是也。一名神爐，又名坤爐，而息之起息之止，在此一穴。按自氣穴起息。狀如爐燈隨吾呼吸，仍不外乎黃庭為之主張者，蓋有元神在也。調處之法，乃以道心而照天心，則此靈谷之中。氣機雖繁，有神以主。亦仍如如不動，本體常存，神與氣合，緊緊不離，是名外練而不失。夫胎息。蓋如凝神於氣穴（是神室也），時時收視返聽，照顧不己。則此氣穴（是坤爐也）亦自寂寂惺惺，永無昏沉，而睡魔自遣。且能應抽應添，運用自如矣。」《愣嚴經》云：「一根既返元，六根自解脫。」

蓋無六根，則無六識，無六識則無輪迴種子。既無種子，則我一點真心，獨立無倚，空空蕩蕩，光光淨淨，斯萬劫而常存也。每見專務頂門之性為宗者，是不知命也，專務坤爐修命為宗者，是不知性也。純陽曰「修命不修性，此是修行第一病。只修祖性不修丹，萬劫陰靈難入聖。」若此凝神入竅之法，乃性命雙修之訣。蓋得中央黃暈所結之神以宰之耳。人若識於此處而迎吾一點元神入於元始祖竅。天心氣穴之中。綿綿續續，勿助勿忘，引而親之，一若升於無何有之鄉，則少焉呼吸相含，神氣相抱，結為丹母，鎮在下田。待時至時。則攝吾身先天靈物。

上引三才真一，油然下入，合我身中鉛汞即成無上英華，融而化之，有如北辰居所，眾星皆拱之驗。是皆元神潛入氣穴所致，故爾諸氣歸根，萬神聽令。然而古哲謂是黃葉，非真金也。必須久久行之，先天性命，真正合一。如汞投鉛而相制伏。而大丹真孕其中矣。蓋以此段功夫，神既入

竅，則呼吸一在竅內。而吾鼻中呼吸，只有一點，而微若無，方為入竅之驗。驗驗不失，乃得真金焉。

南樵子曰：此一章工夫，妙在運雙關所凝之神。藏於氣穴，守而不離，則天地元始祖氣，得以相通而入也。凡修持者，每日以子、午、卯、酉四時為則，每時或坐一香三香，斯時毛竅已開，必須再坐一二香，將神一斂下坐，方可出戶，否則恐干外邪，故亦不可不慎。

閔小艮曰：此章玄論皆屬丹經所未泄。了道成真。密旨備矣，中被魔學節改，幸道不終隱。得准山本，一一訂正夫豈人力也哉。

三、神息相依章

尹真人曰：天谷之神，湛然寂然，真性也。神爐之中，真氣氤氳。而不息者，真命也。他兩個才是真水火，真烏兔，真夫婦，真性命，使二者紐結一團，混合一處，煉在一爐，二六時中，神不離氣，氣不離神，性不離命，命不離性。二者則二而一，一而二者也。其功與前章之功，一貫而下。每日子前午後，定息靜坐，開天門以採先天，閉地戶以守胎息。納四時之正氣，以歸正室，以養胎真，漸採漸煉，以完乾體，以全親之所生，天之所賦。真汞八兩，真鉛半斤，氣若嬰兒，陰陽吻合，混沌不分，出息微微，入息綿綿，內氣不出，外氣反入，久之神爐藥生。丹田火熾，兩腎湯煎，此胎息還元之初，眾妙歸根之始也；則一刻工夫可奪天地一年之節候，璇璣停輪，日月合璧。真是：「萬里陰沉春氣到，九霄清澈露華凝。」妙矣哉。真陽交感之修乎，蓋神入氣中，猶天氣之降於地，氣與神合。猶地道之承於天。《易》曰：大哉乾元，萬物資始也。蓋一陽不生於復而生於

坤，坤雖至陰然陰裏藏陽，大藥之生，實根柢於此，藥將產時，就與孕婦保胎一般，一切飲食起居，俱要小心謹慎，詩云：「潮來水面侵堤岸，風定江心絕浪波，性寂情空心不動，坐無昏瞶睡無魔。」此惟凝神氣穴，定心覺海，元神與真氣相依相戀。自然神滿不思睡，而真精自凝，鉛汞自投，胎嬰自棲，三屍自滅，九蟲自出。其身自覺安而輕，其神自覺圓而明。若此便是長生路，休問道之成不成，此境必待神爐藥生，丹田火滅。兩腎湯煎，方見此效，方可行開關之功。

又曰：（青羊抄本訣作南樵子曰茲准梓本訂歸經文錄之）修真之士，果能將夾脊雙關所凝之神。藏於氣穴。守而不離，則一呼一吸，奪先天元始祖氣，盡入氣穴之中。久而真氣充滿暢於四肢，散於百骸，無有阻滯，則自然兩腎湯煎丹田火熱，而開關也。

南樵子曰：此一段工夫，妙在照之一字，照者，慧日也，慧日照破昏衢，能見本來面目。《心經》云：照見五蘊皆空。空者，光明之象也，五蘊皆空，則六識無倚，九竅玲瓏，百關透徹，空空蕩蕩，光光淨淨，惟到此地。方為復我本來之天真，還我無極之造化，明心見性，汞去金存，再行添油入竅之功，神息永不相離，只待嬰兒成形，移居內院，方歇止。

閔小艮曰：按此內院，即是泥丸，又為玉清宮，元神坐以待詔飛升之地也。

四、聚火開關章

尹眞人曰：開關乃修真首務，胎息即證道根基。未有不守胎息，而望開關。不待開關，而能得長生住世者。許旌陽陽真人曰：「關未開，休打坐，如無麥子空挨磨。開得關，

透得鎖，六道輪迴可躲過。」此確論也。

（閔小艮曰：此關是元關，乃即尾閭關，故可聚火以開。上而夾脊雙關亦然，皆可以運行開者，鎖則無縫鎖。大造用以封鎖玄竅者也。法惟虛寂之極，先天匙現。豁然洞開，此竅一開，九竅齊開而胎息得行，大道乃有路焉矣。然按章旨，真人蓋為玄關未開者而發，乃從色身上攻去積陰。則行無病阻，是亦一法也。余更進而寂體，真人另有玄意，乃補首章所未示，恐人專事中透捷法，而置任督於勿理。則於生生妙用。未免功缺，亦非至庸至正功法，此功行後則於色身固大利。而於法身得培，更無欠缺，後學遵循中透。亦無混入闖黃之誤，玄意蓋如此。）

開關之法，擇黃道吉日，入室靜定，開天門以採先天，閉地戶以守胎息。謹候神爐藥生，丹田火熾，兩腎湯煎。見此功效，上閉巽竅塞兌垂簾，神息歸根，以意引氣，沉於尾閭，自與水中真火紐作一股，直撞三關，當此之時，切勿散漫，倒提金鎖？

以心役神，以神馭氣，以氣沖火，火熾金熔，默默相沖，自一息至數百息，必要撞開尾閭，火逼金過太元關，而尾閭口內覺刺痛，此乃尾閭關開之驗。

一意後沖，緊撮穀道，以鼻息在尾閭，抽吸內提上去。如推車上高坡陡處，似撐船到急水灘頭，不得停篙住手，猛烹急練，直逼上升，再經夾脊雙關，仍然刺痛，此又二關開通之驗，以神合氣，以氣凝神，舌拄上腭，目視頂門，運過玉枕，直達泥丸頂上，融融溫暖，息數周天數足。以目左旋三十六轉，鉛與汞合真氣入腦而化為髓，再候藥生，仍行前功，每日晝夜或行五七九次。

行之百日，任督自然交會，一元上下旋轉如輪，前降後

升，絡繹不絕，內有一股氤氳之氣，如雲如霧騰騰上升，沖透三關，直達紫府，漸採漸凝，久則金氣佈滿九宮，補腦之餘，化而為甘露，異香異美，降入口中，以意送入黃庭土府，散於百絡，否則送爐。如是三關透徹，百脈調和，一身快暢，上下流通。所謂：「醍醐灌頂得清涼，同入混爐大道場者。此也。」百日之功，無問時刻，關竅大開，方可行採藥歸壺之事，不然縱遇大藥而關竅不開，徒費神機，採亦全無應驗。

張三豐云：「不煉還丹先煉性，未修大道且修心，修心自然丹性至，性至然後藥材生。」還虛子曰：「開關之法，妙在神守雙關一竅。」此竅能通十二經絡，善透八萬四千毛竅，神凝於此，閉息行持久之。精滿氣化，氣滿自然衝開三關，流通百脈，暢於四肢，竅竅光明，此為上根利器也。然於中下之士，或又行功怠緩，則關竅難開。必得丹田火熾，兩腎湯煎，依法運行，方能開通。

故經云：「天之神棲於日。人之神棲於目。古人謂目之所致神亦至焉。」神之所至氣亦至焉。又云：「神行則氣行，神住則氣住。」開關功夫，不外乎此。

南樵子曰：此章功夫，始而妙在神氣紐作一股，默默透後上沖，次而直如推車至上半山，似渡江臨急流水。必要登峰巔達岸而後己，學者專心致志，努力行持自有此效。

閔小艮曰：先師太虛翁云「呂祖師醫世功法入手，亦以開關為第一義，大可即此章以治身，即可准此功以醫世，細體以行。身無有不治。世無有不安泰也，其效乃在流通百脈，暢於四肢，而難在通透關竅也，關開乃有用，竅透用始得當，治身其然，治世亦爾也。

尹眞人東華正脈皇極闔辟證道仙經卷之中

青羊宮傳抄本
金蓋山人閔一得訂正

五、採藥歸壺章

尹眞人曰：採藥必用夜半子時，一陽初動者，其時太陽正在北方。而人身之氣在尾閭，正與天地相應，乃可以盜天地之機，奪陰陽之妙，練魂魄而為一，合性命以雙修。蓋此時乃坤復之際，天地開闢。於此時，日月合璧於此時，草木萌藥於此時。人身陰陽交會於此時，至人於此時而採藥，則內徵外應，若合符節，乃天人合發之機，至元而至妙者也。《黃帝陰符經》經云：「食其時、百骸理，盜其機，萬化安。」又云：「每當天地交合時，盜取陰陽造化機。」於亥末子初之時，清心靜坐，凝神定息，收視返聽，一念不生，萬緣盡息，渾淪如太極之未分，溟滓如兩儀之未兆，湛然如秋江之映月，寂然如止水之無波。內不知乎吾身，外則忘乎宇宙。虛極靜篤，心與天通。先天大藥隨我呼吸而入於黃庭。周天數足，鉛汞交結。天然真火薰蒸百脈，周流六虛，沖和八表。一霎時，雷轟巽戶，電發坤門，五蘊空明，九宮透徹，玉鼎湯煎，金爐火熾，黃芽遍地，白雪漫天，鉛汞髓凝，結如黍珠。三十六宮花似錦，乾坤無處不春風。訣曰：「存神惟在腎，水火養潛龍，含光須默默，調息順鴻蒙。」此乃封閉之要訣也。

南樵子曰：修真練至明心見性，歸真已得其半，學者果能九竅玲瓏，五蘊空寂，百節透徹，則採藥亦易得，邱長春

曰：「深耕則易耨布種為鉤玄，識得玄中奧，人元遍大千，在人遇師不遇師耳。」

閔小艮曰：聞諸駐世神人，泥丸李翁。論我先師太虛翁云：「成道多門，而採取非一。」律宗所事為最高，蓋謂得自虛空也，得之之時，學者倘有遍體統熾之患。此情動於中之故，法惟退心於密，能感致太極真陽，陰焰自滅，夫此真陽，歸自坤位，升得乾戶歸體太極，故能降熄燎原之焰，然非涼德所能感降吾身者，是以學貴累行名曰深耕，次惟大隱朝不勞布種，自有人元虛集，而己則寂淨虛無以俟，此則律宗之所受援也。夫太極真陽，學者德能感此，必自頂門而下，且必滴頂應闕，霎時清涼，驗乃如此，所謂乾元得自頂，三界立清涼是也，南樵所述，玄乎玄乎，而青羊鈔本，削而不錄，故准梓本訂增之。

又曰（一得）參究遇師語意，輾轉不成寐，久之，忽入一境，見我師太虛翁，燕坐如生平。手執一卷，青紙金書曰：「此是瓊琯先生所遺，鶴林彭君，纂人《天仙枕中秘》，世間尚有之，訪可得者，（一得）跪而閱之記其大旨乃即《太上宗旨》所載，須置活虎生龍，備為勾引，感太玄於虛際，是乃清淨道侶，以元引元，以一引一。」此自然通感之妙用，書內有八十一偈，其七言曰：「活虎生龍習靜時，虛空交感不相知，無中生有還歸彼，有裏還無我得之，得此恍同巫峽雨，全憑目力慎維持。」蓋言以目後透而升，斯無逐情外漏之弊，其殿偈四言，蓋釋師字之義。按《爾雅》師眾也，玉篇像他人也，是藉男女眾人，以引元之義。如釋氏之無遮大會，即此妙用也，《禮記》曰：師也者，教之以事而喻諸德者也。教以事，如集清淨道侶，以引太玄之事，論諸德。則兼有積德之旨，師字之義所該如此。偈云太

玄真一，極休如雌，感而遂通，行行合師。五五不圓，勿克應之，得之則榮，失之則枯，道無予奪，德孤乃孤。太虛翁曰，斯貴自勉，勿辜負，爾自知。又曰後世必有誤會者，豈僅作功行條數已哉！二千五百人為師，五五，是解師中眾字之義，孤者眾之反。曰德孤乃孤者言無德，雖遇眾如不遇也，南樵子所述師字隱含如許妙義也，南樵子述而不之釋，感師慈示，爰謹識之，道光辛卯季夏朔日謹志於金陵甘露圓。

六、卯酉周天章

尹眞人曰：前章先天大藥。入於黃庭採藥也。此章卯酉周天，左右旋轉，收功也。張三豐《鉛火秘訣》云：「大藥之生有時節，亥末子初正二刻，精神交媾含光華，恍恍惚惚生明月，媾畢流下噴泡然，一陽來復休輕泄，急須閉住太元關，火逼金過尾閭穴，採時用目守泥丸，垂於左上且凝歇，謂之專理腦生玄。右邊放下復旋折，六爻數畢藥升乾，陽極陰生往右邊，須開關門以退火，目光下矚守坤田，右上左下六凝住，三八數了一周天，此是天然真火候，自然升降自抽添，也無弦望與晦朔，也無沐浴達長篇，異名剪除譬喻掃，只斯數語是真詮。」此於採藥歸壺後行之，則所結金丹，不致耗散，大藥採來歸鼎。若不行卯酉周天之功，如有車無輪，有舟無舵，欲求遠載，其可得乎。

其法先以法器頂住太玄關口。次以行氣主宰。下照坤臍良久，徐徐從左上照乾頂少停，從右下降坤臍為一度。如此三十六轉為進陽火。三十六度畢，去了法器。開關退火。亦用行氣主宰。下照坤臍良久，徐徐從右上照乾頂少停，從左下降坤臍，為一度，如此二十四。為退陰符。

純陽云：「有人問我修行法。遙指天邊月一輪。」此即

行氣主宰之義也。

此功與採藥歸壺之功。共是一連。採取藥物歸於曲江之下。聚火載金於乾頂之上。乾坤交媾於九宮，周天運轉而凝結。故清者凝結於乾頂。濁者流歸於坤爐，逐日如此抽添，如此交媾，汞漸多而鉛漸少，久而鉛枯汞乾，陰剝陽純結成牟尼寶珠，是為金液大還丹也。

蓋坎中之鉛原是九天之真精。離中之汞。原是九天之真氣。始因乾體一破。二物遂分兩弦，常人日離日分。分盡而死。而至人法乾坤之體效坎離之用。奪神功改天命，而求坎中之鉛，制離中之汞。取坎中之陽制離中之陰，蓋陽純而復成乾元之體也。張紫陽祖師曰：「取將坎位中心實，點化離宮腹內陰，自此變成乾健體，潛藏飛躍盡由心。」

南樵子曰（抄本以下誤篡入經）後升前降，採外藥也，左旋三十六，以進陽火。右轉二十四，以退陰符。皆收內藥而使來歸壺，不致耗散也，日積月久練成一黍米之珠，以成真人者即此也。

偈曰：

移來北斗過南辰，

兩手雙擎日月輪，

飛趁崑崙山頂上，

須臾化作紫霄雲。

閔小艮曰：

謹按此章乃就一身中，採取坎一以為種子，與上章經義不一。

上章得自虛空，此章成自神功者也。

尹眞人東華正脈皇極闔辟證道仙卷之下

青羊宮傳鈔本
浙湖金蓋山人閔一得訂正

七、長養聖胎章

尹眞人曰：始初那點金精，渾然仕礦，因火相逼，遂上乾宮，漸採漸積，日烹日熔，損之又損，煉之又煉，直至煙消火滅，方才成一粒龍虎金丹。圓陀陀。活潑潑，輝煌閃灼，光耀崑崙。放則迸開天地竅。歸復隱於翠微宮。此時樂也不生，輪也不轉，液也不降，火也不炎，五氣俱朝於上陽，三花皆聚於乾頂。陽純陰剝，丹熟珠靈，此其候也。然鼎中有寶非真寶，欲重結靈胎，而此珠尚在崑崙。何由得下而結耶？必假我靈，申透真陽之氣以催之，太陽真火以逼之，催逼久，則靈丹自應時而脫落。降入口中，化為金液，而直射於丹扃之內。霎時雲騰雨施，雷轟電掣，鏖戰片晌之間，而消盡一身陰滓。則百靈遂如車之輳轂，七寶直如水之朝宗矣。

許宣平曰：「神居竅而千智生，丹入鼎而萬種化。」然我既得靈丹入鼎，內外交修，煉之又煉至與天地合德，則太虛中，自有一點真陽，從鼻竅而入於中宮，與我之靈丹合而為一。蓋吾身之靈，感天地之靈，內徵外應，渾然混合老子《常清靜經》：「人能常清淨，天地悉皆歸。」

當此兩陽乍合，聖胎初凝，必須時時照覺，謹慎護持，如小龍之初養珠，如幼女之初懷孕，牢關聖室不可使之滲漏，更於一切時中，四威儀內，時時照顧，念念在茲，混混

沌沌，如子在抱，終日如愚，不可須臾間斷也。葛仙翁曰：
「息息歸中無間斷，天真胎裏自堅凝。」陳虛白曰：「念不
可起，念起則火炎，意不可散。意散則火冷。惟要不起不
散，含光默默，真息綿綿，此長養聖胎之火候也。」

南樵子曰：道之所以長養聖胎者，不獨玄門為然。釋氏亦
有形成出胎之語，修真之士，於靜定之中，入三摩地者謂道之
元神元氣元精，三者合一而歸於天心一竅也，釋氏謂之正定正
中正受，三味真定，而入於真空大定也，人定之時，慧日懸空
朗大千。大道分明體自然，十月聖胎完就了。一聲霹靂出丹
田，照天心一竅者，以耳內聽此竅，以眼內觀此竅，如如不
動，寂寂惺惺，身如琉璃，為外明徹，包含十方諸佛剎土。靜
定自如，虛空淡然，渾無一物，此為三味真定法門。

偈曰：

男兒懷孕是胎仙，

只為蟾光夜夜圓，

奪得天機真造化，

身中自有玉清天。

閔小艮曰：謹按，此章雙承前兩章得藥歸壺，示以長養
聖功也。蓋前兩章得法不同，而皆有未盡善處，一由性功未
純，而感外擾，至有燎原之患，幸知累行積功，上感大造，
降至真陽，色身賴以拯救。然經此患，玉石俱傷，欲保功
成，必須得法，以撫以安也，其次章之失，乃時命理未精，
所採所得，盡屬後天。丹盡所謂黃葉，不是真金。何以故？
我身三寶，得自父母，父母得自天地，是太極無極之降本流
末也，以人而論是先天。以道而論，尚屬後天，至人知之，
故必先事身中胎息，致開先天玄關，摸著大造鼻孔，同出同

入，始得於中招引人元。

出神入坤，按兩坤字，上坤指坤方。西南是也。下坤指人身。坤腹是也。如是呼吸，自得一一收歸坤爐。朝烹夕煉，與夫平日，所引所致，種種真元，練而成珠者，引歸神室，溶成一粒，乃為胎成。先師太虛翁謂工至此，方可從事長養，倘或所聚有難雜，必重加工力，以熔以化。蓋以往昔所結。尚屬幻化之胎。法惟仗神逼出內院，熔成金液，重下坤爐。招致玄竅感降之一，與吾神爐煉物，融成一粒，引歸神室中，以休以養，始得謂真種，今按是章所言，若合符節，則知是章所章所言鼻竅，不可忍作人身鼻孔，此竅必是玄竅，而鼻則祖義焉耳。南樵子曰：隱而未泄，恐誤後人，不敢不自云。

八、乳哺嬰兒章

尹眞人曰：前面火候已足，聖胎已圓，若果之必熟，兒之必生，彌歷十月，脫出其胎。釋迦牟尼以此謂之法身，老子以此謂之嬰兒，蓋氣穴原是神仙長胎住息之鄉，赤子安身立命之處，嬰兒既宴坐靜室，安處道場，須藏之以玄玄，守之以默默，始借坤母黃芽以育之，繼聚天地生氣以哺之。此感彼應，其中自呼自吸，自開自閉，自動自靜，自由自在，若神仙逍遙於無何有之鄉，若如來禪定於寂滅威海之場。雖到此大安樂處，仍須關元，勿令外緣六塵魔賊所侵，內結煩惱奸回所亂。若坐若臥，常施瑩淨之功，時行時止，廣運維持之力，方得六門不漏，一道常存，真體如如，丹基永固。朝夕如此護持，如此保固，如龍之養珠，如鶴之抱卵，而不敢頃刻之偶忘，方謂「真人潛深淵，浮游守規中」也。

其法以眼觀內竅，以耳聽內竅，潛藏飛躍，總是一心，則外無聲色臭味之牽，內無意必固我之累，方寸虛明，萬緣

澄寂。而我本來之赤子，遂怡怡然安處其中矣。老子云：
「外其身而身修，忘其形而形存。」如心空無礙，則神愈練
而愈靈，身空無礙，則神愈練而愈精，練到形與神而相涵，
身與心而為一，才是形神俱妙與道合真者。

古仙云：「此際嬰兒，漸露其形，與人無異，愈要含華
隱曜，鎮靜心田者，若起歡心，即為著魔。嬰兒既長，自然
脫竅，時而上升乾頂，時而出升虛際，時而頓超三界外，不
在五行中，出沒隱現，人莫能測，修道必經之境。古哲處
之，惟循清虛湛寂焉。是為潛養聖嬰之至道。

南樵子曰：火候已定，聖胎已完，全賴靈父聖母，陰陽
凝結以成之，雖然嬰兒顯象尚未老成，須六根大定，萬慮全
消，而同太虛之至靜，則嬰兒宴居靜室，安處道場，始能得
靈父聖母，虛無之祖氣。以養育之。養育之法，神歸大定，
一毫不染，開天門以採先天，閉地戶以守坤室，無晝無夜，
刻刻提防，勿令外緣六塵所侵，內賊五陰嗔魔擾亂，心心謹
篤，三年嬰兒老成，自得超升，天谷直與太虛不二矣。

偈曰：

> 含養胞胎須十月，
> 嬰兒乳哺要千朝，
> 胎離欲界升內院，
> 乘時直上紫雲霄。

閔小艮曰：青羊宮抄本，摻入門外漢語，如此章中，既
云嬰兒既長，穴不能居。又於注末，摻入嬰兒老成，自尾閭
而升天谷，既長而穴不能居，是肉身耶？嬰兒乃由尾閭鑽上
耶？且焉有玄竅嫌窄者，翻能透尾閭而上？自相矛盾乃爾，
茲准山本訂正之。

九、移神內院章

尹眞人曰：「始而有作有為者，採藥結丹以了命也。終而無作無為者，抱一冥心，以了性也。」施肩吾曰：達摩面壁九年，方超內院。世尊冥心六載，始脫藩籠。夫冥心者，深居靜室，端拱默默，一塵不染，萬慮潛消，無思無為，任運自如，無視無聽，抱神以靜。體含虛極，常覺常明，此心常明，則萬法歸一，嬰兒常居於清淨之境，棲止於不動之場，則色不得而礙之，空不得而縛之。體若虛空，斯安然自在矣。陰長生曰：「無位眞人居上界，空寂更無塵可礙，有為功就又無為。無為也有功夫在。」所謂居上界者，蓋即嬰兒之棲天谷也；空寂明心者，蓋即呂祖向晦宴息，冥心合道之法也。無為也有功夫在者，蓋即太上即身即世，即世即心，遙相固濟之宗旨。其次蓋即譚長眞所云：「嬰兒移居上丹田，端拱冥心合自然。修道三千功行滿，憑他作佛與升仙也」。謂必移居天谷者，非必以地峻極於天，實以其純一不雜，嬰兒居此，自無一毫情念得起。但起希仙作佛之心，便墮生死窟中，不能得出。夫此清淨體中，空空蕩蕩，晃晃朗朗，一無所有，一無所住，心體能知，知即是心，心本虛寂，至虛至靈，由空寂虛靈而知者，先知也。由空寂寂靈而覺者，先覺也。不慮而覺者，謂之正覺。不思而知者，謂之眞知。雖修空不以空為證，不作空想，即是眞空，雖修定不以定為證，不作定想，即為眞定。空定眞極，通達無礙，一旦天機透露慧性靈通，乍似蓮花開，恍如睡夢覺，突然現乾元之境，充滿於上天下地而無盡藏。此正心性常明，炯炯不昧，晃朗宇宙，照徹古今，變化莫測，神妙無方，雖具肉眼，而開慧眼之光明，匪易凡心，而同佛心之覺照，此由見

性見到徹處，修行修到密處，故得一性圓明，六根頓定。

何謂六通？玉陽太師曰：「坐到靜時，陡然心光發現，內則自見肺肝，外則自見鬚眉，知神踴躍，日賦萬言，說法談玄，無窮無極，此是心境通也。不出房舍，預知未來，身處室中，隔牆見物。此是神境通也。正坐之間，霎時迷悶混沌不分，少頃心竅豁然大開，天地山河，猶如掌上觀紋，此是天眼通也。能聞十方之語，如耳邊音，能憶前生之事，如眼前境，此是天耳通也。或晝或夜，能入大定，上見天堂，下見地獄，觀透無數來劫，及宿命所根，此是宿性通也。神通變化，出入自如，洞見眾生心內隱微之事，意念未起，了然先知，此是他心通也。

若是者何也？子思曰：心之精神謂之聖，故心定而能慧，心寂而能感，心靜而能知，心空而能靈。心誠而能明，心虛而能覺。功夫至此，凡一切善惡境界，樓臺殿閣，諸佛眾仙，不可染著，此時須用虛空之道，而擴而充之，則我天谷之神，升入太虛，合而為一也，再加精進，將天谷元神，練到至極至妙之地，證成道果。

太上老子曰：「將此身世身心歸融入竅，外則混俗和光，出處塵凡，而同流俗。往來行藏，不露圭角。而暗積陰功，開誠普度。以修以證，是正性命雙修之妙用。究其旨歸，不外皇極闔辟之玄功。」《易》曰：「先天而天弗違者。」蓋言機發於心，兩大之氣機，合發而弗違也。此即人能宏道之旨，而功法不外神棲天谷，世人不識不知，惟深惟寂。陽光不漏，故能愈擴愈大，彌運彌光，自然變化生神，生之又生，生之無盡，化之又化，化之無窮。

東華帝君曰：「法身剛大通天地，心性圓明貫古今，不識三才原一個，空教心性獨圓明。」是言當以普濟為事，是

即行滿三千，功圓八百之旨。又曰：「世間也有修元者，先後渾凝類聖嬰，若未頂門開巨眼，莫教散影與分形。」是言雜有後天，後天有形，一紙能隔，況骨肉乎。若夫先天，金玉能透，何勞生開巨眼哉？惟其雜有後天，開眼而出。雖可變化無窮，未能與天合德，故須加以九年面壁之功，淘洗淨盡，乃與天合，自然跳出五行之外，返於無極之鄉。證實相，玄之又玄；得真功，全之又全。成金剛不壞之體，作萬年不死之人。自覺覺他，紹隆道種。三千功滿，而白鶴來迎，八百行圓，而丹書來詔。飛升金闕，拱揖帝鄉。中和集云：「成就頂門開一竅，個中別有一乾坤。」然此頂門豈易開哉？先發三昧火以透不通，次聚太陽火以沖之，二火騰騰攻擊不已，霎時紅光遍界，紫焰彌天，霹靂一聲天門開也。呂祖亦云：「九年火候真經過，忽而天門頂中破，真神出現大神通，從此天仙可稱賀。」此言後天未淨，破頂而出也。

　　至於積功累行，全在神棲內院之時。余（三豐真人自稱）昔有句云：「功圓才許上瑤京，無限神通在色身，行滿便成超脫法，飄然跨鶴見三清。見今金闕正需材，邱氏功高為救災，止殺何如消殺劫，三千世界盡春台。」

　　南樵子曰：吾師運心，何等之普，今之人得有一訣一法，秘密深藏，惟恐洩漏，其與吾師自較，豈不愧死，噫！度人即是度己，累行即是修仙，蓋以普度即性天耳。

　　閔小艮曰：按抄本此一章，大有改削，注不勝注，茲一准山本正之，細體經文，直是醫世入手功法，其間圓證宗旨，亦備示焉，第末說破醫世之旨耳，駐世神人泥丸李祖，謂是書與本山所降金華宗旨，皆為醫世而出。蓋必上承元始法旨者，然章中不露應運而說。逕謂旨歸不外云云，是後太上老子所示，體會而得。按真人在世以法顯，未聞倡行醫世

之道，此經蓋升證後宣示之文，亦運會使然也。故神人李祖，有欲說未說，今將說之偈，見於是經下章。

十、練虛合道章

尹眞人曰：水邱子云：「打破虛空息億劫，既登彼岸舍舟楫，閱盡丹書萬萬篇，末後一句無人說。」李眞人曰：「欲說未說今將說，即外即內還虛寂，氣穴為爐理自然，行滿功圓返無極。」高眞人曰：「此秘藏心印，皆佛佛相授，祖祖相承，迄今六祖衣鉢，止而不傳，諸佛秘藏於斯已矣。今值元會，樵陽再生，真道當大行，世所傳練神還虛而止者，猶落第二義，非無上至真之道也。」

樵陽者，古真人之號，姓王不知何代。王昆陽律祖山西潞洲人。相傳生時，有仙人過其門曰：樵陽再生矣，太上老子律宗從此復振矣，載在三山館錄。律祖於順治康熙年間五開演鉢堂，付授太上老子三大戒，弟子三千餘人。傳戒衣鉢，有呂祖醫世說述，則得受者有三千餘部，豈非真道之大行乎，況律祖戒堂，開在京郊白雲觀，爾時佛道兩宗傳戒。非奉旨，不得私開，其所傳，有律有書有手卷。卷中載歷祖支派，自太上老子而下，所傳戒偈，或五言，或七言，或四言，累代相承，無缺。無所承者，則必屬冒人。律必究送勿貸。卷上律有諭旨，冠其卷端，而玄律亦極嚴。所以杜假冒耳，所傳之書義理本無所禁。然戒律鄭重，恐人褻玩，故輕泄之律最嚴，是以律裔一概襲藏。而凡無人可授之裔，則必聚而焚之。此食古不化之流弊。律祖三傳而道遂絕。今嘉慶間所開演鉢，邱祖戒本失傳，近所傳訪諸淨明宗教錄，與邱祖所傳，小同而小也。我山先輩，亦守戒焚之，書則錄本倖存，而卷律亡矣。

先師太虛翁道及，必撫膺流涕。蓋為先此耳，真人此

書，直與醫世妙用，一貫相通，循以修人太上老子宗旨，如示諸掌，不為注而出之。何以對我師。且任情不改何以對真人，此（一得）不得已之苦衷，非好為饒舌也，龍門後學閔（一得）謹志。

禪關一竅，息心體之，（此一句為開玄竅之枕中秘）一旦參透，打開三家寶藏，消釋萬法千門，還丹至理。豁然貫通。而千佛之秘藏，復開於今世。蓋釋曰禪關，道曰玄竅，儒曰黃中，事之事之，方能練虛合道。乃為聖諦第一義，即釋氏最上一乘之法也，此法無他，只是復練陽神以還我毗盧性海。以烹以煉，濁盡清純，送歸天谷。又將天谷之神，退藏於密，如龍養頷下之珠，似鶴抱巢中之卵，即內即外，即氣即心。凝成一粒，謹謹護持，無出無入，眼前即是無量壽國，而此三千大千世界，咸各默受其益。無有圭角可露，虛寂之極，變化之至，則其所謂造化者，自然而復性命，自然而復空虛，到此則已五變矣，變不盡變，化不盡化，此通靈變化之至神者也。故神百練而愈靈，金百煉而愈精，煉之又煉，則爐火焰消，虛空現若微塵，塵塵蘊具萬頃冰壺世界，少焉，神光滿穴，陽焰騰空，自內竅達於外竅，外大竅九，以應九州。大竅之中，竅竅皆大神光也。小竅八萬四千以應郡邑，小竅之中，竅竅皆大神光也，徹內徹外，透頂透足，在行皆大神光。

（光之所注，其處利益。故當在行照注，注以透徹為度，無有絲毫作用於其間，惟以恒定為妙。定則周遍，恒則透徹，醫世秘訣，盡於此章矣。蓋照則一到，光則元至能透能足，施有虛施乎哉，是有實理實驗，然在行者，不費一文，不勞絲力，坐而致之，得間即行，日計不足，月計有餘，況有三年九載乎。第當切戒者，於光照之時，慎勿妄加作用。按瓊琯詩文集，詳載白祖本是先天北斗祿存星君，唐

堯時大旱。玉帝付以瓶水拂塵，命星君馭龍施雨，旨曰：某地某地幾點，勿缺勿多，既行，見地皆赤，禾苗枯，溪澗涸。乃不遵旨。傾瓶罄水而回，致有九年之水，星君乃下謫為人。此可見天工人代，不可作意於其間，畸輕畸重也。醫世功法，無如是書光照兩字，而教養亦自兩全，即如用清用和，我輩性功未徹，性理未精，用或不當，得罪非細，不如迎光普照，不加意念為得，鄙見如是，筆以質諸高明。）

再又攝歸祖竅之中，一塵不染，寂滅而靜定，靜定而寂滅，靜定之久，則紅光如奔雲，發電從中竅而貫於上竅，則更無論大小之竅，而神光動耀，照徹十方，上天下地中人，無處不照耀矣。

醫世至此，所得益地，不獨震旦南贍可周用，西牛東勝北獲中赤。皆受益焉，而功用全在一塵不染，並無作用於其間也。下交所行所言，亦如此。是有涵育薰陶，俟其自化之義。

如是則更加斂攝，消歸祖竅之中一塵不染，寂滅而靜定，靜定而寂滅，靜定之久，則六龍之變化已全，而神更變為舍利之光。如赫赫日輪，從祖竅之內一湧而出，化為萬萬毫光，直上於九霄之上，普照大千世界。一如大覺禪師所說偈言：方知太上所云，天地有壞，這個不壞，這個總是先天主人翁，這個總是真性本體，這個總是金剛不變不換之全真，這個總是無始以來，不生不滅之元神，這個大神通，大性光，覺照閻浮提普度一切，才是不可稱，不可量，不可思議之無量功德也，故其偈曰。

　　一顆舍利光烈烈，
　　照盡億萬無窮劫，
　　大千世界總皈依，

三十三天咸統攝。

北宗龍門十一代閔一得讀是經畢，歡喜踴躍，百拜稽首謹獻一偈。

偈曰：至真妙道隱西天，東土重聞賴師述，是名皇極闔闢經，道宗玄旨該儒釋。即修即證道並行，功用默申醫世說。忘年忘月一心持，有效無效敢休歇，自從無始到如今，生生世世空勞力。生年月日時現存，一寸光陰皆可惜。一朝圓滿返大羅，大羅天本為人立。大千志士莫灰心，佛也凡夫修乃及。如是如如非杜撰，皇皇經語堪重繹。

青陽宮原本，輾轉傳寫，道版輩證諸律宗。律宗驚其輕泄。節去其要。道販輩又從而增損之。故爾強半失真，奉天李蓬頭，名一氣，曾論及此世傳偽本之由，有夙根者，具慧眼。覺其參錯不純，委餘校訂，幸有本山梓本，刊自康熙間者，取以整理，去偽存真，遂成完璧。吾宗丹書，皆為世珍，先師太虛翁，於是書有跋，惜為同人攜去，憶其大旨，謂此經上承正脈，是通天徹地之道，長生久視，乃其餘事，又言真人生於東漢，隱現不可測，駐世神仙泥丸李翁，謂嘗當會於青羊宮之蓼陽殿，自雲於嶺南脫化，生平以有為法炫世，大厄隨至，乃跨鐵鶴以遺世，茲述虛無大道，以勉同志焉。觀於此，則是經練虛合道章所引李詩。即為我祖泥丸真人無疑矣。

尹真人於元明時姓尹，世所稱尹蓬頭是也，於東漢時姓屈諱禎，道號無我，閱千數百年，蓋屢易姓名，以隱於塵世者。餘生也晚，何幸得處其山，又得其書。今更得其偽訛本而訂正之，個中奇緣，蓋有不可思議者，故謹志之。龍門後學閔（一得）謹跋。

第四節　尹真人廖陽殿問答

青羊宮傳鈔本
金蓋山人閔一得訂正

第一　升座篇

爾時尹真人在西蜀青城山白雲堂下，諸弟子散齋致齋畢，設座於廖陽殿東廡，迎請真人登座。真人乃臨（此山本之文，與鈔本稍異），諸生三參禮畢，各各依次而立。真人為諸生講說皇極開天闢辟玄機、清淨解脫、不二法門。座中有一弟子，名曰玄真，離次而出，詣真入座前，稽道再拜而問焉。

曰：「**請問真人生死陰陽之理？**」

真人答曰：「大眾好生惡死，莫識生從何來，死從何去。徒在生前，千謀百計，奔馳一生。及至死時，如生龜解殼、活鱉落湯，地水火風各自分散。神既離形，而但觀世界，直與潑墨相似。東西莫辨，上下不知，輪迴六道，隨業受生。只見有緣之處如火，見光明色，發為愛種，納想成胎。十月滿足，啊地一聲，天命真元注於祖竅，屬於坤卦。自一歲至三歲，屬於復卦；至五歲，屬於臨卦；至八歲，應乎泰卦；至十歲，應乎大壯；至十三，應乎夬卦；至十六，應乎乾卦。自一陰以至六陽，男子無漏，稱為乾體。此時倘遇明師授訣，修練頓圓。此乃上德全人也。自後欲情一動，真元即泄，此時八年損一陽。十六歲至二十四歲，一陰初生，應乎姤卦；至三十二歲，應乎遯卦；至四十歲，應乎否

卦；至四十八歲，應乎觀卦；至五十六歲，應乎剝卦；至六十四歲，純陰用事，復返於坤。此乃人生不出六陰之數也。人之一生，千作萬為，俱為虛幻，而所與偕行者，惟生前所作善惡二業緊緊隨身，一絲不漏者也。」

又問前三田？

答曰：「臍輪之後一寸二分，啊地一聲真元落於此處，號曰天心，一名氣海，又曰神爐，乃胎仙元之根，是故又號天根，為練精化氣、練氣上升之地，是故又號坤爐。按即丹書之下田。下田之上，亦曰黃庭，乃是赤子立命之處。人之血心，名曰絳宮，不可修練，只宜存養。蓋以存液成血、養血化精，是亦要地。心之後而稍下，乃是中田，名曰黃堂，又名土府，《易》曰黃中，道曰玄竅，乃仙胎結養之所，最忌後天三寶滲入者。頂中泥丸，名曰乾頂，一名天谷，又號內院，嬰兒成形，升駐於此，丹書名曰玄關、玄牝，此處是也。」（鈔本所改謬混之至，謹准山本一一訂正）。

又問後三關？

答曰：「人之尾閭，在尻脊上第三節，一名長強，一名三岔路，一名河車路，一名禁門，其下曰玄牝，其前曰氣海，乃陰陽變化之鄉、任督交會之處，丹書名曰尾閭關者是也。人之背脊二十四節，上應二十四氣，有關在二十四節頭尾之中，一名雙關，直透頂門，此即夾脊關也。人之後腦骨，一名風池，其竅最小而難開——欲開此竅，舌拄上腭、目視頂門，全仗神爐聚火，接續沖起，此關乃——此關名曰玉枕，又曰鐵壁也。身後三關開法如此。（統准山本訂正之）

又問人之元氣可以發生否？

答曰：「元氣逐日發生，子時一陽之氣生於復卦，其氣到尾閭，乃尻骨上第三節是也；丑時二陽之氣生於臨卦，其

氣到腎堂，自下數上第七節是也；寅時三陽之氣生於泰卦，其氣到元樞。自下數上第十一節是也；卯時四陽之氣生於大壯，其氣到夾脊，自下數上第十二節是也；辰時五陽之氣生於姤卦，其氣到陶道，自下數上第二十二節是也；巳時六陽純乾之氣，至玉枕關，陽已極也。陽極陰生，理所必然，午時一陰之氣生於姤卦，其氣到泥丸宮，即百會穴也；未時二陰之氣生於遯卦，其氣到明堂，明堂在兩眉之正中上一寸二分是也；申時三陰之氣生於否卦，其氣到膻中，心之外包絡是也；酉時四陰之氣生於觀卦，其氣到中脘；戌時五陰之氣生於剝卦，其氣到神闕；亥時六陰之氣乃純坤之卦，陰極又陽生矣。自子至巳為六陽，行陽二十五度，自午至亥為六陰，行陰二十五度。晝夜周流於五臟六腑之間，而氣滯則病、氣息則死。人之修練而長生住世者，總由固精以養氣，閉任以開督，使兩脈運行而不息也。」

請問太極之理？

師曰：「太極者，吾人之天心也，釋氏曰圓覺，道曰金丹，儒曰太極。所謂無極而太極者，不可極而極之之謂也。凡人始生之初，只此一點靈光，所以主宰形骸者，即此太極也。父母未生以前，一片太極，而其所以不屬乎形骸者，乃為無極也。欲識本來真面目，未生身處一輪明。太極有二理，自運行而言，則曰時候，雖天地不外乎一息；自凝結而言，則曰真種，雖一黍可包乎天地。宿蟄歸根，晏息杳冥，是為時候太極；孕字結實，交媾結胎，是為真種太極。人能保完二極而不失，而可以長生、可以不化，豈止窮年齡終而已哉！」

請問如何謂之火龍水虎？

答曰：「水虎者，黑鉛也，是天地萬物發生之根，乃有質無氣者，真鉛也；火龍者，紅鉛也，是天地萬物發生之本，乃

有氣無質者，真汞也。有質者，真鉛也，太陰月之精，為天地萬物有形之母；無質者，真汞也，太陽日之光，為天地萬物發生之父。鉛汞之體，互相孳育，循環不已，不可謂生天生地生萬物之祖宗乎？古今至人知神物隱於此，法爻象而採取太陰之精，設爐鼎而透會太陽之氣，以二者歸於神室，混混沌沌相交，交合不已，孳育無窮，而木中生魂、金中生魄，凝然而化為鄞鄂、結為百寶，名曰金液大還丹。」

〔此答蘊有極玄極秘極妙極宏、而又極庸極奇極簡極正之體之用，然不外乎我師太虛翁兩句，曰：「內而虛極靜篤，外而混俗和光。」按此必以天地為藥物、太虛為爐鼎，用以措之世，即為三尼醫世；用以歸之一身神室，謂之金液大還丹，如是行去，謂之公私兩利、世身並益焉。先哲謂：「是書功法，足取醫世。」有以夫！〕

請問如何謂之日烏月兔？

答曰：「日者陽也，陽內含陰象，砂中有汞也。陽無陰則不能自耀，其魂為雌火，乃陽中含陰也。日中有烏。卦屬南方，謂之離女，故曰日居離位反為女。月者陰也，內含陽象，鉛中有銀也。陰無陽則不能自瑩，其魄名雄金，乃陰中含陽也。月中有兔，卦屬北方，謂之坎男，故曰坎配蟾宮卻是男。無隱子曰：「鉛取玉兔腦中精，汞取金烏心內血。只此二物結成丹，至道不繁無扭捏」二物者一體也。」

〔此節發明上節之玄理，而取貴得精焉耳！用以醫世，理信然也。究其妙用，不外清和兩字，而功用必如烏兔，遙相固濟，用乃無窮。古哲曰：「用日必如春，用月必如秋。」有以夫！〕

請問大小爐鼎？

師曰：「凡修金液大還丹，先要安爐立鼎。鼎之為器，

匪金匪鐵；爐之為器，匪玉匪石。黃庭為鼎，氣穴為爐。黃庭正在氣穴之上，一縷相連。乃真人身血脈交會之處，鼎卦曰正位凝命是也。此之謂小爐鼎也。乾位為鼎，坤位為爐。鼎中有水銀之陰，即火龍也；爐內有玉蕊之陽，即水虎也。虎在下為發火之樞機，龍在上起雲騰之風浪。若爐內升陽降陰無差，則鼎內天魂地魄留戀、青龍白虎相拘、玉兔金烏相抱，火候調停，煉成至寶。故青霞子曰鼎鼎非金鼎，爐爐非玉爐。火從臍下發，水向頂中符。三姓既會合，二物自相拘。固濟胎不泄，變化在須臾。此之謂大爐鼎也。」

〔先哲靖庵氏曰：「醫大千，當用大爐鼎；烹小鮮，只用小爐鼎。」太虛氏曰：「醫世運，須用大爐鼎，若治身家病在一己，只須頻事小爐鼎，身無有不正，家無有不治者也。」〕

請問內藥、外藥火候之旨？

師曰：「凡修煉者，先修外藥，後修內藥。若明睿之士，夙具靈根，則一煉外藥，便煉內藥。內藥無為無不為，外藥有為有以為；內藥無形無質而實有，外藥有體有用而實無；外藥可以治病，可以長生久視，內藥可以超升、可以出有入無；外藥外陰陽往來，內藥內坎離輻輳。以外藥言之，交感之精，先要不漏，呼吸之氣，更要微微，思慮之神，貴在安靜。以內藥言之，練精者練元精，抽坎中之陽也，元精固則交感之精自不洩漏；練氣者練元氣，補離中之元陰也，元氣住則呼吸之氣自不出入；練神者練元神，坎離合體而復乾元。元神凝則思慮之神自然泰定。內外兼修，成仙必矣。」紫陽云：「內藥還同外藥，內通外亦須通，丹頭和合類相同，溫養兩般作用；內有天然真火，爐中赫赫常紅，外爐增減要勤功，妙絕無邊真種。」真種者，人元也，火符之斷案也。

〔無邊真種，來自大千，得訣以修，多如倉粟。無時天

地盈滿虛空者，說詳《雙修寶筏》，所以難得者，中不虛寂耳！斯答所言內藥，乃指身中之先天，所言外藥，乃指身中之後天。先師太虛翁曰；「長春真人云：「以身而言，坎鉛為外藥，離汞為內藥，其實身心而已。以世而言，乾坤之氣為外藥，坎離之精為內藥，其實後先而已。」故以道論，太極之極為外藥，無極之極為內藥。是以天地有病，義取太極以補之，不濟，迎至無極以生之。至人作用有如此，此載《太上大戒說》中者，我宗律祖，世世相承。傳至昆陽王祖而絕。其說尚存，所示功訣，不過空述其義。非天奪之，人心不古故也。」吾得聞此，自吾恩師泥丸真人述之，謂「雲遊遍大知，所見所聞，無上玄旨，無有過此者。」然謂道不終隱，此是長春真人首徒虛靖趙氏一祖之言，有所授之也。先師之論，現載《三一陰符經》中，感而述於是答之後。噫！吾身亦是天地之身，窮返極復，亦可深造無極，既造無極，則自可與無極一鼻孔出氣，況古至人亦非三頭六臂者，古人云「有志竟成」。成不成莫問，事不事在我，計惟死而後已可也。〕

請問取坎塡離、復我乾健之體之旨？

師曰：「鉛汞者，太極初分先天之氣；先天氣者，龍虎初弦之氣也。虎居北方坎水之中，陽爻原出於乾，乃劫運未交之先，乾因顛滅馳驟誤陷於坤，乾之中爻遂損而成離，離本汞居，故坎中黃男名汞祖也；龍居南方離火之內，而離內陰爻原屬於坤，乃混沌顛落之後，坤因含受孳育得配於乾，坤之中爻遂實而為坎，坎本鉛金，故離中玄女是坎家也。似此男女異室、鉛汞異爐，陰陽不交，而天地否矣。聖人以意為黃婆，引坎內黃男配離中玄女，夫妻一媾即復純乾，是謂取坎填離復我先天乾健之體。紫陽云：「取將坎內心中實，

點化離宮腹內虛，是也。」

〔取坎填離活法，無如《金華宗旨‧坎離交媾章》功法最妙。祖師曰：「凡漏泄精神、動而交物者皆離也，凡收轉神識，靜而中涵者皆坎也，七竅之外走者為離，七竅之內返者為坎，一陰主於逐色隨聲，一陽生於返聞收見。坎離即陰陽，陰陽即性命，性命即身心，身心即神炁（氣）。一自斂息，精神不為境緣流轉，即是真交。而沉默趺坐時，又無論矣。」准是法以行，則醫世亦於此得訣，而用不支離矣。〕

請問如何謂之降龍？

師曰：「離日為汞，中有己土，強名曰龍。其形獰惡，主生人殺人之權，專成仙成佛之道，威靈變化，感而遂通；雲形雨施，品物流行，乾之九二：見龍在田利見大人。孔子曰：「龍德而中正者也。」世上不悟此龍生生之功，每反受其害。若人能知而畏之、周而馭之。則能降此獰惡之龍。而積至精之汞不難矣。降之之法，制其心中之真火，火性不飛而龍可降，則有投鉛之時。不積汞，何以取其鉛？不降龍，何以伏其虎？且真鉛真汞未易相投，而真龍真虎亦難相制。學者若能了得這個龍字，則此外皆末事也。」

〔煉丹妙訣，無過降龍，醫世功法，首正人心。訣惟一切放下，迎請乾元以注閻浮，朝斯夕斯，世風自正，隨升坤元之氣，以相輔之，用葆真風。先哲石庵氏嘗言此感通之理，應驗如神，蓋道其實學也。說載韓箕疇《三山館錄》。韓乃康熙間名士有文行者，石庵氏為其戚友，非虛語也。〕

請問如何謂之伏虎？

師曰：「坎月為鉛，中有戊土，強名曰虎。其形猖狂，雖能害人殺人，卻蘊大乘氣象，舉動風威，叩之則應；含宏光大，品物資生，《易》曰：「履虎尾，不咬人，享。」

孔子曰：「素履之往，獨行願也。」若人能知而畏之、馴而調之，則能伏此倡狂之虎，以產先天之鉛矣。其降龍必繼之以伏虎者，蓋伏虎則無咬人之患也。故歷代聖師以降龍為練己，以伏虎為持心。紫陽曰：「若要修成九轉，先須練己持心。」即此義也。

〔煉丹妙訣固如是也，用以醫世，訣惟攝坤元以寧之。何以故？無恆產而有恒心，惟士為能耳。〕

請問如何謂之心印衣缽？

答曰：「善哉，汝以此為問乎！佛有《梵網經》、《陀羅尼》，道有《元始律》、《玉章經》，乃真心印，乃真衣缽也。然其義理淵深而所包無際，如天之無不覆，如地之無不載。智如三藏法師僅譯其文，而於陀羅尼經旨未嘗身體力行。聖如純陽帝君僅述其說，而於玉章經真文未嘗詮注一字。東華帝君曰：「法身剛大通天地，心性圓明貫古今。不識三才原一個，空教心性獨圓明。」蓋言即身即世、即世即心、無內無外、無滅無生、合修合證者，乃為菩薩、乃為天仙也。故吾佛道，惟律宗始得傳授。然衣缽相傳歷千數百年而未有發其覆以倡宗風者，蓋待其人而後行，亦待其運會而後有其人。然人非天外人也，人人可學、人人可能。性命功圓，則經義自能通曉，經力自能覺照大千，通乎天地而運乎一心。此虛無秘密、清淨妙明之機，保合含宏、覺通光大之體，小則纖塵不染，大則沙界彌綸。十方諸佛共這一個鼻孔出氣者，三界眾仙向這裏立命安身者，了道悟真從這裏打破者，成佛作祖在這裏涵溶者。三才三寶、一寶一真，非有非無，現在規中。形如滿月、狀似蓬壺。然非心非腎、非臟非腑，放之則彌六合，卷之則退藏於密。魔王拱服，眾聖皈依。如紅日當空、陰魔斂形；如皎月中天，容光必照。機旋

星斗，氣轉乾坤，祖祖無言，師師吐舌，此無上無極之真品也。此乃是無極真空、教外別傳之旨，是乃千真不露之靈章、萬聖不傳之奧典。

即譯即說以事，必須修見本來面目，造至真實徹悟，然後循行水火之功、煆煉之法，三田充滿、三界清和，再須加以九年溫養，是以修造清淨廣大法身，承行始無不驗。我玄門斯道之傳，始於晉授天仙戒，世世相承，寶而秘之，然而長春真人三千門人弟子，而聞道者一十八真耳！偈曰：不是玄門消息深，高山流水少知音。

有人尋著來時路，赤子原通天地心。

〔鈔本此篇大與梓本不同，或為律裔其漏泄秘文而削去之，道販輩又從而竄改之，故於宗旨奧義盡淨除去。茲准山本原文改正。〕

請問如何謂之採藥？

答曰：「採藥之法，乃心心相印、口口相傳，不敢輕泄，汝今問及，不亦智乎？汝於亥末子初，觀一陽初動之際：虛極靜篤，心與天同、神息合一；先天之炁，隨我呼吸、入於黃庭；周天數足、丹田湯沸，此真驗也。百脈如蟲行，四肢如火熾，此採藥歸壺之秘訣也。」

請問：「如何謂之轉識為智、變化氣質之性為佛性？」

答曰：「本來天真之性，本無塵染，不著一物，即大圓鏡智性是也。因一念萌動，合於凡軀，為後天知識所誘，故轉而為識。今欲返其本而復其初：每日不拘時候，凝神定息，神息相依抱一無離。時以善法，扶助自心；時以赤水、潤澤自心；時以境界，淨治自心；時以忍耐，坦蕩自心；時以仙佛知見，開發自心；時以仙佛平等，廣大自心；對以正法眼界，觀照涅槃妙心。久久行之，塵根掃盡，六識無依，

而我本來面目，如皎日當空。復我最初之本體，還我無極之造化，由茲轉識為智，化氣質之性為佛性，良有以也。」

請問：「若諸眾生精修道業，有護持否？若諸眾生不能修練，將此經敬奉供養，有福德否？」

答曰：「若諸眾生精心行持，即是廣積陰功。」

〔所謂色身一刻清和，間閻即受一刻利益，況能終日終月乎！先師太虛翁曰：「泥丸翁云，一日行三時，三月必得徵應。」我輩雲水，無位無財，二仟功、八百行，何日得圓？太上憫之，故垂是典。無如世無恒心，心且不恒，又何論行哉！恒行無間，三載胎圓，斯胎即名無量功德胎。護道天神，晝夜巡護，如睫護睛，行有不圓乎哉！然律有對代者：「知而不行，罪無赦！」一日一大過，可不懼哉！吾宗律裔，修多磨折，蓋或忽此故也。日有刻持，九年亦必道成，中或有間，便當折算，斯乃三元考功司所掌。歲逢五臘，上元天官，匯申玉闕，此常例也。閭閻禱祝、佛道持誦，亦歸醫世律中者，世所未之聞也。先師所述有如此，不敢秘，謹以告吾同人。按下文所示亦是義，並非神其說。曰解說、曰書寫、曰供養，是歸禱祝禮誦一律者，遵行亦必有驗，是乃真人不得已之婆心，所以救贖失持一流人物耳！而其宏願蓋在行持也。〕

玉帝敕命十方天仙、飛天神王侍衛左右，如護玉帝護持正道，一切諸魔不敢侵害，修真之人，九玄七祖升仙界。若為塵緣所牽，不能修練，將此真文，為人解說、教人行持，其功德不可思議。若諸眾生，將此真文，精潔書寫，上中下卷合以成部，供養淨室，晨昏香燈不輟，吉星照耀，宅舍光明，諸佛擁護，萬聖錫福。禳災禳疾，無不應驗。癡聾瘖啞，虔誠供養，禮拜真文，久久行持，必性靈通。氣質頓改。

老子《道德經》養生之道

是時問答已畢，異香滿座，現前大眾，各各明瞭性命，
豁然開悟。爾時慧庵主人座下，有一弟子，名曰靜極，起詣
真人座前，稽首長跪而饋曰：

大哉至道，無上至尊。開天立極，敷落神真。

天地之祖，萬物之根。混沌太無，杳杳冥冥。

天震地裂，無始誕生。闔辟開通，神沖六門。

不生不滅，無臭無聲。靈明不昧，亙古長存。

上徹天清，下燭地寧。中立皇極，元始至尊。

三皇輔佐，召攝萬靈。主宰五炁，混合百神。

性命之蒂，闔辟之沖。萬神待衛，魔王保迎。

有緣之士，得遇是經。能斷愛欲，絕滅七情。

依經修練，得命歸根。綿綿固蒂，神守命庭。

丹田三寶，煅煉堅凝。神通內運，旋乾轉坤。

即內即外，會歸道心。三才六合，蕩蕩平平。

嬰兒升證，號曰真人。闡揚正教，普渡迷津。

布傳萬卷，上報天真。東華正脈，皇極真文。

吾師悟述，接引後人。道成上達，九祖同登。

寶之秘之，萬聖咸欽。

時靜極弟子誦贊畢，會中大眾各各踴躍歡喜，敬信遵
奉，禮拜而退。

〔按青羊鈔本於煅練堅凝下，節去七句，茲准山本增
之。〕

第二　吸提篇

尹真人曰：一吸便提，氣氣歸臍，一提便咽，火火相見
（山本注曰：他本作一呼。今作提非誤筆，是准律宗秘本
也），乃仙家保命十六字訣，以其珍貴，故名十六錠金，是

言一吸一呼通任督二脈而歸於臍也。人身負陽抱陰，督脈在背屬陽，任脈在胸屬陰。督有三關：曰尾閭、曰夾脊、曰泥丸；任有二截：下自陰根至臍，上自頂下至臍。人之呼吸，任乎自然，功夫全在兩提字，靜中略用意與目力為提，然太著意則反害之矣。一吸入腹，略用意與目力，從陰根提起，納之於臍。「便提」者，提一吸之氣，通任脈下半截而納於臍，所謂一吸便提氣氣歸臍也。一提即一呼，於一呼之中，略用意與目力提入督脈，從尾閭通背骨直至頂門。常人不通督脈，故尾閭亦謂之關，提入督脈，則尾閭便通腰間。夾脊亦一關也，尾閭、夾脊皆易通。而頂門一關最難通，故謂之泥丸。用功久之，則泥丸自通。通時樂不可言，昔人比之天上醍醐，又比之交媾。

　　泥丸既通，則咽入任脈之上半截，而納於臍。「便咽」之咽，非咽精，亦非咽氣，氣從頂門落下喉間，略一納便歸臍矣。泥丸未通，全在兩提字用功夫，「便咽」，則通關以後事也。一陰一陽之謂道，一呼一吸之謂息，呼吸皆歸於臍，陰陽固濟，所謂水火相見也。臍內一寸三分為丹田，「歸臍」。則歸丹田矣。未生時胎息於此。仙家練丹亦於此，實為氣之橐籥、一身之太極也。任督脈通，水火交濟，每一呼吸，周身灌輸。病何自而生哉。

　　〔山本注曰：「斯論本古說，我宗亦有遵行之者。先以理任，繼事理督，終則一事胎息，以其濁後歸諸臍，以其清先寄諸腦。但事養生，別有捷訣：蓋以放下萬緣為養陰，聚火開關為助陽；訣則以吸吸自尾閭，以呼呼自泥丸。方其吸升，統背內外，陽氣雍雍而普升也，方其呼降，統額而陶內外，油然下坡胸腹腰際，內而五臟六腑，暢適無塞。以意漸收，統歸下極，神注二十四息，總以造至若存若忘，悠然住手。如是日行

無間，不惟卻病，亦可延年也。」按此注文，乃得九世從祖雪蓑翁所注，後學閔一得訂正至此，因謹補述焉。〕

第三　始基篇

尹真人曰：修道以見性為始基（以上謹遵山本增之）。夫人之性，日居兩目，藏於泥丸；夜居二腎，藏於丹田。古德云：「心是樞機，目為盜賊，欲攝其心，先攝其目。」蓋弩之發動在機，心之緣引在目，機不動則弩住，目不動則心住。《陰符經》曰「機在目」，老子《道德經》曰「不見可欲、使心不亂。」老子曰「常有欲以觀其妙、常無欲次觀其竅」者，觀此也。黃帝三月內觀者，觀此也。故觀心得道，自然念止妄消。長生久視、心息相依，全在此目，目之所至，心亦至焉；心之所至，氣亦至焉。

然下丹田為命之蒂，上丹田為性之宗。由下而達上者，漸法也；先上而兼中下者，頓法也。《黃庭經》云：「玉房之中神門戶，子欲不死修崑崙。」吾人未有此身，先有此息，受生之初，隨母呼吸，此縷與母聯屬，前通於臍，後通於腎，上通夾脊、泥丸至山根而生雙竅，是名鼻祖。斯時我之氣通母之氣，母之氣通天地之氣。乃乎數足，裂胞而出，一點元陽落於立命之處，自此後天用事，雖有呼吸往來，不得與元始祖氣相通，只為尋不著來時舊路耳！

太上立法、教人修練長生、以奪天地之正氣者，由其有兩乳之呼吸也。今之調息、數息、抑息，皆不到元關一竅者，總因不得其門而入。夫人之生也，一竅初凝，即生兩腎，次生其心，心腎相去八寸四分，中餘一寸二分，乃心腎往來之路、水火既濟之鄉。欲通此竅，全要存想山根，則呼吸之氣直貫明堂，凡一身之九竅八脈、十二經、十五絡無不

周流貫通，真如提綱挈領、眾星拱極，萬壑朝宗，有不一得而永得者乎？丹道之妙，始基於此。

〔石庵子曰：山根一地，亦名玄牝，於此存觀，學到一念不生，自能豁然內辟，神由黃道直達中黃，自覺寬廣高深無際，乃為內玄牝。從此寂體如初，直可深透造化玄牝，遂與元始祖竅，一鼻孔出氣，而頭頭是道，豈僅尋著一身祖竅者，故曰丹道之妙，始基於此。〕

第四　神室篇

尹真人曰：始基者，升堂之謂也。試更詳夫人室之妙。爾時門人默叩曰：「元性元神，可有異否？」（以上謹遵山本增改）

曰：元性既元神，無以異也。以其靈通莫測、妙應無方，故名之曰神。謂之元者，所以別於後天之思慮也。

「神之在人，亦有宅乎？」

曰：吾聞諸紫清仙師云：「人有三谷，乃元神之室、性靈之所存也。其空如谷，又名谷神。神存則生，神去則死。日則接於物，夜則接於夢，神不安其居也」。《靈樞內經》曰：「天谷元神，守之自真。」人身之中，上曰天谷，泥丸是也；中曰應谷，絳宮是也；下曰靈谷，關元是也。此三谷者，神皆居之，謂之三田。請更進而申其說，夫泥丸者，棲神之本宮也；絳宮者，布政之明堂也；靈谷者，藏修之密室也。故夫元神居於絳宮，則耳有聞、目有見、五官效職而百體為之從令矣；元神居於靈谷，則視者返、聽者收、神氣相守而營魄為之抱一矣。揚子有言：「藏心於淵，美厥靈根。」淵者，深昧不測之所，即靈谷也，即氣穴也，廖蟾暉所云：「前對臍輪後對腎，中央有個真金鼎。」此正藏神之室也。

〔是蓋泛言元神即元性,而未說到結胎,特示棲神之室耳!〕

第五　河車篇

尹真人曰:神既藏矣,是謂歸根,歸根曰靜,靜曰復命,將見神氣相守、抱一無離。迨夫靜極而動,則是神也,復乘氣機上升於泥丸,於是河車之路始通,要知河車之路,乃吾身前後任督二脈也。夫氣之始升也,油然溢然,鬱蒸於兩腎之間,浩浩如潮生,溶溶如冰泮,氾濫於五腧之上者,乃水經濫行、不由溝洫也。吾急以神歸尾閭,使之循尾閭而上,至夾脊雙關、上風府而至於泥丸,神與氣交會於此,則其疏暢融液不言可知。少焉降為新美之津,自重樓而下,由絳宮入氣穴,歸其所藏之處而休焉。如此循環灌注,久久純熟,氣滿三田,上下交泰,所謂「常使氣沖關節透、自然精滿谷神存」也。造化至此,內練之真境見矣,然非深造而詣極,又烏知余言之足徵哉!

第六　秘授篇

未坐先治心。空如寂如,事來則理,理去則忘,置事成敗於勿問,惟自盡心而已。次則理氣充如浩如,當升聽升,當降聽降,置作用於勿事,惟俟機醇而已。蓋以氣由心生,心治氣自治焉。如是行持,總以無間為妙——無間,則身心自泰。故坐不拘子午,得閒則坐(閑不作間,而作閑字,中有妙用)。坐亦不須結跏,而手須握固(訣名也。以大拇指甲掐住亥子紋間,以四指握之,須中指中節平處壓蓋大指指甲之末,聞驚則加勁以握,驚自定。故其訣名握固,此要訣也)。

身既得靜,止念為先。刻惟返觀內照,起自額前空際,

存有紅黃如月，懸照山根，有光無光聽之。從此心息相依，念無外念，惟覺三田一貫。凡夫色相，虛空玄況，非我本來，隱現聽之，不為轉念——此是主腦，是即《周易》「思不出位」之至道。然而人心至靈，況又初學，何能便爾？訣有之：「不怕念起，只怕覺遲。」又曰：「念起是病，不續是藥。」故有「但滅動心，不滅照心」之義，而於身心既定亦必返照有所（所者，處所也。），所謂即一以制萬。初則率神歸室——室即神室也。如是體照，自覺此中虛寂而湛如，得到自如之候。不假存照而得，乃為得見吾心本體。初學焉能至此？寂體久之，此況始現。

　　若欲保此而求進，必須不忘而如忘，則自中廣無際，清寂如之。如是行去，總以止念返照，刻刻如是。行滿七日，乃可自此景中移目下視臍內，自得直入下田。便有暖氣隨目下注。須更用目內旋，初則自中至外，旋旋如此，自覺下田漸寬，乃復令目自外至中，旋旋如之，此中自覺淵如，而覺暖氣內發，漸至沸如。此心仍如止水，則自得有涼液一點，點出絳宮，乃是退符之真驗。

　　於斯時也，必有熱氣自穴上迎，至於脘下，左右盤旋，其氣騰如，若有所待。吾則一意守之以目，迎之以心，如是以應之，少頃便有涼液湧自心後，與腎熱氣相接，現有吞吐莫釋、暢快難言之景。切莫貪戀，即須收住。徐以兩目內視淵深之處，繼以心意導之，使此氣機旋轉腹中，初則自小而大，後則復收為小，仍導二炁，一歸氣海，乃為坎離交，又名小周天，實為退符之大用。不知者誤為進火，而進火之機，卻基於此。

　　故我於斯時，一呼一吸，滿口津液如飴，便宜烹煉，或留絳闕，或散經絡，或注心後而入腎，各有妙用。故必當連

咽，將此心火存烘，俟有化機洋溢，隨意施行，終則導歸氣海，以火副入。所謂液於是化血、血於是化精、精於是化氣、氣於是沖關透後者。然液之化血，必於絳關；血之化精，必於兩腎；精之化氣，必於氣海。如是化存，則下田三寶充盈，乃有無路可走之勢，自然沖開尾閭，從太玄關逆流，隱隱覺有兩股暖氣上腎堂、過夾脊，歷二十四骨節。《性命圭旨》有云：「火逼金行顛倒轉，自然鼎內大丹凝。」此之謂也。但至夾脊，學者道淺，寶積未富，那能一時便得直透而上？切勿煩躁欲速，惟自日日行之，意中須以心目相送，微用提撮谷道法，如轆轤循環，自然志至氣次，時候一到，片响之間夾脊自開、雙關自樓，直上玉枕。玉枕一關，名曰鐵壁，居頭凹之處，有一高骨，尤難過此，必須閉目上視，低頭用意，直透此關，上至泥丸，與神交合。此時景象，有如雷轟電掣，火焚波沸，種種形聲，似真似幻。切須牢守身心，勿驚勿喜，徐徐自定。

清磬冷然，滲入兩耳，泥丸崑崙之間，如火珠一顆，盤旋不已，隱現於眉間，覺從鼻內，而下向元膺，仍自降入氣管，乃由華蓋、絳宮直抵丹田。此時身心快樂，難以言喻，所謂「乾坤交媾罷，一點落黃庭」是也。學者如或真火稍微，再加微火吹動（是加巽風以鼓之。巽風者，鼻息也。），微微抽添，又復如前，從後而上、從前而下，環繞不已，此即河車自轉也。然後升前降，俱在骨節內行，不在皮膚內行。詩云：「丹田直透泥丸頂，自在河車幾百遭。」則鉛枯而汞乾矣！此乃大周天火候。

行之既熟，更須急行卯酉周天之法。世人只知乾坤交媾，而不知卯酉周天，是有南北而無東西。如有車無輪、有舟無舵，其欲致遠，不亦難乎？第預清淨其心、空洞其念、

虛寂其機，湛如油如。外用一物頂住太玄關，時至發動，寂體以隨，中無後天摻雜，用目守住泥丸。下照坤臍。良久。自從氣穴中透出火珠一粒，自左邊升起至臍左邊，次到絳宮，從絳宮之左，忽折入左脅下，而後透入左肩，上左耳根，入左目，到山根；略存一頃，即轉右目，從右耳根後，下右肩，繞而前轉心之右，下至臍，仍還丹田，如是者三十六次。為進陽火。又從右邊升起，左邊降下，二十四次，為退陰符。但初入手時，未免略略著意，到純熟地位，自然左右俱升，且或分從治命橋前後，俱不知其然而然者。

　　人之一身皆屬陰，惟目屬陽，蓋目者陽竅也，故目之所到即心之所到，心之所到即氣之所到，此收內藥之妙也。治命橋，丹經未有及之者，獨《金笥寶錄》云：「內有棲神窟，橫安治命橋。」言之甚明。功夫行到純熟，氣穴中自然元氣升起，如噴泡然，入於臍輪，橫過治命之橋——此一橋也，前通丹田，後通命門。中空如管，乃元氣往來之所。忽然兩腎如湯煎；若尚有陰火，小覺微痛，蓋「龍戰於野」之義，若陰火已鑪盡者不痛也。徐徐滾上崑崙之頂，此時下而尾閭、中而二十四骨節都不經歷，且更有一種妙處，並不由玉枕關，忽從兩腮邊上元始宮中，自慢慢降入山根，到鼻，入人中，濃液凝入雀卵，從雀橋入舌下，歷十二重樓。徐徐咽入中宮，則先天一立，後天退藏矣。所過之穴有陰氣者，未免相戰，微微作痛，蓋戰盡群陰始完全先天也。一正至而百邪難容，一竅開則萬孔生春。鉛氣上升，汞氣下降，鉛汞之氣渾圓於丹鼎之外，卻病延年可成陸地神仙，金丹之道思過半矣。《性命圭旨》云：「大道分明見此元，璇璣卯酉法天然。由中達外中全外，自後推前後即前。陽火進來從右轉，陰符退後往西旋。霎時火候周天畢，煉顆明珠似月

圓。」此明珠即嬰兒種子也。

　　長養聖胎，又當另做，非可容易。既做了卯酉周天，火逼金行，一點乾金，遂上乾宮，漸採漸積，日烹日熔，損之又損，到得煉無可煉，此時藥也不生、輪也不轉，液也不降，火也不炎，五氣俱朝於上陽，三花皆聚於乾頂。然經云：「鼎中有寶非真寶，重結靈胎是聖胎。」但珠在崑崙何由得下？必假神爐竊靈陽真火以催之，太陽真火以副之，催逼既久，靈丹應手脫落，化為金液，吞入口中，直射丹扃之內——此即中丹田也。於一切時中，時時照顧，念念在茲，混混沌沌，不即不離，所謂「時時照丹扃，刻刻守黃庭」是也。又云：「漫守藥爐看火候，但安神息任天然。」陳虛白曰：「念不可起，念起則火燥；意不可散，意散則火冷。」只要一念不起，一意不散，含光默默，真息綿綿，此長養聖胎之真火候也。故白玉蟾曰：「採藥物於不動之中，行火候於無為之內，如此十月聖胎成矣。」氣足胎完，脫出其胞，移神上宮，無須霹靂一聲，蓋金石能透，何勞頂門開裂哉！

　　蓋其末後重結之胎，乃以天地至先之元為法身，以其自得之一為法心，究其妙用，乃以三才為藥物，而乙太虛為爐鼎，感致無極之真與我法心合而成一也。故其末後行功，鬼神莫得而窺，豈僅出入自如、變化無方已哉！然或未身體力行，化育大道。太上猶僅視屬天民，一自了漢耳！謂必與天合體、與地合用，行全道備，方不負為形神俱妙、與道合真之人。噫！學者要知人之得與天地並列為三者，天地為大造，人身亦一大造也。人之足重如此，二三子可勉哉！

　　〔石庵子曰：道運宏開，是書乃出，古聖真非不能道，時未至耳！若真人者，可謂善乘時者也。雖然，讀而不能體，體而不能行。真人亦末如之何也已矣。〕

第七章

老子《道德經》養生之道系列經典選集

第一節　《老子說常清淨經》

光緒丙申年孟秋重刊同誠信藏版

一、太上老君說常清靜經

老君曰：大道無形，生育天地；大道無情，運行日月；大道無名，長養萬物。吾不知其名，強名曰道。夫道者，有清有濁，有動有靜；天清地濁，天動地靜；男清女濁，男動女靜；降本流末，而生萬物。清者，濁之源。動者，靜之基。人能常清靜，天地悉皆歸。

夫人神好清，而心擾之。人心好靜，而欲牽之。常能遣其欲，而心自靜；澄其心，而神自清，自然六欲不生，三毒消滅。所以不能者，為心未澄，欲未遣也。能遣之者，內觀其心，心無其心；外觀其形，形無其形；遠觀其物，物無其物；三者既悟，惟見於空；觀空亦空，空無所空；所空既無，無無亦無；無無既無，湛然常寂；寂無所寂，欲豈能

生；欲既不生，即是真靜；真常應物，真常得性，常應常靜，常清靜矣！如此清靜，漸入真道；既入真道，名為得道；雖名得道，實無所得；為化眾生，名為得道；能悟之者，可傳聖道。

太上老君曰：上士無爭，下士好爭；上德不德，下德執德；執著之者，不明道德。眾生所以不得真道者，為有妄心；既有妄心，即驚其神；既驚其神，即著萬物；既著萬物，即生貪求；既生貪求，即是煩惱；煩惱妄想，憂苦身心，便遭濁辱，流浪生死，常沉苦海，永失真道。真常之道，悟者自得；得悟道者，常清靜矣！

仙人葛公曰：吾得真道者，曾誦此經萬遍，此經是天人所習，不傳下士。吾昔受之於東華帝君，東華帝君，受之於金闕帝君，金闕帝君，受之於西王母，西王母皆口口相傳，不記文字。吾今於世，書而錄之，上士悟之，升為天宮。中士修之，南宮列仙。下士得之，在世長年，遊行三界，升入金門。

左玄真人曰：學道之士，持誦此經者，即得十天善神，擁護其身，然後玉符保神，金液練形，形神俱妙，與道合真。

正一真人曰：人家有此經，悟解之者，災障不干，眾聖護門，神升上界，朝拜高真，功滿德就，相感帝君，誦持不退，身騰紫雲。

太上老君說常清靜經終

二、太上老君清靜經敘

昔鴻濛分判，陰陽始列。輕清上浮者為天；重濁下凝者為地；清濁相混者為人。蓋人秉乾坤而交以成性；受陰陽而感以成形；得五行之化育，而五臟、五德、五靈，由斯而全焉；列三才之品，為萬物之靈。世間難得者，人也；人生難

得者，道也。夫人與天地同才，而不能與天地同長久者，何也？皆因不知消長之理也。人與佛仙同體，而不能與佛仙同超證者，何也？皆因不知先天之道也。既不知消長之理、先天之道，則天堂路塞、地獄門開矣。

　　太上老祖，道成天上，位證清靜，意欲人人修道，同享清靜。故著清靜之經，演長生之訣，流傳天下，化醒原來。其經至簡至易，極妙極元。真度人之寶筏，劈旁之斧鉞也。若有善緣得遇，便是三生有幸。須當盥手恭讀，過細體閱。不看之時，高供神堂，則有丁甲守護，更能鎮宅驅邪。早晚跪誦，並可消災解厄，積德感天。自有明師相遇，低心求指經中之元，下氣懇傳先天之道。照經修練，功果圓滿，丹書下詔，脫殼飛升。在儒成聖，在釋成佛，在道成仙。逍遙清靜，浩劫長存。庶不枉己投東一轉，亦不負太上度人之婆心也已。是為敘。

清靜經圖注

太上老君著經

水精子注解

混沌子付圖

三、無極品第一

老君曰：大道無形，生育天地。大道無情，運行日月。大道無名，長養萬物。

　　注：老君曰。老者乾陽也，君者性王也，曰者說談也。夫老君之出，莫知

無極圖

空　　　　虛

無　　無　　無
名　　情　　形

神
魂　氣　魄
精

上　　玉　　太
清　　清　　清

空　　　　真

其源，自混沌而來，無世不出。上三皇號萬法天師，中三皇號盤古神王，後三皇號郁華子，神農時號大成子，軒轅時號廣成子。千變萬化，難以盡推。或化儒聖，或化釋佛，或化道仙，隱顯而莫測。或著感應，或著道德，或著清靜，功德以無邊。大道無形者，大為無外，道為至善，無是無極，形為蹤跡也。

夫大道者，本鴻濛未判之元炁，有何形質之見焉？生育天地者，生為生化，育為含養，天為陽氣，地為陰氣。而天地何由大道之生也？每逢戌亥二會為混沌。混沌者，無極也。以待子會之半，靜極一動而生陽。陽氣上浮為天，在人為玄關。以待丑會之半，動極一靜而生陰。陰氣下凝以為地，在人為丹田。故曰：天開於子，地闢於丑也。

大道無情者，夫道本屬先天，無聲無臭；情本屬後天，有作有為。無情是無為之道也。運行日月者，運是旋轉，行為周流，日為金烏，月為玉兔。日屬離卦，則有寒暑之來往。月屬坎卦，則有消長之盈虧。

在人為聖日聖月，照耀金庭。大道無名者，名是名目。先天大道，無形無象、無始無終、無首無尾，有何名字？長養萬物者，長為長生，養為養育，萬物是胎卵濕化、昆蟲草木之類，皆得先天之氣而生者也。

世人若肯回頭向道，訪求至人，指示身中之天地，身中之日月，修無形、無情、無名之道；練神寶、氣寶、精寶之丹；返上清、太清、玉清之宮，證天仙、金仙、神仙之果，逍遙物外，浩劫長存，這等好處，何樂而不為也？

木公老祖詩曰：道德天尊演妙玄，尊經一部是真傳。求師指破生死竅，得訣勤修龍虎丹。個個同登清靜道，人人共上彩雲蓮。無極宮內受封後，快樂逍遙自在仙。

四、皇極品第二

吾不知其名，強名曰道。夫道者，有清有濁，有動有靜。天清地濁，天動地靜。

注：吾不知其名者。吾乃我也，是太上自歎。大道本無形象所定，更無名色所擬，由強勉取名曰道。夫道雖曰強勉，以字義而推之，實不強也。何矣？倉頡夫子造「道」字，深隱玄蘊。夫｜道」字，先寫兩點，左點為太陽，右點為太陰，似太極陰陽相抱。在天為日月，在地為烏兔，在人為兩目，在修練為迴光返照也。次寫一字，乃是無極一圈。此圈在先天屬乾，易曰「乾圓」也。鴻濛一破，其天開也。圈折為一，易曰「乾一」也。經曰：天得一以清，地得一以寧，人得一以聖。儒曰：惟精惟一。釋曰：萬法歸一。道曰：抱元守一。次寫自字於下者，言這一字圈圈，日月團團，乃在自己身上。儒曰：道也者，不可須臾離也，可離非道也。上下相合成一首字。首者，頭也。修道是頭一宗好事。次寫走之者，行持也，乃周身法輪自轉。此名「道」字之義也。

夫道者，乃性與天道，不可得而聞也。有清，天氣也；有濁，地氣也。有動，陽氣也；有靜，陰氣也。

皇極圖

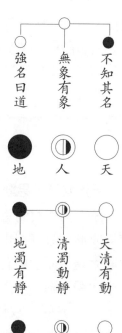

強名曰道　無象有象　不知其名

地　人　天

地濁有靜　清濁動靜　天清有動

純陰　陰陽　純陽

天清，純陽也；地濁，純陰也。天動，乾圓也；地靜，坤方也。清濁動靜，在天顯象為「日月」，在地顯象於「春秋」，在人顯象於「聖凡」。日為陽，常圓常滿；月為陰，有晦有虧。春為陽，而萬物發生；秋為陰，而萬物頹敗。聖為陽，脫殼以升仙；凡為陰，壽終以為鬼。此謂清濁、動靜之理，大概而言之也。

不知世間乾男坤女，可知身中清濁、動靜否？若是不知，急早積德，感動天心，明師早遇，指示身中之大道，聖日聖月之照臨。將濁陰之氣而下降，提清陽之氣以上升。寂然不動，謂之靜；感而遂通，謂之動。常以有欲，以觀其竅，動也；常以無欲，以觀其竅中之妙者，靜也。采（發藥音）者，動也；得者，靜也。九節玄工，節節有動靜、清濁，須待口傳心授，方可了然於心，成仙有何難哉?!

呂祖詩曰：清靜妙經亙古無，水精注後理方舒。品分廿四超三界，大地遵崇護寶珠。

關帝詩曰：一卷無為清靜經，旁門外道不相親。改邪歸正循天理，長生不死也由人。

五、太極品第三

男清女濁，男動女靜。降本流末，而生萬物。

注：男清女濁者。男稟乾道以成體，故曰清也。女稟坤道以成形，故曰濁也。男屬太陽，而陽中有陰，離中虛也。女屬太陰，而陰中有陽，坎中滿也。故男子十六清陽足，女子十四濁陰降。清陽者，壬水也；濁陰者，癸水也。壬為白虎，癸為赤龍，故仙家有降龍伏虎之手段，返本還原之天機，是以長生而不死也。

男動女靜者。男稟天之氣以生，女稟地之氣而成。故

曰：天動地靜也。此男女之論，非實屬男女者，陰陽而已矣。降本流末，而生萬物者。降為生，流為成，本為始，末為終。是故萬物乃人之末，人為萬物之本；人又為天地之末，天地又為人之本。

夫人不可以無本，亦不可以無末。本者「體」也，末者「用」也，則兩不相離。天地以太空為本，而生人畜萬物；人畜以至善為本，而生周身百體。天不失其本，則天且長且久；人不失其本，則人為佛為仙，亦可以與天地同壽矣。

夫人自古皆有死，何由不至於死也？豈不聞《呂氏春秋》曰：人能一竅通，則不死，其壽在神。聖經云：物有本末，事有終始。知所先後，則近道矣！道經云：生我之門死我戶，幾個惺惺幾個悟？夜來鐵漢自思量，長生不死由人做。噫嘻！這玄關一竅，異名多端。儒曰：靈台、至善、太極，無思無慮之天、己所獨知之地。釋曰：靈山、虛空、皇極，南無涅槃之天、阿彌陀佛之地。道曰：靈關、金庭、無極，三清紫府之天、萬殊一本之地。三教名雖異，而其所一也。

在儒得此竅而成聖，在道得此竅而成仙，在釋得此竅而成佛也。只是此竅，上蒼所秘，而三教聖人，不敢明泄

太極圖

陰儀　陽儀

離東　坎西

順　火　五

木　土　金

生　水　行

女靜女濁　男動男清

內

流末　本　降本

外

末

於書,防匪人得之,恐遭天譴。必要訪求至人,低心受教,指示此竅,次第工夫。是道則進,非道則退。若是以泥丸、囟門、印堂、頑心、肚臍、心下、臍上、下丹田、兩腎中間一穴、尾閭、夾脊、玉枕為玄關者,皆非大道之所也。

士道古佛詩曰:女女男男濁濁清,還以本末覓真情。有為曰動無為靜,得本延年失本傾。急早回頭修至善,趁時氣在學長生。任君積下千金產,一旦無常空手行。

六、三才品第四

清者濁之源,動者靜之基。

注:清者,輕清也;濁者,重濁也。源者,源頭也;靜者,無為也;動者,有為也;基者,根本也。何為清者濁之源?夫天,本是清氣上浮,這清氣還從地中發生。地本陰濁之體,由陰極而生陽,濁定而生清也。男本清靜之體,女為污濁之身。雖清靜之體,其源出於污濁之身也。丹道以神為清陽之體,而神之源頭;由交感之濁精化成陽精,由陽精而生氣,由氣而生神也。故曰:練精化氣、練氣化神。豈不是清者濁之源也?動者靜之基,何謂也?地本靜也,其源還從天氣所結。女本靜也,其源還從父親所降。

丹道以無為為靜,有為為動,其源

三才圖

陽中有陰
動中有靜

陰中有陽
陽中有陰

靜中有動
陰中有陽

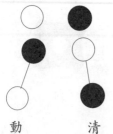

動者靜之基　　清者濁之源

還從有為立基。故曰：動者靜之基也。奉勸世人，急早回頭向道，將自身中濁氣拔盡，清氣上浮，凝結成丹，長生不死，積功累德，丹書來詔，脫殼飛升，逍遙物外，將生身父母同超天堂，共用極樂，不亦欣乎？

可歎，世有一等愚迷、貪癡之人，不知性理，他說仙佛皆有分定，不是凡夫做得到的。正所謂道不遠人，人之為道而遠人。自暴自棄，甘墮苦海，全不思想，人稟陰陽五行而生，為萬物之首，可以行天地之全功，更可以載天地之大道。夫天地之道，顯象於日月；而日月之道，顯象於陰陽；而陰陽之道，亦顯象於消長也。消陽長陰，凡夫之道，待至陽盡陰純而成鬼。消陰長陽，待至陰盡陽純而成仙。況人半陰半陽，半仙半鬼也，若將半邊陰氣練退，則成純陽。純陽者，仙也，何難之有？

孟子曰：堯舜與人同耳。顏子曰：舜何人也？予何人也？有為者，亦若是。此皆言人人可以為聖賢，人人可以為仙佛，只在有志無志之分耳。有志者，不論在家、出家，都能修身。在家者，妻為朋，子為伴，人身雖在紅塵，而心出乎紅塵，何等便宜之事也。

呂祖詩曰：看破浮生早悟空，太陽隱在月明中。時人悟得陰陽理，方奪天機造化功。

韓祖詩曰：虛心實腹求鉛光，月裏分明見太陽。湛破濁清升降路，自然丹熟遍身香。

七、道心品第五

人能常清靜，天地悉皆歸。

注：人者，善男信女也；能者，至強無息也；常者，二六時中也；清者，萬緣頓息也；靜者，一念不生也。修道之

人，以清靜為妙。非禮勿視，則眼清靜矣；非禮勿聽，則耳清靜矣；非禮勿言，則口清靜矣；非禮勿動，則心清靜矣。天地悉皆歸者，得明師指點身中之天地。天氣歸地，汞投鉛也；地氣歸天，鉛投汞也。神居北海，以清靜之功，則身中天氣悉歸之，而身外之天氣以隨之。神居南山，以清靜之功，則身中地氣悉歸之，而身外之地氣以隨之。所言身中之天者，道心而已矣；身中之地者，北海而已矣。

道心先天屬乾，乾為天，故以道心為天也；北海先天屬坤，坤為地，故以北海為地也。身中之天地，而感身外之天地；身外之天地，以應身內之天地。而身內之天地有主宰，則身外之天地之氣悉歸於內也。若無主宰，則身內之天地之氣悉歸於外也。不能成道，反與大道有損。書經曰：人心惟危，道心惟微，惟精惟一，允執厥中。正是教人去人心，守道心，無奈世人不得明師指點，總在書上找尋大道。豈不思這大道，至尊至貴？

子貢曰：夫子之文章，可得而聞也。夫子之言性與天道，不可得而聞也。又曰：君子憂道不憂貧。子曰：朝聞道，夕死可也。似此數語，推之，何等貴重，豈將大道洩露於紙墨乎？又豈將大道不分貴賤、君子、小人俱可得乎？定無此理也。

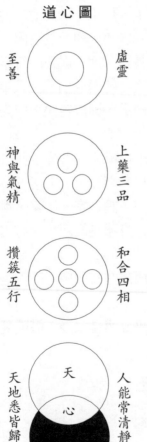

道心圖

至善　　　虛靈

神與氣精　上藥三品

攢簇五行　和合四相

天地悉皆歸　人能常清靜

天心地

　　三教聖人之經典，所言治國、齊家、人事之常道者，品節詳明。所言修身次第工夫，概是隱而不露。所露者，不過是以肉團頑心為虛靈不昧，或以心下三寸六分為黃庭，以兩腎中間一穴為父母未生前，以冥心空坐為道心，又為返本還原，一概虛假，世人信以為實，深可歎也。

　　正陽帝君詩曰：可歎蒼生錯認心，常將血肉當黃庭。三途墮落無春夏，九界升遷少信音。便向仙街了罪籍，遂從道路脫寒陰。吉凶兩岸無差錯，善士高升惡士沉。

　　重陽帝君詩曰：道心惟微人心危，幾個清清幾個知。至善中間為洞府，玄關裏面是瑤池。（猿猴緊鎖休遷走，意馬牢拴莫叫馳。允執厥中涵養足，金光一道透須彌。——[補缺]）

八、人心品第六

夫人神好清，而心擾之。

　　注：夫人神好清者。一陰一陽乃為人，人得一為大；大得一為天；超出天外，方為夫字。人者，得天氣下降，地氣上升，陰陽相結，以為人也。神者，稟父母之性為元神，受天地之性為識神。而元神無識無知，能主造化；識神最顯最靈，能應變無停。

　　此神是人之主人翁也，其神之原出於無極，道家呼為鐵漢，釋氏喚作金

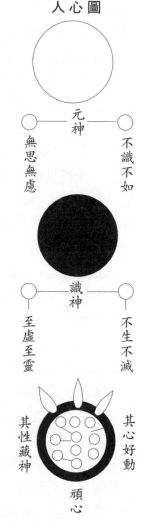

人心圖

元神　無思無慮　不識不如

識神　至虛至靈　不生不滅

其性藏神　其心好動　頑心

剛，儒家叫做魂靈。不生不滅，不增不減，在身為魂，出身為鬼，修善為仙為佛，作惡變禽變獸。

夫元神，隨身之有無，從受胎以得。其生凝於無極之中央，主宰生身之造化，十月胎足，瓜熟蒂落，地覆天翻，一個筋斗下地，「啊」地一聲，而元神從無極奔下肉團頑心。這識神趁此吸氣，隨吸而進，以為投胎，與元神合而為一，同居於心。從此以心為主，而元神失位，識神當權，七情六欲，晝夜耗散。而元神耗散以盡，地水火風，四大分馳，其身嗚呼哀哉。而識神為自己之真性以捨身而出，縱壽高百歲，不免大夢一場，必有鬼卒押至地獄，將平生之善惡，照簿賞罰。

善者，或轉生來世，以受福報，或為鬼神，享受香煙。惡者，或轉世以受惡報，或失人身以變四生，而萬劫不復也。好者愛也，清者靜也。此言元神本好清靜，無奈人心之識神而好動作，時常以擾之，不能清靜。因不能清靜，朝傷暮損，漸磨漸虧，元神一衰，而百病相攻，無常至矣。

奉勸世人，要曉人身難得，中華難生，佛法難遇，大道難逢。今得人身，幸生中華，切莫糊糊混混，以過一世。要把「性命」二字為重，識神、元神當分，真身、假身當曉，人心、道心當明。切不可以人心當道心，以識神當元神，以假身當真身。

佛經云心字詩：三點如星象，橫鉤似月斜。披毛從此出，作佛也由他。呂祖曰：人身難得道難明，趁此人身訪道根。此身不向今生度，再等何時度此身。

黃老詩曰：一貫道心孔氏書，於今清靜啟靈圖。真經真法皆言道，天理天年也在儒。漢武枉尋千歲（發藥音），秦王空想萬年謨。此經在手春秋永，別有乾坤鎮玉壺。

九、六賊品第七

人心好靜，而欲牽之。

注：人心者，常人之心也。好靜者，不愛妄動也。欲者，七情六欲也。牽之者，牽引外馳也。夫人心本不好靜，因有元神在內，有時元神主事，故心有時好靜也。人心本不好動，因有識神在內，有時識神主事，故心亦有時好動也。人身因有六根，則有六識；因有六識，則有六塵；因有六塵，則有六賊；因有六賊，則耗六神；因耗六神，則墜六道也。

六賊者，眼、耳、鼻、舌、身、心是也。眼貪美色而不絕，久以後，這點靈性墜在卵生地獄，變為飛禽鵲鳥羽毛之類。身披五色翎毛，何等好看！耳聽邪話而不絕，久以後，這點靈性墜在胎生地獄，變為騾駝象馬走獸之類。項帶鈴鐺，何等好聽！鼻貪肉香而不絕，久以後，這點靈性墜在濕生地獄，變為魚鱉蝦蟹水族之類，常在臭沉，何等好聞！舌貪五葷三厭而不絕，久以後，這點靈性墜在化生地獄，變為蚊蟲蛆蟻蟻虱之類，還是以口傷人傷物，何等有味！心貪財而無厭，久以後，這點靈性墜在駝腳之類，一生與人馱物，而貨財金銀常不

六賊圖

知

將　　　　招

識

四　　賊

哀

喜　　欲　　怒

樂

五　　賊

眼

耳　　心意　　鼻

舌

六　　賊

離身，何等富足！身貪淫而無厭，久以後，這點靈性墮在煙花雞鴨之類，一日交感無度，何等悅意！此言六欲牽心之報也。還有七情之傷，而不可不知也。

七情者，喜、怒、哀、懼、愛、惡、欲是也。喜多傷心，怒多傷肝，哀多傷肺，懼多傷膽，愛多傷神，惡多傷情，欲多傷脾，此為七情牽心之傷也。又有外十損，而亦不可不知也。久行損筋，久立損骨，久坐損血，久睡損脈，久聽損精，久看損神，久言損氣，久飽損心，久思損脾，久淫損命，此為十損也。大凡世人無一不受此六賊、七情、十損之害也。奉勸天下善男信女，將六賊七情十損一筆勾銷，返心向道，切莫上此賊船，恐墮沉淪，悔之晚矣。

無心道人詩曰：眼不觀色鼻不香，正心誠意守性王。三境虛空無一物，不生不滅壽延長。

尹真人詩曰：靈光終日照河沙，凡聖原來共一家。一念不生全體現，六根才動被雲遮。

三尸圖

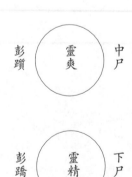

彭琚　靈台　上尸

彭躓　靈爽　中尸

彭蹻　靈精　下尸

十、三屍品第八

常能遣其欲而心自靜，澄其心而神自清。自然六欲不生，三毒消滅。

注：常者，平常也；能者，志能也；遣者，逐遣也；欲者，私欲也。言二六時中，將靈台之上，打掃潔淨，勿使萬物所搖；外相不入，內相不出，而道心自然清靜矣。澄其心者，將渾水以澄清也。而心有雜念，如水之有泥漿也。知止而後有定，定而後能靜。五祖

出偈，神秀偈曰：身是菩提樹，心乃明鏡台。時時勤打掃，休得惹塵埃。六祖曰：菩提本無樹，明鏡亦非台。本來無一物，怎得惹塵埃？正此之謂也。而神自清者，心無念頭擾撓，而元神自然清明。元神清明，而眼耳鼻舌心身六欲則無妄動矣。

三毒者，三屍也。人身有三屍神，名三毒。上屍明彭踞，管人上焦善惡；中屍名彭躓，管人中焦善惡；下屍名彭蹻，管人下焦善惡。上屍住玉枕關，中屍住夾脊關，下屍住尾閭關，每逢庚申甲子，詣奏善惡。又有九蠱蟲作害不淺，阻塞三關九竅，使其真陽不能上升。而九蠱俱有名字：一曰伏蠱，住玉枕竅；二曰龍蠱，住天柱竅；三曰白蠱，住陶道竅；四曰肉蠱，住神道竅；五曰赤蠱，住夾脊竅；六曰隔蠱，住玄樞竅；七月肺蠱，住命門竅；八曰胃蠱，住龍虎竅；九曰蛻蠱，住尾閭竅。三屍住三關，九蠱住九竅，變化多端，隱顯莫測，化美色，夢遺陽精，化幻境，睡生煩惱，使其大道難成矣。

故丹經云：三屍九蠱在人身，阻塞黃河毒氣深。行者打開三洞府，九蠱消滅壽長生。正此之謂。不知修道之士可知斬三屍殺九蠱之法否？倘若不知，急訪明師，低心求指大道，請動孫悟空，在東海龍宮求來金箍棒，打三關；借來豬八戒之釘耙，扒開九竅，而三屍亡形，九蠱滅跡，關竅通徹，法輪常轉，性根常存，命根永固，七情頓息，六欲不生，三毒消滅矣。

無垢子詩曰：七情六欲似風塵，一夜滂沱洗垢新。待等地雷初發動，屍號鬼哭好驚人。

達摩祖師詩曰：一陽氣發用工夫，九蠱三屍趁此除。到陣擒拿須仔細，恐防墮落洞庭湖。

十一、氣質品第九

所以不能者，為心未澄、欲未遣也。

注：所以不能者，是不能掃三心飛四相也。為心未澄者，是人心未死也。欲未遣者，是七情六欲常未去也。蓋人生天地之間，不能成仙成佛成聖成賢者，何也？皆因不能去喜、去怒、去哀、去樂者明矣。若果能去喜情化為元性，去怒情化為元情，去哀情化為元神，去樂情化為元精，去欲情化為元氣。五欲化為五元，有何仙不可成，而何佛包括證也？儒曰：戒慎乎其所不睹，恐懼乎其所不聞。釋曰：無眼耳鼻舌身意，無色身香味觸法。道曰：恍恍惚惚，杳杳冥冥。如照三教聖經行持，又有何私不可去，而何欲不可遣也？夫三教聖人，總是教人去其私欲者，何也？私欲乃屬陰也。三教聖人總是教人存其天理者，何也？天理乃屬陽也。順其陰者，為鬼也；純其陽者，為仙也。

丹經云：朝進陽火，暮退陰符。不知世之善男信女，可知進陽退陰之功否？倘若不知，速將世間假事一筆勾銷，積德感天，明師相遇，指示性與天道，進陽退陰之理，口傳心授，

氣質圖

不勞而得焉。噫！性與天道不可得而聞也，豈易聞乎哉？

吾將天道，略指大概而言之。每逢朔日，天上日月並行，至初三巳時，進一陽，名地雷復；至初五日亥時進二陽，名地澤臨；至初八日巳時，進三陽，名地天泰；為鉛八兩。至初十日亥時，進四陽，名雷天大壯；至十三日巳時，進五陽，名澤天夬；至十五日亥時，進六陽，名乾為天。易曰：君子終日乾乾。純陽之體也。若不用火鍛鍊，過此又必生陰矣。至十八日巳時，進一陰，名天風垢；至二十日亥時，進二陰，名天山遯；至二十三日巳時，進三陰，名天地否，為汞半斤。至二十五日亥時，進四陰，名風地觀；至二十八日巳時，進五陰，名天地剝；至三十日亥時，名坤為地。六爻純陰也，而天上則無月。無月則無命矣。

鍾離祖詩曰：練性先須練老彭，一輪娥月西南橫。陰符進退丹益熟，陽火盈虧月漸明。抽坎填離返本位，擒烏捉兔復初城。從今不上閻王套，我做神仙赴玉京。

十二、虛無品第十

能遣之者：內觀其心，心無其心；外觀其形，形無其形；遠觀其物，物無其物。三者既悟，惟見於空。

注：能遣之者，是將一切雜念遣逐他方也。內觀其心者，是冥目內視也。心無其心者，念頭從心而發，連心都沒得了，看他從何生也？外觀其形者，是冥目外視也。形無其形者，心生於形，連形都沒得了，看他心從何生也？遠觀其物者，是冥目遠視天地日月星辰，山河、林屋都沒有了，看他身又生於何處也？三者既無，是言心、身、物都似乎沒得了。惟見於空者，是言天、地、人三才萬物，未有一物。混混沌沌，只有虛空，常未了卻，故曰：惟見於空。以外而

虛無圖

心無其心　　　　內觀其心

形無其形　　　　內觀其心

物無其物　　　　遠觀其物

言，乃是虛空；以內而言，乃是真空。

真空者，自身之玄關也。經云：三界內外，惟道獨尊。老祖曰：吾所以有大患者，為吾有身。及吾無身，吾有何患？又云：後其身而身先，外其身而身存。金剛經云：不可以身相見如來。臨濟禪師云：真佛無形，真性無體，真法無相。古仙云：莫執此身云是道，此身之外有真身。自古成道仙佛，皆以忘形守道為妙。可歎世間有等愚人，不但不能忘其形，而且將此假身認為真身。飽酒肉以肥此身，戀美衣以飾此身，愛美色以伴此身。至於修練，無非八段錦、六字氣、小周天，一切都在色身上搬弄；或者服三皇藥草、五金八石，以為外丹；或者行三峰採戰之功，將年幼女子，以為爐鼎，把女子之精氣奪來，名為採陰補陽；或者吸精氣以為補腦；或者服紅鉛名為先天梅子；或者服白乳以為菩提之酒；或者枯坐以為參禪；或者守心以為練性。種種旁門三千六百，難以盡舉，都在色身上作事，地獄裏找路。不但不能成仙，一旦陽氣將盡，四大分馳，一點靈性，永墮沉淪，而肉身何在之有也？嗚呼！真可歎哉！

紫清真人詩曰：此法真中妙更真，無頭無尾又無形。杳冥恍惚能相見，便是超凡出世人。

翠虛子詩曰：無心無物亦無身，得會生前舊主人。但是此中留一物，靈台聚下紅砂塵。

十三、虛空品第十一

觀空亦空，空無所空。所空既無，無無亦無，無無既無，湛然常寂。寂無所寂，欲豈能生。欲既不生，即是眞靜。

注：觀空亦空，空無所空者。此是承上文而言。三心已掃，四相已飛，外不知其物，內不知其心，只有真空存焉。到如是之際，連真空都沒有了。無無亦無，無無既無，是言無真空，無太空，無欲界，無色界，無想界，無思界，粉碎虛空。湛然常寂，寂無所寂者，言其大定。無人無我，混混沌沌，一派先天矣，欲豈能生？欲既不生，即是真靜者。言欲念不生，則入真靜。三花自然聚頂，五炁自然朝元。神空於下焦，則精中現鉛花；神空於中焦，則氣中現銀花；神空於上焦，則神中現金花；故三花聚於頂矣。空於喜則魂定，魂定而東方青帝之氣朝元；空於怒則魄定，魄定而西方白帝之氣朝元；空於哀則神定，神定而南方赤帝之氣朝元；空於樂則精定，精定而北方黑帝之氣朝元；空於欲則意定，意定而中央黃帝之氣朝元；故曰五氣朝元。

儒曰：人欲盡淨，天理流行。釋曰：無無明，亦無無明盡。道曰：虛其心，實其腹。皆是言觀空之道。

雖曰觀空之道，亦不是頑空枯坐，不過去其雜念而已。

虛　空　圖

空無所空　　外而形空

天空

無無所無　　內而心空

人空

寂無所寂　　遠而物空

地空

倘若未得明師指示，何處安爐？何處立鼎？何謂練己？何謂築基？何謂採？何謂得？何謂老嫩？何謂河車？何謂火候？何謂乾坤交垢？何謂坎離抽添？何謂金木交並？何謂鉛汞相投？何謂陽火陰符？何謂清靜沐浴？何謂灌滿乾坤？何謂脫胎神化？次第工夫，任你觀空靜坐，縱有三花，聚於何鼎？任有五炁，朝於何元？只落得形如枯木，心若死灰，一朝壽滿，清靈善化之鬼，來去明白，名叫鬼仙。或頂眾神而受香煙，或轉來世以為官宦。倘若迷性，依然墮落，前工枉費，深可痛哉！好道者，慎之謹之。

觀空子詩曰：富貴榮華似水漚，塵勞識破上慈舟。觀空得寶爐中練，穩跨青鸞謁帝洲。

懼留孫詩曰：空形空象空仙方，空寂空心空性王。空裏不空空色相，真空觀妙大文章。

十四、真常品第十二

真常應物，真常得性。常應常靜，常清靜矣。

注：真常應物者。無念紛擾謂之真，五德五元謂之常，感而遂通謂之應，藥苗發生謂之物也。真常得性者。此感彼應謂之得，真靈不散謂之性也。常應常靜者。此常乃平常之常，又非真常之比也。平常事來則應，事去則靜矣。常清靜矣，是言寂然不動也。修道之士，每日上單，掃心飛相，去妄存誠。陽極生陰，寂然不動，萬緣頓息；陰極生陽，感而遂通，萬脈朝宗。

而先天五德發現，名曰真常。真常者，良知也。先天五元發現，名曰應物。應物者，良能也。良知良能，乃名真性。人心死盡，道心全活，乃名真常得性，先天一氣，名為物知覺，收斂名為應。人心常死，則道心常活。道心常活，

則妄念不生；妄念不生，則常復先天；常復先天，則藥苗生；藥苗常生，則真性常覺；真性常覺，則真常常應；真常常應，則河車常轉；河車常轉，則海水常潮；海水常潮，則火候常煉；火候常煉，則金丹常結；金丹常結，則沐浴常靜；沐浴常靜，則法身已成；法身已成，了然無事。故曰：常應常靜，常清靜矣。

可歎世人，在儒者，希聖學賢，一見四書五經，每言去欲為先，就以一味去欲而了大事，再不窮究存心養性，心是何存？性是何養？在釋者，參禪學佛，一見法華、金剛，每言去念為先，就以一味去念而了大事，再不窮究明心見性，心是何明？性是何見？在道者，修真學仙，一見清靜、道德，每言觀空為先，就以一味觀空而了大事，再不窮究修心練性，心是何修？性是何練？豈以一味頑空枯坐，道可成哉？豈不知大道即天道，天道生長萬物，全賴日月星辰風雲

真常圖

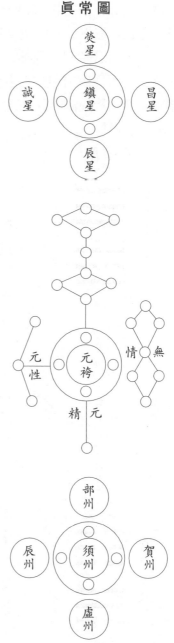

雷雨，易曰：鼓之以雷霆，潤之以風雨，日月推遷，一寒一暑，是也。豈以一味空空無為，而萬物自然成乎？

文昌帝君詩曰：乾坤日月皆無心，赤炁揚輝處處靈。唯有玄根同太極，自然煥發合天經。流行萬古兼千古，合撰清寧永太寧。清靜洞陽敷妙德，真經運動不留停。

十五、眞道品第十三

如此清靜，漸入眞道。

眞道圖

乾卦　先天

離卦　後天

太初

太始　太極　太素

太易

坤卦　先天

坎卦　後天

注：如此清靜，漸入真道者，此承上章而言。如此清靜無為，可返先天。既返先天，漸次以入真道。真道者，非三千六百旁門，九十六種外道之比也。此為先天大道，生天生地生人生物之道也。道也者，大矣哉！果何物也？曰：無極而已矣。夫無極真道，自古口口相傳，不敢筆之於書，恐匪人得之，必遭天譴。雖然書中藏至道，必是喻言，隱母而言子，隱根而言枝，概是借物闡道，張冠李戴是也。余亦不敢明洩，將此真道，微露大概，以作訪道之憑證，不至誤墮旁門也。

真道者，乃生身之初是也。得父之精，母之血，二物交合，精為鉛，血為汞。鉛投汞，名乾道而成男；汞投鉛，名坤道而成女。半月

生陽，半月生陰，由此而五臟，由此而六腑，由此周天三百六十五骨節，由此八萬四千毫毛孔竅。先天卦氣以足，瓜熟蒂落，一個筋斗下地，「啊」啼一聲，先天無極竅破，而元神、元氣、元精從無極而出，分為三家。乾失中陽以落坤，坤變坎；坤失中陰以投乾，乾變離。先天乾坤定位而變成後天，坎離火水未濟也。從此後天用事，凡夫之途。若有仙緣，訪求返本還原之真道。

這真道，先點無極一竅。此竅儒曰：至善；釋口：南無；道曰：玄關。異名頗多，前篇先已剖明。要用六神會合之功，守定此竅，久守竅開，元神歸位。復用九節玄功，名為金丹九轉，抽爻換象，拆坎填離，奪先天之正氣，吸日月之精華，用文武之火候，修八寶之金丹，日就月將，聖胎漸成。和光混俗，積功累德，三千功滿，八百果圓，丹書下詔，脫殼飛升，逍遙物外。天地有壞，他無壞，浩劫長存，故曰金剛不壞之體也。不枉出世一場。雖然如此好處，必要真師口傳心授，務要立生死不退之心，方可穩當矣。

元始天尊詩曰：清靜妙經本自然，得明真道悟先天。金丹一服身通聖，隨作逍遙閬苑仙。

靈寶天尊詩曰：清靜真言卻不多，內中玄妙少人摩。此身有盞長生酒，請問凡夫喝過麼？

十六、妙有品第十四

雖名得道，實無所得。

注：雖，是雖然；名，是名目；得，為得傳；道，為大道；實者真也；無者虛也。雖名得道者，乃是承上文而言，漸入真道也。得受明師真傳、正授，何者是玄關一竅？何者是六神會合？何者是築基練己？何者是採藥練丹？何者是藥

妙有圖

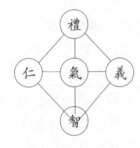

苗老嫩？何者是去濁留清？何者是汞去投鉛？何者是嬰兒姹女？何者是金公黃婆？何者是金木並交？何者是水火既濟？何者是法輪常轉？何者是陽火陰符？何者是文烹武練？何者是清靜沐浴？何者是灌滿乾坤？何者是溫養脫胎？何者是七還九轉？何者是移爐換鼎？何者是龍吟虎嘯？何者是面壁調神？一一領受，方名得道也。雖名得道，實無所得者，何也？夫道所言關竅物，一切種種，無窮無盡，美名奇寶，一概都是人身自有，並非身外得來，故曰實無所得也。果真是為得者，必是受道之後，苦修苦練，立定長遠之計，鐵石之心，千難不改，萬難不退，富貴不能淫，貧賤不能移，威武不能屈之志，方可不致半途而廢。定要將身外假名利恩愛、酒色財氣，一刀斬斷；速修身中真名利恩愛、酒色財氣，方為得道。

而身外人人皆曉，身內知者鮮矣。

聽吾將身內說來：身拜金闕，享受天爵，乃為真名；金丹成就，無價貴寶，乃為真利；超度父母，時常親敬，乃為真恩；坎離相交，金木相並，乃為真愛；玉液瓊漿，菩提香膠，乃為真酒；嬰兒姹女，常會黃房，乃為真色；七寶瑤池，八寶金丹，乃為真財。氤氳太和，浩然回風，乃為真氣。這便是身中之八寶也。捨得外而成得內，捨得假而成得真；外培功，內修果，動度人而靜度

己；以待日就月將，外功浩大，內果圓明，脫殼飛升，萬劫長存，方為得道、成道、了道，大丈夫之能事畢矣。

道心子詩曰：奉勸世人希聖賢，榮華富貴亦徒然。身中自有長生酒，體內不無養命錢。色即是空空即色，仙為袓性性為仙。乾坤聽得吾詩勸，急早回頭上法船。

十七、聖道品第十五

為化眾生，名為得道。能悟之者，可傳聖道。

注：為化眾生者，為者，專意也；化者，普度也；眾者，一概也；生者，男女也，勸化九六眾生而回西也。名為得道者，名者，聲揚也；為者，助成也；得者，受持也；道者，工夫也。勸化眾生修道，功德浩大，自外而得之，故曰：得道也。能悟之者，能是能為，悟是窮究。得了大道，總要窮理盡性，以至於命，勤參苦採，內外加功。可傳聖道者，可，是可以；傳，是度人；聖，是高真；道，是天機也。功圓果滿，領受天命，方可傳道。三期普度，道須人傳也。呂袓曰：人要人度超凡世，龍要

聖道圖

兌卦　　　艮卦

離卦　　　坎卦

巽卦　　　震卦

坤卦　　　乾卦

少陰　　　少陽

太陰　　　太陽

老陰　　　老陽

極　　　太

龍交出污泥。未領天命，不能傳道。儒云：畏天命，畏大人，畏聖人之言。小人不知天命而不畏也。

何謂聖道？生身之本也。世人可知生身之本乎？父母交後，懷胎一月，三百六十個時辰，無極以成。其餘半月生陽，半月生陰。又半月無極一動，而生皇極之陽；又半月無極一靜，而生皇極之陰；懷胎二月也。又半月皇極一動而生太極之陽，又半月皇極一靜而生太極之陰；懷胎三月也。又半月太極一動而生老陽，又半月太極一靜而生老陰，懷胎四月也。又半月老陽一動而生太陽，又半月老陰一靜而生太陰，懷胎五月也。又半月老陽一靜而生少陰，又半月老陰一動而生少陽，懷胎六月也。又半月太陽一動而生乾，又半月太陰一靜而生坤，懷胎七月也。又半月太陽一靜而生兌，又半月太陰一動而生艮，懷胎八月也。又半月少陰一動而生離，又半月少陽一靜而生坎，懷胎九月也。又半月少陰一靜而生震，又半月少陽一動而生巽，懷胎十月也。

由無極而皇極，由皇極而太極、兩儀、四象、八卦、萬物、周身三百六十五骨節、八萬四千毫毛孔竅，由無極聖道而生之者也。

斗母元君詩曰：識得生身性自歸，無不為兮無不為。萬殊一本退藏密，生聖生凡在此推。

觀音古佛詩曰：可傳聖道領慈航，普度群迷練性光。能悟先天清靜道，金仙不老壽延長。

十八、消長品第十六

太上老君曰：上士無爭，下士好爭。

注：太者大也，上者尊也，老者古也，曰者說也。上士者，文學大德也；下士者，淺學執著也；無爭者涵榮深厚

也；好爭者慣高好勝也。老君說：上士之心即聖人之心，包天裹地，渾然天理，賢愚盡包，和光混俗，自謙自卑，銼銳埋鋒，不露圭角，外圓內方，作事循乎天理，出言順乎人心，何爭之有？下士好爭者，下士亦是好學之士，無奈根基淺薄，學不到聖人之位，多有慣高執著，偏僻好勝，自是自彰，論是論非，故曰：好爭也。上士如進陽，君子道長也。下士如進陰，小人道長也。陰陽消長之理，進退存亡之道，亦不可不知也。

人之初生時，身軟如綿，坤柔之象也。九百六十日變一爻，初生屬坤，至二歲零八月，進一陽，變坤為復；至五歲零四月，進二陽，變復為臨；至八歲，進三陽，變臨為泰；至十歲零八月，進四陽，變泰為壯；至十三歲零四月，進五陽，變壯為夬；至十六歲，進六陽，變夬為乾。六爻純陽上

消長圖

乾為天

十六歲足矣　　二十四歲

　澤天夬　十三歲四

　天風姤　三十二歲

　雷天大壯　十歲八月

　天山遯　四十歲

　地天泰　八成整

　天地否　四十八歲

　地澤臨　五歲四月

　風地觀　五十六歲

　地雷復　二歲零八個月

　山地剝　至六十四歲足

坤為地

士之位也，此時修練，立登聖域。以下九十六個月變一爻，此時不修，漸而成下士矣。至二十四歲進一陰，變乾為姤，此時修練，不復遠矣；如若不修，至三十二歲進二陰，變姤為遯，此時修練，容易成功；如若不修，至四十歲，進三陰，變遯為否，此時修練，還可進功；如若不修，至四十八歲，進四陰，變否為觀，趁此能修，久而可成；倘若再不修，至五十六歲，變觀為剝，趁此快修，困學可成。再若不修，至六十四歲進六陰，變剝為坤，純陰無陽，卦氣已足，趁此餘陽未盡，若肯修練，還可陰中返陽，死裏逃生；倘若再不修，待至餘陽已盡，無常至矣，一口氣不來，嗚呼哀哉，豈不是大夢一場？奉勸世人，無論年老年少，總宜急早回頭為妙耳，切莫死後方悔，欲修可能得乎？

忍辱仙詩曰：上士無爭是聖功，分明三教其根宗。太和無礙太和妙，色相莫沾色相空。一月光橫四海外，千江瑞映三才中。陽滿為仙陰滿鬼，世人不識此圓融。

十九、道德品第十七

上德不德，下德執德。執著之者，不名道德。

注：上德不德者，非是上德之士，反不重道德也。而上德為先天，五德俱全。在儒以遵崇仁、義、禮、智、信為德，以忠恕為行；在釋以戒除殺、盜、淫、妄、酒為德，以慈悲為行；在道以修練金、木、水、火、土為德，以感應為行。德行全備，未染後天，以為上德。後天返先天，亦是上德。本來自有，不待外求，故曰：上德不德也。下德執德者，非是下德之士反重其德也。而下德已染後天，五德漸失，非執德之道，難以返先天。

何以為執德？知過必改，知罪必悔，戒刑殺以成仁，戒

巧取以成義，戒邪淫以成禮，戒酒肉以成智，戒妄語以成信，而仁、義、禮、智、信五德由勉強而來，故曰：下德執德也。執著之者，不明道德，何謂也？執為執拗，著為著相。不信陰功，不明道德。見人戒刑殺以放生靈，他言輕人身而重畜物；見人戒盜取以周貧困，他言總空子而填人債；見人戒邪淫以保身體，他言斷人欲而無世界；見人戒酒肉以明智德，他言那六畜而繫人吃；見人戒妄語以講信實，他言只要心好，何必忍口。種種執固不通，難以盡敘，故曰：不明道德也。

豈不知，孔聖人所言仁、義、禮、智、信；李老君治下金、木、水、火、土；釋迦佛戒去殺、盜、淫、妄、酒；是何言也。不戒殺則無仁而缺木，在天則歲星不安，在地則東方有災，在人則肝膽受傷矣；不戒盜則無義而缺金，在天則太白星不安，在地則西方有災，在人則肺腸受傷矣；不戒邪淫則無禮而缺火，在天則熒惑星不安，在地則南方有災，在人則心腸受傷矣；不戒酒肉則無智而缺水，在天則辰星不安，在地則北方有災，在人則腎膀胱受傷矣；

道德圖

上 德

先天

聖 道

感應　　慈悲　　忠恕

道　　　釋　　　儒

金木水火土　殺盜淫妄酒　仁義禮智信

下 德

後天

凡 道

不戒妄語則無信而缺土，在天則鎮星不安，在地則中央有災，在人則脾胃受傷矣。哀哉！

天花真人詩曰：先天上德為純陽，若肯修行果是強。五德五元三寶足，何須執德苦勞張。

彩荷仙詩曰：三教原來一理同，何須分別各西東。三花三寶三皈裏，五德五行五戒中。

妄心圖

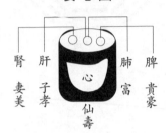

二十、妄心品第十八

衆生所以不得眞道者，爲有妄心。

注：眾生所以不得真道者，天下男女，名曰眾生，言眾性投生下界也。真道乃先天大道，非三千六百旁門之比也。為有妄心者。亡女為之妄。夫人之心，屬於乎離卦，離為女，又為日，日為星中天子。女本後妃之象，正直無私，光照天下，生化萬物，養育群生。亡卻女，即亡卻真靈。真靈者「日」也。夫妄心由何而起？因酒色財氣、名利恩愛所牽引也。妄想酒以養身，豈不知酒中之害，迷亂真性，人身氣脈，與天地同其升降，周流循環，一飲酒，氣脈不順。氣脈不順，則身中之星度錯矣，星度錯則壽元折也。妄想色以親身，豈不知色中之害，刮骨攝魂，人身以

精而生氣，以氣而生神，有此三寶，人方長壽。

　　一貪色則精泄，精泄不能生氣，氣衰不能生神，三寶耗散，壽元損矣。妄想財以肥家，豈不知財中之害，朝思暮想，苦勞千般，把你一點精氣神耗散，縱有萬金之富，難買無常不叫。一口氣不來，赤手空拳，分文難帶，罪孽隨性，四牲六道，轉變無休，深可歎也。妄爭閒氣以逞光棍，豈不知氣中之害，小事不忍，而成大事，或人命官非，牢獄枷鎖，傾家蕩產，妻埋子怨，悔之晚矣。妄想名以榮身，豈不知名中之害，習文以勞其心，習武以勞其形，碌碌一生，縱然官升極品，難買長生不死。為忠臣，為良將，死後為神；為奸黨，為逆賊，死墮沉淪矣。妄想恩愛以溫身，豈不知恩愛之害，你有銀錢衣食，妻則敬，子則孝，你若貧苦，妻必不賢，子必不孝。縱有賢孝者，必被妻恩子愛所累，一口氣斷，誰是妻，誰是子，所造之罪，自己抵擋，妻子雖親，亦難替你受其罪也。奉勸世人將此假事一筆勾銷。如若不然，妄想神仙，不求大道，不去妄想，焉能成聖佛乎？

　　洗塵子詩曰：洗去塵心學佛仙，無思無慮甚悠然。不貪酒色和財氣，學個長生壽萬年。

二十一、人神品第十九

既有妄心，即驚其神。

　　注：既者成也，有者實也，妄者動也，心者神也，即者定也，驚者觸也，其者此也，神者主也。此承上文而言。大凡修道之士，不可起妄念，妄心一動，驚動元神。元神藏心，心神藏目。《性命圭旨》云：天之神聚於日，人之神聚於目。心為諸神之主帥，眼即眾神之先鋒。夫人身之神，共有六十四位，以應六十四卦之數也。人在受胎之初，先結無

人神圖

極，從無極而生太極、兩儀、四象、八卦、周身百體，由一本而散為萬殊，生凡之道也。又從萬殊復歸六十四卦，又從六十四卦總歸十六官，由十六官總歸八卦，由八卦總歸四象，由四象總歸兩儀，由兩儀而歸太極、無極，由萬殊而復歸一本，生聖之道也。不知修道之士可曉一本否？倘若不知，積德感天，明師相遇，指示一本大道。每日守定一本，不使元神遷移萬殊，有何妄心而驚神也？神不驚，則六十四位人神，混合元神，而元神得眾神之混合，其光必大，其神必旺。神旺則性靈，而神仙之道畢矣。再得九轉玄功練成陽神，名為大羅金仙。再得外功培補，升為大羅天仙矣。

　　夫一本九轉，須待師傳，而身中一十六官，略露春光可矣。心為君主之官，神明出焉；眼為監察之官，諸色視焉；口為出納之官，言語出焉；耳為採聽之官，眾音聞焉；鼻為審辨之官，香臭識焉；肝為將軍之官，謀慮出焉；肺為相傳之官，治節出焉；脾為諫議之官，周知出焉；腎為作強之官，技巧出焉；膽為中正之官，決斷出焉；胃為倉廩之官，三味出焉；

膻為臣使之官，喜樂出焉；小腸為受盛之官，化物出焉；大腸為傳導之官，變化出焉；膀胱為州都之官，津液出焉；三焦為決瀆之官，水道出焉。此十六官，為身中統帥之神也。十六官之中，惟心一神，乃身中之主，封眼耳鼻舌為四相，其餘次之，勿論千神萬神，皆聽天君之命也。

　　文昌帝君詩曰：妄念驚神散萬方，魂歸地府失真陽。寒冰惡浪層層陷，劍樹刀山處處傷。一念回春修道力，三田氣秀得丹香。勸君急早歸清靜，不枉人間鬧一場。

二十二、萬物品第二十

**　　既驚其神，即著萬物。**

　　注：既者事過也，驚者不安也，神者元神也，即者就此也，著者執固也，萬者包羅也，物者各體也。夫人有妄心，則元神隨識神而牽引——不是想著天上萬物，便是想著地下萬物；不是想著世上萬物，就是想著人身萬物。而天

萬物圖

上萬物，不過日、月、星、辰、風、雲、雷、雨八字以包其餘也；地下萬物，不過山、川、草、木、五行四生八字以包其餘也；世上萬物，不過名、利、恩、愛、酒、色、財、氣八字以包其餘也；人身萬物，不過五行八卦、地、水、火、風八字以包其餘也。天之萬物、地之萬物、人之萬物，總歸先天八卦之所生化者也。

夫先天八卦，對待之理。乾南坤北，離東坎西，四正之位也。震東北，巽西南，艮西北，兌東南，四隅之位也。此謂卦之相對也。乾之三爻陽，而對坤之三爻陰，名曰天地定位也。震之下一陽、中上二陰，而對巽之下一陰、中上二陽，名曰雷風相搏也。坎之內一陽、外二陰，而對離之內一陰、外二陽，名曰水火不相射也。艮之上一陽、中下二陰，而對兌之上一陰、中下二陽，名曰山澤通氣也。此謂爻之相對也。

卦爻相對，乃先天，而天弗違，成聖之道也。從鴻濛分判之後，乾之中爻陽去交坤之中爻陰，變坤為坎；坤之中爻陰來交乾之中爻陽，變乾為離；坎之上爻陰，去交離之上爻陽，變離為震；離之下爻陽來交坎之下爻陰，變坎為兌；震之中上二陰去交巽之中上二陽，變巽為坤；巽之上爻陽下爻陰來交震之上爻陰下爻陽，變震為艮；艮之上爻陽下爻陰去交兌之上爻陰下爻陽，變兌為巽；兌之中下二陽來交艮之中下二陰，變艮為乾矣。故離南坎北，震東兌西，乾居西北，巽居東南，艮居東北，坤居西南，先天變為回頭。後天者，流行之氣，故後天而奉天時，延命之術也。所以不知先天無為之道，後天有為之術，故不能成仙者此也。

康節夫子詩曰：萬物原來在一身，天文地理亦同親。凡夫不究源頭理，性入幽冥骨葬塵。

子思夫子詩曰：不生妄念不驚神，焉能著物昧天真。勸君急訪靈明竅，養性存心學聖人。

二十三、貪求品第二十一

既著萬物，即生貪求。

注：既是既已，著為著相；萬是萬般；物為事物；即是即要，生為生心，貪是貪妄，求為苟求。這乃承上而言也。夫人心一著萬物牽引，便隨萬物起貪心。貪心一起，必想去求，此是人欲之心，便屬後天八卦所管。人之貪欲，世上難免，唯有仙根佛種靈性不昧，「以富貴如浮雲，以酒色似鋼刀」，將後天返先天，此為上等之人，千萬之中而選一也。其有中下之輩，便係後天八卦所拘束，不能以後天而返先天，從洛書以返河圖者也。夫貪心，乃北斗第一星，名號貪狼，猶如狼虎一般。修仙之士，若不去此一星，則大道難成也。何矣？後天洛書，二四六八十屬陰，既屬陰，便生貪求。地六屬癸水，為交感之精，其性愛貪求美色；地二屬丁火，為思慮之神，其性愛貪求榮貴；地八屬乙木，為氣質之性，其性愛貪求富豪；地四屬辛金，為妄情之情，其性愛貪求酒肉；地十屬已土，為私意之

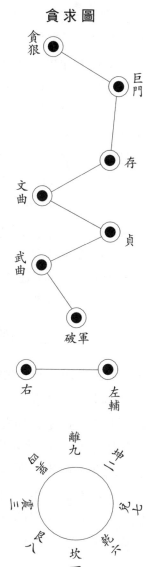

貪　求　圖

貪狼　巨門　存　文曲　貞　武曲　破軍　右　左輔

離九　坤二　兌七　乾六　坎一　艮八　震三　巽四

神，其性愛貪求高大。此為後天之五魔，以消身中之五行也。第一貪淫以傷精，則水虧也；第二貪財以傷性，則木虧也；第三貴以傷神，則火虧也；第四貪殺以傷情，則金虧也；第五貪勝以傷氣，則土虧也。五行一虧，其身焉可立乎？奉勸天下男女，切莫進此五魔之陣。

以後天而返先天，將坎中一陽返回離卦中爻，變離為乾；將離中一陰返回坎卦中爻，變坎為坤；將震上一陰返回兌卦之爻，變兌為坎；將兌下一陽返回震卦上爻，變震為離；將乾上中二陽返回坤卦上中爻，變坤為巽；將坤中下二陰返回乾卦中下二爻，變乾為艮；將艮上陽下陰，返回巽卦上下二爻，變巽為兌；將巽上陽下陰返回艮卦上下二爻，變艮為震。抽爻換象，後天返為先天矣。五魔化為五元，洛書返為河圖，可為天下之奇人也。

紫微大帝詩曰：太上老君妙道玄，尊經一部即真傳。三花三寶本元氣，五賊五魔屬後天。換象抽爻息火性，安爐立鼎練金丹。不貪不妄隨時過，一日清閒一日仙。

二十四、煩惱品第二十二

既生貪求，即是煩惱。煩惱妄想，憂苦身心。

注：既生貪求者，即為業已，生是動心，貪是好勝，求是苦心也。即是煩惱者，即為便是，是乃如此，煩為心躁，惱是嗔恨也。煩惱妄想者，煩為事繁，惱是有氣，妄為癡心，想是思慮也。憂苦身心者，憂為愁慮，苦是勞勤，身為形體，心是君主也。因世人不能看破名、利、恩、愛、酒、色、財、氣，所以即被六塵、六賊之所染也。貪求榮貴者，不得榮貴而生煩惱，已得榮貴，又從榮貴中生出許多煩惱也。不如看破「名」字，誠心修道，道成之日，名揚天下，

以成萬古之名也。何等貴哉！

《道德經》曰：雖有拱璧，以先駟馬，不如坐進此道。至聖曰：富與貴，是人之所欲也。不以其道得之，不處也。貪求財利者，不得財利而生煩惱，已得財利，又從財利中生出許多煩惱也。不如看破「利」字，誠心修道，而身中之精氣神三寶，乃為法財，能買性命，益壽延年，何有煩惱之生也？至聖曰：富貴於我如浮雲。《中庸》曰：素貧賤，行乎貧賤。孟子曰：貧賤不能移。又曰：君子憂道不憂貧。貪求美色者，不得美色而生煩惱，已得美色，必有恩愛，又從恩愛中生出許多煩惱也。不如看破「色」字，誠心修道，自己身中現有嬰兒姹女，每日常近常親，坎離相交，金木相並，多少滋味，難以言傳；異日道成，仙女同儔，何等尊重！至聖曰：血氣未定，戒之在色。

煩惱圖

呂祖曰：二八佳人體似酥，腰間仗劍斬愚夫。雖然不見人頭落，暗地教君骨髓枯。至於鬥氣，乃是不忍，從是非中生出許多煩惱也。不如看破「氣」字，誠心修道，而養身中三花五氣、浩然剛氣、太和元氣，結成金丹，縱有煩惱，化為烏有矣。至聖曰：血氣方剛，戒之在鬥。又曰：持其志，無暴其氣。至於一切不如意處，便生煩惱，我以一空字，以虛其心，焉受煩惱之災乎？

丘祖詩曰：不貪名利不貪花，每日終朝臥彩霞。肚饑猿

猴獻桃果，口乾龍女送蒙茶。勝如漢口三千戶，賽過京都百萬家。奉勸世人早醒悟，掃開煩惱練黃芽。

生 死 圖

河圖生

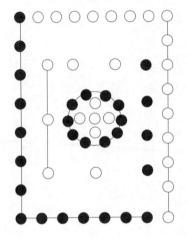

洛書死

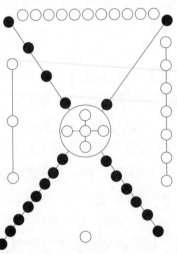

二十五、生死品第二十三

便遭濁辱，流浪生死。常沉苦海，永失眞道。

注：便者定要也，遭者逢臨也，濁者下賤也，辱者欺凌也。便遭濁辱者，是言人生在世，貪心不了名利恩愛之中，便有煩惱憂愁；種種波濤，但失陷處，必受五濁之辱也。流者沉下也，浪者事疊也，生者河圖也，死者洛書也。流浪生死者，言人在世，迷於酒色財氣，不知生從何來，死從何去。夫生仙生人之道者，河圖而已矣。

人生之初，秉父母之元氣，而結一顆明珠，名曰無極，得父母之精血，名曰太極。天一生壬水，在上生左眼瞳人，在下而生膀胱；地二生丁火，在上生右眼角，在下而生心；天三生甲木，在上生左眼黑珠，在下而生膽；地四生辛金，在上生右眼白珠，在下

而生肺；天五生戊土，在上生左眼眼皮，在下而生胃；地六成癸水，在上生右眼瞳人，在下而生腎；天七成丙火，在上生左眼角，在下而生小腸；地八成乙木，在上生右眼黑珠，在下而生肝；天九成庚金，在上生左眼白珠，在下而生大腸；地十成己土，在上生右眼皮，在下而生脾。由此而五臟，由此而六腑，以至周身三百六十五骨節，八萬四仟毫毛孔竅，莫不由河圖而生之也。生凡如此，生聖亦如此也。

夫人死由，洛書而已矣。從先天之河圖以變後天之洛書，又從洛書中央，土去剋北方水，則腎虧矣；北方水去剋南方火，則心虧矣；南方火去剋西方金，則肺虧矣；西方金去剋東方木，則肝虧矣；東方木去剋中央土，則脾虧矣。五臟一虧，以至六腑百體俱皆衰矣，不死有何待哉？此死彼生，如波浪一般，故曰：流浪生死也。常沉苦海者，言酒色財氣，為四大苦海，若不掃除，焉能不沉苦海者哉？永失真道者，因迷昧四字，常沉苦海，連人身難保，何能言道？豈不永失真道矣！深可歎哉！

薛道光詩曰：苦勸人修不肯修，常沉苦海為何由。百年富貴電光灼，口氣不來萬事休。

翠虛真人詩曰：老君清靜度人經，指出身中日月星。生死死生由自主，佛仙仙佛在心靈。

二十六、超脫品第二十四

眞常之道，悟者自得。得悟道者，常清靜矣。

注：真者落實也，常者中庸也，之者行持也，道者無極也。真常之道者，所言先天大道，乃為真道，三千六百旁門，乃為假道。真道者，正心修身之道也；假道者，索隱行怪之道也。悟者窮究也，自者定然也，得者領受也。悟者自

老子《道德經》養生之道

超脫圖

法身

純空無色

純陽仙象

超脫

陰陽人象

空色相合

人　身

純陰鬼象

空色俱無

死尸

得者，人能窮究性命，訪拜至人，指示修性修命之大道，返本還原之秘訣，方是悟者自得也。非是教你在紙上窮悟，可能得乎？

古云：達摩西來一字無，全憑心意用功夫。若要書中尋佛法，筆尖蘸乾洞庭湖。悟真篇曰：任君聰慧過顏閔，不遇明師莫強猜。皆此之謂也。

得悟道者，是善人積功累行，感動天心，明師相遇，低心求領大道，時常參悟其理，晝夜苦修其道，不可半途而廢，只待功果圓成，丹書下詔，脫殼飛升，方為了當。這才是：訪道、求道、得道、悟道、修道、守道、成道、了道。有此八字，大丈夫之能事畢矣。常清靜者，常為永遠，清為圓明，靜為安寧也。言道成德備，功圓果滿，陽神沖舉，三官保奏，仙童接引，過九霄，上玉京，見諸佛，謁上帝，會眾祖，朝金母。照功之大小，以定品級；依果之圓缺，而封天爵。仙衣綬帶，以榮其身；玉果瓊漿，以滋其腹。

三乘九品，依功而定；五仙八部，看果而贈。或居中天，或居西天，皆是極樂；或居三十六天，或居七十二地，盡為福地；或居三清，或

居十地，概屬清靜。高高低低，大大小小，依功定奪，毫無私屈。隨緣隨分，享受清靜之福，豈不美哉！豈不樂哉！不枉為人出世一場，這才是大丈夫，人上之人也。至此，則常清靜矣。

元始天尊贊曰：清靜妙經是上乘，修行男女可為憑。金科玉律相同契，九六乾坤冉冉升。

靈寶天尊贊曰：急尋清靜悟真空，收性回西莫轉東。採（發藥音）煉丹功果就，超凡脫竅謁蒼穹。

蓋大古佛贊曰：清靜寶經至妙玄，多蒙天一注成全。有人得會經中理，三教凡夫居寶蓮。

二十七、後　記

正一真人曰：惟有此經靈驗，有求必應。好善樂施之人，將此經刻印，廣布流傳，代天行化，有普救世人之心；保爾闔家清平，求子得子，求壽得壽，富貴功名，皆能有成；凡有災疾，無不感應。此刻彼印，彼刻此印，流傳天下而不已也。傳到一家奉行，神保一家清平；一縣奉行，一縣清平；天下奉行，則天下清平矣。

湖北黃州府黃陂縣，趙有仁父母，身染疾病服藥不效，將此經刻出印送一千部，父母病得全癒，更加福壽綿長。

陝西平利縣信士胡天德，身染疾病服藥無效，印送此經一千部，病得全癒。

江西信士李永讓，數考不進，見此經靈驗，刷印二千部，過考時送人，果然榜上得曰頭名。

信士張大德貿易折本，發心印送一千本後，果買賣如意，不但本銀復回，還得厚利。

信士李有義生子難育，發心印送二千本後，連生二子，

易長成人，功名顯達。

　　湖南朗江隱士陳日新，印送一千本，祈保天下清平。

第二節　道德經（崑崙山秘本）

總章：

　　道可恒道，非常恒道；名可恒名，非常恒名。

　　德可恒德，非常恒德；衡可恒衡，非常恒衡。

　　無名而名，天地之始；有名而名，萬物之母。

　　無衡而衡，尊德之初；有衡而衡，萬道之父。

第一章：

　　無欲觀妙，有欲觀徼；徼妙同出，異名同玄。

　　玄之又玄，眾妙之門；衡之又衡，萬靈之緣。

　　奧奧為玄，玄玄為道；道道為德，德德為衡。

　　精精為徼，徼徼為微；微微為妙，妙妙為靈。

第二章：

　　美之為美，善之為善；醜之為醜，惡之為惡。

　　有無相生，難易相成；高底相倒，上下相傾。

　　前後相隨，左右相稱；音聲相和，韻律相樂。

　　無為之事，不言而教；作而不辭，生而不有。

　　為而不恃，功成不居；是以不去，無名而歸。

　　聖人之美，在於華德；萬民之善，在於普道。

第三章：

　　若不尚賢，使民不爭；若不貴貨，使民不盜。

　　若不見欲，使心不亂；縱欲必狂，狂凶必亡。

　　虛心實腹，弱志強骨；美願健身，善意壯體。

民無知無，為無知為；為而無為，無不而為。

第四章：

道沖而用，或似不盈；道淨而為，或明而通。

淵兮湛兮，萬物之淙；湛兮淵兮，萬物之源。

挫銳解紛，去雜除亂；採精奪華，和光同塵。

第五章：

天地不仁，萬物為芻；聖人不仁，百姓為芻。

天地之間，猶如龠乎？虛而不出，動而愈出。

多言數窮，不如守中；優言佳語，道者尊也。

第六章：

道丹不亡，是謂德健；德健之庭，玄妙之源。

谷神不死，是謂玄牝；玄牝之門，天地之根。

綿綿若存，用之不勤；錦錦若循，使之不損。

萬事含道，適返而生；萬情含道，滋懷而育。

萬民含德，待機而發；萬物含德，應時而放。

天地有仁，萬物為聖；聖人有仁，萬民為神。

第七章：

大道甚遠，其存甚古；生天育地，莫可有始。

天長地久，不以自生；天乘地載，生而無終。

後身而先，外身而存；以其無私，故能成私。

善為道者，頂天立地；照耀萬物，故能成道。

第八章：

有為有法，無為無法；不為不法，所為所法。

真為真法，全為全法；道為道法，德為德法。

居善地利，心善胸淵；與善誠仁，言善語信。

政善統治，事善明智；靜善良辰，動善吉時。

上善若水，利而不爭；惟所不爭，故而無憂。

無憂長存，長存泰然；眾人之惡，故幾於道。

第九章：

　　懸而吊之，不可久處；高而舉之，不可久立。
　　崇而捧之，不可久情；尚而抱之，不可久懷。
　　持而盈之，不可其已；揣而銳之，不可常保。
　　金玉滿堂，莫能私守；富貴而驕，自遺其咎。
　　功成名遂，身而引退；修身處事，乃和天道。
　　是以聖人，省己察人；斂己利人，含道而去。

第十章：

　　載營抱一，能無離乎？專氣致柔，能無嬰乎？
　　滌除玄覽，能無疵乎？愛民治國，能無為乎？
　　天門開闔，能無雌乎？明白四達，能無知乎？
　　生而蓄之，生而不恃；長而不宰，是謂玄德。

第十一章：

　　輻拱其無，有車之用；埴埴其無，有器之用。
　　鑿戶其無，有室之用；有以為利，無以為用。
　　聖人善無，以其為重；萬民視有，以此為寶。
　　君子有道，以無重用；百姓有智，以有善利。

第十二章：

　　五色目盲，五音耳聾；五味口爽，五香心芳。
　　馳騁發狂，貴貨行妨；為腹除目，取此去彼。
　　聖人貴實，以利萬民；百姓虛華，以用萬物。

第十三章：

　　寵辱若驚，貴大患身；貴以天下，可寄天下。
　　愛以天下，可托天下；天下而涵，道之所養。
　　聖人廣親，萬民博愛；天下為家，道之普華。

第十四章：

視之不見，故名曰夷；聽之不聞，故名曰希。

揚之不損，故名曰精；搏之不得，故名曰微。

不可致詰，混而為一；其上不徼，其下不昧。

繩不可名，復歸無物；無狀之狀，無象之象。

玄奧實變，是謂恍惚；靈妙虛華，是謂恍惚。

迎不見首，隨不跟後；執古之道，以御今有。

能知古始，是謂道綱；善明今終，是謂道紀。

第十五章：

善為軍者，廣博神道；奧不可識，頑之為賓。

善為士者，微妙玄通；滌不可知，強之為客。

豫若涉川，猶若畏鄰；嚴若敬客，渙若釋冰。

敦兮若樸，曠兮若谷；渾兮若清，濁兮若淨。

清淨徐靜，安寧待動；保此道者，尚不欲盈。

夫惟不盈，故能新成；成就勤新，故能道成。

聖人善新，萬民玄成；百姓好勤，萬物大就。

君子秉天，百姓秉地；天公地私，道者守也。

第十六章：

敬致虛極，信守靜篤；萬物並作，予以觀復。

夫物芸芸，各復其根；歸根曰靜，靜曰復命。

復命曰常，知常曰明；不明妄作，妄作則凶。

知明乃容，容乃合公；公乃合王，王乃合天。

天乃合道，道乃合德；道成德就，故而永禱。

第十七章：

太上有德，天地晴靜；太上有道，人民神聖。

太上有理，萬物精明；太上有智，萬事亨通。

上者知有，人無所敬；次者親譽，民有所敬。

再者畏侮，信而不信；下者怒罵，反而有抗。
猶其貴言，功成名遂；百姓解畏，方為自然。

第十八章：

大道無廢，慈有仁義；智慧欲出，必有大偽。
六親不合，尚有孝慈；國家昏亂，尚有忠臣。
天下事大，莫於朝邦；天下事小，莫於身家。
聖人保朝，持邦為身；百姓護國，執鄉為家。

第十九章：

絕聖棄尊，利民萬倍；絕仁棄義，民復孝慈。
以武為文，故令所屬；見素抱樸，少私寡欲。
是以聖人，身立於民；無聖無尊，同於天地。
為人不驕，為事不狂；普華同等，載道樂俗。

第二十章：

絕學無憂，唯阿相和；至善無患，唯阿相處。
人之所畏，不可不畏；畏而敬之，是而無畏。
荒兮蕪兮，其未央哉；眾人熙熙，如享太牢。
蕪兮荒兮，如嬰胎焉；眾人攘攘，似登春台。
乘兮秉兮，我獨迫逃；眾人聚聚，若入愚心。
秉兮乘兮，我獨逍遙；眾人號號，使俠瀛洲。
窈兮寂兮，昏昏昭昭；寂兮窈兮，察察悶悶。
若忽若晦，似無所智；若頑若鄙，貴求於母。

第二十一章：

孔德之容，唯道是從；道之為物，唯恍唯惚。
其極無外，無外而在；其微無內，無內而存。
恍兮惚兮，其中有象；其象至宏，其宏極形。
惚兮恍兮，其中有物；其物至寵，其寵極雄。
杳兮冥兮，其中有精；其精至真，其真極信。

冥兮杳兮，其中有微；其微至妙，其妙極靈。

幽兮默兮，其中有亮；其亮至光，其光極芒。

默兮幽兮，其中有爛；其爛至輝，其輝極煌。

自古至今，其名不去；以閱眾甫，以此善哉。

古以德道，通於無極；今以道德，遍於無量。

第二十二章：

曲全枉直，窪盈敝新；少得多獲，抱一為天。

不自見明，不自是彰；不自伐功，不自矜長。

夫惟不爭，天下莫爭；委屈誠全，誠全道歸。

聖人明理，達事程全；全之求全，道之圓然。

第二十三章：

飄不終朝，漂不終日；希言自然，孰語善哉。

道者同道，德者同德；同道得道，同德得德。

天地以敬，萬神俱守；百姓以敬，萬民供資。

聖人明道，不辭天地；百姓達理，不絕萬物。

第二十四章：

跂者不立，跨者不行；自見不明，自是不彰。

自伐無功，自矜無長；其於道者，餘食贅行。

愛天樂地，循於天道；通理達情，惠於地道。

第二十五章：

有物混成，玄道而生；獨立不改，周行不殆。

寂兮寥兮，先天之父；其形健健，其狀康康。

寥兮寂兮，後天之母；其體剛剛，其態柔柔。

強名曰道，加字曰大；太大曰逝，太逝曰遠。

太遠曰邇，太邇曰返；返而則往，往而則返。

道大天大，地大人大；域中四大，人居極大。

人太地太，天太道太；領中四太，道尊極太。

人必法地，地必法天；天必法道，道法自然。

第二十六章：

善為重者，莫於泰山；善為輕者，莫於鴻毛。

善為明者，莫於日月；善為晴者，莫於斗辰。

善為靜者，莫於汪洋；善為燥者，莫於烈炎。

善為君者，莫於皇王；善為臣者，莫於公侯。

重為輕根，靜為躁君；輕則失臣，躁則失君。

君子終行，不離輜重；雖有榮觀，燕處超然。

是以聖人，敬天愛民；慈心開懷，博愛萬物。

天藏地遁，與神同等；普華萬民，道者德也。

第二十七章：

善行無跡，善言無謫；善計無策，善算無劃。

善閉無開，善展無放；善斂無收，善觀無察。

善易不卜，善卦不占；善數不讀，善韻不詞。

常善救人，故無人棄；常善救物，故無物棄。

善人為師，惡人為資；不愛其師，如遇大迷。

不貴其資，雖智不慧；是為襲明，是為要妙。

聖人明道，尊師愛資；信迷仰慧，是為道通。

第二十八章：

知雄守雌，為天下溪；常德不離，復歸嬰兒。

知白守黑，為天下式；常德不忒，復歸無極。

知榮守辱，為天下谷；常德不足，復歸素樸。

樸散為器，則為官長；聖人之用，大制不割。

聖人樂天，豪放萬民；百姓樂地，普華萬物。

君子之道，是為道光；庶人之道，是為道華。

第二十九章：

將欲天下，為而不得；天下神器，不可狂為。

狂者亡之，枉者敗之；執者失之，持者損之。
或行或隨，或噓或吹；或強或羸，或載或墮。
聖人用事，慎者為重；除甚除奢，去安去泰。
君子之道，泰者道立；庶人之道，安者道穩。

第三十章：

以道佐主，其主自貴；以德華民，其民自強。
師之所處，荊棘生焉；大軍之後，必有凶年。
故善事者，不敢強取；勿矜勿伐，勿驕勿狂。
道佐兵強，其事好成；主貴民尊，其事好做。

第三十一章：

夫佳兵者，不祥之器；道者不處，君子惡之。
君子貴左，用兵貴右；偏將處左，主將處右。
吉事尚左，凶事尚右；以悲哀泣，以喪言禮。
是以殺人，不可得民；恬淡為上，勝而不美。
是以聖人，貴民得上；愛民如母，以為天德。

第三十二章：

道常無名，天地非臣；王侯若守，萬物自賓。
天地相合，以降甘露；君民相和，天下自治。
人而自君，始制有名；知之所名，施道天下。
猶如江海，在道若谷；同天如地，尚德禧俗。

第三十三章：

恩人者聖，自恩者願；惠人者慈，自惠者善。
忍人者能，自忍者耐；讓人者宏，自讓者寬。
觀人者慧，自觀者照；察人者聰，自察者晶。
知人者智，自知者明；勝人者力，自勝者強。
知足者福，強行者志；其所者久，永生者壽。

第三十四章：

大道汎兮，其可左右；萬物恃立，生而不辭。

愛養萬物，為而不主；無欲名小，萬物名大。

愛贍萬民，為而不王；惟我為小，萬民為大。

聖人功成，不為有名；終不為大，故能成大。

君子道成，其名不揚；奉天孝地，道者貴也。

第三十五章：

得天待地，萬象奇新；得人待民，億氣祥禎。

銳孔之眼，天地明象；針尖之點，天地曉位。

若執大象，天下必往；往而不害，安定平泰。

樂與施餌，過客欲止；道之出口，淡其無味。

視之不見，聽之不聞；使之不既，用之不勤。

是以聖人，貴天貴地；尊人尊民，是為道親。

第三十六章：

道者奇之，其形不類；德者奇之，其貌不比。

將斂必張，將弱必強；將廢必興，將奇必正。

以柔勝剛，以弱勝強；魚不離淵，龍不脫澳。

國之銳器，不可示人；以此永盛，是謂微明。

第三十七章：

太德棄德，是以尊德；大德丟德，是以貴德。

上德無德，是以有德；下德持德，是以無德。

太德全為，大德真為；上德無為，下德有為。

太仁綜為，大仁所為；上仁不為，下仁而為。

道而後德，德而後仁；德為道華，仁為道精。

第三十八章：

夫大道者，至公之精；故大德者，至私之華。

道常無為，無為自華；為而無為，萬物自歸。

華而欲作，無名之樸；歸而欲鎮，無名之素。

無名樸素，欲將以靜；晴靜而為，天下自整。

第三十九章：

道者貴一，造化之精；德者尊一，華華之妙。

天得一晴，地得一寧；人得一禱，神得一靈。

谷得一盈，物得一生；皇得一中，王得一整。

貴以賤本，尊以鄙根；高以底礎，上以下基。

皇王自孤，公侯自鄙；璓璓如玉，珞珞如石。

第四十章：

夫大道者，自玄自妙；自恩自惠，自健自強。

返者道動，弱者道用；逆者道進，順者道退。

物生於有，有生於無；無為道初，有為道始。

萬物居道，優生佳華；天栽地培，是為道晉。

第四十一章：

大士聞道，做而修之；上士聞道，勤而行之。

中士聞道，若存若亡；下士聞道，大笑大怒。

明道若昧，進道若退；夷道若類，希道若聚。

泰德若辱，修德若谷；廣德若欠，建德若偷。

大方無隅，大器晚成；大音希聲，大象無形。

德眞若渝，道隱無名；唯善道成，唯功善德。

君子善德，以利萬民；聖人善德，以利百姓。

百姓善德，以利萬物；萬民善德，以利眾生。

第四十二章：

道生玄一，一生玄二；二生玄三，三生萬物。

員陰抱陽，沖氣以和；天地交泰，萬物艸華。

員陽抱陰，正氣以秀；天地華育，萬物優美。

人之所惡，王公為稱；民之所懷，萬物為科。

損之而益，益之而損；人之所教，以為教父。

第四十三章：

天下至極，敗於至微；侵之無備，襲之無兆。

天下至柔，馳騁至堅；入乎無間，出乎無隙。

無為有益，不言之教；不為之益，天下希之。

是以聖人，貴極尊微；成以極極，就於微微！

第四十四章：

名身孰親，體貨孰多；甚愛必費，多藏必亡。

知足不辱，知止不殆；方可長久，故能永存。

是以聖人，貴身疏名；貴體疏貨，愛道藏德。

第四十五章：

大成若缺，其用不弊；大盈若沖，其用不窮。

大直若曲，其用不折；大巧若拙，其用不笨。

大辯若訥，其用不諱；大論若詁，其用不詐。

躁勝寒冷，靜勝炎熱；晴精仲整，天下自統。

第四十六章：

天下有德，萬民以勤；天下失德，萬民以亂。

天下有道，走馬以糞；天下無道，戎馬生郊。

罪大可欲，禍大不足；災大貪圖，咎大欲得。

第四十七章：

不出門戶，遍知天下；不窺窗牖，預見天道。

其出彌遠，其知彌少；不行而知，不見而名。

不作貴賓，即可利民；不作尊主，施發天德。

其貴不作，大貴越多；其尊不作，大尊越聖。

第四十八章：

為學日益，為道日徇；徇之又徇，以至無為。

無為而為，天下禧事；有其禧事，以取天下。

第四十九章：

聖人無心，百姓為心；聖人無意，百姓注目。

善者善之，德者德之；善信信善，德信信德。

聖人含德，天地發仁；百姓含德，社稷發義。

萬民含德，待機而發；萬物含德，應時而放。

第五十章：

出生無死，生生之厚；有生無亡，華華之愛。

聖人有德，萬民無死；百姓有德，萬物不亡。

聖人喜天，萬民樂地；百姓華道，萬物普天。

第五十一章：

道生德蓄，物形成勢；德生道華，惟象命革。

生而不有，為而不恃；長而不宰，是謂玄德。

尊道貴德，常而自然；行道尚德，自然而然。

第五十二章：

先天為始，始而無始；後天為母，母而有母。

既明其始，既悟其母；既得其母，即知其子。

既用其子，復守其母；既衛其始，沒有不殆。

塞兌閉門，終身不勤；開兌濟事，終身不救。

見小曰明，守柔曰強；開光復明，無遺身殃。

通陰達陽，是為侑道；知實明虛，是為侑德。

通道明道，通德明德；此為奇智，神慧襲常。

故弄玄妙，是為道神；善解妙玄，是為德祥。

第五十三章：

介然有智，行於大道；大道甚玄，民甚好徑。

朝田荒蕪，倉虛鍋盡；厭飲惡食，是謂道乞。

財貨有餘，唯威施畏；是謂道侉，非真道德。

聖人明道，道用無窮；庶人明道，用道廣大。

百姓樂道，萬物並優；萬民樂道，萬物精美。

第五十四章：

善為道者，建而不拔；抱而不脫，祀而不輟。

修身德眞，修家德餘；修鄉德長，修國德豐。

修天德普，修道德華；以身觀家，以鄉觀國。

以地觀天，以道觀德；以德注世，天下善哉。

第五十五章：

抱道之寬，同於玄母；含德之厚，比於赤子。

毒蟲不螫，惡龍不觸；猛獸不據，攫鳥不搏。

軟骨柔筋，常而握固；至精眞炁，永生禧祥。

幼者善道，道之老也；老者善道，道者幼也。

第五十六章：

智者不言，言者不智；若不言智，是謂玄同。

塞兌閉門，挫銳解紛；和光同塵，為天下貴。

聖人不言，君子不語；以身而為，道者啓也。

第五十七章：

以正治國，以奇用兵；以法利地，以象取天。

天下多忌，民而彌貧；天下多諱，民而越窮。

王多利器，國家滋昏；人多技巧，奇物滋起。

法多彰令，盜賊滋擾；官多迫壓，國民滋抗。

無為自華，無事自富，無奢自整，無欲自樸。

第五十八章：

其政悶悶，其民淳淳；其政察察，其民缺缺，

福禍所倚，禍福所伏；熟智其極，無其正邪。

善正為奇，復奇為邪；民迷其久，必有所暴。

方而不割，廉而不劌；亮而不肆，光而不耀。

聖人照民，不迷其心；道心大明，此為德輝。

第五十九章：

治人事天，是謂早服；從道積德，是謂無為。

莫知其極，可以有國；有國之母，可以長久。

深根固蒂，可以長生；長生久真，道德長存。

第六十章：

道蒞天下，其神不神；德蒞天下，聖人同民。

道德相和，天地尊民；天地相和，神鬼敬物。

互為相和，道之交焉；互為相往，德之歸焉。

第六十一章：

天下交牝，以靜勝牡；以靜待動，以動制靜。

天地孕靜，萬物育動；動靜相應，各得其所。

天地旋轉，日月輝煌；百姓做作，萬物優美。

第六十二章：

夫大道者，天地之澳；故大德者，萬道之寶。

美言以市，尊行加仁；天地所敬，王侯所恭。

是以聖人，以道治世；以德理民，此為德尚。

第六十三章：

天為吉事，報怨以德；地為善事，加情盡義。

圖難其易，為大知小；得成其敗，總統明細。

輕諾失信，重訟必衷；聖人猶難，終成無難

第六十四章：

其安易持，未兆易謀；其脆易破，其微易散。

為之未有，治之未亂；法之未作，理之未成。

合抱之木，生於毫毛；九層之台，起於細土。

千里之行，始於足下；萬海之航，終於手上。

妄為者敗，強持者失；無為無敗，無持無失。

慎終如始，則無敗事；以輔萬道，自然而德。

第六十五章：

以道明民，以慧理人；常智楷式，是謂玄德。

以德照天，以道普地；常覓模忒，是謂玄衡。

聖人有道，以民為天；以物為地，是謂玄道。

君子有德，以慈恩人；以悲惠物，是謂玄名。

第六十六章：

大海汪洋，以其善下；下而愈下，極下不下。

泰山巍峨，不辭微埃；微埃積塵，基於大地。

聖人欲上，以其言下；君子欲貴，不鄙凡民。

處人不重，用人不害；以其不爭，莫能與爭。

是以聖人，位尊泰山；身鄙汪洋，是謂道精。

第六十七章：

夫大道者，其德細也；吾有巨寶，保而持之。

一慈二儉，三穩四重；審勢察明，不枉為先。

以戰則勝，以守則固；天神保護，地神佐佑。

聖人慈儉，萬民鞠躬；君子穩重，百姓盡垂。

是以聖人，忠心天下；萬民為孝，此為道泰。

第六十八章：

善鬥不武，善戰不怒；善待不徼，善勝不爭。

用人之力，是謂配天；啟人之慧，是謂得天。

是以聖人，藏武息怒；以待而勝，是為道統。

第六十九章：

用兵至言，為客而退；禍於輕敵，輕敵喪寶。

抗兵相加，哀者必勝；兩軍對峙，慎者必利。

聖人之勝，哀其萬民；君子之利，慎其百姓。

第七十章：

易知易行，天下有宗；夫惟無知，是以我知。

知我者希，則我者貴；是以聖人，被褐懷玉。

第七十一章：

知不知尚，不知知病；夫惟病病，是以不病。

聖人不病，以病利病；是以不病，然而無病。

第七十二章：

民不畏威，剛威柔勇；民不怕凶，智敢慧猛。

無狎民居，民無所慎；無厭民生，民無所怒。

夫惟不厭，是以無阿；自知自明，自愛自尊。

第七十三章：

狂猛者殺，智勇者活；或利或害，天之所惡。

不爭善勝，不言善應；不取自至，不召自來。

憚然善謀，繡哉善計；天網恢恢，疏而不失。

聖人善謀，百姓善計；謀利計活，是為道滋。

第七十四章：

民不畏死，何以死懼；民常畏死，天下怪者。

執剎熟敢，司剎常敢；妄剎狂斫，必有自傷。

聖人理世，治而不剎；民以待用，是以道備。

第七十五章：

稅多民饑，官多世亂；民饑輕死，是以難治。

求生之厚，民以安生；謀賢之惠，民以貴活。

是以聖人，重民輕官；世之長安，此為道和。

第七十六章：

民生柔弱，其死堅強；草木柔脆，其死枯槁。

堅強生徒，柔韌活徒；強大處下，柔弱處上。

聖人治世，用堅使柔；啟韌發強，此為道廉。

第七十七章：

夫天之道，猶強弓乎？高者仰之，下者舉之。

餘者損之，欠者補之；為而不恃，功成不處。

聖人之德，含天納地；台舉萬民，是為道均。

第七十八章：

柔弱於水，堅強莫勝；以柔剋剛，以弱勝強。

正言若反，奇語若抗；善覺好悟，道者慧也。

受國之垢，社稷之主；受國不祥，天下為王。

是以聖人，載道參天；稟德普地，是為道理。

第七十九章：

和大余恕，安可為善；執契不責，有德司約。

無德司徹，天道無親；常與善人，無親而親。

是以聖人，道成德就；同於萬民，是為道仁。

第八十章：

廢王之尊，利民萬倍；大邦分治，小國寡民。

百姓同尊，萬民俱富；甘食美服，安居樂俗。

聖人之道，代天普華；萬民以尊，是以德尊。

第八十一章：

信言不美，美言不信；善者不辯，辯者不善。

智者不博，博者不智；與人愈有，為人愈多。

萬民之道，忠信君主；萬物之道，忠信人主。

天地之道，利而不害；聖人之道，為而不爭。

萬民之德，普於天地；萬物之德，華於人民。

天地之德，普華眾生；聖人之德，教化萬民。

萬物之道，同於玄道；玄道之德，同於道衡。

萬民之道，同於道德；道德之衡，同於德衡。

第三節　《太上老君內觀經》

　　老君曰：天地媾精，陰陽布化，萬物以生，承其宿業，分靈道一，父母和合，人受其生。始一月為胞，精血凝也；二月為胎，形兆胚也；三月陽神為三魂，動而生也；四月陰靈為七魄，靜鎮形也；五月五行分藏，以安神也，八月六律定府，用滋靈也；七月七精開竅，通光明也；八月八景神具，降真靈也；九月宮室羅布，以定精也；十月氣足，萬象成也，元和哺食，時不停也。

　　太一帝君在頭，曰泥丸君，總眾神也；照生識神，人之魂也，司命處心，納生元也，無英居左，制三魂也，白元居右，拘七魄也；桃孩住臍，深精根也；照諸百節，生百神也，所以周身，神不空也；元氣入鼻，灌泥丸也；所以神明，形固安也；運動住止，關其心也，所以謂生，有由然也。予內觀之，歷歷分也。心者禁也，一身之主，心能禁制，使形神不邪也。心則神也，變化不測，故無定形。

　　所以五藏藏五神：魂在肝，魄在肺，精在腎，志在脾，神在心。所以字殊，隨處名也。心者火也，南方太陽之精，主火，上為熒惑，下應心也。色赤，三葉，如蓮花，神明依泊，從所名也，其神也，非青非白，非赤非黃，非大非小，非短非長，非曲非直，非柔非剛，非厚非薄，非圓非方，變化莫測，混合陰陽，大包天地，細入毫芒，制之則正，放之則狂，清淨則生，濁躁則亡，明照八表，暗迷一方，但能虛寂，生道自常，永保無為，其身則昌也。以其無形，莫之能名，禍福吉凶，悉由之矣。所以聖人立君臣，明賞罰，置官

僚，制法度，正以教人。人之難伏，唯在於心，心若清淨，則萬禍不生。

所以流浪生死，沉淪惡道，皆由心也。妄想憎愛，取捨去來，染著聚結，漸自纏繞，轉轉繫縛，不能解脫，便至滅亡，猶如牛馬，引重趣泥，轉增陷沒，不能自出，遂至於死，人亦如是。始生之時，神清靜，湛然無雜，既受納有形，形染六情，眼則貪色，耳則滯聲，口則耽味，鼻則受馨，意懷健羨，身欲肥輕，從此流浪，莫能自悟，聖大慈念，設法教化，使內觀己身，澄其心也。

老君曰：諦觀此身，從虛無中來，因緣運會，積精聚氣，乘華降神，和合受生，法天象地，含陰吐陽，分錯五行，以應四時，限為日月，發為星辰，眉為華蓋，頭為崑崙，布列宮闕，安置精神，萬物之中，人最為靈，性命合道，當保愛之。內觀其身，惟人尊焉，而不自貴，妄染諸塵，不淨臭穢，濁辱形神，熟觀物我，何疏何親，守道長生，為善保真，世愚役役，徒自苦辛。

老君曰：從道受生謂之命，自一稟形謂之性，所以任物謂之心，心有所憶謂之意，意之所出謂之志，事不知謂之智，智周萬物謂之慧，動而營身謂之魂，靜而鎮形謂之魄，流行骨肉謂之血，保神養氣謂之精，氣清而快謂之榮，氣濁而遲謂之衛，總括百骸謂之身，眾象備見梢之形，塊然有閡謂之質，狀貌可則謂之體，大小有分謂之軀，眾思不測謂之神，邈然應化謂之靈，氣來入身謂之生，神去於身謂之死，所以通生謂之道，道者有而無形，無而有情，變化不測，通神群生，在人之身，則為神明，所謂心也，所以教人修道，則修心也；教人修心，則修道也。道不可見，因生而明之，生不可常。用謒以守之。若生亡則道廢，道廢則生亡，生道

合一，則長生不死，羽化神仙。人不能長保者，以其不能內觀於心。內觀不遺，生道長存。

老君曰：人所以流浪惡道、沉淪滓穢，緣六情起妄，而生六識，六識分別，繫縛憎愛，去來取捨，染著煩惱，與道長隔，所以內觀六識，因起六欲。識從何起？識自欲起。欲從何起？欲自識起。妄想顛倒，而生有識，亦曰自然，又名無為，本來虛靜，元無有識，有識分別，起諸邪見，邪見既興，盡是煩惱，輾轉纏縛，流浪生死，永失於道矣。

老君曰：道無生死，而形有生死，所以言生死者，屬形不屬道也。形所以生者，由得其道也；形所以死者，由失其道也，人能存生守道，則長存不亡也。

老君曰：人能常清淨其心，則道自來居，道自來居，則神明存身，神明存身，則生不亡也。人常欲生，而不能虛心，人常惡死，而不能保神，亦由欲貴而不用道，欲富而不求寶，欲速而足不行，欲肥而食不飽也。

老君曰：道以心得，心以道明，心明則道降，道降則心通，神明之在身，猶火之因厄也。明從火起，火自炷發，炷因油潤，油藉厄停，四者若廢，明何生焉？亦如明緣神照，神托心存，心由形有，形以道全，一物不足，明何依焉？所以謂之神明者，眼見耳聞，意知心覺，分別物理，細微悉知，由神以明，故曰神明也。

老君曰：虛心者，遣其實也，無心者，除其有也，定心者，令不動也；安心者，使不危也，靜心者，令不亂也，正心者，使不邪也，清心者，使不濁也，淨心者，使不穢也。此皆已有，令使除也。四見者：心直者，不反覆也；心平者，無高低也，心明者，不暗昧也，心通者，無窒礙也。此皆本自照者也。粗言數者，餘可思也。

老君曰：知道易，通道難，通道易，行道難，行道易，得道難；得道易，守道難。守而不失，乃常存也。

老君曰：道也者，不可言傳口受而得之，常虛心靜神，道自來居。愚者不知，勞其形，苦其心，役其志，躁其神，而道愈遠，而神愈悲。背道求道，當慎擇焉。

老君曰：道貴長存，保神固根，精氣不散，純白不分，形神合道，飛升崑崙，先天以生，後天以存，出入無間，不由其門，吹陰煦陽，翩魄拘魂，億歲眷屬，千載子孫，黃塵四起，騎羊真人，金堂玉室，送故迎新。

老君曰：內觀之道，靜神定心，亂想不起，邪妄不侵，周身及物，閉目恩尋，表裏虛寂，神道微深，外觀萬境，內察一心，了然明靜，靜亂俱息，念念相繫，深根寧極，湛然常住，杳冥難測，憂患永消，是非莫識。

老君曰：吾非聖人，學而得之，故我求道，無不受持，千經萬術，惟在心也。

【按】

此經實為一篇簡明的道家養生生理學綱要，從人的懷胎出生，到精神情志活動，都一一加以論述，並認為精神活動在人的健康中占主導地位，有保神固根、精氣不散，才能益壽強身。指出內觀的要領是：「靜神定心，亂想不起，邪妄不侵，周身及物，閉目思尋，表裏虛寂，神道微深。」只有這樣，才能真正入靜。

經中論述情志活動的部分，與中國醫學的經典著作《黃帝內經‧靈樞》義理相通，《靈樞‧本神》謂「生之來謂之精，兩精相搏謂之神，隨神往來者謂之魂，並精而出入者謂之魄，所以任物者謂之心，心有所憶謂之意，意之所存謂之志，因志而存變謂之思，因思而遠慕謂之慮，因慮而處物謂

之智。故智者之養生地，必順四時而適寒暑，和喜怒而安居處，節陰陽而調剛柔，如是則僻邪不至，長生久視。」兩者互參，可以加深理解。

第四節　《老子説五廚經》

唐·尹愔注

東方一氣和泰和，①得一道皆泰，②和乃無一和，③玄理同玄際。④南方不以意思意，⑤亦不求無思，⑥意而無有思，⑦是法如是持。⑧北方莫將心緣心，⑨還莫住絕緣，⑩心在莫存心，⑪真則守真淵。⑫西方修理志離志，⑬積修不符離，⑭志而不修志，⑮已業無己知。⑯中央諸食氣結氣，⑰非諸久定結，⑱氣歸諸本氣，⑲隨取當隨泄。⑳

【注】

①一氣者，妙本沖用，所謂元氣也。沖用在天為陽和，在地為陰和，交合為泰和也。則人之受生，皆資一氣之和，以為泰和，然後形質具而五常用矣。故老子曰：萬物負陰而抱陽，沖氣以為和也。則守本者當外絕二受，以全生分，記憶體一氣，以和泰和，泰和和一而性命全矣。故老子又曰：專氣致柔，能如嬰兒乎。

②得一者，言內存一氣以養精神，外全形生以為車宅，則一氣沖用，與身中泰和和也，故云得一。如此則修生養神之道，皆合於泰和矣。故老子曰：萬物得一以生。

③言人初稟一氣，以和泰和，若存和得一，則和理皆泰，至和既暢，非但無一，亦復無和，不可致詰，如士委

地。故老子曰：吾不知其名。

④玄，妙也。理，性也。此言一氣存乎中而和，理出其性，性修反德，而妙暢於和，妙性既和，則與玄同際。故老子曰：同謂之玄。

⑤意者，想受也。存一氣以和泰和者，慎勿存想受，以緣境識，當凝神湛照，令杳然空寂，使和暢於起念之前，慧發於忘知之後，瞻彼闋者，虛室生白，則吉祥止矣。若以意思意，意想受塵，坐令焚和，焉得生白？故老子曰：塞其兌，閉其門，終身不勤。

⑥但不緣想受，則自發慧照，慧照之發，亦不自知，若知求無思，即涉想受，與彼思意等無差別。故老子曰：無名之樸，亦將不欲。

⑦意無有思，記憶體一氣，但令其虛，虛即降和，和理自暢，則不緣想受納和，強假意名，既非境識所存，是以於思無有。故老子曰：用其光，復歸其明。

⑧如是記憶體泰和，泰和之法和暢，則是法皆遣，遣法無住，復何所持，以不持為持，故云是法如是持也。

⑨心者，發慧之質，想受之器也。正受則發慧，邪受則生想。言人若能氣和於中，心正於內，內照清淨，則正慧湛然，鑒明而塵垢不上，淵澄而萬象俱見。見象無主，謂之常心，若以心得心，緣心受染，外存諸法，內無慧照，常心既喪，則和理亦虧矣。故莊子曰：得其心，以其心，得其常心，物何為最之哉。

⑩夫以心緣心，則受諸受，若正受生慧，自得常心，慧心既常，則子正無受，何等為緣，既無緣心，亦無緣絕，湛然常寂，何所住乎？故老子曰：損之又損之，以至於無為也。

⑪ 慧照湛常，則云心存，心忘慧照，故曰莫存，既不將而不迎緣心，則無絕而無住矣。

⑫ 真者，謂常心慧照，清淨不雜也。若湛彼慧源，寂無所染，既無知法，亦無緣心，則泰和含真，本不相離，故云守爾。

⑬ 理者，性也。志者，心有所注也。若絕外境受此，絕內性受也。言修性者，心有所注。心有所注，但得遍照，外塵已絕，境識無住，離形去智，同於大通，性修反初，圓照無滯，內外俱靜，玄之又玄，則離於住想矣。

⑭ 上令修性離志，則內外俱寂，無起住心，亦無空心，坐忘行忘，次來次滅，若積修習，不能忘泯，起修一念，發引千鈞，內照既搖，外塵成起，則與彼離志不相符合矣。

⑮ 若心無所注，則何出漸晤，必因所注而得定心，心得歊雲志也。不修志者，明離志而不積修，忘修而後性定，則寂然圓照矣。

⑯ 圓心注而慧業清淨，故云己業。內忘諸己，外忘諸物，於慧照心無毫芒用，則於己業自亦忘知，故云無己知也。

⑰ 夫一氣凝結，以和泰和，和一皆泰，則慧照常湛。今曰納滋以充五藏，身聚泡沫，以載其形，生者受骸於地，凝濕於水，稟熱於火，持息於風，四緣結漏，皆非妙質，故淄涅一氣，昏汨泰和，令生想受識動之弊穢矣。

⑱ 言人當令泰和，捨一無所想受，守真堪常，則與泰和合體。今以諸食結氣，故非久定結也。

⑲ 四緣受識，六染生弊，地水火風，散而歸本，根識既染，則從所受業炱。

⑳ 取者，受納也。泄者，發用也。夫想有二受，業有二

應，隨所受納，發用其徵。若泰和和一，則一氣全和，致彼虛極，謂之復命，復命得常，是名正受，正受淨業，能生慧照，慧照湛常，一無所有，則出入無間矣。不者，則食氣歸諸四緣，業成淪於六趣。

【按】

此經以道家「清淨無為」的宗旨，來闡述道家養生之道的機理，並指出氣功的最高境界是「一氣和泰」，只有一氣和泰，才能長保天命。

經注作者尹愔，唐代開元年間（713—741）京肅明觀道士，學識淵博，尤精老莊之學，旁及梵典，是一位著名的道教學者。唐玄宗崇尚道教，召對稱旨，拜諫議大夫、集賢院學士，固辭不起。後許以道士服視事，才就職。專領集賢史館圖書。研讀此經有年，領悟頗多，認為「此經五章，盡修身衛生之要。全和合一，精義可以入神，坐忘遺照，安身可以崇德」（《老子說五廚經注序》），故為作注。其注出入老莊，兼參佛家，融會貫通，多所闡發。注成，子開元二十三年十二月進呈御覽。

至於此經為何以「五廚」命名，尹愔的解題極為清楚：「夫存一氣和泰，則五藏充滿，五神靜正。五藏充則滋味足，五神靜則嗜欲除，則此經是五藏之所取給，如求食於廚，故云五廚爾」。

第五節　《太上老君日用妙經》

夫日用者，飲食則定，禁口獨坐，莫起一念，萬事俱忘，存神定意，口唇相黏，牙齒相著，限不視物，耳不聽

聲，一心內守，調息綿綿，微微輕出，似有如無，莫教間斷，自然心火下降，腎水上升，口內甘津自生，靈真付體，自知長生之路。十二時辰，常要清淨，靈台無物為之清，一念不起為之靜，身是氣之宅，心是神之舍，意行則神行，神行則氣散，意住則神住，神住則氣聚。

五行真氣，結成刀圭，自然身中有聲，行處坐臥，常覺身體如風之行，腹內如雷之鳴，沖和氣透，醍醐灌頂。自飲刀圭，耳聽仙音，無弦之曲，不撫而自聲，不鼓而自鳴。神氣相結，如男子懷孕，得觀內境，神自言語，是虛無之宅，與聖同居。煉就九轉，結成大丹，神自出入，與天地齊年，日月同明，脫離生滅矣。每日休教有損失，十二時辰，常要清靜，氣是神之母，神是氣之子，如雞抱卵，切要存神養氣，能無離乎妙哉！玄之又玄。人身中有七寶事，為富國安民，精氣血滿也。

精是水銀，血是黃金，氣是美玉，髓是水晶，腦是靈砂，腎是硨磲，心是珊瑚，此是七寶，歸身不散，煉就大藥，萬神盡登仙矣。

【按】此經介紹的道家內丹養生之道，重在修煉，指出修煉道家內丹人身七寶為精、血、氣、髓、腦、腎、心，於臟腑中特別重視心與腎，頗有深意。因為心有真汞，腎有真鉛，內丹的修煉就是要使真鉛制住真汞，按法烹煉，逐漸抽鉛添汞，待其交為純陽之體，則內丹大功告成，自然益壽延年。

第六節 《太上老君枕中經》

老君曰：大道無形，常居杳冥，隨機化物，以應精誠，子能寂念，受吾真經，能受持者，口淨神清，然後誦之，萬惡不生，可以治病，可以延齡，百邪不干，群妖束形。所以然者，一切有情，受吾真經，乃得長生，今更於中，苦練身形，常淨三業，澄止六情，自然五神守護，三一長存，坐臥安穩，魂魄康寧。且夕兩時，三遍誦經，耳聰目明，身強體輕，一如後文，子當諦聽。

老君曰：子等身中有三萬六千神，左三魂，右七魄，身有千二百形影，體有萬二千精光，五臟六腑二十四神，長存念之，勿令離身，有病三呼，即降其真。

老君曰：子欲過度三災九厄，應作是言，我以天為父，地為母，吾居其中，常如赤子，日為功曹，月為主簿，雷公使者在吾左右，風伯雨師在吾前後，六甲直符，周匝圍繞，青龍扶吾左，白虎侍吾右，朱雀導吾前，玄武從吾後，北斗覆吾頭，天罡指吾手，騰蛇在吾足，為吾滅殃咎：吾居丹房中，太一為吾偶，左三右七，戴九履一，二四為吾肩，六八為吾足，吾居中宮，以為腹實，今敕千鬼萬神，各還本鄉，當吾者死，背吾者亡，速出奔進，隱匿深藏，天丁力士，斬滅不祥，急急如律令。

老君曰：臨臥之時，當出四獸自衛其身，青龍從吾肝出在吾左，白虎從吾肺出在吾右，朱雀從吾心出在吾前，玄武從吾腎出在吾後，汝等四獸，磨牙礪齒，在吾左右前後，辟除眾邪妖鬼，不得妄來於吾玉房，令吾坐臥安穩，無惡夢

想，急急如律令。

老君曰：都念既畢，即當還神，肝主藏魂，肺主藏魄，心主藏神，脾主藏意，腎主藏精，青龍還吾肝，朱雀還吾心，白虎還吾肺，玄武還吾腎，黃龍鎮吾脾，以為腹實，眾邪惡鬼，不得下居，急急如律令。

老君曰：還神既訖，即鳴天鼓三十六通，咽液三十六過，即閉氣，從一至十，心暗數之，滿九便止，當存心中赤氣從口而出，狀如火光，輪行四布，周遍室中，定即內想，自然安寢。其中常能如此，永無疾患，千災萬魅，莫或敢干，與道合真，長生久視，子孫昌樂，富貴日興，金車入門，仕宦高遷，祿位三公，心忠志孝，輔弼帝君，急急如太上女青詔書律令。

【按】

本經的全稱為《太上老君玄妙枕中內德神咒經》。此經的養生之道，以存想五臟神護身，結合鳴天鼓及咽液法，動靜結合，動中用靜，靜中用動，當係淵源於《黃庭經》而加以簡化改變者。

「急急如律令」一語，係道教所獨有，往往用在召神拘鬼的符咒末尾，表示要鬼神立即執行這法律一樣的命令。「如律令」是漢代公文的常用語，後來道教加以利用而產生這種形式。另一種說法是「律令」為鬼名，能夠行走如飛，則含義便為要像律令那樣迅速了。

第八章

易道名家唐明邦論　老子《道德經》與道家養生要訣

【易道名家唐明邦簡介】

1925年1月23日生，重慶市忠縣人，武漢大哲學系教授。原中國哲學史學會理事、中國周易研究會會長，東方國際易學研究院學術委員，湖北省道教學術研究會會長，中國周易學會顧問。1958年北京大學哲學系畢業。主要研究方向：中國哲學、道教文化、周易。主講中國哲學史，中國辯證法史、易學源流舉要、隋唐道教、中國古代哲學名著選讀。

第一節　老子《道德經》與道家養生要訣

中國道家與道教遵循老子「深根固蒂，長生久視」的理想，以長生成仙為修道歸宿。在世界宗教史上，獨樹一幟。其修道準則，不只具有宗教意義，亦適合民眾養生之道。道家、道教倡導的修道養生原理，自成體系，獨具特色。歷代高道大德各有會心，然基本要領則大體相同。舉其大要，約為四端。

一、養性貴守和

養生之道，首重養性。修身養性，為儒學宗旨，道家、道教亦特別重視。人性各別，均非先天造就，有賴個人修養。性非一成不變，可以磨練改鑄。道家言性，一不主性善，二不主性惡，倡導養性守和。

《老子道德經》云：「萬物負陰而抱陽，沖氣以為和。」（第二十四章）陰陽調和萬物化生，不和則枯槁而死。人體陰陽調和則機能旺盛，不和則難免生病，心平氣和，乃道家倡導的處世宗旨。守和，作為社會準則，旨在調和人際關係，遇事對人謙和，與人為善，不遇事逞強，動輒金剛怒目。《老子道德經》主張：「天之道，利而不害；聖人之道，為而不爭。」（第八十一章）「夫唯不爭，故無尤。」（第八章）均教人利他而不利己，慈讓而不爭雄，心地平和，利人為樂，故無怨尤。《老子道德經》尤其倡導「玄同」，「挫其銳，解其紛，和其光，同其塵，是謂玄同。」（第五十六章）意是說，挫掉剛猛之銳氣，不溺於紛爭；解除私慾之煩擾，不執著於得失，不妒賢嫉能，不趨名競利，忘人忘我，不遣是非，不慕榮華，不計侮辱，合於大道，是為玄同。玄同者，和之至也。為人處世當以玄同為準則，不應以執物為能事。執拗之人，爭強好勝，刻薄寡恩，幸災樂禍，到頭來只會落得形影相弔，自取煩惱。完全違背《老子道德經》所謂：「執大象，天下往。往而不害，安平泰。」（第三十五章）的崇高思想。

《老子道德經》提倡治國養生得三原則，「去甚、去奢、去泰」（第二十九）以之治國，則不勞民，不聚斂，不黷武，以求民安、國泰，天下平；以之養生，則不剛不柔，

不務浮華，不事紛爭，做到身安、心平、體泰。《易傳》同樣主張：乾道變化，各正性命，保合太和，乃利貞。」（《彖上·乾》）足見《易傳》同《老子道德經》思想相通，無非教人養性之道貴在守和，守和乃攝生的基本原則，遵而行之，效力無窮。

　　《老子道德經》論及攝生達到最高境界時的心態。「蓋聞善攝生者，陸行不遇兕虎，入陣不遇甲兵，兕無所投其角，虎無所措其爪，兵無所容其刃，夫何故，以其無死地。」（第五十章）此非謂善攝生者果有禁兕兕虎之法，退兵之術，意在說明善攝生者不以七情亂其志，不以六欲害其心，清淨無為；貴柔不爭，跳出情欲之藩籬，脫離輪迴之苦海。忘聲色，齊物我，離形去智，去奢去泰，一性圓明，萬緣放下，相忘於大道，達玄同之境，臻至和之城，則兕角雖強，虎爪雖猛，刀刃雖銳，亦莫能動其心，傷其志。《老子道德經》是以一部「和諧」經，實乃養性之秘奧。

二、煉身貴守恆

　　人身似鐵，百煉乃能成鋼。煉身之法，因人而異。或練拳，或跑步，或登山，或游水。各有所好。煉之得法，無不足以強身健體，煉身之法雖百途，貴在持之以恆，不可一曝十寒，時作時輟。須知煉身乃畢生任務，活到老，煉到老，不可能一蹴而就。深根固蒂，長生久視，須從長期刻苦修練中得來。長命百歲，是大事，也是難事。但大事須從小事做起，難事當從易事開端。《老子道德經》說得好：「圖難於其易，為大於其細。天下難事必作於易，天下人事必作於細。是以聖人終不為大，故能成其大。」（第六十三章）

　　煉身的目的，在運動全身，調整呼吸，疏通血脈，舒經

活絡,吐故納新,決非一日之功所能奏效。道家煉身,倡導習練太極拳。太極拳,創自道家,為中華傳統文化之奇葩。此拳法之於一招一式,無不合乎太極原理。不剛不柔,亦剛亦柔,柔中見剛,剛寓於柔;既動且靜,動中含靜,靜不捨動,動靜周旋,均出自然;拳勢貴鬆,亦必有勁,鬆中含勁,勁從鬆見,勁鬆相須,妙在互含。一左一右,左右均稱;有進有退,進退雍容;進者氣舒,退者氣沉,舒緩自如,不離太極。運眼神於指掌,通積氣於全身,任督溝通,真氣縱橫。持之以恆,神效自著,百病可祛,精強力吲。

人之煉身,旨在健身祛病,健祛之道,在循序漸進。傳統醫學,主張「不治已病治未病。」煉身之功,如治未病然。《老子道德經》論治國之道:「為之於未有,治之於未亂。合抱之木,生於毫末;九層之台,起於壘土;千里之行,始於足下。」(第六十四章)基本旨意在教人未雨綢繆,安而不忘危,治而不忘亂。未危早防,未亂先治。用之於養生,亦須未病早防,尤須循序漸進,不可操之過急。

煉身而中輟者,多因喪失緊迫感,以為當下未病,不足為憂。煉之固可,不煉無防。能持之以恆者,常將無病當有病,朝乾夕惕,不敢掉以輕心。正如《老子道德經》所說:「夫唯病病,是以不病;聖人不病,以其病病。」(第七十一章)治「無知」之病當如此,治生理之病,亦復如是。

奉勸煉身祛病者,常當無時思有時,堅持煉身,持之以恆。老子主張「夫為道善始且善成。」(第四十一章)「慎終如始,則無敗事。」(第六十四章)。

俗話說:「只要工夫深,鐵杵磨成繡花針。」煉身得法,又有恆不懈,既可強身健體,亦能祛疾延年。老當益壯,鶴髮童顏,是可望而可及的。人活百歲有秘訣,秘訣之一:

「生命在於運動，貴在持之以恆。」

三、飲食貴守淡

強身健體，離不開飲食。須由水穀攝取營養，以滋養血氣。人之於飲食，各有所好。反映各自的生活情趣。道家主張：飲食以清淡為佳，粗茶淡飯，均有養生之妙。所鄙視者，厭於飲食。《老子道德經》云：「服文采，帶利劍，厭飲食，貲貨有餘，是謂盜誇。」（第五十三章）強調不以文采相誇耀，不以利劍相威逼，不以美食為滿足，不以財貨相標榜，而以精氣至和為美德，以無為不爭為高尚。

厭飲食者，必富貴之家，一食千金，尤未為足，「侯門一日餐，寒儒一歲俸」，無異社會之蠹蟲。道家主張：「少私寡欲」。在社會上反對貪得無厭，從養生看，鄙視追山珍海味。古語云：「甘脆肥濃，乃腐腸之藥。」古之王公，日嗜甘旨，貪求美味，奢吃豪飲，鮮有不折壽者。

《老子道德經》說得何等明確：「五色令人目盲，五音令人耳聾，五味令人口爽，馳騁田獵，令人心發狂。」（第十二章）五味調和，可口足矣，貪食無厭，必傷脾胃，雖有美食，予而難茹。

古人云：「嚼得菜根，百事可為。」試看鄉野長壽翁，多由粗茶淡飯養成，乃是明證。飲食守淡，不嗜菸酒，不貪辛辣，不圖精美，甘咽粗淡，實乃長生之道，老子主張：「味無味」甘於淡泊，不慕華貴，身心恬淡，自求多福。康衢老人《擊壤歌》云：「日出而作，日入而息，鑿井而飲，耕田而食，蔬食自甘，怡然自得，優哉游哉，無思無慮，自能壽比南山，長命百歲。

四、起居貴守時

日月運行，四季有節，人體長，亦有生物鐘。自然大宇宙，人體小宇宙，節律當一致。人的起居作息，當受生理節律支配，做到勞逸適度，張弛有序。

《老子》主張：「居善地，心善淵，……，動善時。」（第八章）所謂「動善時」，就社會行為講，指個人出處進退要善於把握時機，可行則行，可止則止，不逆人事，不違天時。

就養生活動講，指道法自然，動靜有時，動靜失時，是為妄動，違背自然法則，鮮有不敗事者。《內經·素問》指出：「四時，八風，六合，不離其常。變化相移，以觀其妙。」《易傳》亦云「大人者，與天地合其德，與日月合其明，與四時合其序。……」「先天而天弗違，後天而奉天時」。（《文言》）與「四時合其序」，即強調起居有時，不可違反自然法則。

《內經·素問》指出：「夫四時陰陽者，萬物之根本也。是以聖人春夏養陽，秋冬養陰，以從其根，故與萬物浮沉升生長之門。」四時陰陽消長之規律，萬物生長收藏，莫不順從，人乃自然之子，亦莫能外。違反自然規律，欲求長生久視，無異緣木求魚。

《老子》云：「知常曰明，不知常，妄作凶。」當作不作，當息不息，起居違時，勞逸失度，是「妄作」也，不凶何待？《內經·素問》十分強調，養生的基本原則，在於「法於陰陽，合於術數。」《易傳》主張，「與時消息」。基本精神，均在強調起居有時也。

第二節　老子《道德經》和諧觀

【提要】道家與道教經典老子《道德經》，博大精深，字字珠璣，著意宣示和諧理念。日常生活，充滿矛盾，缺乏和諧。老君勸世化俗，極力勸導信眾，修真悟道，清虛自守，少思寡慾，和光同塵，以保持心性和諧；順世弘道，珍惜「三寶」，愛民治國，為而不爭，以增進社會和諧；崇玄抱一，道法自然，萬物並作，靜以觀復，以維護自然和諧。

《道德經》宣揚的和諧思想，深入人心，遠播海宇，大力弘揚之，對於當今構建社會主義和諧社會，大有裨益，啟迪良多。撥正當今世界盛行的極端個人主義、霸權中心論、人類中心主義的自然觀，更有賴於《道德經》的至善教誨。

道教的主要經典《道德經》，言簡意賅五千言，博大精深，字字珠璣。旨在闡發玄之又玄眾妙之門的大道，著意宣示清靜無為、貴柔不爭的和諧理念。社會生活中，人們時時會遭遇各種社會、自然矛盾，或是天災，或是人禍，以至人們的內心世界也很不平衡。總之，缺少人際關係的和諧，缺乏人同自然的和諧，也缺乏個人身心的和諧。

老子有鑒於此，天悲憫人，發宏願勸世化俗，撰著《道德經》，勸導人們一心向善，維護社會親和，心性怡和與世界平和。《道德經》是一部勸世化俗的太和經。千秋萬代，閃耀著思想光芒。

思維幫助科學家們在創造性科學思維中，由於某種偶然因素的觸發，異想天開地突破某個關節點，使認識發生突變，捕捉到難得的機遇，從而對長期從事的研究課題獲得帶

結論性的正確解決，導致科學上的重大發現。在中國思想史上，對直覺思維認識最早，論述最充分，態度最堅定的，首推老子。如果抽掉老子思想中關於直覺思維的論述，將會大大損害其思想光輝。研究道家和道教文化而忽略其高揚的直覺思維，宛如進入璀璨玲瓏的思想寶庫，卻未發現其中最神奇的珍寶。

首屆海峽兩岸道教文化論學術

2005年　江西・龍虎山

一、謹守心性和諧

《老子道德經》從純化人們的內心世界，淨化人們的靈魂著眼，大力闡揚清靜無為之旨，勸導信眾，修真悟道，以保持自身心性和諧。社會是由不同心態的人群構成的，人們的一舉一動，一言一行，都會發生一定的社會作用和社會影響，勸世化俗，首當從誘導人們從內心去惡向善入手。如若人人向善維和，必能緩解、減輕社會矛盾，為社會注入和諧的清泉。

《道德經》首先宣導珍愛「三寶」，發揚「三寶」美德，用心良深。寫道：「我有三寶，持而保之：一曰慈，二曰儉，三曰不敢為天下先。」（《道德經》第67章。下引此經，只注章數）「三寶」首重慈愛，對人和藹慈祥，以和諧心態待人接物。其次，注重儉樸，遠離貪欲享樂；其三，「不為天下先」，為人處世不爭強好勝，保持平常心。

《道德經》進而教人清虛白守，與世無爭。她以水為喻，寫道：「上善若水，水善利萬物而不爭。」（第8章）水最柔和，遇方則方，遇圓則圓，滋潤萬物，無分貴賤親疏，一視同仁。水性雖柔，「攻堅強者莫之能勝」。（第78章）

《道德經》教化人們善於同世俗生活融通，而達於玄同之境。要做到「塞其兌，閉其門，挫其銳，解其紛，和其光，同其塵，是謂玄同。」（第56章）與世無爭，與道玄同的人，不止能促進社會和諧，其個人心性亦必和諧無咎。如此，必然心懷大道，達到天人一體的崇高精神境界，「致虛極，守靜篤，萬物並作，吾以觀復。」（第16章）與道玄同者，必能「去甚，去奢，去泰。」（第29章）不務榮華，遠離得失，寵辱不驚，「功遂身退」（第9章）作「同於大通」的真人。

二、促進社會和諧

　　《道德經》將和諧觀念貫徹在其「愛民治國」（第10章）的理論中，呼籲執政者「不以兵強天下。」（第30章）以增進社會和諧。老子生活的春秋戰國之際，中華大地上五霸七雄征戰不休，動輒兵戎相見。

　　《道德經》反映這一歷史時期廣大民眾的呼聲，主張「兵者，不祥之器……不得已而用之。」（第31章）當時的爭霸之戰，為人民帶來無窮痛苦，深具悲憫情懷的老子，拒斥不義之戰，指出：「師之所處，荊棘生焉，大軍之後，必有凶年。」（第30章）他大聲急呼：「以道佐人主者，不以兵強天下」。（同上）以兵強天下者，必然強凌弱，眾暴寡，驅使百姓為其效命疆場，廣大民眾難以安居樂業。不止人民遭殃，騎兵征戰，馬也遭殃。《道德經》寫道：「天下有道，卻走馬以糞；天下無道，戎馬生於郊。」（第46章）老子從「愛民治國」理念出發，不但堅決反對破壞和平的不義之戰，同時更反對殘酷的經濟剝削。他無情地揭發封建統治者的剝削行為與享樂生活。

　　《道德經》第53章寫道：「朝甚除（廢）、田甚蕪，倉

甚虛；服文采，帶利劍，厭飲食，財貨有餘，是謂盜誇（魁）。」朝政荒廢，田園荒蕪，倉庫空虛，百姓衣食無著；統治者卻服文采，帶利劍，酒醉飯飽，財貨有餘。剝削大眾，養活一小撮大盜，正是封建統治下極不合理的社會現象。老子提出的「愛民治國」準則有二：一是執政者應當「以百姓心為心」。（第49章）即對人民有同情心，如孔子所說：「己所不欲，勿施於人」，要關心人民疾苦；二是為治之道，應是「治大國若烹小鮮。」（第60章）即堅持無為而治的原則，對自給自足的小農經濟，不要橫征暴歛，應聽其自然發展，還人民以自由天地，和平生活。

老子指出：「我無事而民自富，我無欲而民自樸。」（第57章）民眾凍餒而不能自富，挺而走險不能自樸，是當政者徭役苛稅逼迫的結果。「民之饑，以其上食稅之多，是以饑；民之難治，以其上之有為，是以難治。」（第75章）如能貫徹以上兩原則，不難造成和諧安定的社會，實現世俗的美好願景：「甘其食，美其服，安其居，樂其俗。」（第80章）呈現在人們面前的，將是和諧美滿的社會生活。

三、維護自然和諧

人們在社會生活中，需要調節各種社會關係，構建和諧的社會生活；同時還要面對不斷變化的自然環境，需要調節人與自然的關係，以達到人同自然和諧相處。《道德經》以誘導人們深根固柢、長生久視，為終極目標，十分重視調適天人關係，以求臻於天人合一的美境。

老子《道德經》堅持「道法自然」原則，寫道：「人法地，地法天，天法道，道法自然。」（第25章）所謂自然，即自然而然，無須人為，正如莊子《南華經》所說：「無以

人滅天，無以故滅命。」自然法則乃天地萬物的最高法則，順之者昌，逆之者亡。《黃帝內經·素問》強調長生久視的奧秘，唯在「法於陰陽，和於數術。」（《上古天真論》）《道德經》亦十分注重陰陽調和，寫道：「道生一，一生二，二生三，三生萬物。萬物負陰而抱陽，沖氣以為和。」（第42章）這是說：宇宙萬物的生成過程，是先由絕對無偶的「道」或「一」，分陰分陽，造生天地；再經天地之間陰陽二氣相互激蕩，融結為一，而構成新的和諧統一體，即萬物。究其實理則萬物無不負陰而抱陽。雖有陰陽之別，實則融結為一。陰陽和諧，理無二致。

《道德經》進而指出，宇宙萬物雖是由「道」化生，而「道」對其化生之物，從來就「生而不有，為而不恃，長而不宰。」（第2章）即生長萬物而不私有，興盛萬物而不恃已能，長養萬物而不加主宰。這是自然無為的典範，宇宙萬物太和原則的集中體現。

四、世界企盼和諧

千百年來，老子《道德經》宣揚的無為不爭的和諧思想，誘導人們清虛自守，保持身心平和；愛民治國，保持社會親和；自然無為，維護自然太和。和諧思想深入人心，遠播海宇，永放光輝。當今社會，進入改革開放新時期，社會安定，國運昌隆，政通人和。然而某些社會負面現象，依然存在，不可忽視。隨著市場經濟的發展。自由競爭之激烈，經濟全球化，資訊網路化，科技突飛猛進，不可避免地誘發某些不良現象，極端個人主義大為得勢，國際霸權主義頗為猖獗，恐怖主義陰雲籠罩全球，天下並不太平，社會缺乏和諧，人們的內心世界並不太平。

《道德經》所宣導的和諧觀，無疑有著日益重要的現實意義，大力加以弘揚，對於開導世人同心同德構建社會主義和諧社會，無疑有著重要啟迪作用。為了撥正當今的一些極端化的世界思潮。老子《道德經》無疑更具有重要現實意義。早在上世紀初，德國思想家尤利斯·葛爾在其《老子的書——來自最高生命的至善教誨》中，就頗有遠見地指出：「或許真正的老子的時代至今還沒有到來。……老子，他是推動未來的動能力量，他比任何現代的，都更加具有現代意義。」發揮利而不害、為而不爭的思想，以應對極端個人主義；弘揚愛民治國、無以兵強天下的教誨，以拒斥霸權中心論；闡述道法自然，無以人滅天的告誡，以克服人類中心論的自然觀，這都是當今十分迫切的任務。

增強心性和諧，構建和諧社會，促成人同自然和諧相處，是《道德經》的思想精華，是道教勸世化俗的根本宗旨，大力弘揚，深入人心，深入生活，此其時矣。

第三節　唐明邦《太極拳贊》

神妙無窮之太極拳，乃中華傳統文化之奇葩。

拳藝高雅雄武，一招一式蘊含太極原理。

不剛不柔，亦柔，亦剛，專氣致柔，柔中寓剛，神龍變化，柔以克剛。

既動且靜，動靜相容，動中含靜，靜不捨動，動靜周旋，出乎自然，拳勢貴鬆，亦必有勁，鬆中含靜，勁從鬆見。

勁鬆相須，妙在互含。一虛一實，忽馳忽張，虛以制實，敵應八方。

一左一右，左右均稱，有進有退，進退雍客，進者氣舒，退者氣沉，虛實開合，舒緩天成，運眼神於指掌，通積氣於全身，任督暢通，真氣縱橫，陰陽既濟，保合太和，精強力固，百病可祛，拳道易簡，傳播萬方，恃之以恒，神威斯彰，我武維揚，華夏之光。

第四節　老子對中國傳統文化的貢獻

老子思想博大精深，言簡意賅，創立宇宙本體論，闡發辯證法思想，堪稱中華民族智慧的寶典。《老子》一書僅五千言，解《老》之作，汗牛充棟。老子思想對中華傳統思想文化的發展，有其深刻影響，獨到貢獻。老子哲學思想，如大海的波濤，浩瀚澎湃，萬世不竭。

一、老子思想涵化諸子百家

老子思想對先秦諸子的影響，涉及方方面面，不妨從《道藏》的編撰說起。《道藏》本為道教思想文化的總匯，其中卻收入《易》、儒、墨、名、法、縱橫、兵家大量著作，令人大惑不解。道教學者陳攖寧先生作《〈四庫全書〉不識道家思想之全體》一文對此作了深刻分析。其基本觀點是：先秦諸子出自道家。

《易經》，向稱儒門經典，作《易》的文王、孔子均被儒家尊為至聖。其書收入《道藏》，蓋因《老子》一書多論治國安民之道，《易經》亦經邦濟世之作，思想頗相通。老子論陰陽，莊子論太極，陰陽、太極亦《易》之核心概念。《道藏》收入數十種易學著作，不足為奇。

老子謂我有三寶：「一曰慈，二曰儉，三曰不敢為天下先。」（第67章）墨子皆得之。兼愛、非攻，慈也；節用、節葬，儉也；備城門，備高臨，備梯，備水，備突，備穴，極盡守衛之能事，對於先發制人之戰略，絕口不談，是不敢為天下先也。莊子除、老聃，關尹、獨贊墨子，因其思想與老子相通故也。

公孫龍子為莊子所不滿，然其立論頗近於《老子》之玄虛。傷明王之不興，疾名器之乖實，乃假指物以混是非，寄白馬而齊彼我，亦如老子之絕聖棄智，斥責仁義，冀明君之有悟也。

法家《韓非子》有《解老》、《喻老》諸篇，於《老子》別有會心。司馬遷《史記》以老莊申韓合傳，謂申韓慘核少恩，原於《道德》。編《道藏》者，有見於此也。

《鬼谷子》，《漢書‧藝文志》不錄。《隋書‧經籍志》歸入縱橫家。鬼谷子摒棄功利，遁跡山林，恬淡自守，非深於道者孰能之？其書入《道藏》，名副其實。

《老子》是哲學著作，亦稱兵書。自古道家，無不知兵，有文事必有武備也。老子沉機觀變，老謀深算，以之治兵，必有良策，故為兵家所重。《漢書‧藝文志》，道家亦列《孫子》。《道藏》收入《孫子》，未為創例。

攖寧先生於《道藏》收錄諸子百家著作之本意，論述透徹，發人深思。老子哲學博大渾厚，涵化九流，誠非誣也。

二、老子思想激發古代科學

老子在中國思想史上第一個提出「深根固蒂，長生久視」的理想。追求這一理想，道教宣揚煉丹術，引發古代化學、物理等自然科學。精研中國科技史的英國李約瑟博士指

出：「道家思想一開始就有長生不死的概念，而世界上其他國家沒有這方面的例子。這種不死的思想，對於科學具有難以估計的重要性。」他對老子長生思想作高度評價，基於他對東方科技的研究。他說：「道家又能將自己的理論付之實行。所以東方的化學，礦物學，植物學，動物學和藥物學都淵源於道家。中國如果沒有道家，就像大樹沒有根一樣。」（《中國的科學與文化》）

道教在魏晉隋唐時十分注重外丹，認為服食丹藥可以長生不死，甚至白日飛升。歷代丹家寫了不少丹書，其中蘊含大量科學技術知識。丹書可以說是古代科學的特殊載體。

丹家終生從事煉丹，目的在長生成仙，實際上是以宗教家的虔誠，埋頭從事化學、藥物學研究。為研究煉丹的原料鉛、汞、四黃、八石，從而促進對金屬礦物和非金屬礦物的研究，積累了大量有關礦物的識別、性能、開採、冶煉等知識。煉丹過程，形成各種操作技術經驗，如飛、點、伏、養、防腐、防爆、防毒、防潮等。不同丹藥的配製、冶煉，留下許多珍貴的古代化學資料。為服食長生而著意研究本草，從而促進古代動物、植物、礦物及藥物學的深入研究，取得可貴成果。飲水思源，老子思想對中國古代科技的激發作用，的確不可低估。長生不死，是老子提出的一個重要觀念。

一種民族的文化，有某種觀念同沒有某些觀念是大有區別的。現代科學發展表明，由於某一新觀念的創立，導致科學技術的重大革新，是屢見不鮮的。

三、老子的養生思想

隨著社會的發展，人們物質生活水準的提高，養生思想日益受到重視。不禁令人想到老子這位卓越的養生家。

　　《老子》本是哲學著作，是古代辯證法思想的寶貴經典，其思想對中國古代醫學、養生學大有指導作用。古代醫典──《黃帝內經》，其哲學思想除受《周易》影響外，老子思想對它的影響亦十分深厚。我國醫學、養生的不少基本原理，都打上老子思想的烙印。

　　《老子》主張：「萬物負陰而抱陽，沖氣以為和」。（第42章）陰陽調和，則萬物發育生長，陰陽不和，則萬物枯槁。人體陰陽調和則生理機能旺盛，精力充沛，失和則難免生病。《內經》發揮這一思想，創建獨具一格陰陽學說。以之論病理，深知「陽盛則熱，陰盛則寒。重寒則熱，重熱則寒」（《素問‧陰陽應象大論》）以之論治療，主張「審其陰陽，以別剛柔。陽病治陰，陰病治陽。」

　　《老子》提出：「其安易持，其未兆易謀，其脆易破，其微易散：為之於未有治之於未亂。」（第64章）意在防微杜漸，居安思危。《內經》發揚這一思想，提倡預防為主。《素問》提出：「不治已病治未病」。（《八正神明論》）「善治者治皮毛，其次治肌膚，……其次治五臟。治五臟者，半生半死也。」（《陰陽應象大論》）。

　　《老子》強調：「五色令人目盲，五音令人耳聾，五味令人口爽。」主張「少思寡欲」。《內經‧素問》闡述這一思想，指出：「怒則氣上」，「悲則氣消」，「驚則氣亂」，「思則氣結」。（《舉痛論》）「飲食百倍，脾胃乃傷。」（《痹論》）教導養生者須防止暴飲暴食，切戒憂悲傷氣。

　　《老子》強調剛柔轉化，力主柔弱勝剛強。道家養生提倡練太極拳。此種拳法的一招一式，無不合乎陰陽調和剛柔相濟的太極原理。不剛不柔，亦剛亦柔，柔中見剛，剛寓於柔；既動且靜，動中含靜，動靜互涵，其妙無窮。

老子哲學思想，滲透於傳統醫學養生的各個領域；傳統醫學的哲學理論，可以說是對老子思想的繼承與發展。

四、老子是直覺思維的首創者

關於直覺思維，以往哲學界常作否定評價，認為有背人類認識發展規律。老子建立宇宙本體論，創導直覺思維不遺餘力。他說：「道可道，非常道；名可名，非常名。有名天地之始，無名萬物之母。」（第1章）作為宇宙本體的「道」，不可言說，不可名狀，「視之不見」，「聽之不聞」，「搏之不得」，它「玄之又玄」，卻是「天地之根」，「眾妙之門」。對於玄之又玄的宇宙本體，不能由邏輯思維去把握，只能靠自己的直覺去體驗。所以老子主張：「致虛極，守靜篤，萬物並作，吾以觀復。」（第16章）即排除一切已有知識，保持清虛寂靜心態，潛心體驗。因此，老子強調「不出戶，知天下，不窺牖，見天道。其出彌遠，其知彌少。」（第4章）不假感官的調查訪問，無須獲取感性知識，離形去知，篤靜冥思，才能體悟玄之又玄的「道」，以期達於「挫其銳，解其紛，和其光，同其塵」，的玄同之境。老子主張：「塞其兌，閉其門」，「滌除玄覽」，使自己的思想保持絕對的清虛寂靜，去洞察「道」的真諦。這叫做無知之知，是為「大智」。這種思維，同孔子的主張大相徑庭。

孔子主張：「勿意，勿必，勿固，勿我」，「不語怪力亂神」。這種認識路線，容易窒息創造性思維，對於宇宙和人生奧秘的探究，極少啟發。老子不然，敢於提倡玄虛之論，容易激發人的奇思幻想。對於中國古代科學發展的貢獻，道家遠遠大於儒家，原因即在於此。

現代科學發展趨勢表明，有遠見的科學家，對直覺思維

特別青睞，普遍肯定它對創造性思維往往起著催化劑作用。直覺是只可意會難以言傳的一種突如其來的心理體驗，是人們常說的頓悟或靈感。其特點是不借助於邏輯推論，把平常的理性認識活動撇開，超越人們習以為常的感性認識和理性認識的規範。

直覺思維幫助科學家們在創造性科學思維中，由於某種偶然因素的觸發，異想天開地突破某個關節點，使認識發生突變，捕捉到難得的機遇，從而對長期從事的研究課題獲得帶結論性的正確解決，導致科學上的重大發現。

在中國思想史上，對直覺思維認識最早，論述最充分，態度最堅定的，首推老子。如果抽掉老子思想中關於直覺思維的論述，將會大大損害其思想光輝。研究道家和道教文化而忽略其高揚的直覺思維，宛如進入璀璨玲瓏的思想寶庫，卻未發現其中最神奇的珍寶。

第五節　老子「愛民治國」的政治理想

《老子》一書，撰於春秋末年，到戰國晚期和西漢初年，曾出現「黃老學派」，著重闡發《老子》的社會政治思想，人們稱之為「君人南面之術」。《漢書・藝文志》概述其特點是：「知秉要執本，清虛以自守，卑弱以自持。」這種「南面之術」西漢初年推行的結果，出現了太平的「文景之治」唐代初年予以施行，亦迎來中國封建社會的極盛時期「貞觀之治」。老子的「愛民治國」政治理念，雖然宣導於二千五百年前，至今讀來，仍不難獲得新的啟迪。

一、「聖人無常心，以百姓心為心」

《老子》第49章提出「聖人無常心，以百姓心為心」的「愛民治國」準則？充分展現老子同情百姓的心態。若能本著這種心態治國，就能遇事為百姓設想，立俗施事多傾聽百姓聲音，深知民間疾苦，急百姓之所急。

在封建社會裏，百姓最痛苦的就是辛辛苦苦生產的糧食、絲綢被剝削者搜刮殆盡，到頭來饑餓，凍餒，衣食無著，所以老子提出首先當省賦稅。他說：「民之饑，以其上食稅之多，是以饑。」（《老子》第75章。以下只注章次）稅多是百姓最苦惱的事。封建統治者養活大量的官吏、軍隊，修建宮廷、園林等各種浩大工程，所需費用，無不透過各種稅賦名目，搜刮自百姓。老子指出：「天之道，損有餘而補不足；人之道，則不然，損不足以奉有餘。」（第77章）百姓困窮，衣食財貨深感不足，仍然負擔沉重賦稅以奉有餘的朝廷官吏，這是違反天理良心的，首當廢除。老子指出，統治者殘酷剝削百姓，難怪百姓痛恨那些「盜魁」。寫道：「朝甚除，田甚蕪，倉甚虛。服文采，帶利劍，厭飲食，財貨有餘，是謂盜誇。」（第53章）朝廷公事荒廢，民間田園荒蕪，倉庫裏空空如也。可是，統治者卻穿著華麗衣服，佩帶寶劍，吃山珍海味，腰纏萬貫，這不是強盜頭子是什麼！老子正是「以百姓心為心」，才能義憤填膺寫出這種語言，申訴人間的不平。

在封建社會，最妨礙人民生產的，是繁重的勞役。統治者大修宮殿、墳墓、築長城、修運河、建馳道等，無不需用大量勞力，這些無賞的勞動要按人派到戶，成為百姓最難忍受的事。

參加徭役，必然妨礙正常的農業、手工業甚至傷殘病死在繁重的徭役中。為了反對繁重的賦稅和徭役，農民往往起來反抗，導致社會混亂。老子揭發社會混亂的根源說：「民之難治，以其上之有為，是以難治。」（第75章）老子的話擊中要害，百姓難治的根源應從統治者自身去找。所以老子提出「愛民治國」的一個重要原則是：「為無為，事無事。」（第63章）又說：「為無為，則無不治。」（第3章）統治者「無為」「無事」，才可能輕賦稅，省徭役。百姓安心生產，家給人足，天下自然相安無事而「無不治」。

老子生活的春秋時代，五強爭霸，爾後的戰國，七國爭雄，戰爭連年不斷，爭地以戰，殺人盈野；爭城以戰，殺人盈城。無所謂正義戰爭。故反對戰爭，是百姓的普遍要求。「以百姓心為心」的老子，主張「愛民治國」當堅決消弭戰爭。他寫道：「以道佐人主者，不以兵強天下。」（第30章）又說：「天下有道，卻走馬以糞；天下無道，戎馬生於郊。」（第46章）這是說，天下有道的太平日子，戰馬卸鞍以拉糞肥田。無道的戰亂日子，連母馬也投入戰場，乃至生駒於郊野。老子深體民瘼，知道戰爭給人民造成的痛楚：「師之所處，荊棘生焉；大軍之後，必有凶年。」（第30章）戰爭破壞生產，所經之地，荊棘滿地；戰亂之後屍骨遍野，必有瘟疫流行，人民被迫流亡，局面十分悲慘。

從歷史上看，戰爭破壞後的新王朝，汲取老子的教訓「以百姓心為心」，被迫推行輕徭薄賦，停止戰爭，減輕人民負擔，讓其休養生息。曾一度造成國富民安的政治局面。

二、「治大國若烹小鮮」

《老子》第60章，提出：「治大國若烹小鮮」的治國名

言。名言不止為歷代明君所重視，現代美國總統的國情咨文也曾引用。

中國封建社會，經濟基礎是農業與手工業相結合的自給自足的小農經濟，治理社會首當讓農民安居樂業，發展農業生產，如果經常以繁重的苛稅、徭役折磨農民，國家的經濟命脈必遭破壞，所以對待百姓，要像烹小魚那樣，不可一再翻騰。在新時代，對待自由競爭的市場經濟，政府同樣不可任意干與，否則將破壞經濟規律。為此，老子提出「上善若水」的主張，要像水一樣，「水善利萬物而不爭。……夫唯不爭，故無尤。」（第8章）又說：「江海所以能為百谷王者，以其善下之。以其不爭，故天下莫能與之爭。」（第66章）居下不爭，謙卑自守，「為無為，事無事」，不擾民，不勞民，社會自然平安無事。

老子明確主張，堅持「三寶」。他說：「吾有三寶，持而寶之：一曰慈，二曰儉，三曰不敢為天下先。」（第67章）三寶效用極大，「慈，故能勇；儉，故能廣：不敢為天下先，故能成器長。」這是說，有了仁慈之心，在保護人民利益的緊要關頭，就能勇於擔當。有了節儉意識，對財物珍惜愛護，就能廣積財貨。有「不敢為天下先」的精神，不當頭，不稱霸，韜光養晦，夾著尾巴做人，埋頭充實自己，就能後來居上，成眾人之長。充分顯示老子的「愛民治國」思想，提倡的是仁愛之心，節儉之德，韜晦之智。唯獨不講儒家所重視的禮與法。

在他看來，儒家宣導的禮法都是虛偽的。他說：「夫禮者，忠信之薄，而亂之首。」（第38章）又說：「法令滋彰，盜賊多有」（第57章）禮與法都是智者設置的圈套。故「智慧出，有大偽」。（第18章）針對這種情況老子十分感

歎：「愛民治國，能無知乎！」（第10章）老子所希望的「無知」，有雙重含義。一是指不要有狡詐之知，即不玩弄陰謀權術，陽奉陰違，兩面三刀，設置圈套，誘人上當，充當笑面虎之類。二是指不要只講冠冕堂皇的大道理。講禮講法，重仁重義，說的是一套，做的是另一套，賣弄聰明智慧，令人上當受騙還要感激涕零。

老子正面闡述其「愛民治國」主張，集中為四句話：「我無為而民自化，我好靜而民自正，我無事而民自富，我無欲而民自樸。」（第57章）這表明老子認為百姓之所以不能自化自正、自富、自樸，根源在治國者本身，只要執政者自己能無為、好靜、無事、無欲，百姓自然會受其教化，安守正道，從而財貨富足，思想樸實。總之一句話，要「愛民治國」，而不要擾民、傷民，社會就能和諧、安定而富足。「治大國若烹小鮮」其宗旨正在於使民自化自正自富自樸。

三、甘其食、美其服、安其居、樂其俗

老子關於「愛民治國」的政治理想，體現在兩個方面。一方面，勸導執政者，崇尚大道，做到「聖人無常心，以百姓心為心。」堅持「治大國若烹小鮮」，「為無為，事無事」，使百姓自正、自富。另一方面，誘導受治的百姓。希望他們在日常生活中，崇尚大道，儘量克制自己，加強自化自正。

首先，「見素抱樸，少私寡欲。」（第19章）飲食淡泊，不嗜山珍海味；服飾淡雅，不求華麗；少為個人計較，少積私產；控制物質追求，克制欲望。老子說：「五色令人目盲，五音令人耳聾，五味令人口爽；馳騁畋獵，令人心發狂；難得之貨，令人行妨。」（第12章）追求個人享受，貪得無厭，逞一時之快，終久不會有好結果。

其次，白正自富，與世無爭。加強自身修養，做個樸實人，「塞其兌，閉其門，銳其銳，解其紛，合其光，同其塵。」（第56章）就是堵塞嗜欲之口，緊閉貪權之門，磨掉銳利的棱角，脫離無謂的紛爭，收斂耀眼的光彩，共居現實的塵世。「鄰國相望，雞犬之聲相聞，民至老死，不相往來。」（第80章）這裏所謂的「不相往來」並不是說日常生活中互不往來，閉門謝客，毫無交往；而是說要親密相處，從不發生私人衝突，不生口角，沒有惡意，不發生摩擦，和諧相處，終生不起交涉。

再次，滿足現狀，安於現實生活。「甚愛必大費，多藏必厚亡。知足不辱，知止不殆。」（第44章）過分貪愛名譽，必會大費精力，多藏寶貨，必會刺激盜心，引來大的損失。知道滿足，相安無事，不知飽足，必受屈辱；適可而止，可以心安，貪求無限，危險在後。「禍莫大於不知足，咎莫大於欲得。故知足之足，常足矣。」（第46章）不知足者，欲求而難得必損人以自足，乃大禍之根；欲得者，不擇手段以得之，是殃咎之源。知足者，足於道而不足於物，才是永遠的滿足。

老子所設想的社會生活，是自給自足，和諧美滿，無憂無愁，愉快歡暢，人安居樂業：「甘其食，關其服，安其居，樂其俗。」（第80章）「甘其食」非吃山珍海味；「美其服」，並非服飾華麗；「安其居」，並非宅弟豪華。而是心安理得，自甘其食，自美其服，自安其居。所謂「樂其俗」，老子想到的是，人人思想純樸，相親相愛，守望相助，疾病相扶持，路不拾遺，夜不閉戶。

老子的「愛民治國」政治理念，有其可取方面，也有其歷史局限性，應當予以歷史對待。

可取方面在於同情勞苦大眾，反映了百姓的正義呼聲。所主張的「聖人無常心，以百姓心為心，」「治大國若烹小鮮」，都符合百姓的要求，適應小農經濟條件下治理社會的需要。基本精神在不擾民，不害民，滿足百姓安居樂業的要求，以保證社會安定，人際關係和諧。

其鮮明的歷史局限性，主要反映在三個方面。首先，輕賦稅、省徭役、罷戰爭，在階級社會裏是難以實現的。只能是一廂情願的善良願望。因為，龐大的封建國家機器要靠人民賦稅養活；統治者窮奢極欲靠百姓的無賞勞役支撐，封建政權寶座，靠戰爭暴力維護。與統治者講薄賦省役去戰，無異與虎謀皮。

其次，希望執政者無為無事，讓百姓自正自富，可以成為口頭禪，不可能成為實際政策措施。在階級社會，統治者常常大講仁政，讓人民有生養休息的機會，付之實行者少之又少，老子的善言，多將落空。

其三，百姓安居樂俗，人人自滿自足，這種情況可能局部存在。因為人民純樸善良，容易安於現實，滿足現狀，抱著宗教的虔誠，安分守已，與世無爭，求其在最低生活水準下的自我滿足，那怕忍受一些痛苦也心甘情願。實際上是自己安慰自己消極應世的一種表現。

《老子》作為中華傳統文化元典之一，在中國思想史上從來佔有重要地位，發揮卓越作用。它明確地站在勞苦大眾的立場。對統治者剝削壓迫人民的罪惡進行了無情地揭露，反映了勞苦大眾的心聲，雖然無可避免地存在著歷史局限性，封建統治者也曾利用它去麻痹人民，這並不是老子的本意。《老子》對中國哲學、美學、政治、軍事思想等方面的傑出貢獻，值得深入研究。

第九章

修真圖淺釋

蘇華仁（執筆）　趙履端、劉延峰、仁易芳（整理）

第一節　「修真圖」淺釋

　　「修真圖」是《周易參同契》內含中國道家內丹養生之道精華圖，由於其養生科學價值彌足珍貴，故其影響深遠，被古今中外養生行家公認為稀世之寶。根據有關歷史資料記載：最早的修真圖古圖刻之石碑，珍藏於中國道家名山湖北武當山和北京白雲觀。

　　「修真圖」，是在中國道家和《周易》哲學思想「天人合一」、「萬物一理」指導下，闡述了《周易參同契》內含中國道家內丹養生之道：「內練生命本源精氣神，返還生命本源精氣神。」養生修真之核心機制，同時，簡明扼要地講述了人類要養生，要獲得健康長壽，回春益智，超凡修真成真，掌握生命秘碼，從必然王國進入自由王國達到「天人合一」的要訣如下：

一、宇宙全息萬物一理，天人合一康壽之本

　　我們看「修真圖」：您初看到的是一個修真之士在那裏

打坐。細看之，您會發現我們古代的修真者，在由中華民族神聖祖先，道家始祖黃帝，道家祖師老子，和易學始祖伏羲，《周易》演繹祖師周文王創立的「天人合一」「萬物一理」宇宙整體觀思想指導下：發現了「宇宙在乎手，萬化生乎身」（黃帝著《陰符經》語）。「人身小天地，天地大人身」。這一人天科學奧密。請看如下事實：

宇宙大自然一年有365天，我們人身骨骼有365節。我們人類形體，頭圓足方，彷彿天地外部之表象。宇宙大自在萬物內部結構「負陰抱陽」。陰陽相摩、循序化進，而人類自身機能和結構也是「負陰抱陽」，陰陽相摩、循序化進。

宇宙大自然萬物分為東、西、南、北、中五個方位。人體五臟也是分佈東西南北中五個部位：腎屬北方為水，心屬南方為火，肝屬東方為木，肺屬西方為金，脾屬中央為土。

大自然中的月亮一月中上弦月15天，下弦月15天，人類自身精、氣、神也是以上半月15天，下半月15天為興衰轉換之機，農曆每月初一、十五是人身精氣神轉換之日。

宇宙大自然萬物有生、老、衰、滅，人類的壽命規律也是生、老、衰、滅。

綜上所述，不言而喻：宇宙萬物與宇宙萬物之靈的人類本來就是天人合一同源的，因此，我們中華道家內丹養生之道的開創者黃帝、老子倡導「天人合一」的理論，是人類健康長壽，超凡脫俗，天人合一的根本所在。而「天人合一」理論與現代物理學之父愛因斯坦開創的「統一場論」。而後發展成為「宇宙全息論」相通。

因此「天人合一」的宇宙整體觀是宇宙萬物的真理，自然是無比正確而真切的，同時也是可以用之於實踐的，經得起漫長歷史嚴格檢驗的。

二、生命源自精氣神，人身精氣神化成

「修真圖」，在揭開人類與大自然「天人合一」「萬物一理」的生命奧秘之後。則進一步明確指出：人類的生命本源是「精、氣、神」。

您看：在「修真圖」所畫人體正中，有一個站立而雙手托天的「人形」。在「人形」頭上明確寫一個「精」字，同時畫一個八卦坎卦表明「精」是生命的第一本源。「精」在西方實驗科學中稱為「脫氧核糖核酸」。

您再看：在「修真圖」所畫「人形」的上部，即人身胸部中部，又畫有一個雙手合什打坐的「人形」，「人形」之下，寫著一個「炁」（氣）字，「炁」字之下，又畫一個八卦離卦。標明「炁」（氣）是生命的第二個本源。「炁」（氣）在西方實驗科學稱為「臆肽」。

您接著看「修真圖」所畫整體人體的腦部，最頂部有一個「神」字，在「神」字之上，又有一個圓形的，專門剖析「神」為人之大腦的有圓形圖案，圓形中，有一個立著的人，此圖即明確告訴人們，「神」就是大腦，是人體生命的第三個本源。在西方實驗科學中，「神」即「丘腦」。

綜上所述，修真圖明確告訴大家：精、氣、神是人體生命的本源，同時昭示大家，中國道家內丹養生之道，修練的就是生命的本源精、氣、神。故中國道家內丹養生之道古丹經內有詩曰：

天有三寶日月星，

地有三寶水火風；

人有三寶精氣神，

善用三寶可長生。

第二節 「還精補腦」內丹成，
生命再造的工程

　　「修真圖」在昭示中國道家內丹養生之道「天人合一」的宇宙整體觀和生命的本源「精、氣、神」。之後，再進一步揭示了中國道家內丹養生之道的核心機制的奧秘——由練好「九轉還丹」達到「還精補腦」，至此，修練成功了「內丹」。使生命回春、昇華。現代西方科學界稱之為「生命再造工程」。其詳情請您細看看修真圖：

　　您細看修真圖，在圖中所畫打坐著的人身背部的脊椎，古人稱之為督脈。在所畫脊椎部位，則進一步依照「天人合一觀」，從下到上在人脊椎的二十四個骨節之上，依次序表明二十四節氣，從下至上為：「冬至、小寒、大寒、立春、雨水、驚蟄、春分、清明、穀雨、立夏、小滿、芒種、夏至、小暑、大暑、立秋、處暑、白露、秋分、寒露、霜降、立冬、小雪、大雪。」而在二十四個骨節之上，明顯有三駕由鹿、馬、牛拉的車，從下至上逆行而上，攀緣督脈而上，這三駕馬車，車內裝的是「精水」，古人稱之為河車，這三架河車，將精水從下搬運至腦部，自然滋潤全身。

　　上述從下而上，透過搬運河車，將精水搬運至大腦，再為滋養人之全身，使生命達到回春、昇華。這便是我們中國道家內丹養生之道的核心機制，「丹道周天」「還精補腦」；按八卦卦象來講叫做「取坎填離」。中國道家大祖師老子曰：「欲得不老，還精補腦」。

　　中國道家內丹養生之道傳人之一，中國太極拳創始人張

三豐丹經詩《無根樹》中吟道：「順為凡，逆為仙，只在中間顛倒顛」。均明確昭示世人：練成九轉還丹，做到還精補腦是中國道家內丹養生之道修練者讓全人類達到健康回春，養生長壽，天人合一理想境界的法寶。同時昭示世人：只有在修練成功中國道家內丹養生之道明師指導下，才能練成「還精補腦」，使生命回春，昇華，再造。故張三豐祖師在丹經詩《無根樹》中又吟道：「勸賢才，莫賣乖，不遇明師莫強猜。」

總而言之：世人只要紮紮實實地、真真切切地尊師重道，尊道貴德，切切實實修練成功中國道家內丹養生之道，就可以達到健康長壽，回春益智，長生久視，天人合一，掌握生命碼的理想境界。

本稿完成於中國廣東羅浮山沖虛觀道易養生院

2006年元月

手機：13542777234

13138387676

老子《道德經》養生之道

第十章

關於「中國老子《道德經》誕生地河南三門峽申報世界文化遺產」

關於「老子《道德經》誕生地中國河南省三門峽市函谷關申報世界文化遺產」和「老子《道德經》申報世界非物質文化遺產」建議書可行性方案綱要（徵求意見稿）

尊敬的中共三門峽市委暨書記，三門峽市人民政府暨市長，三門峽市人大暨主任，三門峽市政協暨主席，三門峽市、縣文化局、文物局、旅遊局、老子《道德經》誕生聖地函谷關、管委會暨有關單位與諸位領導，三門峽市宗教局暨三門峽市道教協會和諸位領導：

首先，我對您們在努力建設好老子《道德經》誕生地中國河南三門峽市所做的大量工作取得卓越成就表示深深敬意。

下面，我以一位普普通通的老子《道德經》文化思想學習者和老子內丹養生之道修學者、受益者，同時以中國廣東羅浮山軒轅庵紫雲洞道長，中國中山大學兼職教授和「世界

傳統養生文化學會」主要創辦人的身份，特敬呈上您們：《關於老子《道德經》誕生地河南省三門峽市函谷關申報世界文化遺產和老子《道德經》申報世界非物質文化遺產建議書暨可行性方案與方略（徵求意見稿）。敬盼你們能及時雅正之，如認為其有可行價值，再請您們及有關領導和專家、學者提出寶貴意見以完善之。

總之，老子《道德經》世界公認的為「東方聖經」其主題思想是「道法自然」。怎樣利於老子《道德經》誕生地中國河南三門峽市函谷關早日成為世界文化遺產，老子《道德經》成為世界非物質文化遺產就怎麼辦，而且時間要快，機不可失，時不再來……

總而言之，中國老子《道德經》誕生地中國河南省三門峽市函谷關成為世界文化遺產：老子《道德經》成為世界非物質文化遺產——

這是一項神聖的事業

這是歷史潮流的必然

這是一項歷史的使命

這是世界文化的凝練

這是世界人民的期盼

這是時代的精神家園

歷經漫長的崢嶸歲月

超越無數的千難萬險

終究會有那麼一天——

老子《道德經》誕生地中國河南省三門峽市函谷關成為世界文化遺產

老子《道德經》成為成為世界非物質文化遺產

老子《道德經》誕生地中國河南省三門峽市將大踏步走

向世界

世界必然也會大踏步向老子《道德經》誕生地中國河南省三門峽市走來。此舉深遠的歷史意義必將促進世界繁榮、和諧……

一、本文緣起

被世界公認為「東方聖經」的老子《道德經》、其內含的中國道家哲學思想，中國道家養生秘學和中國道家養生精華：中國道家內丹養生之道，中國道家為人處世取得事業成功之道，中國道家宇宙科學，人天科學，人文科學，生命科學等內容早已被古今中外大科學家、大思想家學習與應用；當今世界，隨著現代科學技術迅速發展，老子的大成智慧思想益發受到各界人士的崇愛、學習、研究、應用，不言而喻：隨著歷史發展，科學發展，老子文化思想依然會光耀宇宙天地間，造福世世代代人。

而誕生老子《道德經》的中國河南省三門峽市函谷關，早已是古今中外各界有識之士學習老子道家思想之靈地。

老子《道德經》誕生地中國河南省三門峽市地處中華大地中原西段，這裏景色清幽，地勢平坦廣闊，黃河滔滔，自然環境充滿自然美……老子《道德經》誕生地函谷關，老子《道德經》最古注釋者河上公隱居之地，其歷史遺跡文化內函豐富，其價值不可估量。

老子《道德經》誕生地中國河南省三門峽市地下出土歷史文物眾多價值連城，三門峽市地上還有大量的有形與無形文化遺產。三門峽市廣大人民群眾勤勞智慧，待人淳厚，民風淳樸。總之，在中國河南省三門峽市，您完全可以真切地感受到中國傳統文化的神韻，尋找到中國傳統文化之根。

　　鑒於上述老子《道德經》誕生地，中國河南省三門峽市函谷關是古今中外各界人士學習「世界東方聖經」老子《道德經》文化思想，探索老子養生之道，朝瞻老子《道德經》誕生地聖地聖境，豐富自己思想的家園。

　　根據有關歷史資料記載，古今中外來三門峽市遊學的名家、名人不勝枚舉：諸如中國儒家聖人孔子，中國道家名家尹喜，莊子，中國歷史學家司馬遷，唐太宗李世民，唐明皇李隆基，中國八仙名仙呂洞賓，中國太極拳宗師張三豐……，實事求是地講老子《道德經》誕生地，中國河南省三門峽市早已具有世界文化遺產的規模。

　　特別是近年來老子《道德經》誕生地，中國河南省三門峽市，乘中國改革開放的東風，在新一屆領導班子的正確領導下，在全市各界人民共同努力下，其人文環境和精神面貌發生了有目共睹的巨大變化，現在將老子《道德經》誕生地河南省三門峽市函谷關申報世界文化遺產，老子《道德經》申報世界非物質文化遺產，可以說是最佳時機，順天時，占地利，得人和。

二、中國和世界「申遺」形勢競爭激烈

　　由於聯合國科教文化組織世界文化遺產委員會早已設立「世界文化遺產名錄」和「世界自然遺產名錄」，實踐表明：由於列入世界文化遺產和世界自然遺產將為世界矚目，同時，還會產生巨大的社會效益，文化效益，經濟效益，故世界各國有關文化遺產欲列入「世界文化遺產」和「世界自然遺產」的單位與日俱增。

　　同時，由於聯合國科教文組織世界遺產委員會規定，每一個國家每年只能報批一個世界文化遺產和一個世界自然遺

產。不言而喻：世界「申遺」形勢嚴峻而且競爭日益激烈。

　　中國目前已有35個單位被聯合國科教文組織世界遺產委員會列入世界自然遺產和世界文化遺產，其中文化大省河南僅有兩處：洛陽龍門和安陽殷墟。

　　截止目前為止，中國尚有一百多個單位申請列入世界文化遺產和世界自然遺產，如按聯合國科教文組織世界遺產委員會規定，一個國家一年只准申報一個「世界文化遺產」和「世界自然遺產」，到下一個世紀欲列入者已難列入世界文化遺產和世界自然遺產。不言而喻，申遺形勢十分嚴峻，競爭程度日益激烈，故目前已出現數個同類文化遺產，聯合申報的新形勢和成功經驗。

　　同時，聯合國科教文組織世界遺產委員會鑒於申報者日益增多，故而採取淘劣取優方針，其具體規定優先審批如下三種景觀。

　　1.是瀕危景觀。

　　2.是在世界範圍內具有「獨一無二」特殊性景觀。

　　3.是自然遺產和自然文化雙重遺產。

　　而老子《道德經》誕生地中國河南省三門峽市函谷關和老子《道德經》完全符合上述中的第二條和第三條。因此只要「申遺」工作團結海內外有識之士共同大膽、科學、迅速、穩步地進行，老子《道德經》誕生地中國河南省三門峽市函谷關和老子《道德經》列入世界非物質文化遺產歷經多方努力，終究會有一天取得成功，而且為期不會太遠，因為這是歷史潮流的大趨勢所定。（其詳情請看附上：《東方今報》2006年7月14日資料。）

三、三門峽市「申遺」優勢與不足

老子《道德經》誕生地中國河南省三門峽市函谷關和老子《道德經》「申遺」工作形勢優勢與不足。

冷靜分析：其優勢大於不足，粗略估計，共有八大優勢：

1. 老子《道德經》誕生地中國河南省三門峽市函谷關歷史悠久，文化底蘊厚重，古來早已初具世界文化遺產規模，現在是儘快按世界遺產委員會批准條件儘快紮紮實實做大量工作，使其進一步完善，以益早日成功。

2. 老子《道德經》中國河南省三門峽市函谷關完全符合世界遺產委員會優先審批三條規定中的第二條暨「在世界範圍內具有『獨一無二』特殊景觀」和第三條。「自然遺產和文化雙重遺產」。

3. 老子《道德經》誕生中國河南省三門峽四大領導班子和全市人民會全身心集中人力、物力申報世界文化遺產工作。

4. 經過多方努力，老子《道德經》誕生地中國河南三門峽市「申遺」工作會受到國家和省、市領導的理解和優先考慮和大力支持。

5. 經過多方努力老子《道德經》誕生地，中國河南省三門峽市「申遺」工作會受到世界文化遺產委員會的優先考慮。

6. 「申遺」工作會受到全世界各地崇尚老子道家思想文化的專家、學者、和廣大民眾大力支持。

7. 「申遺」工作會受到信仰老子為宗師的中國道教廣大信眾的大力支持。

8. 同時，經過努力，老子《道德經》中國河南省三門峽市「申遺」工作也會受到全世界李氏宗親的大力支持。

其不足之處大體有如下二條：

1.「申遺」工作起步較晚，自然經驗不足，不過古語道，後來居上，經驗不足可以向「申遺」工作成功者學習，特別是就近向安陽殷墟和洛陽龍門學習其成功經驗，以免走彎路（請看附上《今日安報》2006年7月14日「回首五年殷墟『申遺』。之路」）。

2. 綜合力量不足，以一市之力「申遺」人力、物力自然不足，但是古語道：「得道多助，失道寡助」老子《道德經》誕生地，中國河南省三門峽市函谷關申報世界文化遺產，老子《道德經》申報世界非物質文化遺產乃大道之為，經過多方努力，必將可以受到多方支持。同進也可以考慮聯合申報方略。

四、「申遺」工作方略之建議

鑒於目前世界範圍「申遺」競爭激烈，故中國河南省三門峽市函谷關和老子《道德經》申報世界非物質文化遺產「申遺」工作以儘快進入工作為上。建議如下：

1. 迅速成立「申遺」綜合辦公室，以本市人才為主，同時需在全國範圍內乃至世界範圍內聘任人才。

2. 迅速誠邀海內外有關單位與人才共同加盟，共為盛舉。其優先考慮的單位：

（1）河南省人民政府暨有關領導和專家、學者。

（2）國家遺產委員會、國家文物局暨有關領導和專家、學者。

（3）中國社會科學院暨有關領導和有關專家、學者。

（4）中國道教協會暨有關領導和有關專家、學者。

（5）中國老子學會有關領導和有關專家、學者。

3. 迅速誠邀海內外各界熱心此事的一流團體和人才加盟此事。

4. 迅速誠邀海內外各界熱心此事的企業家、道家各派團體暨領袖人物、藝術家加盟此事。

應迅速誠邀海內外各界熱心此事的各類專家、學者和各類人物、人才成立「申遺」顧問團。

五、「申遺」工作具體方案

1. 老子《道德經》誕生地中國河南省三門峽可單獨申遺

2. 與河南洛陽市暨有關單位比如洛陽上清宮，河南周口鹿邑縣老子故里暨幾家共同申報（因為《史記·老子傳》中明確記載老子生於周口鹿邑縣，老子為周史官於洛陽，而且孔子向老子問禮並拜師也在洛陽，老子西出函谷關時，關令尹喜曾邀老子寫下《老子道德經》而流傳千古，上述三家共「申遺」自然會有一定優勢。

3. 五家共申。即：一、河南三門峽市，二、河南洛陽，三、河南周口鹿邑　四、陝西華山，五、陝西西安西南樓觀台風景區遺產，五家共「申遺」，統一稱「老子文化遺產」。因為按《道藏》和有關史料記載：老子西出函谷關後，曾在陝西華山修道，並在華山留下諸多歷史文化遺跡。然後應尹喜邀請到陝西西安西南的樓觀台隱居修道，並向大眾講經說法多年，並留下諸多歷史文化遺跡。

此上五家共申其優勢自見。當然，以上三種「申遺」各有優劣，如何定奪，請待徵求各方面意見後決定為上。

六、附　言

1. 由於本人德薄才淺、錯誤難免，以上建議只是拋磚引玉。

2. 老子《道德經》誕生地中國河南省三門峽市函谷關和老子《道德經》申報世界非物質文化遺產是歷史大趨勢。本人在數年前曾口頭向中國老子學會籌委會長胡孚琛談過。

3. 我深信，老子《道德經》誕生地中國河南省三門峽市函谷關和老子《道德經》申報世界非物質文化遺產一定會成功，這是歷史潮流的必然。本人將會與海內外同道努力為之。

4. 2005年，我曾寫出「關於老子故里中國河南省周口市鹿邑縣申報世界文化遺產建議書與可行性方案」，傳真給中共鹿邑縣委書記劉書記，受到劉書記等領導的高度重視。

蘇華仁

2008年・春於羅浮山東坡亭

第十一章

與老子《道德經》養生之道的有關重要文章

一、老子度孔子

真言訣云：

鏡以照面。智以照心。鏡明則塵埃不染。智明則邪惡不生。人之無道也。如車無輪不可駕也。人之無道不可行也。

老子度孔子

昔周靈王二十一年孔子降世，天縱之聖聰明過人。禮樂文章無所不通。率領三千弟子。七十二賢雲遊天下。那一日行至泗河邊。東界口之處過一古園。園內有一壇。篆字分明是藏文仲祭之台。孔子看罷。撩衣超步上。盤膝而坐。眾門人列於左右。因歎藏文仲曰：

暑往寒來春復秋，夕陽西下水東流。

將軍寶馬今何在，野草鮮花滿地愁。

孔子歎畢。心中不樂。即令門人。取琴過來。吾操一曲。逍遙一二。有何不可。琴音未盡。有門人來報。泗水河邊。有一老人駕一小舟。到此聽琴。孔子聞言。即令子路去看。子路領命。急下玄台。走至河邊。見一老人。面如童

顏。白髮長眉。鬍鬚過臍。子路上前施禮。那老人舉手相還。遂問將軍。施禮為何。子路聞言怒曰。吾乃儒士也。如何稱為將軍。可知將軍二字乎。老人曰。運籌帷幄之中。決勝千里之外。明乎韜略之法。垂成完全之功。故曰將軍。子路又問曰。何為儒士。老人曰。行如室女。坐如病夫。有博古通今之才。明三綱五帝之禮。才德雙全。故稱儒士。老人言罷。子路曰。吾師行三皇之道。習五帝之禮。替天行道。周遊列國。化愚作賢。老子笑而言曰。誇言甚大。天不言而自高。地不言而自厚。烏鴉不染而自黑。雪不洗而自白。一林之木。有曲有直。一父之子。有愚有賢。蜘蛛不教而網。鴻雁不學而知時節。人之秉性一定。焉能化愚作賢哉。子路曰。我師出眾之德。超群無比有何愧哉。老子曰。汝言令師才德出眾。可使君明臣良。父慈子孝。習三綱五帝之禮。明四時順序之義。只是如蠶結網。自縛其身。如蛾投燈。自燒其體。勞心勞力。有何貴乎。老子言罷乘舟而去。子路回稟孔子。那老人生得異常。問一答十蓋世無比。孔子聞言。即下壇台。行至河邊。那老人船去遠矣。孔子順岸趕上。口稱老師尊。聞聽小徒之言。特來領教。老子一見孔子生得容貌非常。遂信口作曲歌云。

江山之富兮	死後拿不去
王侯之貴兮	難買常不死
五厭太公兮	死後臥丘泥
文章古今兮	愚人難得知
萬法千經兮	吞鉤吃鱗魚
無常已至兮	蓋世盡成灰
閻王殿前兮	孽鏡難躲避
身遭王法兮	難免輪迴理

好生焉長生　　怕死豈不死

能修長生道　　快樂真無比

愚人只知生前之歡。那曉死後輪迴之苦也。遂即又作詩云。

當風秉燈豈長久　　大限來到難躲藏

為人能修長生道　　平步逍遙入聖鄉

作詩一畢。孔子在岸不服而言曰。你道人生非常。想你仕綠水河邊。架一小舟飄飄蕩蕩。偶遇狂風。失落水底。豈能長生乎。老子曰。你道我小舟。雖小能包羅天地乾坤。搖櫓把桓舉篙。運用日月。吾生在混元以先。性命五行不侵。乃是物外之閒人也。遂又吟詩一首。

歸去來兮歸去來　　道理不明莫強猜

滿眼黃花休錯過　　腹內白雲歸去來

歌罷。孔子還是不服。而言曰。吾生平有四不得地。忍饑於魯。伐木於宋。削足跡於魏。絕糧於陳。老子曰。君不耕而食不蠶而衣受人間百般之苦。能為文章之祖。帝王之師。於大道之妙理。凡聖之玄機有何益哉。孔子曰。不明大道之理。望老先生為我言明。老子曰。能得大道必然離死超生。脫卻輪迴之苦。超凡入聖返仙鄉之樂。不生不死萬古方能長存也。孔子聞言有惺。遂雙膝禮跪。叩首百拜而謝曰。動問老師尊。仙鄉何居。高名上姓。老子曰。吾在牧野。跨一隻青牛。布袍革履。飲食困眠。悶來運用日月燒毛煉丹。立三才分二儀。曾化尹喜真人。過涵關。比丘山。前點骷髏。童話度軒轅。白日飛升化胡王。得成正果。吾乃群仙之領袖。度眾之提綱也。老子言罷。孔子又問曰。老師往何所去。老子曰。我去靈山瀟灑。寶塔舍利遊玩。又問老師尊多少壽數。老子曰。你聽我道來。

混沌初判不記年　蒼海連水水連天
吾初治世無日月　萬里山河是我安
須彌頑石經我煉　長江洪水見枯乾
你今問我有多大　天地日月沒我先

孔子聽罷說道。老師莫非大聖乎。老子曰。我雖未敢大聖以自居。乃竊仁者之號也。孔子遂急上船復又雙膝禮跪。口稱老師尊。再為發明道理。老子曰。你雖後日可為十八國之師。文章之祖。賢哲之領袖。豈不知行道自有障也。孔子曰。何為自障。老子曰。想你領三千徒弟。七十二賢。高談闊論。講是說非。雖有治國平天下之道。無有超凡入聖之機。豈知道無蹤跡。理無是非。大而無外。小而無內。朗朗在心目之間。視而不見。聽而不聞恍恍在聲色之際。一字為根本。萬字為枝葉。道即理也。理即性也。窮理盡性。聖賢之能事畢矣。孔子聞言。只覺心更了然遂發歎曰：

孔子低首自猜疑　不由心中暗慘悽
三千弟子成何濟　七十二賢總是虛
今日叩明先天道　日夜烹煉悟玄機
奉勸世人早勉勤　莫將文章逞是非

孔子曰。大道已明。又不曉得末後之法。老子曰。聽我細傳於你。周漢唐宋。分為春夏秋冬四季。此事只可蓋藏。不可顯漏。天機玄妙九明十暗。末後五百羅漢出世。風雨大變。君臣失禮。貴賤不分。三災齊降。天昏地暗。孔子又問。何為佛出世。老子曰。一佛出世。三佛掌教。過去燃燈。現在釋迦。末後即是彌勒佛也。詩曰：

遍地花開一片光　秋後結子一場霜
滿山儘是火光起　刀砍石頭響叮噹
若到此年邪魔出　早歸漢地是良方

三州改換江南景　　諸尊眾聖下天堂
善弱惡強人不信　　花紅柳綠鬧嚷嚷
有朝一日顏色變　　皇天降下一場霜
嚴霜落地三災起　　輪迴種子不久長
修道之人天保佑　　作孽之輩個個亡
諸君若肯早修道　　仙佛接引上天堂
倘若癡迷不醒悟　　怎躲後來這一場

　老子言罷。化作白雲騰空而去。孔子即望空叩拜說。多蒙老師指教。孔子自此得了還丹之法。真空大道。心中不禁有感詩曰。

三生有幸遇真仙　　無為妙法親口傳
看破紅塵虛花景　　一句彌陀是靈山
遊遍天下空勞力　　化愚為賢枉徒然
老病死苦實難躲　　仁義禮智信為先
金木水火防身寶　　晝夜不眠苦心參
四書修行為第一　　忠恕一貫我真傳
萬法歸一性為本　　三教原來是一般
貧富早尋出身路　　修真養性見本元
明心見性歸家去　　抱元守一是靈山
明通大道原無二　　只在方寸一玄關
誠意參透其中理　　不染紅塵假莊嚴
行道修道為本領　　須臾不離在靈山

　孔子言畢。乃想人生在世。萬般盡假。惟有修道是真。不怕作孽無邊。只一回心向道。將一靈真性養成純陽。超出苦海。即是岸矣。倘若癡迷不悟。一失人身。無劫難逢。一靈真性墮入冥府。永無出期。只落得嗚咽自歎誠可惜哉。遂作詩曰：

清靜寶經至妙玄　道德眞經大道全
有人得會經中理　三教凡夫登寶蓮

二、《鬼谷子全書》中的尹真人內傳

關令尹喜內傳

按　語

　　《關令尹喜內傳》，始著錄於《隋書·經籍志》史部，署名鬼谷先生撰。《舊唐書·藝文志》亦著錄。唐代王懸河的《三洞珠囊》引錄有《文始先生無上真人關令內傳》，並注為「鬼谷先生撰」。有的學者認為成書於晉代或南北朝。尹喜，字公度，號樓觀，又號文始先生，傳說其母畫寢，夢天降絳綃，流繞其身。至其生時，家中地上長出蓮花。曾官至周大夫。其人結草為樓，仰觀天象，精思致道，故號為「樓觀」。

　　傳說尹喜知聖人將出關，自求為函谷關令，老子過關時，留老子為師。老子授他內丹、外丹、守三一、療思諸法，以及太清上法、三洞真經、靈寶符圖、太玄等，還以《道德經》相授。三年修練期間，以老子所說理國修身之要，編為《西升經》。三年之後，於成都青羊肆尋到老子，被授予無上真人，法號文始先生，隨老子遊觀天上人間。後為印度國國師。其所著為《關尹子》。主要主張為「不為外物所擾，象鏡，發漬，要效法自然，遵循大道。莊子將關尹和老聃一併贊為「博大真人」。本篇所記為老子過關、尹喜拜師、老子懲負心人徐甲、尹喜青羊肆尋師、老子化胡等事。

　　文中著重宣傳了道家的理論原則，即推崇自然、清靜無為和齋戒、中食。闡發了貪心短壽、心誠得道、作惡受罰的道理，主張以「道」來普度眾生，反映了道家的理論和觀點。該書舊題鬼谷先生撰，其中以老子和尹喜為主要人物，記述了一些神奇神話的故事。是典型的哲理寓言之作。前道教協會會長陳攖寧先生在評論鬼谷子時稱：「既服膺太公之學，而自隱其姓名，不欲表現於世，……敝履功利，遁跡山林，恬淡自守。……將其列入《道藏》，可謂名符其實。」本書又把鬼谷子與老子、關尹子連在一起，這是道家把鬼谷子納入道教人物的又一實例。

　　周無極元年，歲在癸丑，冬十有二月二十五日，老子出關也①，關令尹喜敕②門吏曰：「若有老公從東來，乘一牛薄板車者勿聽③過關」在後果見老公如是求度關，門吏不許，以關令④之言白之，老公曰：「吾家在關東，而田在關西，欲往採樵，幸⑤聽⑥度之。」關吏再⑦不許，入白長令。令即出迎，設弟子之禮，老公故辭欲去，關令殷勤北面⑧事⑨之，老子許之住也。老子時有賃⑩客，姓徐，名甲，日雇錢一百。老子先與約語，當頓⑪還鄉直⑫，然須吾行達西海大秦安息國⑬歸，以黃金頓備錢限。甲既見老子方欲遠遊，疑遂不還其直爾。時有美色女人聞甲應得多錢，密語甲曰：「何不急訟求其直？吾當爲子妻。」甲惡意因成，即舉詞詣關令，訴⑭老子求錢。關令以甲詞呈老子。老子曰：「吾祿貧薄無僕役，前借此人，先語至西海大秦安息國歸頓，還黃金備直限。其何負約見訟耶？甲隨老子二百餘歲，發應還七百萬。」老子謂甲曰：「吾昔語汝至西海大秦安息國歸頓，以黃金相還。」云⑮：「何不能忍辱？今便興詞訟我？汝隨我已二百餘歲，汝命早應死，賴⑯我

太玄長生符在爾身耳。」言畢見太玄長生符飛從甲口出，還在老子前，文字新明。甲已成一聚⑰白骨。喜既見甲違心便死，意復欲見老子起死人。因曰：「喜當⑱代還此直，即具錢來伏⑲，願赦甲往罪，賜其更生。」老子渭⑳之，曰：「善，此本非吾嗔甲，甲負先心，道自去之」。老子復以向符投其枯骨，甲即還生如故。喜具爲說之，甲方叩鞠罪。老子令「還當汝直」。謝遣之也。老子以上皇元年歲在丁卯正月十二日丙午，下㉑爲周師也。周道㉒將衰，王不夠德，弗能以道德治民。「此淫亂之俗不可復」師故微服㉓而行，吾將遠遊矣。」喜復作禮曰：「願大人爲我著書說大道之意，喜得奉㉔而修焉。」老子以無極元年歲在癸丑十二月二十八日，日中作道德經上下二篇，以授喜。老子辭別欲行，喜曰：「願從大人遠遊，觀化㉕天地間。可乎？」老子曰：「我行無常處，或上天，或入地，或登山，或入海，或在戎狄蠻貊非人之鄉，鬼神之邦，險難之中，觀化十方，出入無間㉖坐在立亡㉗。子以始受道，諸穢未盡，焉得隨吾遠行耶？子且止誦此二卷經萬遍，道成乃可從吾遠遊。子道欲成時自當相迎：今未很去也。」老子臨去則告曰：「子千日以後，於成都市門青羊之肆，尋吾可得矣。」喜奉教誦經萬遍，千日之後，身乃飛行，入水、蹈火並不熱溺。今道已成，乃往成都市門，青羊之肆，尋老子。經日不見，晝夜感念。到九日，見一人來買青羊，由是乃悟問使人曰：「子何故日日買此青羊耶？」使人答曰：「吾家，有貴客，好畜青羊，故使我買之也。」喜曰：「吾昔與彼客有舊，因期㉘於此。子能爲我達之不？」㉙因以珍寶獻之。使人曰：「諾君但隨我去，當爲具白此意。」喜曰：「若然，白㉚客言『關令尹喜在外。』」使人如其言白之。老子曰：「令前。」拂衣㉛而起，登自然運華之座。問喜曰：「別後三年之中，子

讀經何得？何失？」喜拜而自陳曰：「奉教誦經令喜得常存不死也。」老子曰：「子昔願從吾遠遊。道已成，可以遊觀天地八紘㉜之外也。」喜曰：「弟子宿願始申㉝矣，無復所恨。」老子於是命駕。遠遊天地之間。變化諸國也。後入臏羅賓國門崛之山精舍中，行道。臏羅賓王出遊問曰：「此何等人？」侍者曰：「道士耳。」王曰：「道士乃幽隱在此乎？」後日復遊，見之。王曰：「何修也。可以致福？」老子曰：「齋戒、中食㉞、讀經、行道，上可得至真，不死不生，教化出入在意也。下可安國隆家，亦可從轉身得道，度世世人無爲。」王曰：「道士，道法最何爲貴耶？」道士曰：「吾道貴自然、清靜、無爲、齋戒、行中食、燒香。可從生天，可從生王侯家得，可從道度世，以此爲上。」王曰：「善，寡人欲請道士中食行道，可乎？」道士曰：「爲欲請幾人耶？」王曰：「悉請也。」道士曰：「徒眾多，難可悉供也。」王笑曰：「寡人大國，何求不得，而云不能供耶？」道士曰：「吾道士固曰貧道，依附國王，致有珍寶，儘是王物。今先欲請王國人中食，以爲百姓祈福可乎？」王曰：「善。但恐道士無以供之。」道士曰：「足有供之，願王枉㉟駕。」王曰：「刻日當到。」道士遂先請。及群臣國人也，皆使仙童玉女及四方飛天㊱人，請男女一十四日都畢。王歡曰：「貧道士上尚能作大福如此，我大國何所乏無而言不能供耶？」刻日請道士從眾大會。道士到皆引諸天聖，眾九品仙人，四十餘日。人來不盡。後，方日日異類，或胡㊲或傖㊳，或吳㊴楚㊵，或長或短。王倉庫已半，人猶未止，王曰：「如道士言此人眾何其多，吾誠恥㊶中殆，令無供。」忽生惡念，曰：「吾恐此老公是鬼魅，非賢人道士，可速收縛，積薪市中，燒殺之以示百姓。」於是遂縛老子徒眾等，老子爾時任其所作。聚薪都市，老子語喜及諸從真

人：「卿㊷但隨我上此薪上，傾國人悉來視之，終不能害我等也。」如是國人視之，其善心者皆難吒㊸：「我王何故強請道士，而中道燒之？可憐、可念。」火起沖天，國人因見老子亦放身光滿天下。老子與喜及諸真人在炭煙之中，坐蓮華之上，執《道德經》咏之。及火勢盛，猶在炭上坐，不去，王問：「老公已死耶？」使者曰：「老公故在炭上誦經。」王又令沉老公深淵。後隨王入淵，入淵不溺。國人見老子放光，神龍負之，龍光亦照淵。方誦經，並不能爲害。王問道士等已死乎？使者曰：「投之深淵，龍王出負之，老公放光滿國內，復不死、不溺，當如之何？」王曰：「燒之不死，沉之不溺，吾未如之何？」王顧謂群臣曰：「恐彼老子將天師聖人乎？今欲事之，何如？」群臣曰：「善。恐老公徒嗔，將亡國也。願王卑詞謝之。」王曰：「正爾。」自詣卻說前事謝罪云云。老公曰：「前我語王，恐王不能供之，云云。而反燒我師徒，何逆天無道耶？上天不許王之橫殺無辜。此乃天見我無罪，故得度險難也。天將滅王國，不久當至也。」王大謝罪，願舉國事師，不敢中怠。老子曰：「王前有惡心，今雖叩頭千下，猶未可保信，恐後有悔，當何以爲誓耶？」王曰：「今以舉國男女一世不娶妻，禿易鬚髮以爲盟，誓約不中悔，中悔當死爲證。何如？」老子曰：「善，爾時推尹喜爲師。」令王及國人事之。王當以國事付太子伊梨。「我當修道，舍家國，求道度㊹世。」老子曰：「善，既欲棄國學道，吾留王之師號爲佛，佛事無上正眞之道，道有大法㊺，若王居國學道，但奉五戒㊻、十善㊼，自足致福，去卻不詳，常生人道，尊榮富貴，亦可因此得道度世，何必舍家也？」王及群臣一時稽首，師前男女同日日奉道焉。爲作三法；作三法；衣守攝其心，錫杖以驚蛇蟲。乞中食爲節。老子復爲造九萬品經，戒令日就誦之，老子

日：「授子道既備，吾欲速遊八方。」遂還，東遊幽，演大道、自然之氣。爲三法：第一曰太上元極大道，第二曰無上正眞之道。第三曰太平清約之道也。

【注釋】

① 關：指函谷關。

② 敕：告誡。《史記》：「君臣相敕。」

③ 聽：聽憑，任憑。「聽之任之」、「聽其自然」。

④ 關吏：正統道藏為「官吏」當為「關令」之誤，故改為令。

⑤ 幸：希望。《西門豹治鄴》：「幸來告語之，吾亦往送女。」

⑥ 聽：接受。《戰國策》：「秦啟關而聽楚使。」

⑦ 再：第二次。此處可作「還是」、「又」講。

⑧ 北面：君主坐北朝南，臣子朝見君主須面北下拜，所以，稱向他人稱臣者為「北面」。此處是指以弟子待教師之禮接待老子。

⑨ 事：侍奉，服侍。

⑩ 賃：為人雇傭。《南史》：「家貧，每休假。輒傭賃自給。」

⑪ 頓：立即，馬上。《席方平》：「一身頓健。」

⑫ 直：通「值」，工錢。

⑬ 大秦安息國：即今伊朗。

⑭ 訴：誹謗，誣告。《左傳》：「訴公於晉侯。」

⑮ 云：語助詞，無實義，用於句首，亦有用於句中、句末者。《詩經》：「云何吁矣。」《禮記》：「故聖人曰禮樂云。」

⑯ 賴：依靠。《甘薯疏序》：「時時利賴其用。」

⑰ 多聚：積聚的。王勃詩：聚花如薄霧，沸水若輕雷。

⑱ 當：承擔。《論語》：「當仁，不讓於師。」

⑲ 伏：下對上的敬詞。《漢書》：「臣伏計之。」

⑳ 愍：哀憐。《三國志》：「孤甚愍之。」

㉑ 下：降低身份。《信陵君竊符救趙》：「公子為人，仁而下士。」

㉒ 道：道義。《史記·陳涉世家》：「伐無道，誅暴秦。」此處應作「國運」。

㉓ 隱：隱匿。《左傳》：「白公奔山而縊，其徒微之。」微服：隱藏身份，改換平民服裝。

㉔ 奉：雙手敬捧。《史記·廉頗藺相如列傳》：「相如奉璧奏秦王。」

㉕ 觀化：觀：考察。柳宗元《捕蛇者說》：「故為之說，以俟夫觀人風者得焉。」化：造化。《素問》：「化不可代。時不可違。」觀化，即為考察天地間萬物的造化。

㉖ 間：頃刻。《扁鵲見蔡桓公》：「扁鵲見蔡桓公，立有間。」

㉗ 亡：無，沒有。賈誼《論積貯疏》：「生之有時，而用之亡度，則物力必屈。」

㉘ 期：約會。《史記。張良列傳》：「與老人約，何後也？」

㉙ 不：通「否」。

㉚ 白：陳述、稟告、《西門豹治鄴》：「煩三老為入白之。」

㉛ 拂：甩動、抖動。《世說新語》：「拂袖而去。」

㉜ 紘：綱維。蔡邕文：「天綱縱，人紘馳。」

㉝ 申：舒展，伸直，通「伸」。《三國志》：「使己志不

申。」

㉞ 中食：道教術語，修道之人必修功課具體做法不詳。或謂過午不食。

㉟ 枉：委屈。諸葛亮《隆中對》：「將軍宜枉駕顧之。」

㊱ 飛天：佛教壁畫或石刻中在高空飛舞的神。

㊲ 胡：我國古代北部和西部的民族。《木蘭詩》：「但聞燕山胡騎鳴啾啾。」

㊳ 傖：田舍翁。《南史》：「彥德獨受老傖之目。」

㊴ 吳：周代諸侯國，在今長江下游一帶。

㊵ 楚：周代諸侯國，原在今湖北和湖南北部，後擴展到今河南、安徽、江蘇、浙江、江西和四川。

㊶ 恥：以……為恥。《詩經》：「不醉反恥。」

㊷ 卿：舊時君對臣、長輩對晚輩的敬稱。《赤壁之戰》：「權知其意，執肅手曰：『卿欲何言』？」朋友、夫婦等也可以「卿」作為愛稱。《孔雀東南飛》：「卿但暫還家，吾今且報府。」

㊸ 叱：高聲呵斥。《史記》：「君其試臣，何遽叱乎？」

㊹ 度：度引。《紅樓夢》：「三言兩語，把一個人度了去了。」

㊺ 法：佛教用語，指教義、規範等。

㊻ 五戒：就是誓禁戒條。道家有五戒：一戒違真，二戒殺生，三戒偷盜，四戒邪淫，五戒妄語，稱之為「五戒」。

㊼ 十善：道家認為修道者必須修「十善」。所謂「十善」，是指：一、孝順父母，二、忠事上師，三、慈愛眾生，四、忍性容人，五、諫諍蠲惡，六、損己救人，七、放生愛物，八、修路造橋，九、濟人利物，十、教化度人。如要修到十善，即可消除「十惡」（口四惡：一綺言，二妄

語，三兩舌，四惡口；心三惡：一曰貪，二曰嗔，三曰癡；身三惡：一曰殺，二曰盜，三曰淫）。

三、羅浮奇人蘇華仁話養生

中國廣東著名作家《惠州日報》資深記者牟國志

古人曰：大隱於野，小隱於市。意思是說，一些大學問家、大思想家往往隱居於深山老林之中。在被公認為中國道教十大洞之一，中國嶺南第一山廣東的羅浮山，居住著一位潛學習、修練心研究中國傳統養生之道的學者。

世界著名壽星吳雲青老人的入室弟子蘇華仁在羅浮山築室而居：門前有勝景，屋側有靈泉，屋旁有蒼松，屋下有奇地。

1980年9月10日，《人民日報》在第四版刊發了新華社的電訊：中國陝西省延安市青化砭村142歲老人吳雲青，增補為延安市五屆政協委員。吳雲青出生於清朝道光18年臘月（即1838年）原為青化寺長老，現為人民公社社員，他雖然經歷了142個春秋，但仍精神矍鑠，步履穩健」。該報導之後，吳老又活了18年，至1998年圓寂，終年160歲，成為世界最長壽的老人之一。

坐化圓寂後，弟子蘇華仁等將吳老置坐於甕中，神態安詳，肉身經年累月不腐不爛，成為金剛不壞之身，「不朽真人」曠世奇觀，為此，2002年10月3日中央電視臺晚8點旅遊節目向海內外播出，在海內外引起強烈反響。當時任中國道教協會會長閔智亭道長，親自赴中國古都河南安陽靈泉寺，他在瞻仰了吳老的肉身遺容後，感慨不已，當時揮毫書下四個大字：靈泉聖境。本文介紹的羅浮山奇人，就是吳雲青老

人的入室弟子，在吳老生命的最後十餘年間，他常常伺奉在側，與大師「五同」——同食、同宿、同行、同田勞動、同場練功，故而深得大師真傳，而後，他與諸同道一起，在香港創建了世界傳統養生文化學會。其目的是給大家帶來身心健康，這位羅浮奇人他叫蘇華仁。

記者是在陪同王炳堯先生採訪時得以結識蘇先生的。王炳堯是中國記者協會機關報《中華新聞報》原秘書長，此次來廣東公幹，轉道羅浮山來採訪蘇華仁。那大，我們的車到了羅浮山腳下，已經不能再開了，一條羊腸小徑從山上垂掛下來，時隱時現，蘇先生來到路口拱手相迎。他大約50多歲，中等身材，面容清瘦，雙目卻炯炯有神，頗有道氣。片刻的寒暄之後，蘇先生在前面引路，我們沿著陡峭的山路攀援而上。山越爬越高，路越走越難，不一會，我們就已汗流浹背，氣喘吁吁，可蘇先生卻步履矯健，顯得輕鬆自如，一會兒就把我們拉下一大截，不得不一次次停下來等我們。

好不容易爬到了半山腰，眼前豁然開朗，蘇先生的居所到了。這是一所磚石搭建的小屋，顯得樸實而簡陋。但小屋周圍的風光，卻讓人歎為觀止——小屋靜靜臥於林海之中，右側是羅浮山雲蒸霞蔚的主峰；站在小屋前望出去，視野十分開闊，遠山近水盡收眼底；小屋左右，兩道清泉潺潺湧流，水質清純，喝上一口，沁人肺腑；令人稱奇的是，在小屋旁邊，有兩棵形態獨特的松樹，一棵從根部開始，呈360度盤旋後直上，就像一條龍騰越而上，直插雲天；另一棵則像一把弓，似在等待你張弓搭箭：而屋下的一塊地，則更令人驚歎：那是半山腰上的一塊平地，沒有任何人工的修飾，完全是渾然天成，其形狀就像易經中的先天八卦圖！

問及蘇先生為何選擇來羅浮山安居治學？他說，羅浮山

是中國十大名山之一，不僅風光優美，且有深厚的文化底蘊，是中國唯一的集中國儒教、道教、佛教文化可以並存的地方。有關史書記載：兩千多年前，先秦的安期生，晉朝的葛洪辭官不做，來此修道，到這裏潛心修練留下了煉丹爐和洗藥池？葛洪之後，又有多位高人來此修練。諸如單道開、黃大仙、蘇元朗、軒轅集、呂洞賓、蘇東坡、陳泥丸、白玉蟾、張三豐、……這裏確實是一個天下少有的風景勝地和修道聖地，所以我在參訪了全國不少名山大川之後，選擇了羅浮山。

大病不死，雲遊天下，尋訪全國各地百歲以上壽星和教門高人拜師，潛心探求中華傳統養生長壽眞傳

蘇華仁是《周易》發源地中國河南安陽市人，年輕的時候他癡迷文學，歷史、哲學。當時，曾是年輕的中國作家協會河南分會會員之一。但由於只知一心學習寫作，而不懂的養生之道，故在他20多歲的1973年時，一場大病襲來，差點讓他撒手人寰，當時，他患有嚴重的心臟病，神經衰弱，前列腺炎、下肢肌肉萎縮等症，北京協和醫院用現代科學儀器檢測：醫生告訴他只能活半年。貧病交迫中，幸得安陽三教寺李嵐峰高師出手相救，依古戒授之以中國道家內丹祛病養生秘術，他按秘術修練僅僅七天，疾病竟獲全無。把他從死亡線上，拉了回來。大病全癒之後，蘇華仁重新認識人生，從此讀古書，研《周易》，刻苦鑽研中華傳統養生與學問。經由多年苦讀，他悟出這些的真機並未寫在書上，也不可能在世間流傳，這些無價之寶僅僅掌握在為數不多的幾位百歲高師手中。於是，他下決心雲遊天下，遍訪百歲以上壽星拜師學道。

1980年8月，他來到中國陝北延安青化寺長老吳雲青身邊，研習黃帝、老子內丹養生之道之後，又在河南泌陽白雲

山117歲道長唐道成身邊，他學得道家陳摶老祖華山派內丹養生之道。1988年，當代佛門泰斗，百歲法師釋淨嚴在開封古觀音寺親授他佛家秘功心法。此外，他還是中國首任佛教協會主席，禪宗泰斗虛雲老法師親傳弟子、九華山佛學院首座大法師釋明心的弟子，他在中國華山道功高師邊治中門下求得道家內丹養生之道動功……

經過二十餘年的執著追求，蘇華仁成為道家秘傳養生長壽內丹術的止宗名家、著名的易經學者，他的內丹養生之道已步入一流境界。

坐在蘇先生陋室前木板搭成的小桌旁喝著泉水，吃著他們自種的花生和剛摘下的龍眼，聽他講授中華傳統養生益壽的學問，感到深受啟迪，心胸豁然開朗。

蘇華仁先生說：中國道家內丹養生長壽學，在世界上有很高的地位和影響，在我國更是歷史悠久，源遠流長，我國歷史上許多著名人物，就是這些學問的倡導者、實踐者和傳播者。

根據有關史書明確記載：我們中華民族的人文之祖軒轅黃帝，在大約五千年前，就拜道學高師廣成子為師，學習內丹養生之道、並著有《黃帝陰符經》、《黃帝內經》等流傳千古。中國大思想家道家祖師老子，中國大教育家、儒家聖人孔子、中國商業界祖師范蠡，漢代被譽為「帝王之師」的張良，晉代道學與易學大名家葛洪，唐代大詩人李白，宋代易理大師陳摶老祖、中國太極拳創始人張三豐等等，都曾積極地研習和推崇中國道家內丹養生之道這門學說。

到了現代，隨著生命科學的進步和發展，中國道家內丹養生長壽學受到到世界大科學家們的高度重視，舉世聞名的大科學家、英國皇家學會會員、《中國科技史》的作者李約瑟，非常仰慕老子道家內丹養生之道，將自己改名姓李、因為

（老子叫李耳），他在其著作《中國科技史》中精闢地指出：「中國的內丹是世界早期生物化學史上的一個里程碑。」世界著名生物遺傳學家牛滿江不僅推崇道家內丹養生之道，還親赴北京拜中國養生之道大師華山丹道大師邊治中為師，學習道家內丹養生之道動功，他還取得了整個身心回春之效，此後，1982年4月4日，牛滿江博士在香港《明報》撰文說此術。從增加生命之源入手，應稱之為『細胞長壽術』『返老還童術』」。我國著名大科學家錢學森也在其《論人體科學》一書中指出：結合科學的觀點，練功，練內丹。」

繼續談論下去，蘇先生笑道：「我可以一語道破道家內丹長壽學說的玄機。」他說，人有三寶：精、氣、神。人為什麼衰弱、生病？就是這三寶中的其一或其他受到了損害。道家內丹長壽術的真諦，就是啟動人體自身的潛能，修復被損害的器官，使「三寶」，重顯活力，以達到祛病健身，延年益壽的目的。蘇先生進一步闡述說，把道家養生長壽術的秘訣，歸納成現代說法，可簡單地濃縮為二十個字五條：永葆童心；早睡早起；飲食全素：修煉內丹；積德行功。

聽完蘇先生高度概括的中國傳統道家內丹長壽之道、二十個字的要訣，我豁然有所悟。是啊，世人只要按這二十個字來進行養生，必然會取得養生健康長壽，為您人生事業成功，奠定一個堅實的基礎。因為這是古今中外無數修學中國道家內丹長壽之道成功的經驗之談，很值得我們借鑒。

安貧樂道、志與天下同道
共創「中國道家內丹養生基地」

靜觀蘇華仁老師簡樸的穿著，簡陋的山間茅庵，茅庵內大量的藏書。閱讀中國《科學晚報》和《香港經濟日報》等報章。介紹他在海內外傳播中國道家內丹養生的有關文章，

使我深深感到：蘇華仁老師是一位安貧樂道者。

蘇華仁老師在海內外傳播中國傳統道家內丹養生之道。奉行的宗旨是「弘揚丹道，造福人天。」他傳播中國傳統道家內丹養生原則是：「奉行真德，傳授真功。」他從不搞商業炒作，嚴禁弄虛作假。因爾，海內外邀其講學，治病和傳播中國道家內丹養生之道者絡繹不絕。這其中特別值得一提的是：蘇華仁老師為海內外著名企業家、慈善家譚兆先生治病的實例：

2000年夏季，蘇華仁老師應邀到香港與譚兆先生治病。譚兆先生是香港著名企業家、慈善家。他平生心地慈悲，崇尚道學，為此特別設立「譚兆慈善基金會」本基金會專門支持中國道教文化事業發展，據有關部門統計，截止2000年，「譚兆慈善基金會」給中國道教文化事業贊助的人民幣達五億多元，而且還在源源不斷地贊助。

譚兆先生由於在商場上拼搏操勞過度，他在五十歲左右便身患癌症。患病後，譚兆先生即拜海內外聞名、臺灣中國道家內丹養生之道高師馬炳文先生為師，習練中國道家內丹養生之道，使身心轉危為安，由弱轉強。

又過了二十年左右，時至2000年，年近70的譚兆先生舊病復發，病情十分嚴重。透過馬炳文先生之緣，譚兆先生於2000年夏7月邀請蘇華仁老師為其治病，由於治病效果好，譚兆先生即讓其太太拿鉅資酬謝。蘇華仁老師面對鉅資毫不動心，蘇華仁教師真誠地對譚太太講，我有三條理由能能要您們的錢：

第一：您們雖然有錢，但也是您們辛勤勞動所得。您們已經給中國道教文化事業贊助數億元。我們信仰中國道家文化的人，給您們治病是天經地義的。

第二：我是因譚兆先生道家師父馬炳文之緣而來治病的。

第三：現在譚兆先生有病正需要錢，我怎麼能增加負擔

呢？

譚兆先生的太太聽後十分感動地說：「您是罕有為我先生治病而不要錢的人。」

蘇華仁老師給他人治病不貪財的例子還有許多、許多……

由於蘇華仁老師功高德昭，故當蘇華仁老師發起在羅浮山建立中國道家內丹養生基地時，自然而然會得到了海內外有道之士的慷慨解囊。目前，在中國廣東羅浮山東麓，已經有一塊以紫雲洞、軒轅庵為中心，占地近百畝的土地，已蓋了十幾間簡易的房子，供修學中國道家內丹養生之道者修練。同時，也歡迎有緣的同道來此修行、研究與養生，同心同力，早日建成「中國道家內丹養生基地」造福天下有緣的善良人。

創立「世界傳統養生文化學會」
建立「世界傳統養生文化大學」

瞭解到蘇華仁老師學習、修練中國傳統道家內丹養生之道情況之後，我問道：「你最大的理想是什麼？」

聽到我問他，蘇華仁老師抬頭看了看四周碧綠的青山和青松然後真誠地對我說：「自從三十多年前，我的第一位恩師，中國安陽三教寺李嵐峰道長，他秘傳我中國道家內丹養生之道，使我短時間從死亡線上回春以後，我便有三個願望：

1. 雲遊天下，將中國傳統道家、佛家、儒家、易學、中醫、武術家養生長壽、開發智慧、天人合一和治病救人的最高層絕技學到手。

2. 將中國傳統養生長壽、開發智慧、天人合一和治病救人的絕技造福天下善良人。

3. 如果有緣：希望能走出國門，將中國傳統養生長壽、開發智慧、天人合一和治病救人的最高層次的絕技服務世界

各地善良人。同時將海外西方的傳統養生文化學到手。在此基礎之上，創立一個「世界傳統養生文化學會」。然後再創辦一個「世界傳統養生文化培訓中心」，建立一個世界傳統養生文化網站。先出版一套《中國道家養生長壽學秘傳叢書》，再出版一套《中國道家養生全書與現代生命科學叢書》，然後再出版一套《世界傳統養生文化叢書》，最後創辦一座「世界傳統養生文化大學」。

我聽蘇華仁老師講完其遠大理想，心中十分激動，不禁問道：「您的理想已經實現了多少？」

蘇華仁老師答道：「我的理想在海內外有緣同道的大力支持下，目前己實現了一部分。情況如下：

1. 我在中華大地雲遊多年，基本上已將中國傳統養生精華掌握了。

2. 我於1995年，應邀赴馬來西亞傳授中國道家內丹養生之道。

3. 我於1999年，應邀赴新加坡傳授中國道家內丹養生之道，同時傳授中國《周易》養生預測學。期間被新加坡道家養生學會特聘為名譽主席。

4. 我於2001年，應邀赴香港傳授中國道家內丹養生之道和《周易》養生預測學。

5. 2001年底，我在香港與諸同道一起：成立了「世界傳統養生文化學會」。

6. 2006年，我與弟子辛平合著的《中國道家養生長壽學秘傳叢書》，一套書計畫5本，目前已經出版了三本：一本是《中國傳統道家內丹養生動功》，另二本是《中國傳統道家內丹養生靜功》《道家調補》。

7. 2007年，我在易道學術老前輩唐明邦、道家學術名家

胡孚琛的支持下、與同道師友趙志春、弟子辛平和海內外同道劉小平、巫懷徵、劉繼洪等共同努力下，已經編輯出《中國道家養生全書與現代生命科學叢書》中的六本，其書目如下：

① 《老子<道德經>養生之道》

② 《實用道家養生之道與現代生命科學》

③ 《周易參同契與道家養生》

④ 《藥王孫思邈道醫養生》

⑤ 《張三豐太極拳內丹養生真傳》

⑥ 《世界著名壽星吳雲青談中國傳統養生之道》

8. 羅浮山紫雲洞軒轅庵道家內丹養生基地在海內外同道支援下，特別是在馬來西亞辛平先生、美國張德礜先生、臺灣李武勳先生、黃易文先生、任芝華同道、中國大陸宋樹貴先生、巫懷徵先生、中國香港劉裕明先生等同道真誠支持下，境況也日益發展。

以上是我理想已經完成的一部分，另外部分我正在與海內外同道共同努力、共同完成、我也真誠歡迎海內外同道共同來完成弘揚世界傳統養生、造福世人的盛舉。

聽完蘇華仁老師這一番話，我感觸很深，我從心底祝願他的理想成真，因為他的理想成真，將會造福更多人。

四、老子《道德經》與養生大智慧

仙風道骨裏蘊藏著真知的大智慧，灑脫飄逸中彰顯出驚人的力量！高人出山，亮相於知名學府，向社會精英講授幾乎絕世的呂洞賓秘注的《道德經》。

呂祖首序定評論，自敘尤開八德門，

又見關中來紫氣，真看李下毓玄孫

欲教後世人同渡，能使先天道益尊，

多少注家推此本，寶函長護鎮崑崙。

——張三豐《老子道德經呂祖秘注》禮贊詩

老子《道德經》自問世以來，仁者見仁，智者見智，各類注解達3000多種。流傳最少的是凡人成仙的呂洞賓秘注的老子《道德經》。探其究竟，仙人的秘注奧妙無窮，玄機無限，非常人能夠領悟。為了使精英階層增強真知灼見，我們特意邀請學貫中西的蘇華仁道長出山授道。奇人傳大道，茅塞方頓開。學員們在暢遊知識海洋的同時，還能掌握久遠的養生秘訣，使每個學員都能擁有一個健康的身體、豁達的心情，以充沛的精力向人生最高目標精進！

蘇道長其人：出師名門，博取眾長：

師從160歲老壽星吳雲青：（1980年9月10日《人民日報》四版詳細報導）

師從117歲的丹道高師唐道成：（1980年10月8日《河南日報》三版詳細報導）

師從當代道功名家邊治中：（1983年9月18曰《世界日報》頭版詳細報導）

師從當代道功名師李嵐峰、終南山百歲道醫李理祥；
（1992年5月22日《科學晚報》報導）

師從當代佛門禪宗泰斗120歲虛雲法師弟子、九華山佛學院首座法師釋明心：

師從當代佛門密宗泰斗113歲釋圓照上師（本人平生修練金剛心法，圓寂火化心臟成金剛體）

名山住持，德高望重：

1980年出任中國禪宗祖庭少林寺副住持；

現任中國十大名山羅浮山軒轅庵、紫雲洞道長。

繼承傳統，造福人類

世界傳統養生文化學會創始人；

《中國道家養生全書與現代生命科學叢書》總主編；

攻克聯合國公佈十七種疑難雜症中的十六種（愛滋病除外），醫治患者無數。

主　題：哲學前沿論壇——呂洞賓秘注老子《道德經》與養生大智慧

參加對象：

1.中山大學國學與管理總裁研修班學員及預報讀者；

2.中山大學哲學系在讀研究生；

時　間：2008年11月10日晚7：30—22：00

地　點：中山大學文科樓506講課廳

聯繫人：劉老師（13719440284）

　　　　宋老師（13424015697）

蘇華仁地址：廣東博羅縣長寧鎮羅浮山沖虛觀東坡亭

郵編516133

　　13138387676

　　15976241068

中國道家養生廿字要訣

——中山大學舉辦「羅浮山道家養生與哲學專題講座」
　綱要之一
　世界著名丹道壽星吳雲青弟子、中山大學兼職教授
　中國廣東羅浮山軒轅庵、紫雲洞道長　蘇華仁

　　中國道家養生之道，其養生效果真實而神奇。其道理
「道法自然」規律，博大精深，師法並揭示宇宙天地人萬事
萬物變化規律。因而能夠讓全人類達到健康長壽、天人合
一。確如中華聖祖《黃帝陰符經》中所言：「宇宙在乎手，
萬化生乎身」。

一、 中國道家養生廿字要訣內容

　　中國道家養生之道，其具體方法卻極其簡單、至簡至
易，便於操作。正如古今丹道祖師所言：「大道至簡。」要
爾言之，不過「道家養生廿字要訣。」其內容如下：

　　　永保童心，
　　　早睡早起，
　　　長年食素，
　　　練好內丹，
　　　積德行功。

　　以上「中國道家養生廿字要訣。」是我多年反覆學習道家養生經典：《黃帝陰符經》《黃帝內經》《黃帝外經》《老子道德經》《太上老君內丹經》和《周易參同契》《孫思邈千金要方·道林養性》《呂洞賓祖師全書》《張三豐全集》等道家經典，然後對其中道家養生之道成功經驗的高度濃縮與高度概括；同時是我多年來，學習當代多位年逾百歲猶童顏的道家內丹養生高師吳雲青、李理祥、趙百川、唐道成和道功名家邊治中、李嵐峰，道家內丹養生之道成功經驗的高度濃縮與高度概括。

二、 中國道家養生廿字要訣眞實效果

　　我近年來，應邀在海內外講學，講授中國道家養生之道時，我都主要講：「道家養生廿字要訣。」無數實踐證明：凡是聽課者能切切實實執行「道家養生廿字要訣」的，都能取得身心康壽、開智開慧、事業成功的真實而神奇的養生效果。故大家稱讚「道家養生廿字要訣。」

　　為「健康聖經。」為此，我特意寫出「道家養生廿字要訣。」禮贊：

> 永保童心返歸嬰，
> 早睡早起身常青，
> 長年食素免百病，
> 練好內丹天地同，
> 積德行功樂無窮。

三、黃帝《陰符經》老子《道德經》 是中國道家養生廿字要訣本源

中國道家養生廿字要訣，其方法簡便易行，效果真實神奇。溯其根源，主要來源於中華民族神聖祖先、中國道家始祖黃帝《陰符經》、中國道家祖師老子《道德經》。

當我們靜觀細讀、反覆揣摩黃帝《陰符經》老子《道德經》，你自然而然會真切地感受到，黃帝與老子對人類身心健康長壽的關懷與大慈大悲的博大胸懷。

為了全人類健康長壽，黃帝、老子自願將他們取得養生長壽，成功經驗，毫無保留地貢獻給全人類，衷心地希望全人類，獲得健康長壽。《史記・五帝本紀》《史記・封禪》記載：黃帝平生用道家養生之道，獲得壽高一百一十一歲以上高壽，《史記・老莊韓非列傳》記載老子「壽高二百餘歲不只知所終」。

1.「永保童心」源自黃帝《陰符經》「至樂性餘」老子《道德經》「聖人皆孩子」。

「永保童心」，是古今中外壽星與養生名家取得養生長壽共同成功經驗之一，故黃帝《陰符經》老子《道德經》，反覆諄諄、循循善誘的教導全人類要從「爭名奪利」，「庸碌一生」中解脫出來，人類的生活方式，要全方位地回歸自然，要時時刻刻保持心性樂觀，做到「至樂性餘，至靜性廉」，（黃帝《陰符經》下篇）同時，時常永保童心，如嬰兒之未孩。並且特別指出，聖人的養生要訣是：「聖心皆孩子」（老子《道德經》第四十九章。）詳情請看：黃帝《陰符經》老子《道德經》全文。

2.「早睡早起」來源於黃帝《陰符經》、老子《道德

經》「道法自然」規律養生。

眾所周知：人是大自然的兒子，人是宇宙萬物之靈，故人與大自然本來就是天人合一天人一體的。這一點：我們中華民族的偉大祖先、中國道家始祖黃帝，早在約五千年前就發現這一科學真理。故黃帝《陰符經》上篇曰：「宇宙在乎手，萬化生乎身。」中國道家祖師老子早在二千五百多年，繼承發展黃帝關於「天人合一」思想，老子在其名著老子《道德經》中曰：「人法地，地法天，天法道，道法自然。」

不言而喻：「道法自然」規律是人類養好生的根本法則、根本準則、根本保證。

「日出而作，日落而息」是古今人類與大自然同步的具體體現。

「早睡早起身體好」是婦幼皆知的養好生的好習慣與成功經驗。

「萬物生長靠太陽」是婦幼皆知的生命生長的根本法則。

中國道家傳統養生要訣詩曰：

天有三寶日月星，
地有三寶水火風；
人有三寶精氣神；
善用三寶可長生。

道家傳統養生要訣又曰：「人生在卯」。指人生健康長壽要卯時起床，修練與工作。卯時，即早上5～7點，而早上5～7點，恰恰是日、月、星三寶聚會之時。

　　清晨初生的太陽光，古人稱之為「日精」，將日精吸入人體之內稱為「採日精」。無數採日精者經驗證明：對著清晨的太陽練功，沐浴清晨的陽光，呼吸清晨的新鮮空氣，對人類健康長壽補益甚大。

　　月亮光，古人稱之為「月華」早上5～7點和晚上5點～7點，對著初升的月光修練，將月亮光呼吸入人體之內，古人稱之為「吸月華」，對身體也有很大的補益。

　　星星光，古人稱之為「星輝」，早上5～7時，和晚上5點～7時，包括夜晚對著星辰修練，將星光呼吸入人體之內，對身體也有很大的補益。而且可以激發人類大腦的活力與想像力、創造力。

　　而現代科學透過現代化儀器，試驗表明：太陽光、月亮光、星星光中，均含有大量的對宇宙生命生長、特別是人類生命有益的大量的微量元素。而每天早上5～7點，正是太陽光、月亮光、星星光三光相聚之時，三種光綜合為一產生的微量元素對人類健康長壽，更為有益。這是無數早上卯時修練者、取得健康長壽與開發智慧成功的經驗總結。

　　黃帝《陰符經》下篇曰：「聖人知自然之道不可違，因而制之。」老子《道德經》第二十五章曰：「人法地、地法天、天法道，道法自然。」這兩者之說，都是強調人類養生一定要「道法自然」規律，而早睡早起，則是《道法自然》規律、具體養生方法之一，早睡早起身體好，是無數取得養生長壽者的寶貴經驗，誰認真遵行誰身心健康受益。

　　3.「長年食素」源自老子《道德經》「見素抱樸」「深根固蒂」。

　　「長年食素」是中國道家傳統養生二十字要訣之一，也是中國道家取得養生長壽成功經驗。老子《道德經》第十九

章、五十九章曰：「見素抱樸」是謂「深根固蒂」「長生久視」之道。

「長年食素」對人類健康長壽有益。早已為現代科學實踐證明：故現代科學之父愛因斯坦，運用大智大慧，經過長期的嚴謹科學實驗後，深刻而精闢地指出：「我認為素食者的人生態度，乃是出自極單純的生理上的平衡狀態，因此，對於人類的影響應是有所裨益的。」

在中國古代老子與現代科學之父愛因斯坦等大聖哲、大科學家影響下，當今世界食素的人數的越來越多，各國素食學會如雨後春筍，日益增多。有資料表明：在台灣很早以前就率先建立了「素食醫院」。新加坡等國家和地區早已有了素食幼兒園、素食中學與素食大學。

更有資料表明：除上述老子與愛因斯坦外，長年食素者還有古今中外許許多多的大聖哲：如中國儒家聖人孔子、佛祖釋迦牟尼，耶穌基督……大科學家達爾文、愛迪生、牛頓……大政治家邱吉爾、甘地……大作家托爾斯泰、蕭伯納、馬克吐溫、伏爾泰……大畫家達芬奇和體壇名人劉易斯……

綜上所述：「長年食素」是中國道家傳統養生二十字要訣之一，是中國道家養生長壽成功經驗，也是古今中外諸多大智大慧者的明智選擇，更重要的是您只要認真的食素一個月，您的心身健康素質和智商就會改善。這是無數健康長壽者的經驗之談。

還有重要的一點是：現在環境污染與轉基因飼料飼養動物，給人類健康造成危害日益嚴重，故當今人類實行長年素食者日益增多。

4.「練好內丹」源於黃帝《陰符經》、老子《道德經》《老子內丹經》。

「練好內丹」是中國道家傳統養生二十字要訣之一，因為，中國道家養生之道精華是中國道家內丹養生之道。中國道家內丹養生之道，是古今中國各界泰斗和中國道家養生名家取得養生長壽，開發大智，事業成功、天人合一的真實而神奇法寶。古今中外無數修練者的實踐表明：中國道家內丹養生之道，也是全人類取得養生長壽，開發大智，事業成功、天人合一的真實而神奇法寶。

中國道家內丹養生要訣與秘訣，主要蘊含於黃帝《陰符經》、老子《道德經》、《老子內丹經》之內。黃帝《陰符經》中講的「宇宙在乎手，萬化生乎身。知之修練，謂之聖人」是指修練中國道家內丹養生之道。修練中國道家內丹養生之道的核心是人與宇宙天人合一。

老子《道德經》中第一章講的「常有欲觀其竅，常無欲觀其妙」，實是講修練中國道家內丹養生之道的第一要訣是「守玄觀竅」，所以其下文緊接著曰：「玄之又玄，眾妙之門」。

鑒於上述，故中國道家南宗祖師張伯端在《悟真篇》中，用詩歌禮讚黃帝《陰符經》與老子《道德經》曰：

> 陰符寶字逾三百，
> 道德靈文止五千，
> 今古上仙無限數，
> 盡從此處達真詮。

老子《道德經》與《老子內丹經》一同珍藏於中國《道藏》之內。《老子內丹經》在《道藏》中原題名為《老上老君內丹經》，眾所周知：「太上老君」是中國道家與中國道

教對老子的尊稱，緣於此《太上老君子內丹經》，實是《老子內丹經》。《老子內丹經》闡述中國道家內丹養生之道要訣曰：「夫練大丹者，精勤功行。修生之法，保身之道，因氣安精，因精養神，神不離身，身乃長健。」

5.「積德行功」源於《黃帝陰符經》「天人合發」，老子《道德經》「重積德則無不克」。

「積德行功」是中國道家傳統養生二十字要訣之一。

「積德行功」源於《黃帝陰符經》「天人合發、萬變定基」，「知之修練、謂之聖人」，與老子《道德經》第五十九章：「重積德則無不克。」倘我們靜觀、細讀《黃帝陰符經》和老子《道德經》，您可以從字裏行間深深體會到：黃帝、老子對「積德行功」精華的論述。特別是老子《道德經》第五十一章、五十四章、五十九章論述尤顯詳細、尤顯重要，故今敬錄如下：

老子《道德經》第五十一章曰：「道生之，德蓄之，物形之，勢成之，是以萬物莫不尊道而貴德，道之尊，德之貴，夫莫之命而常自然。故道生之，德蓄之，長之育之，成之熟之，養之復之。生而不有，為而不恃，長而不有，是謂玄德。」

老子《道德經》第五十九章曰：「治人事天莫若嗇。夫唯嗇，是謂早復，早復謂之重積德，重積德則無不克。無不克則莫知其極，莫知其極則可以有國，可以長久。是謂深根固蒂，長生久視之道。」

老子《道德經》第五十四章曰：「修之於身，其德乃真，修之於家、其德乃餘，修之於鄉、其德乃長，修之於國、其德乃豐，修之於天下，其德不普；故以身觀身，以家觀家，以鄉觀鄉，以國觀國，以天下觀天下。吾何以知天下之然哉？以此。」

中華丹道・傳在吳老

——己丑年（2009年）恭拜世界著名壽星吳雲青真身獻
辭（徵求意見稿）吳雲青入室弟子、廣東羅浮山軒
轅庵蘇華仁（吳老賜道號：蘇德仙）

一

五月十五、歲在己丑，
恭立安陽、吳老身後，
靜觀人類、放眼宇宙，
面對現實、悲歡皆有，
諸多災難、時降五洲，
經濟風暴、令人哀愁，
信仰迷茫、競擬走獸，
A型流感、侵襲全球，
人類繁榮、大家共求，
仰問蒼天、良方何有？

二

當今世界、中華獨秀，
雖歷滄桑、終居上游，
舉世仰慕、探其源由，
究其根源、全在道家，

道家文化、孕育偉大，
人類歷史、啟示人類，
道家文化、救世良方，
得道者昌、失道者亡。

三

道家文化、淵源流長，
中華聖祖、黃帝開創，
越五千年、如日月光，
聖祖黃帝、演易《歸藏》，
著《陰符經》《黃帝內經》；
偉哉老子、集其大成，
著《道德經》、傳《內丹經》。
道家文化、「道法自然」，
人類遵之、自然日興，
道家核心、「天人合一」，
人類忠行、萬事可成。

老子《道德經》養生之道

四

道家秘傳、最重內丹，
養生法寶、修眞成仙；
因此中華、也稱神州，
縱觀古今、橫覽中外，
朗朗乾坤、獨尊內丹，
中華泰斗、多練內丹，
黃帝練成、龍駅升天，
龍的傳人、因此開端；
老子丹成、著《道德經》，
「東方聖經」、世世永傳；
孔子學道、拜師老子，
發猶龍嘆、《史記》明載：
孫子兵法、萬古流傳，
修道保法、乃其大概；
商祖范蠡、攜同西施，
外助勾踐、內練內丹，
隱居太湖、逍遙自在。

五

智聖鬼谷、練成內丹，
注《陰符經》、隱雲蒙山，
入世法傳、蘇秦張儀，
毛遂徐福、孫臏龐涓，
出世法傳、茅蒙茅山，
雨王赤松、稱黃大仙，

內丹練成、逍遙人天，
育出張良、一代國師，
功成身退、辟谷修仙；
張良玄孫、名張道陵，
為傳大道、創立道教，
從此中華、方有教傳，
外傳法術、內傳內丹，
光陰似箭、越二千年，
代代仙眞、口傳內丹，
名家輩出、功德永傳，
葛洪練丹、隱羅浮山，
著《抱扑子》、建立道觀，
偉哉藥王、名孫思邈，
著《千金方》、內丹詩傳。

六

呂祖洞賓、天仙狀元，
為學內丹、受盡苦難，
鍾離權師、口授眞傳，
為使大道、永傳人間，
偉哉呂祖、不避艱險，
東西南北、為度有緣，
中華大地、遺跡猶在，
《呂祖全書》、德澤人天：
北有七眞、祖述呂祖，
南有五祖、根在呂仙，
大江西派、呂祖開源，

呂祖師友、最尊陳摶，
高臥華山、傳道眞脈，
承前啓後、繼往開來，
育出弟子、火龍眞人，
育出徒孫、名張三豐，
創太極拳、秘傳內丹，
造福人類、口碑永傳。

七

方今世忙、人身少健，
為益身心、惟有內丹，
歷史經驗、史書明載，
練好內丹、心身康泰，
練好內丹、轉危為安，
練好內丹、人類日健。

八

當今之世、內丹何在？
中華大道、內丹誰傳？
吳老雲青、練成內丹，
上承黃帝、老子眞傳，
吳老雲青、眞人典範，
年逾百歲、鶴髮童顏，
積德行功、廣度有緣，
臨終坐化、歸空九天，
金身不壞、萬世稱讚，
我輩效之、練成內丹，
度己度人、造福人天，
笑傲滄桑、得大自在。

二〇〇九年六月七日吟於安陽
有修改意見請打手機：13138387676

老子《道德經》養生之道

後 記

尊敬的趙志春師友：道安

　　貴社與您決定出版《中國道家養生叢書與現代生命科學叢書》實是弘揚中華國粹，造福世人功德之舉。

　　因貴社和您推舉我出任本叢書總主編，故我本人深感此事，事關重大，因為我本人三生有幸：生於《周易》發源地一個崇尚道家養生和佛家明心見性之學世家，自幼受易學、道家養生、佛學薰陶，少年便被安陽三教寺李嵐峰道長精心教誨栽培十年。成年之後，又三生有幸：被當代多位年逾百歲而童顏的道家養生真師吳雲青、李理祥、唐道成、趙百川和當代世界著名的華山道功名家：邊治中道長收為入室弟子而耳提面命多年。期間，還有緣被當代數位百歲佛學高師開示佛學真諦。

　　在上述高師厚愛下，使我學到了道家養生學和道家養生的核心秘術——道家內丹養生之道。在拜明師修練師傳內丹道路上，期間雖歷經滄桑驟變，又經種種磨難與悲歡離合，但終有所成，使我整個身心脫胎換骨，同時，使我親身感受到了中國道家養生之道和易學養生預測之道、乃人間至寶，它確確實實可以造福世人，改善宇宙天地人萬物生存環境，同時，又深深感到修學道家養生之道務必要有真正得道、並且真正修成大道明師指導，只靠一味看書、盲修苦練是不容易成功的。因為易道汪洋。表面看玄之又玄，其實您只要在明師秘傳下學到真正口訣，同時經過苦練加體悟，才能學得

其真諦，故古聖者曰：「得訣歸來方看書。」

趙老師：由於宇宙天地人運行規律所致，目前，世界興起易學熱、道家養生熱、佛學參禪熱、中醫熱、太極拳熱。由於我近幾年常應邀在海內外講授道家養生之道和《易經》養生與預測學，故而深知：在易學、道家養生學、中醫學，太極拳修練熱潮中，雖然出山的各類老師不少，出版的書也不少，但在靜觀沉思之下，有幾點需讓世人注意，以便儘快掌握真諦，取得效果。

一、真正懂得易學本義、道家養生真訣、佛法真諦、中醫真諦、太極拳精華的高師，依然如古語道「得道高師不易逢」。

二、截止目前為止，海內外出版易學、道家養生學、佛學、中醫學、太極拳的書確實不少，但讓人細細批閱後實在令人憂喜參半。

第一類是由嚴謹地名牌大學學者所著，這些著作的最大優點是：言論時尚、資料豐富、翔實，考證有據，思維有序；其不足之處是未遇明師指導，故理論有餘、實用不足。

第二類書是實修者所著：這些著作最大優點是確有傳承，其所寫養生方法實用、理論樸實、資料翔實，其不足之處，大多屬中上等功法，因為易學本義，道家養生秘訣，佛學禪理真諦、中醫精髓、太極拳內在精華不是一般人能得窺其奧旨的。

第三類由於目前受經濟利益趨動，有些書是書商所為，這些書等您看過許多本之後，才能明白，他們寫書的原則是「天下文章一大抄」。此類書誠不足取不足論也。

第四類，真正高師所著，此類書實在難逢難遇，因為這些書首先是以真訣為綱、真理為導、真功為用，故真能濟世

度人，功德無量。

第四類書的不足之處未與現代科學結合，故而讓人感到有些玄而難學。

趙老師：故我們出版中國道家養生與現代生命科學叢書力爭集上述四類書之長而成書，故而我思慮再三，又徵求了海內外諸多師友意見，決定我們要出的叢書定名為：

《中國道家養生全書與現代生命科學叢書》

其目的不言而喻：是想編出一套讓世人喜聞樂見，又能使世人學到一套實用的養生之道的叢書。

以上愚見如何？請你明示。

此致

敬禮

蘇華仁

2007春於廣東羅浮山沖虛觀東坡亭道易養老院

道家養生長壽基地崛起
山東沂蒙山

——代《中國道家養生與現代生命科學系列叢書》
再版後記

　　承蒙海內外各界有識有緣之士的理解與厚愛，《中國道家養生與現代生命科學系列叢書》出版上市後很快脫銷並即將再版，我有幸作為本叢書總主編，首先懷著十分感恩的心情，懇謝我們中華民族神聖祖先伏羲、黃帝、老子等古之大聖哲，是他們運用大智大慧，參透宇宙天地人生命變化規律，而後克服無數艱難險阻，給我們創立了古今中外有識之士公認為全人類最佳養生長壽之道的中國道家養生之道。

　　再者懇謝對在本叢書編寫、出版、傳播過程中給以支持的海內外各界有緣之士；同時懇謝海內外各界有緣又深深理解本叢書內含的中國道家養生之道神奇效果與科學文化價值的讀者們。

　　這其中特別值得一提的是：中國當代著名傳統養生文化研究專家、博士，海內外著名的中國傳統養生文化傳播者李志杰博士，結緣於我隱居修練中國道家養生之道的中國廣東羅浮山軒轅庵，我們倆一談相知，因為我們對中國傳統養生文化精華中國道家養生之道認識、理解、研究、完全一致，在相見恨晚的談話中，李志杰博士告訴我一個令人十分鼓舞

的喜訊：為了盡快弘揚中國道家養生文化，造福世人、身心康壽。他已和山東金匯蒙山旅遊資源開發有限公司董事長李興等有關同道，在位於中國山東沂蒙山腹地蒙陰縣「蒙山國家森林公園」與「蒙山國家地質公園」內，已經開始建設一個中國道家養生長壽基地，而且已初具規模。李志杰博士希望我能盡快實地考察，如有緣，他希望我以後能常到基地去講授、傳播中國道家養生之道。

因為我是學習與研究中國歷史和中國道家養生之道的，故我深知：中國山東沂蒙山和沂蒙山廣闊的周邊地區，是一片地靈人傑的風水寶地。根據諸多史書明確記載：古來這塊寶地孕育造就出為數不少的中國儒家聖人與中國道家仙真，同時孕育出數位大軍事家與中國文化名人，其中，最著名的有儒家聖人有孔子、孟子、曾子、荀子與中國書法聖人王羲之、顏真卿以及中國算術聖人劉洪、中國孝聖王祥、孔子的老師之一郯子也生活在蒙山一帶。最著名的中國道家仙真有鬼谷子、赤松子、安期生、黃大仙……最著名的軍事家有孫武子、孫臏、蒙恬、諸葛亮……，緣於此，山東沂蒙山也被史家稱為中華仙聖文化的搖籃。

緣於上述原因，我欣然應諾李志杰博士的邀請。於是，2009年6月7日，我先邀請李志杰博士、李興董事長、河南省工商銀行劉樹洲先生、河南電視台辦公室劉素女士、青島甘勇董事長、廣西張勇董事長、深圳中華養生樂園創辦人張莉、河南易學新秀李悟明等一行九人來到我的故鄉，舉世聞名的《周易》發源地中國河南安陽。在安陽靈泉寺內參加了我與師弟山西大學劉鵬教授合辦的我的道家養生師父、世界著名壽星吳雲青不腐肉身拜謁儀式。而後，《中國道家養生與現代生命科學系列叢書》編委、河南省著名企業家、《周

易》學者、安陽市貞元集團董事長駢運來的夫人梁婷梅與台灣易學名人、《周易》學會理事長丁美美設午宴盛情款待我們。下午二時，我們一行十人告別古都安陽，驅車千里，於當晚到達位於山東沂蒙山腹地的蒙陰縣蒙山國家森林公園內，此處是著名的國家4A級名勝風景區。

當日夜半，我們一行十人登上蒙山，舉目四望，但見在皎潔月光輝映下，群峰起伏，莽蒼蒼的蒙山像一條沉睡的巨龍安臥在齊魯大地上，滿山遍野的松樹林散發的陣陣松花香味沁人心脾，使人身心頓爽……

次日清晨，李志杰博士帶領我們一行數人到蒙山頂上考察。我們登上白雲繚繞的蒙山峰頂，環顧四方曠野，親身體驗了孔子當年「登蒙山而小齊魯」的神韻；同時，親身體驗了荀子身為「蘭陵令」即沂蒙山地區長官所生活多年的山水與人文風貌……

清日上午，李志杰博士又特意安排專人帶我考察了位於蒙山峰頂的兩座古道觀「雨王赤松子、黃大仙廟」（當地人簡稱為雨王廟）與「紫雲觀」。（紫雲觀之名源於老子「紫氣東來坐觀天下」）但見廟觀建築風格古樸而壯重，廟內供奉的神像有中國雨王赤松子、黃大仙、中華智聖鬼谷子、中國道家真人呂洞賓、道佛雙修的慈航道人觀音菩薩，於此足見蒙山中國道家文化底蘊深厚……

次日下午，李志杰博士、李興董事長特意與我就在蒙山籌建中國道家養生長壽基地，交換了各人觀點與打算，令我們三人感到十分滿意的是，我們三人見識、觀點與打算竟然不謀而合。最後我們三人達成了共識：充分發揮蒙山得天獨厚的壯美大自然環境與底蘊深厚的人文環境。同時以蒙山現有的四星級標準的蒙山會館為基礎，儘快籌建起中國道家養

生長壽基地。隨後，李博士、李董事長又與我詳細探討了中國道家養生長壽基地的近期與遠期規畫。

我們到蒙山的第三天，李志杰博士又特意安排兩個專人陪我們一行人從山上一直考察到山下，又從山下考察到山上，其間收穫甚豐；最大的收穫為參觀中國戰國時代軍事家孫臏與龐涓修道讀書山洞。孫臏洞給我們留下的印象尤為深刻；我們身臨孫臏洞，但見四周美如仙景，那古樸幽靜的山洞高低深淺適度，令我們假想當年大軍事家孫臏拜中國智聖鬼谷子為師，在地靈人傑的蒙山中學習與研究其祖父孫武子所著《孫子兵法》，而後成為大軍事家、著出流傳萬世而不衰的《孫臏兵法》的一幕幕……而今，山東臨沂銀雀山漢墓竹簡博物館陳列出土的《孫臏兵法》竹簡，是孫臏著兵法的印證。

下午，我們則重點考察了具有四星級標準的蒙山會館，但見蒙山會館主體大樓座西面東、背山面水、紫氣東來。蒙山會館大樓共有四層，設施與服務水平可以說是一流，蒙山會館可以容納一百多人的食宿與學習，其標準房間和會議室裝修風格使人有賓至如歸的感覺。

第三天晚上，我們一行人和李志杰博士、李興董事長舉行了晚餐會。其間，我們進一步確立了中國道家養生基地基本框架：以蒙山大自然的環境為大課堂，以蒙山會館作為生活與學習的小課堂，以《中國道家養生與現代生命科學系列叢書》為中國道家養生基地的主要教材。

光陰似箭，轉眼三天過去，當我即將離開蒙山之時，我看著李志杰博士與李興董事長大慈大悲，立志建設中國道家養生基地，大力弘揚中國道家養生長壽文化，造福人類健康長壽的雄偉藍圖，同時，我再一次飽覽了山東蒙山壯美的風

光山色，深信曾經孕育造就出諸多聖人與仙真和中國大軍事家和文化名人的山東沂蒙山，緣於中國道家養生基地的建立，一定會在當代孕育出更多的中國道家養生人才而造福世人。

我深信中國山東蒙山道家養生基地會越辦越好。

我深信世界各地中國道家養生基地會越辦越好。

我深信來中國道家養生基地養生者會越來越好。

蘇華仁

2009年7月1日寫起於中國廣東羅浮山軒轅庵中

聯繫手機：13138387676

郵箱：su13138387676@163.com

國家圖書館出版品預行編目資料

老子《道德經》養生之道 ╱ 蘇華仁 唐明邦 劉小平 孫光明 編著
——初版，——臺北市，大展，2011〔民100.01〕
面；21公分 ——（道家養生與生命科學；1）
ISBN 978－957－468－787－9（平裝）

1.道德經 2.研究考訂 3.養生
121.317

老子《道德經》養生之道

編 著／蘇華仁 唐明邦 劉小平 孫光明
責任編輯／趙志春
發 行 人／蔡森明
出 版 者／大展出版社有限公司
社 址／台北市北投區（石牌）致遠一路2段12巷1號
電 話／（02）28236031・28236033・28233123
傳 眞／（02）28272069
郵政劃撥／01669551
網 址／www.dah-jaan.com.tw
E - mail／service@dah-jaan.com.tw
登 記 證／局版臺業字第2171號
承 印 者／傳興印刷有限公司
裝 訂／建鑫裝訂有限公司
排 版 者／弘益電腦排版有限公司
授 權 者／山西科學技術出版社
初版1刷／2011年（民100）1月
初版2刷／2016年（民105）10月

定 價／350元

大展好書　好書大展
品嘗好書　冠群可期

大展好書　好書大展
品嘗好書·　冠群可期